LETTRES

DE MADAME

DE SÉVIGNÉ

AVEC LES NOTES

DE TOUS LES COMMENTATEURS.

TOME PREMIER.

PARIS,
LIBRAIRIE DE FIRMIN DIDOT FRÈRES,
IMPRIMEURS DE L'INSTITUT DE FRANCE,
RUE JACOB, 56.

1853.

LETTRES

DE

MADAME DE SÉVIGNÉ.

—

TOME I.

LETTRES

DE MADAME

DE SÉVIGNÉ

AVEC LES NOTES

DE TOUS LES COMMENTATEURS.

TOME PREMIER.

PARIS,
LIBRAIRIE DE FIRMIN DIDOT FRÈRES,
IMPRIMEURS DE L'INSTITUT,
RUE JACOB, 56.

1853.

AVIS

DES ÉDITIONS DE 1843[1].

Les Lettres de Madame de Sévigné sont à la fois un modèle de style et un monument historique; elles présentent le tableau presque complet du siècle de Louis XIV. Aucun Mémoire ne les a effacées, pas même les *Mémoires* de Saint-Simon, le plus incisif, le plus nerveux des historiens de cette grande époque.

En 1696, les *Mémoires* de Bussy, sa *Correspondance*, en 1698, firent connaître au public un assez grand nombre de Lettres de Madame de Sévigné; mais ce ne fut qu'en 1726 que ces Lettres, recueillies pour la première fois en corps d'ouvrage, furent publiées en même temps à Rouen et à La Haye. Ces deux éditions étaient identiques; cependant celle de La Haye avait été imprimée sur un manuscrit de Bussy, auteur de l'avertissement qui la précède.

Les libraires réimprimèrent cette édition en 1733, sans aucune amélioration.

En 1734, une troisième édition, plus complète, fut publiée par les soins de la famille; elle formait déjà quatre volumes. Trois ans après, on y ajouta encore deux volumes; mais ce ne fut qu'en 1754 que l'éditeur

---

[1] En 1843 M. Lefèvre publia deux éditions des *Lettres de Madame de Sévigné*; la première en 6 vol. in-8°, la seconde en 6 vol. grand in-18: ces deux éditions étant épuisées, nous reproduisons celle in-18, mais augmentée, par M. Lefèvre, de plus de quatre cents notes explicatives ou corrélatives.

(F. DIDOT FRÈRES.)

de ces six volumes, le chevalier Marius de Perrin, publia enfin une édition plus ample, et où les Lettres étaient rangées par ordre de dates, avec des notes explicatives très-importantes qu'il avait recueillies dans la famille même de Madame de Sévigné.

A dater de cette époque, les éditions se multiplient à l'infini. On fait des recherches, des lettres isolées sont recueillies, des correspondances entières sont retrouvées, et la collection, qui dans l'origine se composait de deux petits volumes in-12, en quelques années se trouva augmentée jusqu'au point de former douze volumes in-8°.

Il est inutile de signaler ici toutes les éditions successives; ces détails seraient sans intérêt. Nous arrivons de suite au travail des derniers éditeurs : l'abbé de Vauxcelles, Grouvelle, M. de Monmerqué et Gault de Saint-Germain.

L'édition de l'abbé de Vauxcelles est de 1801 ; elle est terminée par des observations sur Madame de Sévigné et sur le siècle de Louis XIV, observations qui aujourd'hui ont beaucoup perdu de leur intérêt.

L'édition de Grouvelle parut en 1806 ; elle était plus ample et plus correcte que les éditions précédentes. Aux notes du chevalier de Perrin, Grouvelle avait ajouté des notes supplémentaires, quelquefois d'un assez mauvais esprit, quelquefois utiles à l'intelligence de certains passages des Lettres.

M. Gault de Saint-Germain publia en 1823 son édition en 12 vol. in-8°.

Mais la meilleure édition publiée jusqu'à ce jour est celle de M. de Monmerqué. Jamais éditeur plus intelligent et plus consciencieux ne s'est chargé d'un travail plus ingrat, et ne l'a accompli avec plus de bonheur. Jusqu'à lui on avait négligé de rétablir le texte d'une multitude de lettres altérées, soit par des influences de famille, soit par la négligence des libraires ou des éditeurs. Ainsi, madame de Coligny, fille de Bussy, supprimait tout ce qui pouvait blesser la mémoire de son père, et madame de Simiane tout ce qui rappelait les discussions plus ou moins orageuses de la mère et de la fille, et qui pouvait faire douter de la tendresse de cette dernière ; enfin, d'autres retranchements assez considérables avaient été commandés par la crainte de blesser quelques personnes encore vivantes.

Le rétablissement du texte exigeait un travail long et pénible : il fallait retrouver les lettres originales, consulter les Mémoires du temps, fouiller les collections, et se faire pour ainsi dire de la société intime de Madame de Sévigné. M. de Monmerqué a fait tout cela. Possesseur d'une bibliothèque précieuse, et qui lui fournissait des matériaux abondants, il a pu en outre consulter les manuscrits de Bussy-Rabutin et une multitude de lettres autographes de Madame de Sévigné et de ses amis les plus intimes. Quelques passages sans doute ont pu échapper à ses investigations laborieuses ; mais enfin il n'était pas tenu à l'impossible, et, grâce à lui, nous croyons pouvoir dire qu'on a le texte véritable de Madame de Sévigné.

C'est ce texte que nous reproduisons dans cette édition.

Quant aux notes explicatives et historiques, nécessaires à l'intelligence de ces Lettres, elles appartiennent presque toutes à MM. de Perrin, de Vauxcelles,

Grouvelle et Gault de Saint-Germain. Les notes de M. de Monmerqué sont plus rares ; lui-même a consacré les divers travaux de ses prédécesseurs en les adoptant. Que pouvions-nous faire de mieux que de suivre cet exemple?

AIMÉ-MARTIN.

Les noms des annotateurs sont ainsi indiqués :

LE CHEVALIER DE PERRIN.	P.
L'ABBÉ DE VAUXCELLES.	V.
GROUVELLE.	A. G.
M. DE MONMERQUÉ.	M.
GAULT DE SAINT-GERMAIN.	G.

Les notes sans signature sont de M. Aimé-Martin, ou des notes qu'il a beaucoup abrégées.

NOTICE

sur

MADAME DE SÉVIGNÉ.

MARIE DE RABUTIN-CHANTAL naquit le 5 février 1627, de Celse-Bénigne de Rabutin, baron de Chantal, de la branche aînée de la maison de Rabutin, et de Marie de Coulanges, d'une famille de robe qui n'était guère moins illustre. Elle n'avait qu'un an et demi lorsque les Anglais, pour secourir La Rochelle et les protestants de France, firent une descente dans l'île de Rhé. M. de Chantal s'y opposait, à la tête d'un corps de gentils-hommes volontaires. L'artillerie de la flotte ennemie qui protégeait le débarquement foudroya les Français. Leur chef resta sur la place avec une grande partie des siens[1]. On a écrit qu'il fut tué de la main-même de Cromwell[2]. Les historiens ont loué la vaillance de Chantal; mais ses exploits lui avaient valu plus de gloire que de faveur. Ce qu'on en lira dans les lettres de sa fille montre assez qu'il fut moins courtisan que guerrier, et que son langage fier et caustique n'avait pu descendre au ton que les grands seigneurs français commençaient à prendre devant le terrible et habile Richelieu.

Il paraît que peu de temps après mademoiselle de Rabutin perdit sa mère; car dès l'année 1636 l'orpheline avait pour tuteur son grand-père maternel, M. de Coulanges[3]; il mourut dans cette même année. De ce moment son oncle Christophe de Coulanges, abbé de Livry, lui servit de père, et l'on ne doute pas que ce n'ait été un bonheur pour elle, lorsqu'on la voit, dans la suite, remettre d'elle-même son veuvage sous la protection de ce bon oncle, lorsqu'on l'entend en quelque sorte

---

[1] *Histoire de Louis XIII*, par Levassor, liv. XXIV.
[2] *Gregorio Leti.*
[3] *Mémoires de Bussy*, tome I, page 16, édition in-4°, Paris, 1696.

déplorer, cinquante ans après, sa mort avec les expressions les plus filiales.

Le nom de Chantal rappelle une femme célèbre dans un genre très-différent : c'est celle que les papes ont placée sur les autels. La jeune Rabutin était petite-fille d'une sainte ; mais on ne voit pas que cette sainte ait pris aucun souci de l'orpheline. Madame de Sévigné ne tint d'elle qu'une sorte de fraternité héréditaire avec les sœurs de Sainte-Marie, qu'elle visite partout où elle s'arrête, à Paris, à Moulins, à Valence, en Bretagne, en Provence.

L'enfance ainsi que la première jeunesse de Madame de Sévigné ne sont point connues. Nous savons assez bien quels étaient ses principes sur l'éducation des jeunes filles ; mais nous n'avons point de détails sur la sienne. Si on jugeait de la manière dont les femmes de son ordre étaient alors élevées, par l'influence qu'elles prirent sur les affaires et sur la société, il faudrait croire que rien ne manquait à leur *bonne nourriture* pour parler comme on faisait alors. Mademoiselle de Rabutin quitta peu ses parents, et ceux-ci étaient des personnes instruites. Elle nous dit qu'elle fut élevée avec son cousin Coulanges ; et ce cousin l'avait été très-bien. Elle dit encore qu'elle avait été élevée à la cour[1] ; or, cette cour était moins celle de Louis XIII que celle de Richelieu, qui, tout tyran qu'il était, avait de l'esprit et aimait à en trouver chez les femmes. Je ne dirai point que les connaissances qui brillent dans ses Lettres donnent la mesure de son éducation ; car j'entrevois qu'elle sut la continuer elle-même, comme il arrive aux esprits bien faits. Segrais nous apprend que madame de La Fayette s'était assez tard avisée d'étudier la langue latine : son amie apparemment ne s'y était pas prise plus tôt. Ce qu'elle dit de l'italien indique qu'elle l'apprit d'elle-même, aidée par Ménage ou par Chapelain, tous deux très-assidus chez elle. Sans doute ce fut assez tard qu'elle acquit plusieurs sortes d'instructions ; car s'il y eut une époque où l'enthousiasme du savoir s'était emparé des femmes, ce n'était pas le temps de son entrée dans le monde. Quoi qu'il en soit, son éducation soignée se voit par

---

[1] *Voyez* sa lettre du 19 juin 1680.

ses premières Lettres; il y règne un goût de style qu'on n'atteint pas sans beaucoup d'exercice et de culture.

On peut se représenter la jeune Rabutin comme une femme vraiment jolie, ayant plus de physionomie que de beauté, et des traits plus expressifs qu'imposants, une taille aisée, une stature plus grande que petite, une riche chevelure blonde, une santé brillante, une rare fraîcheur, un teint éclatant, des yeux dont la vivacité animait encore son langage et la prestesse de tous ses mouvements; une jolie voix, autant de musique qu'on en savait alors, enfin une danse brillante pour le temps. Voilà l'idée qu'en donnent ou ses portraits, ou ses amis, ou elle-même. Et sans doute son nez un peu carré, dont elle se moque, et ses paupières bigarrées, dont Bussy parle trop, ne pouvaient gâter un tel ensemble, autant que ses dix-huit ans l'embellissaient, lorsqu'en 1644 elle épousa Henri marquis DE SÉVIGNÉ, d'une ancienne maison de la Bretagne. Avec cet apanage de mérite et d'attraits, elle joignit une dot de cent mille écus, qui à cette époque ne valaient guère moins de sept cent mille francs [1]. M. de Sévigné, qui était riche aussi, tenait de plus à la maison de Retz. L'archevêque et le coadjuteur de Paris étaient ses proches parents, tandis que sa femme était la nièce du grand-prieur du Temple, le commandeur de Rabutin, jouissant de plus de cent mille livres de rente, dont il faisait meilleure part au monde qu'à l'Église [2]. M. de Sévigné ou Sévigny (car il paraît qu'alors on prononçait [3] ce nom ainsi) aimait le plaisir et la dépense. Il avait sinon le goût et l'esprit qui distinguèrent son fils, du moins toute la gaieté, la légèreté et l'insouciance qui marquèrent la jeunesse de ce dernier. Bussy n'est pas seul à le peindre ainsi. Un pamphlet curieux du poëte Charleval nous le donne comme un rieur et un homme à quolibets [4]. On voit que la belle héritière bour-

---

[1] Le marc d'argent valait alors 26 livres 10 sous: et l'on sait qu'outre cette différence, celle du prix des denrées doit y être en partie ajoutée.

[2] *Mémoires de Bussy*, in-4°.

[3] On le trouve écrit ainsi dans les *Mémoires de Joly*, dans les *Amours des Gaules*, dans le *Ménagiana*, le *Segraisiana*. C'est ainsi que madame de Maintenon signait souvent *d'Aubigny*.

[4] Ce pamphlet a pour titre: *Retraite du duc de Longueville*. C'est une satire des Frondeurs, où règne le meilleur goût de plaisanterie. On le trouve dans le recueil A.

guignonne n'eut point à dissimuler son enjouement devant cet enjoué Breton, et qu'il ne tint qu'à elle d'avoir une maison très-agréable.

Dire que les premières années de ce mariage furent heureuses, ce n'est point abuser des conjectures, c'est seulement saisir l'esprit des premières lettres de ce recueil. Au surplus, les fruits en furent tardifs. Le premier fut un fils, Charles de Sévigné, né en mars 1647. Sa sœur le suivit de près. Il paraît que Madame de Sévigné n'eut point d'autres enfants, et ne connut pas le chagrin d'une perte qu'elle eût sentie plus vivement que toute autre.

La parenté des Sévignés avec le fameux coadjuteur de Retz les liait à la Fronde. Le marquis ne paraît pas pourtant y avoir joué un rôle aussi actif que son oncle Renaud, chevalier de Sévigné. Quoique celui-ci soit mort en odeur de sainteté, à Port-Royal, on le voit, en 1649, pendant le siége de Paris, négocier avec la cour, au nom du coadjuteur [1], et, qui plus est, se faire battre à la tête d'un régiment levé aux frais du prélat, sous le nom de *régiment de Corinthe*, mésaventure qui fut appelée, comme on sait, *la première aux Corinthiens*.

Madame de Sévigné fut elle-même une frondeuse assez zélée, qui s'égayait contre le Mazarin d'aussi bon cœur qu'un autre. Je l'infère d'un mot de Bussy, d'autant moins suspect qu'il s'adresse à elle-même [2]. L'esprit de parti germe aisément dans une imagination comme la sienne, et l'esprit de famille entraîne volontiers les personnes de son ordre.

Mais elle-même alors ne manquait pas de motifs personnels de mauvaise humeur. S'il est vrai, comme on le soutenait dans ces thèses d'amour, mises en vogue par la galanterie pédantesque du cardinal de Richelieu, qu'une belle préfère de voir celui qu'elle aime mort à le voir infidèle, M. de Sévigné [3] ne négligeait rien pour faire désirer sa mort. C'est vers ce temps qu'après nombre d'infidélités obscures et passagères, il finit

---

[1] *Mémoires de Retz*, Amsterdam, 1718, tome I, page 195. *Mémoires de Joly*, Rotterdam, 1718, tome I, page 52.

[2] *Voyez* la lettre du 26 mars 1649.

[3] *Voyez* les *Amours des Gaules*, tome I. Dans quelques éditions, le nom de *Sévigné* ou *Sévigny* est déguisé sous celui de *Chenneville* ou *Senneville*.

par la sacri   avec plus d'éclat à une femme indigne de cette rivalité, la célèbre Ninon de l'Enclos, qui sembla destinée à tourmenter Madame de Sévigné pendant presque toute sa vie. Qu'à côté d'une épouse sacrifiée il se trouve un séducteur qui l'excite aux représailles, rien de plus simple. Il n'est pas si commun de la voir repousser ce genre de séduction : c'est cependant ce qui arriva cette fois. Bussy, cousin de Madame de Sévigné, beau, brave, plein de talents, confident de son mari, s'était fait le sien ; et c'était lui-même qui, en dénonçant l'injure, offrait la vengeance. Il fut écarté avec une fermeté calme et sans le fracas de la pruderie. De quelque agrément malin qu'il assaisonne son récit, ses épigrammes ne nuisent pas plus à sa cousine que ses vanteries ne le servent lui-même. Il a beau faire une plaisanterie de son double abus de confiance, de l'indiscrétion qui couronna sa manœuvre, et de toute la suite de cette aventure, ses malices sentent trop le dépit de la fatuité humiliée; le rôle de sa cousine est trop beau, le sien trop indélicat. Un mauvais procédé ne peut fournir un bon conte qu'entre personnages du même caractère.

Madame de Sévigné avait alors vingt-quatre ans, car ceci se passa (la date est certaine) dans la première moitié de l'année 1650. Quelques mois après, elle fut mise à une épreuve bien plus pénible. Elle perdit son mari, et par une mort sanglante. Il fut tué dans un duel. La cause de ce combat est ignorée; nulle apparence que la jalousie eût mis l'épée à la main de M. de Sévigné : Bussy n'eût pas manqué d'en parler. Un élève de Ninon avait plutôt le défaut contraire, celui de l'indifférence, toujours douloureuse pour une femme sensible. Mais à quoi bon s'inquiéter des motifs d'un duel dans ces temps-là ? Souvent les combattants eux-mêmes pouvaient à peine le dire [1].

---

[1] Les circonstances de ce duel, inconnues à Grouvelle, se trouvent racontées avec détails dans les *Mémoires manuscrits de Conrard*, conservés à la Bibliothèque de l'Arsenal :

« Le chevalier d'Albret, y est-il dit, cadet de Miossens, étant amoureux
« de la femme de Galland, fils de l'avocat célèbre de ce nom, qu'on appe-
« loit madame de Gondran, sut que le marquis de Sévigné de Bretagne,
« qui, selon le bruit commun, n'étoit pas mal avec elle lui avoit tenu des
« discours à son désavantage, depuis lesquels elle lui avoit fait dire trois
« ou quatre fois qu'elle n'étoit pas chez elle, lorsqu'il l'y étoit allé cher-
« cher. Pour s'en éclaircir, il pria Saucourt, qui est de ses amis, de savoir

Quiconque a lu Madame de Sévigné croira sans peine ce qu'on rapporte de sa violente douleur. Mais comme elle dit elle-même, en parlant de l'abbé de Coulanges, *il m'a tirée de l'abîme où j'étais à la mort de M. de Sévigné*, on comprend qu'il lui fallut se priver bientôt du soulagement des larmes pour remplir ses devoirs nouveaux, celui de suivre l'éducation de deux enfants en bas âge et celui de réparer l'affreux délabrement de leur fortune. Le succès avec lequel cette veuve

« du marquis de Sévigné si ce qu'on lui avoit dit étoit vrai, parce qu'il ne
« lui avoit jamais donné sujet de lui rendre de mauvais offices.
« Sévigné dit à Saucourt qu'il n'avoit jamais parlé au désavantage du
« chevalier d'Albret ; mais qu'il ne le lui disoit que pour rendre témoignage
« à la vérité, et non pour se justifier, parce qu'il ne le faisoit jamais que
« l'épée à la main. Saucourt lia la partie avec lui pour vendredi, après
« midi, 4 février 1651, et s'obligea de faire trouver le chevalier d'Albret der-
« rière Pique-Puce (*Picpus*).
« Ce dernier s'y rendit à l'heure qui avoit été dite, et Sévigné aussi, qui
« avoit fait porter des épées. Il dit d'abord au chevalier d'Albret qu'il n'a-
« voit jamais parlé de ce qu'on lui avoit rapporté, et qu'il étoit son servi-
« teur. En disant cela, ils s'embrassèrent, et ensuite le chevalier dit qu'il
« ne falloit pas laisser de se battre ; Sévigné répondit qu'il l'entendoit bien
« ainsi, et qu'il n'eût point voulu ne se point battre. Aussitôt ils se mirent
« en présence, et Sévigné porta trois ou quatre bottes au chevalier,
« qui eut ses chausses percées, mais ne fut point blessé. Sévigné, con-
« tinuant à lui porter, se découvrit, et l'autre ayant pris son temps, lui
« présenta l'épée pour parer, dans laquelle Sévigné s'enferra lui-même, et
« reçut un coup au travers du corps, de biais, mais qui ne perçoit pas d'outre
« en outre.
« Le combat finit par-là, car Sévigné tomba de ce coup ; et ayant été ra-
« mené à Paris, les chirurgiens le jugèrent mort dès qu'ils eurent vu sa
« blessure. Il en reçut la nouvelle avec chagrin, et ne se pouvoit résoudre
« à mourir, à l'âge de vingt-sept ans : il ne dura que jusqu'au lendemain
« matin....
« Sévigné avoit épousé la fille unique du baron de Chantal, et de la fille
« de Coulanges, qui avoit été autrefois fermier des gabelles, avec Jacquet,
« Figers et Bazin. Quoiqu'elle soit fort jolie et fort aimable, il ne vivoit pas
« bien avec elle, et avoit toujours des galanteries à Paris..... Il l'avoit menée
« depuis peu en Bretagne, où est son bien, et faisoit état de l'y laisser long-
« temps. Pour lui, il étoit revenu à Paris il y avoit fort peu lorsque cette
« querelle lui fut faite par le chevalier d'Albret.
« Il disoit quelquefois à sa femme qu'il croyait qu'elle eût été très-agréa-
« ble pour un autre ; mais que pour lui elle ne lui pouvoit plaire. On disoit
« aussi qu'il y avoit cette différence entre son mari et elle, qu'il l'estimoit et
« ne l'aimoit point, au lieu qu'elle l'aimoit et ne l'estimoit point. En effet,
« elle lui témoignoit de l'affection, et comme elle a l'esprit vif et délicat,
« elle ne l'estimoit pas beaucoup, et elle avoit cela de commun avec la plu-
« part des honnêtes gens ; car bien qu'il eût quelque esprit, et qu'il fût assez
« bien fait de sa personne, on ne s'accommodoit point de lui, et il passoit pres-
« que partout pour fâcheux ; de sorte que peu de gens l'ont regretté.... »

de vingt-cinq ans satisfit à cette double tâche se montre dans mille détails intéressants de ses Lettres.

Son bon sens, sa droiture naturelle et une fierté bien entendue lui donnaient le goût de l'économie; les conseils de son oncle lui en donnèrent l'intelligence. Son esprit, malgré l'habitude de sacrifier aux Grâces, ne répugnait point aux affaires. Elle savait fort bien vendre ou louer des terres, presser des fermiers, diriger des ouvriers, etc. Elle ne laissait pas à sa beauté seule le soin de solliciter ses procès. Ménage raconte qu'un jour, tout en recommandant avec beaucoup d'aisance une affaire au président de Bellièvre, elle s'aperçut qu'elle s'embarrassait dans les termes : *Au moins, monsieur*, dit-elle, *je sais bien l'air, mais j'oublie les paroles.*

A l'égard de l'éducation, non-seulement le mérite de son fils et de sa fille ainsi que leurs vertus donnent la mesure de sa capacité en ce genre ; mais il serait facile de tirer de ses Lettres une suite de maximes sur ce sujet, et l'on verrait que loin de tenir aux fausses méthodes accréditées dans son temps, elle avait deviné plusieurs des perfectionnements dont le nôtre s'enorgueillit avec assez de justice.

Je ne vois guère d'autres indices de ce qu'elle devint durant les trois premières années de son veuvage. Mais dans l'hiver de 1654 je la retrouve dans la plus brillante société de Paris et de la cour, avec tous les succès de l'esprit et de la beauté. Je la vois fréquenter assidûment les cercles de madame de Montausier. Depuis son mariage, celle-ci attirait chez elle cette foule d'hommes à talents et de connaisseurs, ou au moins prétendant à ce renom, qui faisait de l'hôtel de Rambouillet une maison, à quelques ridicules près, très-agréable, et même très-utile, puisqu'on lui doit d'avoir appris aux gens du monde à estimer les lettres, tandis que les gens de lettres y puisaient la connaissance du monde, et cette partie du bon goût que la nature et la lecture même ne donnent pas.

C'est là que, parmi ceux qui prétendirent plaire à celle qui plaisait à tous, on distingue le prince de Conti, frère du grand Condé [1]. Il avait dans l'esprit les grâces insinuantes qui man-

---

[1] *Voyez* la lettre du 16 juin 1654.

quaient à son aîné. Il annonça un dessein prémédité d'attaquer le cœur de Madame de Sévigné ; mais sans doute le mariage de ce prince, qui se fit l'hiver suivant, ne permit pas qu'il donnât suite à ses galants projets.

Dans ce même temps, une semblable entreprise fut tentée beaucoup plus sérieusement par un personnage qui n'était guère moins redoutable, le célèbre et malheureux Fouquet. Il y avait à peine un an qu'il était surintendant des finances, et ses galanteries, moins publiques et moins multipliées qu'elles ne le furent par la suite, n'avaient rien encore de trop alarmant pour une femme délicate et jalouse de sa réputation. On sait de plus que l'esprit ne lui manquait pas plus que le crédit et la magnificence pour réussir. Il échoua pourtant, non sans regret, ni faute de persévérance ; car il lui fallut plus d'un an pour perdre l'espoir et se résigner à cette innocente amitié, qui pouvait seule plaire à la sage veuve. Rarement les refus finissent par-là avec un homme gâté par toutes les sortes de faveurs : l'ascendant de la vertu ne rend pas tout à fait raison de ce triomphe. On aimerait à savoir les expédients mis en œuvre par Madame de Sévigné pour consoler l'orgueil qu'elle avait rebuté. Il semble que son grand art fut sa gaieté et sa candeur. Le peu d'importance qu'elle mettait à ses rigueurs instruisit celui qui en souffrait à les traiter plus légèrement. Ne paraissant pas voir ses prétentions, elle les lui faisait oublier. L'amour-propre est comme les enfants, qui tombent sans pleurer pourvu qu'on ne les regarde pas.

Au nombre de ses adorateurs on remarque encore un homme de lettres, un homme de cour et un autre homme, qui était l'un et l'autre.

L'abbé Ménage est le premier. Ce n'était pas simple galanterie poétique, comme on pourrait le supposer sur le madrigal italien qu'il composa pour elle. Ce qu'il répondit aux reproches qu'elle lui faisait de ne lui avoir point écrit annonce un penchant sérieux. *J'avais fait une lettre*, dit-il, *mais je l'ai trouvée trop passionnée pour vous l'envoyer.* Il alla la voir en Bretagne. Il raconte lui-même que, faisant ce voyage avec madame de Lavardin, il lui disait des douceurs et lui prenait les mains pour les baiser, sur quoi cette dame lui dit : « Je vois bien

« que vous vous recordez pour Madame de Sévigné. » Ménage souffrait impatiemment les badinages qu'elle se permettait sur cette belle passion. Un jour qu'il faisait quelques façons pour aller avec elle dans son carrosse, elle le menaça plaisamment de le reconduire jusque dans sa chambre. Il montra beaucoup d'humeur de se voir traité comme sans conséquence ; et quand Bussy publia cette anecdote, Ménage décocha contre lui une épigramme latine.

Le courtisan auteur qui fut son rival est moins connu par ses écrits que par sa longue intimité avec madame de Maintenon, dont il avait fait en quelque sorte l'éducation, et qu'il voulut épouser à deux époques bien différentes, celle de sa grande misère et celle de sa grande fortune ; celle où elle devint veuve d'un poëte nécessiteux et paralytique, et celle où un puissant monarque lui offrait sa main. Cet homme était le chevalier de Méré. Ménage, en lui dédiant un livre, parle ainsi de leur ancienne concurrence près de Madame de Sévigné : « Je souffrais volontiers qu'elle vous aimât plus que moi, parce « que je vous aimais aussi plus que moi-même. » Mais on sent bien ce qu'il faut rabattre de ce style de dédicace. De plus, le mélange de la galanterie chevaleresque avec le goût du bel esprit avait établi dans la société l'usage de certains amours avoués, dont quelques assiduités et beaucoup d'écritures faisaient tous les frais : commerce purement spirituel, qui valait mieux que le sigisbéat italien, mais qui lui ressemblait. Il ne faut pas voir autre chose dans la liaison de Madame de Sévigné avec le chevalier de Méré. C'était d'ailleurs l'esprit le plus opposé au sien qu'elle eût pu rencontrer, même dans la société des *Précieuses*. Ce Méré a beaucoup écrit sur l'éloquence : on lui attribue l'invention du mot de *bonne compagnie*, dans le sens abusif qu'on lui donne si souvent. Mais sa prétention aux tournures et aux phrases du bel air ne lui inspire guère qu'un langage guindé et des affectations du plus mauvais goût. Madame de Sévigné ne le rappelle dans ses Lettres qu'avec une sorte de rancune contre son *chien* de style, ce qui rend plus que douteux le succès des hommages qu'il lui avait consacrés.

Enfin, le comte du Lude passa aussi pour lui avoir parlé

d'amour. Mais avec toute l'envie qu'avait Bussy de mettre sa cousine sur sa liste des femmes galantes, il ne trouve rien à dire sur cette liaison. Les Lettres de Madame de Sévigné ne montrent dans ce prétendu amant qu'un ami agréable et solide.

Madame de Sévigné, si étrangère à la coquetterie, ne connut-elle jamais l'amour? Dans ses Lettres, écrites avec tant d'abandon et, comme elle dit elle-même, d'*impétuosité*, ne laisse-t-elle rien échapper de l'histoire secrète de son cœur? Voilà ce que demande un lecteur sentimental, tandis que le scrutateur malin des vertus des femmes voudra savoir à quel point la sienne eut à combattre, et si la nature n'en avait pas tout l'honneur. Ces recherches ne seraient pas plus oiseuses que celles qui ont coûté tant de veilles à des biographes érudits. Mais laissons quelque chose à deviner au lecteur. Ce qu'il y a de constant, c'est que la médisance même n'a pu prêter la moindre faiblesse à Madame de Sévigné.

Mais, de même qu'il s'offrit des amants, des maris se proposèrent aussi pour Madame de Sévigné, et ce fut en vain. Elle n'avait pas été une épouse heureuse; elle était veuve, riche, et de plus mère passionnée; cultivant avec succès l'estime publique, son esprit, ses amis et ses enfants, elle ne voulut point d'autre bonheur. Le sien pourtant ne fut pas sans mélange : elle souffrit dans ses amitiés, elle vit sa réputation attaquée.

La prison, le bannissement et généralement les disgrâces, bien méritées, du cardinal de Retz furent son premier chagrin. Elle ne vit jamais en lui que son génie, un homme très-aimable, qui l'appréciait mieux que tout autre, et sur l'élévation duquel elle avait fondé le sort d'une partie de sa famille et les espérances de l'autre. Les *Mémoires* du cardinal nous apprennent que son évasion du château de Nantes fut favorisée principalement par le chevalier de Sévigné. Elle rappelle dans une de ses Lettres la situation pénible où la mirent ces événements, dans le cours de l'année 1653 et des suivantes.

Cependant un autre ami lui causa des peines plus sensibles. Les hommes les plus vains sont aussi les plus exigeants Le refus de je ne sais quel service, qui sans doute ne dépendait point d'elle, la brouilla tout à coup avec son cousin Bussy. Souvent il lui avait reproché de se *trop amuser après la vertu. Pourquoi*, disait-il, *vous donner tant de peines pour une réputation qu'un médisant peut vous enlever?* Il fut lui-même ce dangereux médisant. Dans son ressentiment, il composa contre elle un article des *Amours des Gaules*, où il ne respecte la vraisemblance que pour mieux nuire, où, à défaut de vices, il lui suppose des ridicules, où il fait de son caractère une sorte de paradoxe moral, prétendant qu'une conduite intacte ait caché un cœur assez impur, et qu'elle ait eu au moins le goût de toutes les sottises qu'elle n'a point faites. Quoique le faux de ce portrait perce dans ses contradictions, nul doute que, grâce à la malignité ordinaire du public, il n'ait fait alors plus d'impression qu'aujourd'hui, et qu'il n'ait cruellement blessé un cœur né pour aimer tout de la vertu, même la gloire qui la suit. La plaie saigna longtemps; les cœurs sensibles gardent l'impression du mal comme celle du bien; c'est le sens de ce mot ingénieux: *la vengeance est la reconnaissance des injures.* Madame de Sévigné ne se vengea point; elle pardonna même à Bussy, mais avec peine, et non peut-être sans restriction. De fréquentes réminiscences de l'injure s'échappent dans ce qu'elle lui écrit. Il y manque au moins cette fleur de confiance qu'on respire en quelque sorte dans tout ce qu'elle dit à ses autres amis.

A cette affliction succéda le revers qui précipita l'infortuné Fouquet du faîte de la puissance dans une prison perpétuelle. Ici elle dépeint elle-même ses anxiétés dans ses Lettres, où elle se place à côté de La Fontaine par son cœur comme par son style. Que pourrait-on y ajouter? Cependant ses Lettres ne parlent que du procès, et le procès ne commença que trois ans après que Fouquet eut été arrêté. La foudre qui le frappa avait surpris ses amis, comme lui-même, dans toutes les illusions de sa fortune. Madame de Sévigné en fut presque atteinte, et elle eut sujet de craindre pour elle-même. L'aimable veuve s'était engagée dans une correspondance d'esprit et de badinage amical; confiance innocente et bien naturelle envers celui qui lui avait donné la meilleure preuve d'une sorte d'estime que d'ordinaire l'homme puissant et libéral ne garde pas plus pour un sexe que pour l'autre. On sut bientôt que dans les papiers de Fouquet se trouvaient des lettres qui compromettaient beaucoup de femmes connues à la cour; celles de Madame de Sévigné ne pouvaient lui faire tort. Le secrétaire d'État Le Tellier les avait, dans ce même temps, déclarées *les plus honnêtes du monde;* mais il se pouvait que sa franche gaieté eût traité selon leur mérite certaines choses et certaines personnes; et il y a des temps où des railleries passent pour des complots. Une lettre de Bussy fait voir que ses appréhensions furent assez fortes pour qu'elle crût devoir quelque temps se retirer dans une campagne éloignée[1]. La cabale qui avait renversé Fouquet voulait qu'on le crût soutenu par un parti puissant. Dans ces cas-là on fait porter les premiers coups sur tout ce qui se présente : c'est la marche ordinaire dans les révolutions des cours comme dans les autres; on y connaît également l'usage des vengeances particulières : deux réflexions qu'il faut mettre à côté des alarmes et des précautions de Madame de Sévigné, pour expliquer ce qu'elles semblaient avoir d'excessif.

Il faut bien en effet qu'elle n'ait point été réellement compromise, puisque bientôt nous la voyons paraître avec éclat au milieu de cette cour que Louis XIV commençait à rendre si brillante. Les fêtes de Versailles des années 1664 et 1665 ne périront point dans la mémoire des hommes, leur composition ingénieuse et leur élégante magnificence les ayant rendues dignes de ce pinceau historique dont Voltaire immortalise tout ce qu'il touche[2]. Madame de Sévigné, quoique faite pour orner ce grand théâtre de ses propres charmes, ne s'y produisait plus que pour jouir des succès de sa fille, qui, dans la première fleur de sa beauté, pleine d'esprit et de talents, fut présentée en 1663. Mademoiselle de Sévigné eut un rôle dans ces ballets où le roi lui-même dansait devant une cour nombreuse. Elle y représentait une bergère. Voici les vers que fit pour elle Benserade, « qui avait (dit Voltaire) un talent singu-
« lier pour ces pièces galantes, dans lesquelles il faisait tou-

---

[1] *Mémoires de Bussy*, in-4°, tome II, page 207.
[2] *Siècle de Louis XIV*, chap. 25.

« jours des allusions délicates et piquantes aux caractères des
« personnes, aux personnages de l'antiquité ou de la Fable
« qu'on représentait, ou aux passions qui animaient la
« cour. »

> Déjà cette beauté fait craindre sa puissance,
> Et pour nous mettre en butte à d'extrêmes dangers,
> Elle entre justement dans l'âge où l'on commence
> A distinguer les loups d'avecque les bergers.

Dans le ballet de 1664 mademoiselle de Sévigné figurait un Amour déguisé en nymphe maritime, et le poëte lui disait :

> Vous travestir ainsi, c'est bien être ingénu,
> Amour ; c'est comme si, pour n'être pas connu,
> Avec une innocence extrême
> Vous vous déguisiez en vous-même.
> Elle a vos traits, vos yeux et votre air engageant,
> Et de même que vous, sourit en égorgeant ;
> Enfin, qui fit l'un a fait l'autre,
> Et jusques à sa mère, elle est comme la vôtre.

Enfin, sous le personnage d'Omphale, elle inspira ce madrigal, où sa mère est encore célébrée avec elle :

> Blondins accoutumés à faire des conquêtes,
> Devant ce jeune objet si charmant et si doux,
> Tout grands héros que vous êtes,
> Il ne faut pas laisser pourtant de filer doux.
> L'ingrate foule aux pieds Hercule et sa massue.
> Quelle que soit l'offrande, elle n'est point reçue.
> Elle verrait mourir le plus fidèle amant,
> Faute de l'assister d'un regard seulement,
> Injuste procédé, sotte façon de faire
> Que la pucelle tient de madame sa mère,
> Et que la bonne dame au courage inhumain,
> Se lassant aussi peu d'être belle que sage,
> Encore tous les jours applique à son usage,
> Au détriment du genre humain.

Il n'est pas, je crois, superflu d'observer que c'est dans ce même temps que Madame de Sévigné agissait et s'intéressait avec tant de chaleur pour Fouquet. L'air et les succès de la cour ne faisaient point sur elle leur ordinaire effet, celui d'inspirer l'oubli des malheureux.

Dans le même temps, d'autres amis en disgrâce éprouvaient aussi sa fidélité. Les jansénistes résistaient alors à la cour, au clergé, aux parlements, au pape même. Quelques lignes condamnées par celui-ci étaient-elles ou n'étaient-elles pas dans Jansenius? En les lui imputant, personne ne s'était avisé de citer l'endroit du livre. Voltaire s'en étonne, comme si cela seul eût tranché la question. Mais la bulle du pape était sous les yeux de tout le monde, et on n'en était pas plus d'accord sur cette autre question : si la bulle faisait Jansenius auteur de ces lignes. Apparemment Jansenius même n'en eût pas été cru. Madame de Sévigné ne s'intéressait guère à ces choses qu'à cause des personnes; mais ses rapports avec Port-Royal étaient intimes. C'est une particularité peu importante, il est vrai, mais encore moins connue, qu'elle avait posé la première pierre d'une aile de cette maison, construite aux dépens de son oncle, le chevalier de Sévigné, qui s'y était retiré. Celui-ci fut sans doute tourmenté par les suites du formulaire. D'ailleurs, ce qu'il y avait de plus illustre parmi ces illustres solitaires, la famille Arnauld, était alors en exil. On verra combien son amitié était affectée de leurs chagrins.

Bientôt l'établissement de ses enfants, et surtout le mariage de sa fille, devinrent son unique sollicitude. Celle-ci avait à peine vingt ans; et un événement qui devait troubler son bonheur semblait trop tardif à cette mère désintéressée. Elle-même pourtant avait repoussé plus d'une occasion : elle voyait bien peu de gendres pour une telle fille. Elle peint agréablement son industrie à faire naître les difficultés pour écarter tel aspirant dont elle augurait mal. L'affaire, très-avancée, manqua deux fois. Deux Provençaux très-distingués, MM. de Caderousse et de Merinville, recherchèrent Mademoiselle de Sévigné. Le mauvais succès du premier fut pour elle une bonne fortune, à en juger par les Mémoires du temps. Enfin, le 29 janvier 1669, elle fut mariée à un autre Provençal, au comte de Grignan. La suite des Lettres fait assez connaître le caractère de cet époux et le succès de cette union.

Madame de Sévigné commença peu après l'établissement de son fils, en lui achetant une charge militaire. C'était pour elle deux grands sacrifices de fortune à la fois; mais elle paraît si peu s'en apercevoir, qu'on se ferait scrupule d'en relever le léger mérite.

« Madame de Sévigné s'était flattée qu'en faisant le mariage « de sa fille avec un homme de la cour, elle passerait sa vie « avec elle. Mais à quelque temps de là M. de Grignan, qui « était lieutenant général au gouvernement de Provence, reçut « l'ordre de s'y rendre; et dans la suite il y commanda pres- « que toujours dans l'absence du duc de Vendôme, qui en « était gouverneur[1]. » Alors commença pour Madame de Sévigné un second veuvage, plus pénible peut-être que le premier; je parle des absences de sa fille, auxquelles nous devons les Lettres de la mère. Ces intervalles, qu'elle regardait comme son mauvais temps, sont devenus les bons moments de la postérité : nous jouissons de ses privations, et dès qu'elle rentre en jouissance, nous sommes privés à notre tour : tellement qu'on se surprend à regretter que, pour nos plaisirs, elle n'ait pas été plus souvent et plus longtemps affligée par cette séparation.

Quoi qu'il en soit, depuis cette époque la vie de Madame de Sévigné est dans les lettres qu'on va lire. Quelques voyages, la perte de plusieurs amis, les campagnes, les dangers, les espérances, les légers écarts et le mariage de son fils, surtout les diverses fortunes de sa fille, enfin quelques accidents de sa propre santé, forment les seuls événements de cette vie. Aussi pauvre de faits que riche de sentiments, elle ne fournirait qu'un récit aride, au lieu que sa plume sait en vivifier les plus petits détails. Il me suffit d'avoir éclairé l'avant-scène, jusqu'ici inconnue, de ce drame intéressant; que l'héroïne parle désormais elle-même.

Il reste pourtant quelques particularités que ses Lettres seules ne fournissent pas, ou qui ne s'y laissent qu'à peine deviner par des rapprochements minutieux.

Le mariage de M. de Sévigné, en 1684, par les sacrifices que fit cette généreuse mère, la mit dans une sorte de gêne et de malaise. On entrevoit qu'alors, soit pour améliorer sa fortune, soit pour d'autres motifs, ses amis et sa fille même formèrent sur elle divers projets; qu'il fut question de lui procurer une

---

[1] Tiré de l'ancienne préface de Perrin.

place à la cour, et même qu'on lui parla de se remarier, ce qu'elle repoussa comme une folie peu attrayante.

Quand la mort l'enleva, à l'âge de soixante-neuf ans, sa maladie, fruit des inquiétudes et des fatigues que lui causait depuis six mois celle de sa fille, la surprit, et ne s'était annoncée par aucun symptôme. Elle fut courte. Madame de Sévigné dans ses derniers moments montra une tête aussi forte que son cœur était irréprochable. Plusieurs lettres nous représentent la douleur de ses amis. On ne voit point sans être ému quelles furent l'amertume de leurs plaintes et la durée de leurs regrets. Madame de Sévigné eut sa sépulture dans l'église collégiale de Grignan.

On a dit que dans le temps de la Révolution sa tombe avait été violée; c'est une erreur. On voit encore aujourd'hui à l'entrée du chœur de l'église collégiale, à gauche, une tombe de marbre blanc sur laquelle est gravée l'épitaphe suivante :

CI-GÎT
MARIE DE RABUTIN-CHANTAL,
MARQUISE DE SÉVIGNÉ;
DÉCÉDÉE LE 18 AVRIL 1696.

Sans prétendre empiéter sur le droit des panégyristes, toute observation capable de faire sentir ce qu'avait de plus rare le mérite de Madame de Sévigné semble appartenir à cette notice. J'insisterai d'abord sur cette remarque, qu'elle n'avait reçu aucune teinte des travers de son temps ni de sa société, à quoi se reconnaissent surtout un esprit juste et une âme ferme et délicate.

Pendant la minorité de Louis XIV, jetée au milieu des intrigues politiques de tant d'hommes et de femmes illustres, vous ne lui voyez pas une lueur de coquetterie, pas une velléité d'ambition.

Qu'importe qu'on l'inscrive au nombre des dames *précieuses*, que sa *ruelle* ait été l'une des plus vantées, qu'elle ait vécu parmi les beaux esprits de l'hôtel de Rambouillet, qu'elle les ait admirés peut-être; elle n'eut garde de les imiter. Les romans des La Calprenède et des Scudery l'avaient charmée, mais son style ne se ressent point de ce goût étrange. A tout âge elle écrivit avec le même naturel. Plus instruite que la plupart des femmes de son cercle, aucune ne fut moins pédante; et, chose remarquable, quoique alors toute femme d'esprit ne manquât pas de s'essayer dans quelques compositions littéraires, Madame de Sévigné n'a pas laissé une page qu'elle eût écrite à dessein, écrite pour le public, écrite par l'envie de bien écrire. Si elle parle des livres qu'elle veut faire sur l'*ingratitude* ou sur l'*amitié*, ce sont de purs badinages. Elle n'affecta rien, elle n'aima rien par imitation.

GROUVELLE, *Notice sur Madame de Sévigné.*

La Harpe, dans son *Cours de Littérature*, l'abbé Sabatier, dans ses *Trois Siècles de Littérature*, ont répété ce mot attribué à Madame de Sévigné: *Racine passera comme le café*. Or, ce mot n'a jamais été prononcé par Madame de Sévigné, et il ne se trouve dans aucune de ses lettres. Voltaire, le premier, donna lieu à ce rapprochement dans quelques lignes ainsi conçues : « Elle croit toujours que Racine n'ira pas loin ; mais « elle en juge comme du café, dont elle dit qu'on se désabusera « bientôt. » Le mot est de Voltaire ; et on voit que lui-même s'est bien gardé de l'attribuer à Madame de Sévigné.

(AIMÉ-MARTIN.)

NOTICE

SUR

MADAME DE GRIGNAN.

Les portraits de madame de Grignan donnent l'idée d'une beauté remarquable et surtout intéressante, et l'empressement de ses amis pour en tirer des copies montre qu'ils n'étaient point flattés. Des vers prouvent peu ; mais ceux de Benserade comme hommage public sont un témoignage assez fort. *Cette beauté brûlera le monde :* ce fut, quand elle parut à la cour, l'expression du marquis de Tréville, si distingué par la justesse et l'énergie de son langage. « Rien de si aimable et de si assorti que son esprit et sa personne : » c'était la louange exquise que lui donnait madame Scarron. Aussi voit-on qu'elle aima elle-même sa propre beauté, au point de lui sacrifier une partie de sa santé ; elle craignit un moment que trop d'embonpoint ne lui ôtât ces grâces sveltes qui en avaient fait une danseuse brillante ; elle eut recours à des moyens peu salubres pour conserver sa taille aux dépens de sa poitrine.

Comme les lettres de sa mère sont semées de traits brillants cités des siennes même, on ne s'avisera pas de nier qu'elle ne fût très-spirituelle ; mais on trouve du moins à mordre sur son genre d'esprit, car les billets qui restent d'elle, quoique d'un tour élégant et noble, étant adressés à des indifférents, ne peignent ni son esprit ni son caractère.

A l'égard de son instruction, peu de femmes en eurent une plus solide et plus variée ; mais c'est de ce mérite même qu'on lui fait un crime. Elle savait un peu le latin ; elle écrivait et parlait bien la langue italienne ; surtout elle avait appris la philosophie de Descartes. Tout ce qu'avaient d'inaccessible sa physique et sa métaphysique, alors nouvelles, avait été franchi par sa pénétration. Elle en comprenait ce qui pouvait se comprendre, et croyait en saisir l'ensemble. De tout cela on a conclu qu'elle devait être pédante. Par sa position, par les lettres de sa mère, on voit clairement qu'elle ne fit du cartésianisme que l'amusement de quelques entretiens avec des amis, qui l'étudiaient aussi, sans nulle prétention. Du reste, où trouverait-on en elle les allures et l'affiche du bel esprit? Ce n'est pas dans des bouts rimés, des chansons de société, dans quelques vers imités de Pétrarque, dont on badine avec elle. Outre ses correspondances, plus multipliées encore que celles de sa mère, les devoirs de sa place, les soins domestiques, même certaines habitudes paresseuses, remplissaient toute sa vie. Je ne lui vois guère le temps de jouer ce rôle de femme savante qu'on lui attribue, et je ne pense pas, quoi qu'on en dise, qu'elle ait fourni un seul trait à Molière.

Personne n'a nié qu'elle ne fût très-sage; il fallait dire plus : elle mérita le nom de femme vertueuse. M. de Grignan eut des torts avec elle; il se ruinait par ostentation, pour jouer en Provence le grand seigneur et le vice-roi. Son épouse déploya une force d'esprit et une habileté singulières à soutenir ses dépenses, à mettre un peu d'ordre dans ses excès, à retarder la chute de l'édifice qu'il ne cessait d'ébranler, à fournir *aux fantaisies ruineuses qui,* comme le dit Madame de Sévigné, *servaient chez lui par quartier;* elle s'immola pour lui quand il eut consommé ses propres moyens; elle donnait sa signature, et s'obligeait partout, et cela contre l'avis de ses plus solides amis. Elle se condamna à la retraite et à toutes sortes de privations pour réparer un mal qui ne venait point d'elle; et pourtant cet époux n'était ni beau, ni jeune, ni très-aimable; il n'était pas même fidèle. On voit qu'il lui donna de fréquents motifs de jalousie, et qu'elle en souffrit d'autant plus qu'elle se cachait à elle-même la cause de ses peines.

Parlons de son cœur. Nombre de personnes n'y voient qu'indifférence, sécheresse, froideur. Mais tout ce qu'on en lit montre le contraire. *Elle serait parfaite si elle n'était trop sensible :* ce sont les propres termes de madame de La Fayette, aussi éloignée de l'enthousiasme que de la flatterie. Elle se passionnait, s'inquiétait, se tourmentait, se livrait à la mélancolie. Il n'est bruit que des *dragons* dont elle s'environnait. Sa mère revient sans cesse à lui prouver qu'elle n'est point malheureuse, à la réconcilier avec la vie. Comme elle peint à cette mère le besoin qu'elle a de son amitié! « Vous êtes pour moi comme la santé, le plaisir des autres plaisirs, » expression dont Madame de Sévigné aurait pu lui envier l'heureuse énergie. Comment reconnaître cette aridité de cœur qu'on lui suppose, dans la confiance sans borne avec laquelle elle épanchait tous ses soucis dans le sein maternel? « Voyez, lui dit son frère, comme « vous avez voulu agir pour moi contre vos intérêts. » Il y eut une époque où sa mère éprouva une sorte de pénurie. Madame de Grignan fut la première à venir à son secours. Que lui manque-t-il donc pour rentrer en grâce avec ceux aux yeux desquels le mérite de la sensibilité tient lieu de tous les autres?

Quant au préjugé, assez répandu, que ces deux femmes intéressantes ne pouvaient vivre ensemble, il faut d'abord répondre par un fait : c'est que sur les vingt-sept années qui s'écoulèrent du mariage de madame de Grignan à la mort de madame de Sévigné, elles ne furent séparées que pendant moins de sept ans; encore voit-on que d'un côté la vieillesse de l'abbé de Coulanges, et de l'autre les refus de M. de Grignan, empêchèrent plusieurs fois la mère et la fille de se réunir.

— Mais, dites-vous, il s'éleva des nuages dans cette amitié. Madame de Sévigné souffrit, et se plaignit souvent. — Au lieu d'explications toujours contestables, je répondrai par des citations; je rapprocherai les passages qui montrent le mieux la différence des deux caractères; et les causes de ces désharmonies momentanées. Ces textes parlent; que le lecteur les commente.

Lettre du 9 février 1671. — Vous aimez mieux m'écrire vos sentiments que vous n'aimez à me les dire...

Du 18. — Méchante, pourquoi me cachez-vous de si précieux trésors? Vous avez peur que je meure de joie. Mais ne craignez-vous pas aussi que je meure du déplaisir de croire voir le contraire?

Du 11 mars. — Vous êtes bien plaisante de montrer mes lettres. Où est donc ce principe de cachoterie pour ce que vous aimez?

Du 15 avril. — Je vous avoue une autre chose ; c'est que je crois que vous m'aimez.

Du 26 mai. — N'allons point faire une séparation de votre aimable vue et de votre amitié ; il y aurait trop de cruauté à séparer ces deux choses, et je veux croire plutôt que le temps est venu qu'elles marcheront ensemble, que j'aurai le plaisir de vous voir sans mélange d'aucun nuage, et que je réparerai toutes mes injustices passées, puisque *vous voulez bien* les nommer ainsi...

Ailleurs. — Je vous prie, ne donnons point à l'absence l'honneur d'avoir rétabli une parfaite intelligence entre nous et de mon côté la persuasion de votre tendresse pour moi.....

Du 12 juillet. — Je songe au temps où je vous voyais à toute heure..... Je regrette de ne vous avoir pas assez vue et d'avoir eu dans certains moments des *politiques* qui m'ont ôté ce plaisir....

Du 30 octobre 1673, au retour de Grignan. — Si mes délicatesses et les mesures injustes que je prends sur moi ont donné quelques désagréments à mon amitié, je vous conjure de tout mon cœur, ma fille, de les excuser en faveur de leur cause.....

Du 11 juin 1677. — Je saute aux nues quand on vient me dire : Vous vous faites mourir toutes deux ; il faut vous séparer. Vraiment, voilà un beau remède..... Je n'ai jamais vu tant d'injustices qu'on m'en a fait dans ces derniers temps : ce n'est pas pour vous ; au contraire, je ne suis que trop contente de votre cœur ; vous n'avez point caché votre amitié, comme vous le pensez.....

Du 30 juin suivant. — Vous étiez disposée d'une manière si extraordinaire que les mêmes pensées qui vous ont déterminée à partir m'ont fait consentir à cette douleur. C'était un crime pour moi que d'être en peine de votre santé. Je vous voyais périr devant mes yeux, et il ne m'était pas permis de répandre une larme..... (Et la suite.)

Du 18 septembre 1679. — Ah, ma très-chère ! que voulez-vous me dire de pénitence et de pardon ? Je ne vois plus rien que tout ce que vous avez d'aimable ; et mon cœur est fait d'une manière pour vous qu'encore que je sois sensible jusqu'à l'excès à tout ce qui vient de vous, une douceur, un retour, une caresse, une tendresse me désarme et me guérit en un moment..... Si votre cœur était un peu plus ouvert, vous ne seriez pas si injuste.....

Janvier 1680. — Je vous prie de ne plus dire de mal de votre humeur ; votre cœur et votre âme sont trop parfaits pour laisser voir ces légères ombres.

On citerait bien d'autres passages semblables : ils nous montreraient ces deux belles âmes également empressées à s'accuser, et chacune animée du soin délicat d'atténuer les torts de l'autre en exagérant les siens propres. Ajoutons ici ce petit reproche de madame La Fayette à son amie : « Vos défiances composent votre unique défaut. » Nous voilà en état de prononcer sur cette amitié célèbre. Il est évident que le sentiment prenait dans ces deux âmes des nuances différentes, soit de leurs qualités de mère et de fille, soit de leur caractère propre. Si l'une était trop peu expansive, l'autre peut-être l'était beaucoup trop. Les réticences de celle-là avaient l'air de la froideur, tandis que l'impétuosité ombrageuse et les empressements inquiets de celle-ci ressemblaient quelquefois à une espèce de tyrannie. Madame de Grignan devint malade ; ce qu'il y avait d'opposé entre son humeur et la passion de sa mère en parut plus sensible. Mais ces principes d'irritation se calmèrent ; l'une perdit ses défiances, l'autre se montra plus confiante ; en sorte que dans les seize dernières années de la vie de Madame de Sévigné on n'aperçoit entre elles aucune trace des premiers malentendus. Après tout, ceux qui ont cru qu'elles ne s'aimaient pas, parce qu'elles se plaignaient quelquefois l'une de l'autre, ne connaissent rien en amour ni même en amitié.

Apparemment aussi les lettres de Madame de Grignan à sa mère la justifieraient encore mieux ; par malheur, elles sont perdues, et, à ce qu'il paraît, sans retour. L'éditeur de 1754 nous apprend qu'elles furent brûlées en 1734, et sacrifiées à *un scrupule de dévotion*. Ces termes remarquables m'ont fait faire quelques recherches. Je trouve en effet des raisons de présumer qu'elle pensait sur certaines matières plus librement qu'il n'était alors permis de le faire ou d'usage de l'avouer. *Son père* Descartes lui avait appris à douter, et à ne recevoir pour vrai que ce qu'elle avait reconnu pour tel par un usage bien entendu de sa raison. Sa mère lui parle souvent de sa *conversion* comme d'une chose difficile et éloignée. Elle lui écrit en 1680 : « Vous parlez si sagement des plaisirs, que la philosophie chrétienne n'en sait pas davantage. » Il faut croire que l'autre philosophie dominait dans sa correspondance.

Madame de Grignan mourut le 13 août 1705, âgée d'environ cinquante-sept ans, peut-être de douleur d'avoir perdu, l'année précédente, son fils, que la petite vérole lui enleva, et en qui s'éteignit le nom et la maison de Grignan.

LETTRES

DE

MADAME DE SÉVIGNÉ.

LETTRE PREMIÈRE.

DE Mlle MARIE DE RABUTIN-CHANTAL A MÉNAGE [1].

Paris. . . . .

Je vous dis encore une fois que nous ne nous entendons point, et vous êtes bien heureux d'être éloquent; car sans cela tout ce que vous m'avez mandé ne vaudrait guère, quoique cela soit merveilleusement bien arrangé; je n'en suis pourtant pas effrayée, et je sens ma conscience si nette de ce que vous me dites, que je ne perds pas espérance de vous faire connaître sa pureté. C'est pourtant une chose impossible, si vous ne m'accordez une visite d'une demi-heure; et je ne comprends pas par quel motif vous me la refusez si opiniâtrément. Je vous conjure, encore une fois, de venir ici; et puisque vous ne voulez pas que ce soit au-

---

[1] Mademoiselle de Rabutin-Chantal épousa le marquis de Sévigné le 1er août 1644. Cette lettre paraît avoir été écrite peu de temps avant son mariage.

jourd'hui, je vous supplie que ce soit demain. Si vous n'y venez pas, peut-être ne me fermerez-vous pas votre porte, et je vous poursuivrai de si près, que vous serez contraint d'avouer que vous avez un peu de tort. Vous me voulez cependant faire passer pour ridicule, en me disant que vous n'êtes brouillé avec moi qu'à cause que vous êtes fâché de mon départ; si cela était ainsi, je mériterais les Petites-Maisons, et non pas votre haine; mais il y a toute différence, et j'ai seulement peine à comprendre que quand on aime une personne et qu'on la regrette, il faille, à cause de cela, lui faire froid au dernier point les dernières fois qu'on la voit. Cela est une façon d'agir tout extraordinaire; et comme je n'y étais pas accoutumée, vous devez excuser ma surprise. Cependant je vous conjure de croire qu'il n'y a pas un de ces anciens et nouveaux amis dont vous me parlez, que j'estime ni que j'aime tant que vous; c'est pourquoi, devant que de vous perdre, donnez-moi la consolation de vous mettre dans votre tort, et de dire que c'est vous qui ne m'aimez plus. CHANTAL.

2. — DE LA MÊME AU MÊME [1].

Paris, jeudi. . . . . . .

C'est vous qui m'avez appris à parler de votre amitié comme d'une pauvre défunte; car, pour moi, je ne m'en serais jamais avisée, en vous aimant comme je fais. Prenez-vous-en donc à vous de cette vilaine parole qui vous a déplu; et croyez que je ne puis avoir plus de joie que de savoir que vous conservez pour moi l'amitié que vous m'avez promise, et qu'elle est ressuscitée glorieusement. Adieu.

Marie CHANTAL.

[1] Ménage était devenu amoureux de mademoiselle de Chantal, à laquelle il donnait des leçons de latin, d'italien et d'espagnol. En apprenant son mariage, il voulut se retirer. Là cesse leur correspondance; mais on la verra reprendre en 1650.

8. — DU COMTE DE BUSSY-RABUTIN ET DE M. LENET[1],
A M. ET MADAME DE SÉVIGNÉ.

.. Mars, en 1646.

Salut à vous, gens de campagne,
A vous, *immeubles* de Bretagne,
Attachés à votre maison
Au delà de toute raison :
Salut à tous deux, quoique indignes
De nos saluts et de ces lignes ;
Mais un vieux reste d'amitié
Nous fait avoir de vous pitié ;
Voyant le plus beau de votre âge
Se passer dans votre village,
Et que vous perdez aux *Rochers*
Des moments à tous autres chers.
Peut-être que vos cœurs tranquilles,
Censurant l'embarras des villes,
Goûtent aux champs en liberté
Le repos et l'oisiveté ;
Peut-être aussi que le *ménage*
Que vous faites dans le village
Fait aller votre revenu
Où jamais il ne fût venu :
Ce sont raisons fort pertinentes,
D'être aux champs pour doubler ses rentes ;
D'entendre là parler de soi
Conjointement avec le roi,
Soit aux *jours,* ou bien à l'église,
Où le prêtre dit à sa guise :
« Nous prierons tous notre grand Dieu
« Pour le *roi, et* Monsieur du lieu ;
« Nous prions aussi pour Madame,
« Qu'elle accouche sans sage-femme ;
« Prions pour les nobles enfants
« Qu'ils auront d'*ici à* cent ans.
« Si quelqu'un veut prendre la ferme,
« Monseigneur dit qu'elle est à terme,

---

[1] Pierre Lenet, procureur général au parlement de Dijon, ami de Bussy, et, comme lui factieux pendant la Fronde.

« Et que l'on s'assemble à midi ;
« Or, disons tous *de profundi*
« Pour tous Messeigneurs ses ancêtres. »
(Quoiqu'ils soint en enfer peut-être.)
Certes, ce sont là des honneurs
Que l'on ne reçoit point ailleurs :
Sans compter l'octroi de la fête,
De lever tant sur chaque bête ;
De donner des permissions ;
D'être chef aux processions ;
De commander que l'on s'amasse
Ou pour la pêche ou pour la chasse ;
Rouer de coups qui ne fait pas
Corvée de charrue *ou* de bras ;
Donner à filer la *poupée*[1],
Où Madame n'est point trompée ;
Car on rend *ribaine-ribon*,
Plus qu'elle ne donne, dit-on.
L'ordre voulait *ribon-ribaine*,
Mais d'ordre se rit notre veine ;
Et pour rimer à ce *dit-on*,
Elle renverse le dicton.

4. — DE MADAME LA MARQUISE DE SÉVIGNÉ AU COMTE DE BUSSY-RABUTIN.

Ce 15 mars 1647.

Je vous trouve un plaisant mignon de ne m'avoir pas écrit depuis deux mois ; avez-vous oublié qui je suis, et le rang que je tiens dans la famille ? Ah ! vraiment, petit cadet, je vous en ferai bien ressouvenir : si vous me fâchez, je vous réduirai au *lambel*[2]. Vous savez que je suis sur la fin d'une grossesse, et je ne trouve en vous non plus d'inquiétude de ma santé que si j'étais encore fille. Eh bien, je vous apprends, quand vous en devriez enrager, que je suis accouchée d'un garçon, à qui je vais faire sucer la haine

---

[1] La quenouille.
[2] Terme de blason. Ce signe se plaçait dans les armoiries pour distinguer les branches cadettes de la branche aînée. (A. M.)

contre vous avec le lait, et que j'en ferai encore bien d'autres, seulement pour vous faire des ennemis : vous n'avez pas eu l'esprit d'en faire autant : le beau faiseur de filles[1] !

Mais c'est assez vous cacher ma tendresse, mon cher cousin ; le naturel l'emporte sur la politique : j'avais résolu de vous gronder sur votre paresse, depuis le commencement jusqu'à la fin ; je me fais trop de violence, et il en faut revenir à vous dire que M. de Sévigné et moi vous aimons fort, et que nous parlons souvent du plaisir qu'il y aurait d'être avec vous.

5. — DU COMTE DE BUSSY A MADAME DE SÉVIGNÉ.

A Valence, le 12 avril 1647.

Pour répondre à votre lettre du 15 mars, je vous dirai, Madame, que je m'aperçois que vous prenez une certaine habitude à me gourmander, qui a plus l'air de maîtresse que de cousine. Prenez garde à quoi vous vous engagez ; car enfin, quand je me serai une fois bien résolu à souffrir, je voudrai avoir les douceurs des amants aussi bien que les rudesses. Je sais que vous êtes chef des armes, et que je dois du respect à cette qualité ; mais vous abusez un peu de mes soumissions. Il est vrai que vous êtes aussi prompte à vous apaiser qu'à vous mettre en colère, et que si vos lettres commencent par *je vous trouve un plaisant mignon,* elles finissent par *nous vous aimons fort, M. de Sévigné et moi.*

Au reste, ma belle cousine, je ne vous régale point sur la fécondité dont vous me menacez ; car depuis la loi de grâce on n'en a pas plus d'estime pour une femme, et quelques modernes même, fondés en expérience, en ont fait moins de cas. Tenez-vous-en donc, si vous m'en croyez, au garçon que vous venez de faire ; c'est une action bien loua-

---

[1] Bussy n'eut que des filles de son premier mariage avec Gabrielle de Toulongeon, sa cousine. (G.)

ble, et je vous avoue que je n'ai pas eu l'esprit d'en faire autant; aussi enviai-je ce bonheur à M. de Sévigné plus que chose du monde.

J'ai fort souhaité que vous vinssiez tous deux à Paris quand j'y étais; mais maintenant que j'en suis parti je serais bien fâché que vous y allassiez; c'est-à-dire, que vous eussiez des plaisirs sans moi : vous n'en avez déjà que trop en Bretagne.

Je m'accommode fort de M. de Launay-Lyais [1]; il recevra de moi toutes les assistances et tous les bons offices que je puis rendre à un de mes amis auprès de M. le Prince. Il est honnête homme, et ma chère cousine me l'a recommandé : je vous laisse à penser si je le servirai !

6[2]. — DU MÊME A M. ET MADAME DE SÉVIGNÉ.

A Paris, le 15 novembre 1648

J'ai pensé d'abord écrire à chacun de vous en particulier, mais j'ai cru ensuite que cela me donnerait trop de peine, de faire ainsi des baisemains à l'un dans la lettre de l'autre; j'ai appréhendé que l'apostille ne l'offensât, de sorte que j'ai pris le parti de vous écrire à tous deux, l'un portant l'autre.

La plus sûre nouvelle que j'aie à vous apprendre, c'est que je me suis fort ennuyé depuis que je ne vous ai vus. Il faut dire la vérité, je ne le prévoyais pas, quand je sortis d'auprès de vous. Au contraire, allant voir cette petite brune

---

[1] Launay-Lyais, volontaire breton, s'était attaché à Bussy-Rabutin. Celui-ci en parle dans ses mémoires comme d'un homme plein de vanité.
(M.)

[2] Vers la fin de l'année 1648, Bussy-Rabutin accompagna M. et Madame de Sévigné à l'abbaye de Ferrières, chez M. de Neuchèzes, évêque de Châlons, oncle de Madame de Sévigné et de Bussy. Il y passa quelques jours avec eux, et revint à Paris, d'où il leur écrivit cette lettre.
(*Manuscrit de Bussy-Rabutin.*)

pour qui vous m'avez vu le cœur un peu tendre, je croyais que je ne songerais plus que vous fussiez au monde. Cependant je m'étais trompé; la petite brune m'avait, ce qu'on appelle, sauté aux yeux, et je ne lui avais point encore parlé : c'est une beauté surprenante, de qui la conversation guérit. On peut dire que pour l'aimer il ne la faut voir qu'un moment; car si on la voit davantage, on ne l'aime plus. Voilà où j'en suis réduit;

> Ainsi, c'est vous aujourd'hui
> Qui causez tout mon ennui.

Mais j'oubliais de vous demander des nouvelles de la santé de notre cher oncle : je vous prie de l'entretenir toujours de propos joyeux; si vous ne le faites rire à gorge déployée, quand même il devrait tousser un peu, vous me désobligeriez fort. Dites-lui de ma part qu'il se conserve plus qu'il ne fait, et que s'il ne se veut aimer pour lui, il s'aime pour nous autres neveux, qui l'aimons plus que nous-mêmes. Je n'en dirai pas davantage, de peur de perdre mes peines, et que cela ne servît de rien. Vous avez bien la mine, fripons que vous êtes, de lui cacher toutes les marques de mon bon naturel; de l'humeur dont je vous connais, vous enrageriez qu'on m'aimât autant ou plus que vous.

Si vous ne revenez bientôt ici, je vous irai retrouver; aussi bien mes affaires ne se termineront qu'après les fêtes de Noël; mais gardez-vous de revenir l'un sans l'autre, car je ne serais pas homme à me payer de raison.

Depuis que je vous ai quittés, je ne mange presque plus. Vous, qui présumez de votre mérite, vous ne manquerez point de croire que le regret de votre absence me réduit à cette extrémité : point du tout; ce sont les soupes de messire Crochet [1] qui me donnent du dégoût pour toutes les autres.

---

[1] Le cuisinier de M. de Neuchèzes, évêque de Châlons, oncle de Madame de Sévigné, et de Bussy. (G.)

7. — DU MÊME A MADAME DE SÉVIGNÉ.

A Saint-Denis, le 15 février 1649.

J'ai longtemps balancé à vous écrire, ne sachant si vous étiez devenue mon ennemie, ou si vous étiez toujours ma bonne cousine, et si je devais vous envoyer un laquais ou un trompette. Enfin, me ressouvenant de vous avoir ouïe blâmer la brutalité d'Horace pour avoir dit à son beau-frère qu'il ne le connaissait plus depuis la guerre déclarée entre leurs républiques, j'ai cru que l'intérêt de votre parti ne vous empêcherait pas de lire mes lettres; et pour moi, je vous assure que, hors du service du roi mon maître, je suis votre très-humble serviteur.

Ne croyez pas, ma chère cousine, que ce soit ici la fin de ma lettre; je vous veux dire encore deux mots de notre guerre. Je trouve qu'il fait bien froid pour faire garde. Il est vrai que le bois ne nous coûte rien ici, et que nous y faisons *grande chère* à bon marché : avec tout cela il m'y ennuie fort; et sans l'espérance de vous faire quelque plaisir au sac de Paris, et que vous ne passerez que par mes mains, je crois que je déserterais. Mais cette vue me fait prendre patience.

J'envoie ce laquais pour me rapporter de vos nouvelles, et pour me faire venir mes chevaux de carrosse, sous le nom de notre oncle le Grand-Prieur[2]. Adieu, ma chère cousine.

8. — DU MÊME A LA MÊME.

A Saint-Denis, le 25 mars 1649.

C'est à ce coup que je vous traite en ennemie, Madame, en vous écrivant par mon trompette. La vérité est que c'est

---

[1] C'était le temps des guerres de la Fronde. Bussy servait dans l'armée du prince de Condé, qui assiégeait Paris. (A. G.)
[2] Hugues de Rabutin, grand-prieur de l'ordre de Malte.

au maréchal de La Mothe que je l'envoie, pour le prier de me renvoyer les chevaux de carrosse du grand-prieur de France, notre oncle, que ses domestiques ont pris, comme on me les amenait. Je ne vous prie pas de vous y employer, car c'est votre affaire aussi bien que la mienne ; mais nous jugerons par le succès de votre entremise quelle considération on a pour vous dans votre parti ; c'est-à-dire, que nous aurons bonne opinion de vos généraux, s'ils font le cas qu'ils doivent de vos recommandations.

J'arrive présentement de notre expédition de Brie-Comte-Robert, las comme un chien. Il y a huit jours que je ne me suis déshabillé ; nous sommes vos maîtres, mais il faut avouer que ce n'est pas sans peine. La guerre de Paris commence fort à m'ennuyer. Si vous ne mourez bientôt de faim, nous mourrons bientôt de fatigue ; rendez-vous, ou nous allons nous rendre. Pour moi, avec tous mes autres maux, j'ai encore une extrême impatience de vous voir. Si M. le cardinal (*Mazarin*) avait à Paris une cousine faite comme vous, je me trompe fort, ou la paix se ferait à quelque prix que ce fût ; tant y a que je la ferais, moi, si j'étais à sa place, car, sur ma foi, je vous aime fort.

9. — DU MÊME A LA MÊME.

A Saint-Denis, le 26 mars 1649.

Tant pis pour ceux qui vous ont refusé mes chevaux, ma belle cousine ; je ne sais pas si cela leur fera grand profit, mais je sais bien que cela ne leur fait pas grand honneur. Pour moi, je suis tout consolé de cette perte, par les marques d'amitié que j'ai reçues de vous en cette rencontre. Pour M. de La Mothe, *maréchal* de la Ligue, si jamais il avait besoin de moi, il trouverait un chevalier peu courtois.

Mais parlons un peu de la paix ; qu'en croit-on à Paris ? L'on en a ici fort méchante opinion : cela est étrange que les deux partis la souhaitent, et qu'on n'en puisse venir à bout.

Vous m'appelez insolent de vous avoir mandé que nous avions pris Brie. Est-ce que l'on dit à Paris que cela n'est pas vrai? Si nous en avions levé le siége, nous aurions été bien inquiets; car pour vos généraux, ils ont eu toute la patience imaginable, nous aurions tort de nous en plaindre.

Voulez-vous que je vous parle franchement, ma belle cousine? Comme il n'y a point de péril pour nous à courre avec vos gens, il n'y a point aussi d'honneur à gagner : ils ne disputent pas assez la partie, nous n'y avons point de plaisir; qu'ils se rendent, ou qu'ils se battent bien. Il n'y a, je crois, jamais eu que cette guerre où la fortune n'ait point eu de part. Quand nous pouvons tant faire que de vous trouver, c'est un coup sûr à nous que de vous battre, et le nombre ni l'avantage du lieu ne peuvent pas seulement faire balancer la victoire.

Ah! que vous m'allez haïr, ma belle cousine! toutes les fleurettes du monde ne pourront pas vous apaiser.

10. — DU MÊME A LA MÊME.

Au camp de Montrond[1], ce 2 juillet 1650.

Je me suis enfin déclaré pour M. le Prince, ma belle cousine; ce n'a pas été sans de grandes répugnances, car je sers contre mon roi un prince qui ne m'aime pas[2]. Il est vrai que l'état où il est me fait pitié; je le servirai donc, pendant sa prison, comme s'il m'aimait, et s'il en sort jamais, je lui remettrai sa lieutenance, et je le quitterai aussitôt, pour rentrer dans mon devoir.

---

[1] Château-fort situé dans le Berry, près de Saint-Amand, et qui appartenait au prince de Condé. Cette place, une des plus fortes du royaume à cette époque, n'existe plus. (G.)

[2] Après l'arrestation du prince de Condé, Bussy se déclara pour lui contre la cour; mais il ne tarda pas à abandonner ce parti, et ce fut Corbinelli qui négocia son *accommodement*, comme on disait alors.

Que dites-vous de ces sentiments-là, Madame ? Mandez-moi, je vous prie, si vous ne les trouvez pas grands et nobles. Au reste, écrivons-nous souvent ; le cardinal n'en saura rien, et s'il venait à le découvrir et à vous faire donner une lettre de cachet, il est beau à une femme de vingt ans d'être mêlée dans les affaires d'État. La célèbre madame de Chevreuse n'a pas commencé de meilleure heure. Pour moi, je vous l'avoue, ma belle cousine, j'aimerais assez à vous faire faire un crime, de quelque nature qu'il fût. Quand je songe que nous étions déjà l'année passée dans des partis différents, et que nous y sommes encore aujourd'hui, quoique nous en ayons changé, je crois que nous jouons aux barres : cependant votre parti est toujours le meilleur, car vous ne sortez point de Paris, et moi je vais de Saint-Denis à Montrond, et j'ai peur qu'à la fin je n'aille de Montrond au diable.

Pour nouvelles, je vous dirai que je viens de défaire le régiment de Saint-Aignan ; si le mestre-de-camp y avait été en personne, je n'en aurais pas eu si bon marché.

Le S. de Launay-Lyais vous dira la vie que nous faisons. C'est un garçon qui a du mérite, et que par cette considération je servirai volontiers ; mais la plus forte sera parce que vous l'aimez, et que je croirai vous faire plaisir. Adieu, ma belle cousine.

11. — DE MADAME DE SÉVIGNÉ A MÉNAGE.

Paris, dimanche 12 janvier (1654).

Je suis agréablement surprise de votre souvenir, Monsieur ; il y a longtemps que vous aviez retranché les démonstrations de l'amitié que je suis persuadée que vous avez toujours pour moi. Je vous rends mille grâces, Monsieur, de vouloir bien les remettre à leur place, et de me témoigner l'intérêt que vous prenez à mon retour et à ma santé. Mon grand voyage[1], dans une si rude saison, ne m'a point du tout fatiguée, et ma santé est d'une perfection que je souhaiterais à la vôtre. J'irai vous en rendre compte, Monsieur, et vous assurer qu'il y a des sortes d'amitiés que l'absence et le temps ne finissent jamais.

La marquise DE SÉVIGNÉ.

12. — DU COMTE DE BUSSY A MADAME DE SÉVIGNÉ.

Montpellier, le 16 juin 1654.

J'ai bien appris de vos nouvelles, Madame; ne vous souvenez-vous point de la conversation que vous eûtes chez madame de Montausier[2] avec M. le prince de Conti, l'hiver dernier? Il m'a conté qu'il vous avait dit quelques douceurs, qu'il vous avait trouvée fort aimable, et qu'il vous en dirait deux mots cet hiver. Tenez-vous bien, ma belle cousine; telle dame qui n'est pas intéressée est quelquefois ambitieuse, et qui peut résister aux finances du roi[3] ne résiste pas toujours aux cousins de Sa Majesté. De la manière dont le Prince m'a parlé de son dessein, je vois bien que je suis désigné confident; je crois que vous ne vous y opposerez pas, sachant, comme vous faites, avec quelle capacité je me suis acquitté de cette charge en d'autres rencontres. Pour moi, j'en suis ravi dans l'espérance de la succession; vous m'entendez bien, ma belle cousine. Si après tout ce que la fortune veut vous mettre en main, je n'en suis pas plus heureux, ce ne sera que votre faute; mais vous en aurez soin assurément, car enfin il faut bien que vous me serviez à quelque chose. Tout ce qui m'inquiète, c'est que vous serez un peu embar-

---

[1] Madame de Sévigné arrivait de Bretagne.
[2] Julie d'Angennes, première dame d'honneur d'Anne d'Autriche, mariée en juillet 1645 à Charles de Sainte-Maure, duc de Montausier. (M.)
[3] Allusion au surintendant Fouquet, qui trouvait peu de cruelles à la cour.

rassée entre ces deux rivaux; et il me semble déjà vous entendre dire :

> Des deux côtés j'ai beaucoup de chagrin;
>   O Dieu, l'étrange peine!
> Dois-je chasser l'ami de mon cousin?
> Dois-je chasser le cousin de la reine?

Peut-être craindrez-vous de vous attacher au service des princes, et que mon exemple vous en rebutera; peut-être la taille de l'un [1] ne vous plaira-t-elle pas; peut-être aussi la figure de l'autre : mandez-moi des nouvelles de celui-ci, et les progrès qu'il a faits depuis mon départ; à combien d'*acquits patents* il a mis votre liberté. La fortune vous fait de belles avances, ma chère cousine, n'en soyez point ingrate. Vous vous amusez après la vertu, comme si c'était une chose solide, et vous méprisez le bien, comme si vous ne pouviez jamais en manquer; ne savez-vous pas ce que disait le vieux Senectaire, homme d'une grande expérience et du meilleur sens du monde : que les gens d'honneur n'avaient point de chausses. Nous vous verrons un jour regretter le temps que vous aurez perdu : nous vous verrons *repentir* d'avoir mal employé votre jeunesse, et d'avoir voulu avec tant de peine acquérir et conserver une réputation qu'un médisant vous peut ôter, et qui dépend plus de la fortune que de votre conduite.

J'ai joint M. le prince de Conti à Auxerre; il n'a point passé à Chaseu [2], parce qu'il apprit qu'il se détournerait de six lieues, de sorte que mes préparatifs ont été perdus; je ne l'ai point quitté depuis, et je suis avec lui aussi bien qu'on y peut être. Nous nous allons réjouir ici deux jours dans le jeu, les promenades et la bonne chère, en attendant que les troupes soient assemblées pour entrer en Catalogne.

---

[1] Le prince de Conti, frère cadet du grand Condé, était petit et bossu.
[2] Terre de Bussy-Rabutin, située en Bourgogne, et d'où il date un grand nombre de ses lettres.

Je vous réponds, ma belle cousine, que vous entendrez parler de moi cette campagne.

Adieu, ma belle cousine; songez quelquefois à moi, et que vous n'avez ni parent ni ami qui vous aime tant que je fais; je voudrais..... Non, je n'acheverai pas, de peur de vous déplaire, mais vous pouvez bien savoir ce que je voudrais.

13. — DU MÊME A LA MÊME.

A Figuières, le 30 juillet 1654.

Mon Dieu, que vous avez d'esprit, ma belle cousine, que vous écrivez bien, que vous êtes aimable! Il faut avouer qu'étant aussi prude que vous l'êtes, vous m'avez grande obligation de ce que je ne vous aime pas plus que je fais. Ma foi, j'ai bien de la peine à me retenir; tantôt je condamne votre insensibilité, tantôt je l'excuse; mais je vous estime toujours : j'ai des raisons de ne vous pas déplaire en cette rencontre; mais j'en ai de si fortes de vous désobéir! Quoi! vous me flattez, ma belle cousine, vous me dites des douceurs, et ne voulez pas que j'aie les dernières tendresses pour vous! Eh bien, je ne les aurai pas : il faut bien vouloir ce que vous voulez, et vous aimer à votre mode; mais vous me répondrez un jour devant Dieu de la violence que je me fais, et des maux qui s'ensuivront.

Au reste, Madame, vous me mandez qu'après que vous êtes demeurée d'accord avec Chapelain[1] que j'étais un honnête homme, et que même vous l'avez remercié du bien qu'il vous disait de moi, je ne puis plus vous dire que vous êtes du parti du dernier venu. Je ne vois pas que cela vous justifie beaucoup; vous m'entendez louer, et vous faites de même. Que sais-je? s'il vous avait dit : — C'est un galant homme que M. de Bussy, il ne peut pas manquer de faire son chemin; il est seulement à craindre qu'il ne s'attache

---

[1] Chapelain, de l'Académie Française.

un peu trop à ses plaisirs quand il est à Paris ; — que sais-je ? dis-je, si vous n'auriez pas cru qu'il eût eu raison, et si dans votre cœur, au moins, vous n'auriez pas condamné ma conduite ; car enfin je vous ai vue dans des alarmes mal fondées après de semblables conversations. C'est une marque que les bonnes impressions que vous avez de moi ne sont pas encore bien fortes. Bien m'en prend que vous voyiez souvent de mes amis ; sans cela mademoiselle de Biais m'aurait bientôt ruiné dans votre esprit. Je ne vous traiterais pas de même si l'occasion s'en présentait ; je ne rejetterais pas seulement la médisance la plus outrée qu'on me ferait de vous, mais la plus légère même, précédée de vos louanges. Adieu, ma belle cousine, donnez-moi de vos nouvelles.

14. — DU MÊME A LA MÊME.

Du camp de Verges, le 17 août 1654.

Vous me dites si souvent, ma belle cousine, que vous me regretteriez beaucoup si j'étais mort, et je trouve si beau pour moi d'être regretté de vous, que cela me ferait souhaiter d'être en cet état, sans quelques petites raisons qui m'en empêchent encore ; outre que, ne vous ayant jamais surprise en mensonge, j'aime autant vous croire en cette rencontre que d'y aller voir ; et puis, il y a grande apparence qu'une personne qui a la larme à l'œil en parlant seulement de la perte d'un de ses bons amis, le pleurerait tout à fait si elle l'avait effectivement perdu. Je crois donc, ma belle cousine, que vous m'aimez, et je vous assure que je suis pour vous comme vous êtes pour moi, c'est-à-dire content au dernier point de vous et de votre amitié : ce n'est pas que je demeure d'accord avec vous que votre lettre, toute franche et toute signée, comme vous dites, fasse honte à tous les poulets : ces deux choses n'ont rien de commun entre elles ; il vous doit suffire que l'on approuve votre manière d'écrire à vos bons amis, sans vouloir médire des poulets, qui ne vous ont jamais rien dit. Vous êtes une ingrate, Madame, de les traiter mal, après qu'ils ont eu tant de respect pour vous. Pour moi, je vous l'avoue, je suis dans l'intérêt des poulets, non pas contre vos lettres; mais je ne vois pas qu'il faille prendre de parti entre eux. Ce sont des beautés différentes : vos lettres ont leurs grâces, et les poulets les leurs; mais pour vous parler franchement, si l'on pouvait avoir de vos poulets, Madame, on ne ferait pas tant de cas de vos lettres.

Il est vrai, Madame, que vous êtes étrangement révoltée contre les coquettes; je ne sais pas si cela vous durera jusqu'à cinquante ans, mais, à tout hasard, je me tiendrai en haleine de beaux sentiments, pour les pousser avec vous, si vous venez à les aimer. En attendant, je n'aurai pour vous que la plus belle amitié du monde, puisque vous ne voulez autre chose.

Je suis bien aise que vous soyez satisfaite du surintendant; c'est une marque qu'il se met à la raison, et qu'il ne prend plus tant les choses à cœur qu'il faisait : quand vous ne voulez pas ce qu'on veut, Madame, il faut bien vouloir ce que vous voulez; on est encore trop heureux de demeurer de vos amis. Il n'y a guère que vous dans le royaume qui puissiez réduire un amant à se contenter d'amitié; nous n'en voyons presque point qui d'amant éconduit ne devienne ennemi, et je suis persuadé qu'il faut qu'une femme ait un mérite extraordinaire pour faire en sorte que le dépit d'un amant maltraité ne le porte pas à rompre avec elle.

J'admire la constance de M. d'Elbeuf[1] pour madame de Nesle[2]; ne voit-il pas ses dents, et, qui pis est, ne les sent-il point? J'ai toujours cru que l'amour aveuglait, mais je ne savais pas encore qu'il enrhumât. Que sert à madame

---

[1] Charles de Lorraine, troisième du nom, duc d'Elbeuf.
[2] Jeanne de Mouchi, femme de Louis-Charles de Mailli, marquis de Nesle.
(M.)

d'Elbeuf d'être revenue si belle de Bourbon, si elle ne peut étaler ses charmes dans le monde, et s'il faut qu'elle s'aille enfermer dans Montreuil? En vérité, c'est une tyrannie épouvantable que celle qu'elle souffre, et je crois qu'après cela on la devrait excuser si elle se vengeait de son tyran. Il est vrai que je pense qu'elle s'est vengée il y a longtemps du mal qu'on devait lui faire ; comme c'est une personne de grande prévoyance, elle a bien jugé qu'on lui donnerait des sujets de plainte quelque jour ; elle n'a pas voulu qu'on la primât, et, entre nous, je crois que son mari est sur la défensive.

Nous avons ici Vardes, un de ses amants, qui m'a dit qu'il était de vos amis, et qu'il voulait vous écrire. Je sais, par M. le prince de Conti, qu'il a dessein d'être amoureux de madame de Roquelaure cet hiver, et sur cela, Madame, ne plaignez-vous pas les pauvres femmes, qui bien souvent récompensent par une véritable passion un amour de dessein, c'est-à-dire donnent du bon argent pour de la fausse monnaie? Je crois que Vardes aura de la peine à faire sa conquête, non pas tant par la force de la place que par les soins et la vigilance du gouverneur. Au reste, il m'a fait des avances d'amitié extraordinaires, et si grandes, qu'il m'a obligé, contre la résolution que j'avais faite de n'être jamais son ami, de me dédire : la réputation qu'il a d'être infidèle me faisait peur ; mais il est des amis de toutes sortes. Si j'ai un secret, celui-là ne le saura pas, et surtout si c'est un dessein pour ma fortune à quoi il puisse prétendre. *Guarda la gamba*; voilà qui est de mon cru, Madame : Corbinelli est à dix lieues d'ici ; il faut avouer que j'ai un beau naturel, de savoir cela sans avoir jamais eu de maître.

Vous ne me mandez rien de la marquise d'Uxelles[1], cependant elle est de vos bonnes amies et assez des miennes

---

[1] Épouse de Louis Châlons du Blé, marquis d'Uxelles, lieutenant général des armées du roi.

Est-ce qu'elle n'est plus à Paris, ou que vous ne m'en voulez pas parler, de peur d'être obligée de me mander ce qu'elle fait? Écrivez-le-moi, je vous prie; car enfin je l'estime fort, et je serai bien aise de faire quelque chose pour elle; si elle peut une fois sortir de condition, je lui en offrirai....

Je suis ravi d'être bien avec messieurs vos oncles; jalousie à part, ce sont d'honnêtes gens, mais il n'y a personne de parfait en ce monde; s'ils n'étaient jaloux, ils seraient peut-être quelque chose de pis. Avec tout cela, je ne les crains pas trop; et savez-vous bien pourquoi, Madame? C'est que je vous crains beaucoup, et que vous êtes cent fois plus jalouse de vous qu'eux-mêmes.

Toujours quelques douceurs, Madame, je ne m'en saurais tenir, mais il n'y a point de danger, à présent que madame de La Trousse voit mes lettres.

J'oubliais de vous dire que j'écris à M. de Coulanges sur la mort de madame sa femme; madame de Bussy me mande que je lui ai bien de l'obligation de ce qu'il a fait pour moi à la chambre des comptes. Ce qui redouble le déplaisir que j'ai de la perte qu'il a faite, c'est que j'appréhende qu'il n'aille devenir mon quatrième rival; car il avait assez de disposition du vivant de sa femme, mais la considération le retenait toujours.

Adieu, ma belle cousine, c'est assez badiner pour cette fois. Voici le sérieux de ma lettre : je vous aime de tout mon cœur.

A MADAME DE LA TROUSSE [1].

Je vous suis extrêmement obligé, Madame, de l'avis que vous m'avez donné. Croyant que notre belle marquise eût lu mes lettres toute seule, je lui aurais peut-être écrit des

---

[1] Henriette de Coulanges, veuve de François Le Hardi, marquis de La Trousse, sœur de Marie de Coulanges, mère de Madame de Sévigné. (M.)

choses que je ne voudrais pas que d'autres qu'elle vissent, et Dieu sait quelle vie vous m'auriez faite à mon retour, et quelle honte vous et moi en aurions eue. Votre prudence a détourné ce malheur en m'apprenant que vous lisez tout ce que je lui écris, et a mis les choses en état que je vous donnerai toujours du plaisir, et jamais de chagrin; mais, Madame, en vous rassurant sur les lettres trop tendres, j'ai honte d'en écrire de si folles, sachant que vous les devez lire, vous qui êtes si sage, et devant qui les *précieuses* ne font que blanchir; il n'importe, votre vertu n'est point farouche, et jamais personne n'a mieux accordé Dieu et le monde que vous ne faites.

13. — DE MADAME DE SÉVIGNÉ A MÉNAGE.

Aux Rochers, ce 1ᵉʳ d'octobre 1654.

J'ai reçu la lettre que vous m'avez envoyée de M. le Coadjuteur [1], et je ne doute pas qu'elle ne fasse un très-grand effet. Je l'envoyai dès hier à Nantes, à M. le maréchal de La Meilleraie, et je ne vous puis dire à quel point je vous suis obligée de la diligence avec laquelle vous m'avez rendu ce bon office : en cela, j'ai bien reconnu votre manière ordinaire, et en vérité je vous en remercie d'aussi bon cœur, que de bon cœur vous avez pris cette peine. Je crois que vous en serez content. Je n'écris point à M. le Coadjuteur pour lui en faire un compliment, je crois qu'il suffira que vous lui en fassiez un pour moi; je vous conjure de n'y pas manquer, et de me mander si le vôtre suffira. Mais voici qui est admirable de vous voir si bien avec toute ma famille; il y a six mois que cela n'était pas du tout si bien. Je trouve que les changements si prompts ressemblent fort à ceux de la cour; je vous dirai pourtant qu'à

---

[1] Le cardinal de Retz, alors réfugié en Espagne, après sa détention au château de Nantes, d'où il était parvenu à s'échapper par le secours du marquis de Sévigné.

mon avis cette bonne intelligence durera davantage, et pour moi, j'en ai une si grande joie, que je ne puis vous la dire au point qu'elle est. Mais, bon Dieu! où avez-vous été pêcher ce M. le Grand-Prieur [1], que M. de Sévigné appelait toujours *mon oncle le Pirate?* Il s'était mis dans la fantaisie que c'était sa bête de ressemblance, et je trouve qu'il avait assez raison. Mais dites-moi donc ce que vous pouvez avoir à faire ensemble, aussi bien qu'avec le comte de Bussy; j'ai une curiosité étrange que vous me contiez cette affaire, comme vous me l'avez promis; mais en voici bien une autre, c'est que notre abbé [2], qui entend dire de tous côtés que l'on vous aime, se va mettre dans la tête de vous aimer aussi, tellement qu'il m'a déjà priée de vous en jeter quelques paroles par-ci par-là. Je lui ai promis de faire mes efforts; et s'il est vrai que vous aimiez ceux que j'aime et à qui j'ai d'extrêmes obligations, je n'aurai pas beaucoup de peine à obtenir cette grâce de vous : je vous donne le temps d'y penser, et en attendant je vous assure que vous devez être aussi content de moi que le jour que je vous écrivis une lettre de dix mille écus.

Marie DE RABUTIN-CHANTAL.

P. S. Un compliment à M. Girault [3]; je n'ai point reçu son livre. Mandez-moi si c'est tout de bon que M. de Luynes [4] soit mort, car je ne le saurais encore croire.

16. — AU COMTE DE BUSSY.

A Livry, ce 26 juin 1655.

Je me doutais bien que tôt ou tard vous me diriez adieu, et que si ce n'était chez moi, ce serait du camp devant

---

[1] Hugues de Rabutin, grand-prieur de l'ordre de Malte.
[2] L'abbé de Coulanges.
[3] M. Girault était un ami de Ménage, qui demeurait avec lui.
[4] Cette nouvelle était fausse; Louis-Charles d'Albert, duc de Luynes, ne mourut qu'en 1690, et il ne peut être ici question du connétable, son père, mort dès le 15 décembre 1621.

Landrecy. Comme je ne suis pas une femme de cérémonie, je me contente de celui-ci, et je n'ai pas songé à me fâcher que vous eussiez manqué à l'autre. Je m'étais déjà dit vos raisons, avant que vous me les eussiez écrites, et je suis trop raisonnable pour trouver étrange que la veille d'un départ on couche chez le baigneur [1]. Je suis d'une grande commodité pour la liberté publique, et pourvu que les bains ne soient pas chez moi, je suis contente ; mon zèle ne me porte pas à trouver mauvais qu'il y en ait dans la ville.

Depuis que vous êtes parti je n'ai bougé de ce beau désert, ici, où, pour vous parler franchement, je ne m'afflige point trop de vous savoir à l'armée. Je serais une indigne cousine d'un si brave cousin, si j'étais fâchée de vous voir cette campagne à la tête du plus beau corps qui soit en France, et dans un poste aussi glorieux que celui que vous tenez. Je crois que vous désavoueriez des sentiments moins nobles que ceux-là; je laisse aux *baigneurs* d'en avoir de plus tendres et de plus faibles : chacun aime à sa mode ; pour moi, je fais profession d'être brave, aussi bien que vous : voilà les sentiments dont je veux faire parade. Il y aurait peut-être quelques dames qui trouveraient ceci un peu romain, *et rendraient grâce aux Dieux de n'être pas Romaines*

Pour conserver encor quelque chose d'humain.

Mais là-dessus j'ai à leur répondre que je ne suis pas aussi tout à fait inhumaine, et qu'avec toute ma bravoure je ne laisse pas de souhaiter, avec autant de passion qu'elles, que votre retour soit heureux. Je crois, mon cher cousin, que vous n'en doutez pas, et que je demande à Dieu de tout

---

[1] Au moment de partir pour l'armée, Bussy oublie de voir sa cousine ; et, pour se justifier, il lui écrit qu'il a passé la nuit chez un baigneur. C'est à cette lettre que Madame de Sévigné fait allusion, et la lettre suivante de Bussy explique le véritable motif de son absence.

mon cœur qu'il vous conserve. Voilà l'adieu que je vous aurais fait, et que je vous prie de recevoir d'ici, comme j'ai reçu le vôtre de Landrecy.

17. — DU COMTE DE BUSSY A MADAME DE SÉVIGNÉ.

Au camp devant Landrecy, le 5 juillet 1655.

D'où vient que je ne reçois pas de vos lettres, Madame? Me croyez-vous encore en Catalogne cette campagne, ou me grondez-vous de ne vous avoir point dit adieu? Pour le premier, je vous ai promis de venir en Flandre; et pour l'autre, je vous ai dit de si bonnes raisons, que vous seriez de fort méchante humeur si vous n'en étiez satisfaite.

Mandez-moi, je vous prie, des nouvelles de l'amour du surintendant, vous n'obligerez pas un ingrat; je vais vous dire à la pareille des nouvelles du mien pour ma Chimène; il me semble que je vous fais un honnête parti, quand je vous offre de vous dire un secret pour des bagatelles.

Vous saurez donc que la veille de mon départ de Paris fut employée aux adieux, aux protestations de s'aimer toute la vie, et à toutes les marques les plus tendres que deux personnes qui s'aiment fort peuvent se donner de leur amour.

> Ici je te permets, trop fidèle mémoire
> De cacher à mes sens le comble de ma gloire [1].

On se promit de s'écrire souvent, et le malheur des lettres d'amour qui tombent tous les jours entre les mains du tiers et du quart ne nous rebutant point d'en écrire, on résolut de s'écrire, sans chiffres, toutes les choses par leur nom. L'on convint seulement que les lettres seraient brû-

---

[1] Vers de Philippe Habert, dans son *Temple de la Mort*. (G.)

lées aussitôt qu'elles auraient été lues. Après cela l'on recommença de se prouver par de bons effets que l'on s'aimait éperdument. Ensuite, l'amour étant un vrai *recommenceur*, l'on se redit les mêmes choses qu'auparavant en d'autres termes, et quelques-unes en mêmes mots; on y ajouta seulement des assurances de ne jamais rien croire au désavantage de chacun : quelques larmes suivirent ces assurances; elles furent encore mêlées d'un moment de plaisir, et puis on ne fit autre chose que de pleurer en se quittant.

Voilà, Madame, mon histoire amoureuse; je pense que celle du surintendant n'est pas si gaie, ni si lamentable; je vous supplie de me la mander, quelle qu'elle soit. Adieu, ma belle cousine.

18. — DE MADAME DE SÉVIGNÉ AU COMTE DE BUSSY.

A Paris, le 14 juillet 1655.

Voulez-vous toujours faire honte à vos parents? Ne vous lasserez-vous jamais de faire parler de vous toutes les campagnes? Pensez-vous que nous soyons bien aises d'entendre dire que M. de Turenne mande à la cour que vous n'avez rien fait qui vaille à Landrecy[1]? En vérité, c'est avec un grand chagrin que nous entendons dire ces choses-là, et vous comprenez bien de quelle sorte je m'intéresse aux affronts que vous faites à notre maison. Mais je ne sais, mon cousin, pourquoi je m'amuse à plaisanter, car je n'en ai pas le loisir, et si peu que j'aie à vous dire, je le devrais dire sérieusement; je vous dis donc que je suis ravie du bonheur que vous avez eu à tout ce que vous avez entrepris. Je vous ai écrit une grande lettre de Livry, que je crains bien que vous n'ayez pas reçue; j'aurais quelque regret qu'elle fût perdue, car elle me semblait assez badine.

[1] Voyez la lettre 19.

Je me trouvai hier chez madame de Montglas[1]; qui avait reçu une de vos lettres, et madame de Gouville[2] aussi : je croyais en avoir une chez moi; mais je fus trompée dans mon attente, et je jugeai que vous n'aviez pas voulu confondre tant de rares merveilles. J'en suis bien aise, et je prétends avoir un de ces jours une *voiture*[3] à part. Adieu, mon cousin. Le gazetier parle de vous légèrement; bien des gens en ont été scandalisés, et moi plus que les autres, car je prends plus d'intérêt que personne à tout ce qui vous touche. Ce n'est pas que je ne vous conseille de quitter Renaudot de ses éloges, pourvu que M. de Turenne et M. le Cardinal soient toujours bien informés de vos actions.

19. — AU MÊME.

A Paris, le 19 juillet 1655.

Voici la troisième fois que je vous écris depuis que vous êtes parti; c'est assez pour vous faire voir que je n'ai rien sur le cœur contre vous. J'ai reçu l'adieu que vous m'avez fait de Landrecy, pendant que j'étais à Livry, et je vous ai fait réponse en même temps : je vois bien que vous ne l'avez pas reçue, et j'en suis au désespoir; car, outre qu'elle était honnêtement tendre, c'est qu'elle était assez jolie, à ce qu'il me semblait; et comme elle vous était destinée, je suis bien en colère qu'un autre en ait eu le plaisir. Depuis cela je vous ai encore écrit par un laquais que vous avez envoyé ici, lequel était chargé de plusieurs lettres pour de belles dames[4]. Je ne me suis point amusée à vous chicaner sur ce qu'il n'y en avait point pour moi, et je vous fis une pe-

---

[1] Maîtresse de Bussy; elle était en son nom Hurault de Chiverny, et petite-fille du chancelier.
[2] Lucie de Cottentin de Tourville, femme de Michel d'Argouges, marquis de Gouville.
[3] Allusion aux lettres, alors si célèbres, de Voiture, et qui sont aujourd'hui tombées dans un juste oubli.
[4] Mesdames de Montglas et de Gouville.

tite lettre en galopant, qui a dû vous faire connaître, quoique assez mal arrangée, la sensible joie que j'ai eue de votre bonheur à vos gardes de Landrecy, dont la nouvelle nous est venue ici le plus agréablement du monde par des gens de la cour, qui nous ont assuré que M. le cardinal de Mazarin avait dit beaucoup de bien de vous devant le roi, lequel en avait dit lui-même, et ensuite toute la cour, qui avait fort loué cette dernière action. Vous pouvez croire que ma joie n'a pas été médiocre d'entendre dire tout cela de vous ; mais, pour en revenir à mon conte, ce fut donc sur cela que je vous écrivis ma seconde lettre, et cinq ou six jours après j'ai reçu celle où je vois que vous vous plaignez de moi. Cependant, mon pauvre cousin, vous voyez bien que vous n'en avez aucun sujet ; et là-dessus on peut tirer une belle moralité : c'est qu'il ne faut jamais condamner personne sans l'entendre. Voilà ce que j'avais à vous dire pour ma justification : peut-être qu'une autre aurait pu réduire les mêmes choses en moins de paroles; mais il faut que vous supportiez mes défauts en faveur de mon amitié. Chacun a son style; le mien, comme vous voyez, n'est pas laconique.

Je ne crois pas avoir jamais rien lu de plus agréable que la description que vous me faites de l'adieu de votre maîtresse. Ce que vous dites, que l'amour est un vrai *recommenceur*, est tellement joli, est tellement vrai, que je suis étonnée que, l'ayant pensé mille fois, je n'aie jamais eu l'esprit de le dire. Je me suis même quelquefois aperçue que l'amitié se voulait mêler en cela de contrefaire l'amour, et qu'en sa manière elle était aussi une vraie *recommenceuse*. Cependant, quoiqu'il n'y ait rien de plus galant que ce que vous me dites sur toute votre affaire, je ne me sens point tentée de vous faire une pareille confidence sur ce qui se passe entre le surintendant et moi, et je serais au désespoir de pouvoir vous mander quelque chose d'approchant. J'ai toujours avec lui les mêmes précautions et les mêmes craintes;

de sorte que cela retarde notablement les progrès qu'il voudrait faire. Je crois qu'il se lassera enfin de vouloir recommencer toujours inutilement la même chose. Je ne l'ai vu que deux fois depuis six semaines, à cause d'un voyage que j'ai fait. Voilà ce que je puis vous en dire, et ce qui en est. Usez aussi bien de mon secret que j'userai du vôtre; vous avez autant d'intérêt que moi de le cacher.

Je ne vous dis rien de l'aventure de Bartet[1], je crois qu'on vous l'aura mandée, et qu'elle vous aura fort diverti; pour moi, je l'ai trouvée tout à fait bien imaginée. Il y a une dame qu'on accuse d'avoir été les premiers jours demander si c'était un affront que cela, parce qu'elle avait ouï dire à l'intéressé que ce n'était qu'une bagatelle. On dit que présentement il commence à sentir son mal, et à trouver qu'il eût été mieux qu'il n'eût pas été tondu. Adieu, mon pauvre cousin; ce n'est point ici une jolie lettre, ni une réponse digne de la vôtre, mais on n'est pas toujours en belle humeur. Il y a huit jours que je suis malade, cela fait tort à ma vivacité. Aimez-moi toujours bien, car, pour moi, je fais mon devoir sur votre sujet, et je vous souhaite un heureux retour.

20. — A MÉNAGE.

Paris. . . . . (1655).

Je vous rends grâce de votre Malherbe, j'en ferai mon profit admirablement, et veux parer mon esprit de toutes sortes de belles choses, afin qu'il ne vous ennuie pas d'y demeurer. Celui qui me vint voir hier se contenterait d'être

---

[1] Voici l'aventure. Bartet avait pour rival le duc de Caudale auprès de la marquise de Gouville. Le duc, irrité de quelques propos malins tenus sur son compte par Bartet, fit arrêter ce dernier par des cavaliers apostés rue Saint-Thomas du Louvre. Ceux-ci lui rasèrent tout un côté de la tête, cheveux et moustaches, et le laissèrent dans ce triste état. Ce Bartet étant secrétaire du cabinet du roi, l'action parut très-hardie et se ressentir de la licence des guerres civiles de la régence; mais comme il était sans naissance, sa plainte ne fut pas entendue, et tout le ridicule de cette affaire retomba sur lui.

placé plus bas, c'est-à-dire au cœur; mais il est persuadé
que ce n'est pas une chose facile. C'est pourquoi, quelque
envie qu'il ait de se mettre à la mode, je vois bien que
nous en demeurerons à l'estime et au respect. Je lui suis très-
obligée de la chaleur qu'il me témoigne pour vos intérêts;
il me promet de faire des merveilles, et moi je vous conjure
de vous guérir, et d'être persuadé que je vous aime et vous
estime d'une façon toute extraordinaire. Dites toujours du
bien de moi, cela me fait un honneur étrange.

21. — DU COMTE DE BUSSY A MADAME DE SÉVIGNÉ.

A Bavay, ce 13 août 1655.

J'ai reçu vos trois lettres, Madame; celle de Livry est
effectivement très-plaisante, mais, comme vous dites aussi,
elle n'est pas la plus tendre du monde. Vous me parlez de
désespoir et de larmes, tout exprès, ce me semble, pour
me dire que ce n'est pas pour moi; je sais bien que je n'y
dois pas prétendre, mais vous n'aviez que faire de m'exagérer si fort vos faiblesses pour un autre, et votre fermeté
pour moi : quand on aime bien les gens qui vont à l'armée,
on a plus de crainte pour le danger de leurs personnes que
de joie dans l'espérance de l'honneur qu'ils vont acquérir.
Je jurerais qu'il y a des mouvements de dépit dans ce que
vous m'écrivez. Sur la fin, pourtant, vous vous radoucissez
un peu, et, craignant que ce que vous me mandez sur mon
départ ne sente trop la rudesse de *Rome naissante,* vous
vous radoucissez sur mon retour.

Pour votre lettre du 14 juillet, il n'y a rien de si obligeant
ni de si flatteur que ce que vous me dites sur mes gardes de
Landrecy; j'ai bien ri en lisant vos contre-vérités, et la
honte que vous me mandez avoir eue des mauvaises actions
que j'ai faites.

Pour votre troisième lettre, je vous dirai que, pour n'être
pas d'un style laconique, elle ne laisse pas d'être fort agréa-

ble ; je serais bien fâché qu'elle fût plus courte, et vous avez tort de dire que vous écririez mieux si vous n'étiez malade; vous vous portez mieux que vous ne pensez, et moi, ma chère cousine, je suis à vous mille fois plus tendrement que je ne saurais l'exprimer.

Je vous écris fort à la hâte, parce qu'il y a une heure que l'armée est en marche; je ne vous écris pas en galopant, comme vous me mandiez l'autre jour que vous faisiez, mais je vais galoper dans un moment pour vous avoir écrit.

22. — DU MÊME A LA MÊME.

Du camp d'Angres, le 7 octobre 1655.

Je suis fort aise, Madame, que vous m'assuriez que M. le surintendant souhaite de trouver que j'ai raison dans l'affaire qu'on a voulu me susciter avec lui. Cela ne laisse pas de me surprendre, et je trouve fort extraordinaire qu'il aime mieux avoir sujet de se plaindre de madame de Martel que de moi.

M. le cardinal de Mazarin a été une seconde fois à l'armée pour voir Condé et Saint-Guilain, et pour laisser ces places en état de ne rien craindre en hiver, et de se passer de nous jusqu'au printemps. Son Éminence m'a fort bien traité, et m'a fait donner mille écus pour achever ma campagne.

Il y a deux ou trois jours qu'en causant avec M. de Turenne je vins à vous nommer; il me demanda si je vous voyais; je lui dis qu'oui, et qu'étant cousins-germains, et de même maison, je ne voyais pas une femme plus souvent que vous. Il me dit qu'il vous connaissait, et qu'il avait été vingt fois chez vous sans vous rencontrer; qu'il vous estimait fort, et qu'une marque de cela était l'envie qu'il avait de vous voir, lui qui ne voyait aucune femme. Je lui dis que vous m'aviez parlé de lui; que vous aviez su l'honneur qu'il vous avait fait, et que vous m'aviez témoigné lui en être très-obligée.

A propos de cela, Madame, il faut que je vous dise que je ne pense pas qu'il y ait au monde une personne si généralement estimée que vous ; vous êtes les délices du genre humain : l'antiquité vous aurait dressé des autels, et vous auriez assurément été déesse de quelque chose. Dans notre siècle, où l'on n'est pas si prodigue d'encens, et surtout pour le mérite vivant, on se contente de dire qu'il n'y a point de femme à votre âge plus vertueuse ni plus aimable que vous. Je connais des princes du sang, des princes étrangers, de grands seigneurs façon de princes, de grands capitaines, des gentils-hommes, des ministres d'État, des magistrats et des philosophes, qui fileraient pour vous si vous les laissiez faire. En pouvez-vous demander davantage ? A moins que d'en vouloir à la liberté des cloîtres, vous ne sauriez aller plus loin.

J'oubliais de vous dire qu'il y a deux mois que Humières[1] disant à Nogent[2] quelque chose qui lui déplut, celui-ci donna du bout de ses gants sur le chapeau de l'autre. M. le cardinal et M. de Turenne défendirent à Humières, de la part du roi, d'en avoir aucun ressentiment ; mais La Châtre, son beau-frère, fit appeler Nogent par un gentilhomme de ses parents nommé Sainte-Fère, lieutenant d'Humières. Nogent ne voulut point se battre, et il dit depuis qu'il n'avait tenu qu'à Sainte-Fère qu'il n'eût satisfait La Châtre. Il y a huit jours que Sainte-Fère lui faisant un éclaircissement là-dessus, Nogent le traita de petit mignon, et ne lui voulut donner aucune satisfaction. Sainte-Fère, qui tenait un fouet de postillon à la main, lui en donna quelques coups. Nogent dit qu'il n'avait point été frappé, et que Humières a voulu le faire assassiner. Humières dit qu'il n'a aucune part à cela, que véritablement s'il avait

---

[1] Louis de Crevant d'Humières, maréchal de France en 1668. (A. G.)
[2] Armand de Beautru, comte de Nogent. (A. G.)

cru être offensé, il aurait fait donner cent coups de bâton à Nogent par un de ses domestiques, et même il veut bien que Nogent croie que c'est lui qui lui a fait faire cette insulte.

23. — DU MÊME A LA MÊME.

A Noyon, le 7 novembre 1655.

J'attends ici la venue du Messie, Madame, c'est-à-dire les ordres du quartier d'hiver, avec une fort grande impatience. Je ne m'ennuie pas trop, vu la saison. Cela soit dit sans vous offenser, ma chère cousine; il me semble que je devrais m'ennuyer partout où vous n'êtes pas. Je me lève tard, je me couche de bonne heure; je vais, je viens, j'entre en colère, j'en sors, je prie Dieu, je l'offense; et comme cela les journées d'hiver ne durent rien.

Aussitôt que j'aurai mon congé, j'irai à Compiègne faire ma cour; et si je dois servir cet hiver sur la frontière, comme je l'ai demandé, je serai bien pressé de partir si je ne vais pas vous dire adieu; en tout cas je vous écrirai, Madame, et partout je vous aimerai de tout mon cœur.

Mes amitiés, je vous prie, à tous mes rivaux, fussent-ils quatre fois autant qu'ils ne sont.

24. — DE MADAME DE SÉVIGNÉ AU COMTE DE BUSSY.

A Paris, ce 25 novembre 1655.

Vous faites bien l'entendu, monsieur le Comte; sous ombre que vous écrivez comme un petit Cicéron, vous croyez qu'il vous est permis de vous moquer des gens. A la vérité, l'endroit que vous avez remarqué m'a fait rire de tout mon cœur; mais je suis étonnée qu'il n'y eût que cet endroit de ridicule, car, de la manière dont je vous écrivis, c'est un miracle que vous ayez pu comprendre ce que je voulais vous dire, et je vois bien qu'en effet vous avez de l'esprit, ou que ma lettre est meilleure que je ne pensais.

Quoi qu'il en soit, je suis bien aise que vous avez profité de l'avis que je vous donnais.

On m'a dit que vous sollicitiez de demeurer sur la frontière cet hiver : comme vous savez, mon pauvre Comte, que je vous aime un peu rustaudement, je voudrais qu'on vous l'accordât, car on dit qu'il n'y a rien qui avance tant les gens, et vous ne doutez pas de la passion que j'ai pour votre fortune ; ainsi, quoi qu'il puisse arriver, je serai contente. Si vous demeurez sur la frontière, l'amitié solide y trouvera son compte ; si vous revenez, l'amitié tendre sera satisfaite.

On dit que madame de Châtillon [1] est chez l'abbé Fouquet [2] ; cela paraît fort plaisant à tout le monde.

Madame de Requelaure [3] est revenue tellement belle, qu'elle défit hier le Louvre à plate couture ; ce qui donne une si terrible jalousie aux belles qui y sont, que par dépit on a résolu qu'elle ne serait pas des après-soupers, qui sont gais et galants comme vous savez. Madame de Fiennes voulut l'y faire demeurer hier ; mais on comprit par la réponse de la reine qu'elle pouvait s'en retourner.

Le prince d'Harcourt [4] et la Feuillade [5] eurent querelle avant-hier chez Jeannin ; le prince disant que le chevalier de Grammont avait l'autre jour ses poches pleines d'argent, il en prit à témoin La Feuillade, qui dit que cela n'était point, et qu'il n'avait pas un sou. — Je vous dis que si. — Je vous dis que non. — Taisez-vous, La Feuillade. — Je n'en ferai rien. Là-dessus le prince lui jette une assiette à la tête ; l'autre lui jette un couteau ; ni l'un ni l'autre

---

[1] Élisabeth-Angélique de Montmorency, sœur du maréchal de Luxembourg, alors veuve de Gaspard de Coligni.

[2] Basile Fouquet, frère du surintendant.

[3] Charlotte-Marie de Daillon, fille du comte du Lude ; elle avait alors vingt et un ans.

[4] Charles de Lorraine IIIe du nom, du vivant de son père, prince d'Harcourt.

[5] François, vicomte d'Aubusson, duc de La Feuillade, pair, et depuis maréchal de France.

ne porte : on se met entre deux ; on les fait embrasser. Le soir ils se parlent au Louvre, comme si de rien n'était. Si vous avez jamais vu le procédé des académistes [1] qui ont *campo*, vous trouverez que cette querelle y ressemble fort.

Adieu, mon cher cousin ; mandez-moi s'il est vrai que vous vouliez passer l'hiver sur la frontière, et croyez bien que je suis la plus fidèle amie que vous ayez au monde.

25. — A MÉNAGE.

Paris, ... (vers 1656.)

Si Montreuil [2] n'était point douze fois plus étourdi qu'un hanneton, vous verriez bien que je ne vous ai fait aucune malice, car il se chargea de vous faire savoir que je ne pouvais vous aller prendre, et me le promit si sérieusement, que croyant ce qu'il me disait, qu'il n'était plus si fou qu'il avait été, je m'en fiai à lui, et c'est la faute que je fis. Outre cela, le temps épouvantable qu'il fit vous devait assez dire que je n'irais point au cours. Tout cela vous fait voir que je n'ai aucun tort ; c'est pourquoi je vous conseille, puisque vous êtes revenu de Pontoise, de n'y point retourner pour vous pendre ; cela n'en vaut pas la peine, et vous y serez toujours reçu quand vous voudrez bien. Mon cher, croyez que je ne suis point irrégulière pour vous, et que je vous aime très-fort.

26. — DU COMTE DE BUSSY-RABUTIN A MADAME DE SÉVIGNÉ.

Au camp devant Valenciennes, ce 9 juillet 1656.

Il y a six jours que je suis ici, Madame ; vous avez pu voir une lettre que j'écrivis à notre ami Corbinelli du jour

---

[1] C'est le nom qu'on donnait alors aux jeunes élèves de l'école royale d'équitation. Académiste et écoliers étaient synonymes.
[2] Matthieu de Montereul, ou Montreuil, poëte aujourd'hui oublié. Il mourut en 1692.

que j'arrivai. Les choses sont presque dans le même état ; nous n'avons guère avancé depuis. Vous avez déjà pu savoir la mort de trois capitaines aux gardes ; la blessure du chevalier de Créquy ¹ à la tête, du marquis de Sillery ² à la mâchoire, du marquis de Lauresse au bras, et de Molondin ³ à la jambe.

La nuit du 7 au 8, les ennemis vinrent sur les onze heures à nos lignes, d'abord du côté des Lorrains, et peu de temps après au quartier de Picardie ; et cela pour reconnaître notre contenance, et pour nous fatiguer par de petites alarmes, car il ne parut point d'infanterie. Le matin du 8 il sortit trois escadrons de la ville sur les Lorrains ; et comme tout le monde y courait, un cavalier des nôtres se détacha, et tira de quatre pas un coup de mousqueton à La Feuillade, et puis lui demanda : Qui vive ? La Feuillade répondit : Vive La Feuillade ! Si vous me demandez pourquoi ce cavalier lui en voulait, je n'en sais point d'autre raison, si ce n'est qu'il fallait que ce jour-là La Feuillade ressemblât à un Espagnol.

La même nuit du 7 au 8 la contrescarpe fut prise ; ce qui coûta beaucoup de braves gens au régiment de Turenne.

Voici une des plus grandes entreprises que nous ayons faites depuis la guerre ; nous attaquons la plus grande ville des Pays-Bas, où sont les magasins d'Espagne ; il y a plus de quinze ou seize cents hommes de guerre dedans, et plus de dix mille habitants portant les armes, qui servent comme des troupes réglées. Nous avons à la portée du fauconneau de nos lignes une armée ennemie de vingt mille hommes, dans laquelle est le prince de Condé, qui observe tous nos mouvements, et qui nous tient dans une contrainte épou-

---

¹ Alors lieutenant général des armées du roi, et depuis maréchal de France.
² Louis Roger Brûlart, marquis de Sillery, mestre du camp d'infanterie.
³ Mestre de camp des gardes suisses.

vantable[1]. Cependant l'ordre est si bon parmi nous, et nos troupes sont si bien intentionnées, que j'attends un bon succès de notre entreprise. Je ne doute pas que les ennemis ne fassent une attaque aux lignes ; si c'est de notre côté, ils seront repoussés : je ne vous dis pas cela comme un fanfaron et sans connaissance de cause.

Par le premier ordinaire je vous manderai ce qui sera arrivé : je sais le plaisir qu'on fait en donnant promptement des nouvelles sûres et d'importance comme celles-ci.

J'oubliais de vous dire que j'ai vu M. de La Trousse[2], qui se porte fort bien, aux enseignes qu'il me demanda un jugement pour un cavalier qu'il répétait et que je condamnai. Adieu, ma belle cousine.

27. — DU MÊME A LA MÊME.

Au camp du Quesnoy, le 20 juillet 1656.

Je vous aurais plus tôt tirée de peine, Madame, si j'avais eu plus tôt le loisir et la commodité de vous apprendre de mes nouvelles; mais depuis notre retraite de Valenciennes jusqu'à présent j'ai toujours été à cheval ou sur la paillasse, et je n'ai point su qu'il partît de courrier de l'armée qu'aujourd'hui.

Vous saurez donc, Madame, que le 16 de ce mois, à deux heures du matin, les lignes du maréchal de La Ferté furent attaquées par l'armée des ennemis, et forcées sans résistance, hormis du côté des gardes françaises et de la marine, qui en firent beaucoup; mais ils furent pris par derrière. Nous ne pûmes secourir cette armée, parce que du côté que les ennemis firent le plus grand effort, il n'y avait qu'une digue fort étroite et longue de huit cents pas, sur

---

[1] L'armée espagnole avait trois chefs, don Juan d'Autriche, le prince de Condé et le marquis de Caracène.
[2] Cousin-germain de Madame de Sévigné. (A. G.)

l'Escaut et les prairies que ceux de Bouchain avaient inondées, par laquelle nous pussions nous communiquer; et cette inondation fit aussi que fort peu de gens se purent sauver. Le maréchal de La Ferté fut pris; le comte d'Étrées, le comte de Grand-Pré et Gadagne, lieutenants généraux, pris; Moret, Riberpré, le marquis de Renel, Vervin, Thianges, La Trousse, Pradel, Poillac, La Luserne, et plus de quatre cents officiers, cavalerie ou infanterie, pris. Le marquis d'Étrées, volontaire, tué; La Roque-Saint-Chamarant, mestre de camp de cavalerie, pris; Belsunce, mestre de camp d'infanterie, tué; et bien d'autres que nous ne savons pas encore.

Le marquis d'Uxelles se sauva par la digue, Bellefonds à la nage. Le débris de cette armée, qui pouvait être de deux mille hommes, cavalerie ou infanterie, se retira à Condé. Notre armée marcha au Quesnoy sans ordre de bataille : nous y trouvâmes deux mille hommes qui venaient de France pour nous joindre.

Le lendemain, 17, ayant fait revue nous trouvâmes huit mille hommes de pied et huit mille chevaux dans l'armée de Turenne, cinq cents chevaux et trois cents hommes de pied dans celle de la Ferté.

Le mardi 18 les ennemis se vinrent poster à notre vue de l'autre côté du Quesnoy, un petit ruisseau entre deux. Leur dessein était, à ce que nous croyons, d'assiéger le Quesnoy, si nous en eussions déjà été éloignés, ou de nous attaquer si nous eussions fait devant eux une méchante démarche; mais, malheureusement pour eux, ils nous ont trouvés bien postés, fiers et témoignant ne respirer que la vengeance de la défaite de nos camarades.

Ce matin ils ont décampé de devant nous, et nous ont laissés douter, deux heures durant, s'ils ne voulaient point nous livrer bataille; mais enfin ils ont repris le chemin de Valenciennes, et nous croyons qu'ils vont faire le siége de Condé, que nous aurons bien de la peine à secourir. Voilà notre aventure, Madame, que vous ne pouvez apprendre plus véritablement.

Le 17 j'envoyai mon trompette savoir ce qu'était devenu La Trousse; il revint le lendemain sans avoir pu parler à lui, mais ayant appris qu'il se portait fort bien. J'oubliais de vous dire que toute l'armée de La Ferté a perdu son bagage, hormis Bellefonds [1], qui a sauvé sa vaisselle d'argent.

28. — DU MÊME A LA MÊME.

Au camp de Blecy, le 2 août 1657.

Votre lettre est fort agréable, ma belle cousine; elle m'a fort réjoui. Qu'on est heureux d'avoir une bonne amie qui ait autant d'esprit que vous! Je ne vois rien de si juste que ce que vous écrivez, et l'on ne peut pas vous dire : Ce mot-là serait plus à propos que celui que vous avez mis. Quelque complaisance que je vous doive, Madame, vous savez que je vous parle assez franchement pour ne pas vous dire ceci si je ne le pensais; et vous ne doutez pas que je ne m'y connaisse un peu, puisque j'ose bien juger des ouvrages de Chapelain, et que je censure quelquefois assez justement ses pensées et ses paroles. Je vous envoie copie de la lettre que j'ai écrite à la marquise d'Uxelles. Elle me mande que si j'aime les grands yeux et les dents blanches, elle aime de son côté les gens tendres et les amoureux transis, et que, ne me trouvant pas comme cela, je me tienne pour éconduit : elle revient après; et sur ce que je lui mande que je la quitterai si elle me rebute, et qu'à moins de se déguiser en maréchale pour me surprendre, elle ne m'y rattrapera plus, elle me répond que je ne me désespère point, et qu'elle me promet de se donner à moi quand elle sera parvenue à la dignité pour laquelle, à ce qu'elle dit, on la mange jusqu'aux os ; que mon poulet ne pouvait lui être rendu plus mal à propos, et que, n'ayant

---

[1] Qui fut depuis maréchal de France

pas un denier, elle était dans la plus méchante humeur du monde.

J'écris à Corbinelli de vous dire ce qui s'est passé entre M. de Turenne et moi depuis que je suis à l'armée, et qu'enfin nous avons fait une réconciliation qui me paraît assez sincère; je ne sais si cette paix durera.

J'ai gagné huit cents louis d'or depuis quatre ou cinq jours; si je n'en gagne pas davantage, c'est qu'on appréhende ma fortune : je ne trouve plus personne qui veuille jouer contre moi.

Voulez-vous savoir la vie que nous faisons, Madame? je m'en vais vous la dire. Quand l'armée marche, nous travaillons comme des chiens; quand elle séjourne, il n'y a pas de fainéantise égale à la nôtre. Nous poussons toujours les choses aux extrémités. On ne ferme pas l'œil trois ou quatre jours durant, ou bien on est trois ou quatre jours sans sortir du lit; on fait bonne chère, ou l'on meurt de faim.

Les ennemis sont campés entre Béthune et la Bassée, attendant tranquillement la prise de Montmédy, qu'ils ne jugent pas d'assez grande importance pour hasarder un combat en voulant la secourir. Adieu ma belle cousine [1].

« Un peu avant la campagne de 1658, je me brouillai
« avec madame de Sévigné. J'eus tort dans le sujet de ma
« brouillerie, mais le ressentiment que j'en eus fut le com-
« ble de mon injustice : je ne saurais jamais assez me con-
« damner en cette rencontre, ni avoir assez de regret d'a-
« voir offensé la plus jolie femme de France, ma proche
« parente, que j'avais toujours fort aimée, et de l'amitié
« de laquelle je ne pouvais pas douter. C'est une tache à
« ma vie, que j'essayai véritablement de laver quand on
« arrêta le surintendant Fouquet, en prenant hautement
« à la cour le parti de la marquise, contre des gens qui la

---

[1] La correspondance de Bussy-Rabutin éprouvant ici une interruption de sept années, nous croyons devoir citer le passage suivant, tiré des manuscrits de Bussy, et qui explique les motifs de cette interruption.

« voulaient confondre avec les maîtresses de ce ministre. Ce
« ne fut pas seulement la générosité qui m'obligea d'en user
« ainsi, ce fut encore la justice. Avant que de m'embarquer
« à la défense de la marquise, je consultai Le Tellier, qui
« seul avait vu avec le roi les lettres qui étaient dans la
« cassette de Fouquet. Il me dit que celles de la marquise
« étaient des lettres d'une amie qui avait bien de l'esprit,
« et qu'elles avaient bien plus réjoui le roi que les douceurs
« fades des autres lettres; mais que le surintendant avait
« mal à propos mêlé l'amour avec l'amitié. La marquise
« me sut bon gré de l'avoir défendue; son bon cœur et le
« sang l'obligèrent de me pardonner; depuis ce temps-là,
« qui a été celui de ma disgrace, elle s'est réchauffée pour
« moi; et, hors quelques éclaircissements, et quelques petits
« reproches, qu'un fâcheux souvenir lui a arrachés, il n'y
« a point de marques d'amitié que je n'en aie reçues, ni
« aussi de reconnaissance que je ne lui en aie données, et
« que je ne lui en donne le reste de ma vie. »

29. — DE MADAME DE SÉVIGNÉ A MÉNAGE.

Vers 1658

Vous me dites des choses si obligeantes de l'estime que
vous avez donnée de moi à M. Servien [1], qu'encore que de
moi j'y aie peu contribué, et que je craigne même de la
détruire, si jamais j'ai l'honneur de le voir, je ne laisse pourtant
pas d'en sentir une certaine gloire, que toute autre
personne ne m'aurait pu donner; et je ne sais si je ne serai
point obligée, pour reconnaître en quelque façon les civilités
que vous me faites de sa part, de m'informer plus soigneusement
de sa santé, ayant appris qu'il était malade. En
attendant que vous m'en ayez dit votre avis, j'espère que,

---

[1] Surintendant des finances sous les règnes de Louis XIII et de Louis XIV;
il était membre de l'Académie Française, et mourut en 1659.

lorsque vous avez été si ponctuel à me mander ses sentiments, vous le serez de même à lui en témoigner ma reconnaissance, et que vous voudrez bien l'assurer pour moi que je suis sa très-obéissante servante.

M. DE RABUTIN-CHANTAL.

30. — DE MADAME DE SÉVIGNÉ A M. DE POMPONNE [1].

Aux Rochers, ce 11 octobre 1664.

Il n'y a rien de plus vrai que l'amitié se réchauffe quand on est dans les mêmes intérêts : vous m'avez écrit si obligeamment là-dessus, que je ne puis y répondre plus juste qu'en vous assurant que j'ai les mêmes sentiments pour vous que vous avez pour moi, et qu'en un mot je vous honore et vous estime d'une façon toute particulière. Mais que dites-vous de tout ce qu'on a trouvé dans ces cassettes? Eussiez-vous jamais cru que mes pauvres lettres, pleines du mariage de M. de La Trousse et de toutes les affaires de sa maison, se trouvassent placées si mystérieusement? Je vous assure que, quelque gloire que je puisse tirer par ceux qui me feront justice, de n'avoir jamais eu avec lui d'autre commerce que celui-là, je ne laisse pas d'être sensiblement touchée de me voir obligée de me justifier, et peut-être fort inutilement à l'égard de mille personnes qui ne comprendront jamais cette vérité. Je pense que vous comprenez bien aisément la douleur que cela fait à un cœur comme le mien. Je vous conjure de dire sur cela ce que vous en savez ; je ne puis avoir assez d'amis en cette occasion. J'attends avec impatience monsieur votre frère [2] pour me consoler un peu avec lui de cette bizarre aventure ; cependant je ne laisse pas de souhaiter de tout mon cœur du

---

[1] Simon Arnauld, marquis de Pomponne, était l'ami de Fouquet. Après la disgrâce de ce ministre, il fut relégué à Verdun. (A. G.)
[2] Antoine Arnauld, abbé de Chaumes. Il était l'aîné des enfants d'Arnauld-d'Andilly.

soulagement aux malheureux, et je vous demande toujours, Monsieur, la continuation de l'honneur de votre amitié.

RABUTIN-CHANTAL.

31. — A MÉNAGE.

Aux Rochers, le 22 octobre 1661.

Je me doutais bien que vous auriez prévenu ma prière, et qu'il ne fallait rien dire à un ami aussi généreux que vous. Je suis au désespoir de ce qu'au lieu de vous écrire comme je fis, je ne vous envoyai point tout d'un train une lettre de remerciment : vous la méritiez dès lors, et je suis honteuse d'avoir tant perdu de temps avant de vous la faire. Je m'en acquitte présentement, et vous supplie de croire que j'ai toute la reconnaissance que je dois de vos bontés. Je vous demande un compliment à mademoiselle de Scudéri sur le même sujet. Je crois que vous n'aurez pas manqué de faire ceux dont je vous chargeais dans ma dernière. Vous m'avez fait un extrême plaisir de me mander le détail de la grande nouvelle dont il est présentement question [1]; il n'en fallait pas une moindre pour faire oublier celles que l'on découvre tous les jours dans les cassettes de monsieur le surintendant. Je voudrais de tout mon cœur que cela le fît oublier tout à fait lui-même.

Je suis avec sincérité votre très-humble servante,

RABUTIN-CHANTAL.

32. — A M. DE POMPONNE.

Aujourd'hui lundi 17 novembre 1665 M. Fouquet a été pour la seconde fois sur la sellette; il s'est assis sans façon

---

[1] Il s'agit du démêlé entre les ambassadeurs de France et d'Espagne à Londres pour la préséance. Le comte d'Estrades ayant été insulté par le baron de Batteville, une réparation publique fut exigée par Louis XIV.

comme l'autre fois¹. M. le chancelier a recommencé à lui dire de lever la main : il a répondu qu'il avait déjà dit les raisons qui l'empêchaient de prêter le serment. Là-dessus M. le chancelier s'est jeté dans de grands discours, pour faire voir le pouvoir légitime de la chambre; que le roi l'avait établie, et que les commissions avaient été vérifiées par les compagnies souveraines.

M. Fouquet a répondu que souvent on faisait des choses, par autorité, que quelquefois on ne trouvait pas justes, quand on y avait fait réflexion.

M. le chancelier a interrompu : Comment! vous dites donc que le roi abuse de sa puissance? M. Fouquet a répondu : C'est vous qui le dites, Monsieur, et non pas moi; ce n'est point ma pensée, et j'admire qu'en l'état où je suis vous me vouliez faire une affaire avec le roi; mais, Monsieur, vous savez bien vous-même qu'on peut être surpris. Quand vous signez un arrêt, vous le croyez juste; le lendemain vous le cassez : vous voyez qu'on peut changer d'avis et d'opinion.

Mais cependant, a dit M. le chancelier, quoique vous ne reconnaissiez pas la chambre, vous lui répondez, vous lui présentez des requêtes, et vous voilà sur la sellette. Il est vrai, Monsieur, a-t-il répondu, j'y suis; mais je n'y suis pas par ma volonté; on m'y mène; il y a une puissance à laquelle il faut obéir, et c'est une mortification que Dieu me fait souffrir, et que je reçois de sa main; peut-être pouvait-on bien me l'épargner après les services que j'ai rendus et les charges que j'ai eu l'honneur d'exercer.

Après cela, M. le chancelier a continué l'interrogatoire de la pension des gabelles, où M. Fouquet a très-bien répondu. Les interrogations continueront, et je continuerai

---

¹ Fouquet comparut pour la première fois devant la chambre de justice de l'Arsenal le 14 novembre 1664. Il se plaça de lui-même sur la sellette, quoiqu'on lui eût préparé un siége à côté. (*Procès de Fouquet*, tome XII, page 535.)

de vous les mander fidèlement; je voudrais seulement savoir si mes lettres vous sont rendues sûrement.

Madame votre sœur [1], qui est à nos Dames du faubourg, a signé (*le formulaire*); elle voit à cette heure la communauté, et paraît fort contente.

Madame votre tante ne paraît pas en colère contre elle; je ne croyais point que ce fût celle-là qui eût fait le saut; il y en a encore une autre. Vous savez sans doute notre déroute de Gigeri [2]; et comme ceux qui ont donné les conseils veulent jeter la faute sur ceux qui ont exécuté, on prétend faire le procès à Gadagne. Il y a des gens qui en veulent à sa tête : tout le public est persuadé pourtant qu'il ne pouvait pas faire autrement. On parle fort ici de M. d'Alet, qui a excommunié les officiers subalternes du roi qui ont voulu contraindre les ecclésiastiques à signer. Voilà qui le brouillera avec M. votre père, comme cela le réunira avec le P. Annat [3].

Adieu, je sens l'envie de causer qui me prend, je ne veux pas m'y abandonner : il faut que le style des relations soit court.

33. — AU MÊME.

Mardi au soir (18 novembre 1664).

J'ai reçu votre lettre, qui m'a fait bien voir que je n'oblige pas un ingrat; jamais je n'ai rien vu de si agréable ni de si obligeant : il faudrait être bien exempte d'amour-propre pour n'être pas sensible à des louanges comme les vôtres.

---

[1] Angélique-Thérèse Arnauld-d'Andilly.

[2] Gigeri, petite place auprès d'Alger. Cette expédition était commandée par le duc de Beaufort. La ville de Gigeri fut prise; mais les troupes, décimées par la maladie, abandonnèrent la conquête, et la France perdit l'espoir d'un établissement que Louis XIV avait voulu fonder en Afrique pour mettre un terme aux brigandages des corsaires.

[3] Il faut prendre ici le sens inverse des paroles de Madame de Sévigné, car l'évêque d'Alet fut un des plus zélés défenseurs des écrits de Jansénius, et le père Annat un des plus fanatiques adversaires du jansénisme.

Je vous assure donc que je suis ravie que vous ayez bonne opinion de mon cœur, et je vous assure de plus, sans vouloir vous rendre douceurs pour douceurs, que j'ai une estime pour vous infiniment au-dessus des paroles dont on se sert ordinairement pour expliquer ce que l'on pense, et que j'ai une joie et une consolation sensibles de vous pouvoir entretenir d'une affaire où nous prenons tous deux tant d'intérêt. Je suis bien aise que votre cher solitaire en ait sa part. Je croyais bien aussi que vous instruiriez votre incomparable voisine [1]. Vous me mandez une agréable nouvelle, en m'apprenant que je fais un peu de progrès dans son cœur; il n'y en a point où je sois plus aise d'avancer : quand je veux avoir un peu de joie, je pense à elle et à son palais enchanté. Mais je reviens à nos affaires; insensiblement je m'amusais à vous parler des sentiments que j'ai pour vous et pour votre aimable amie.

Aujourd'hui notre cher ami est encore allé sur la sellette. L'abbé d'Effiat l'a salué en passant; il lui a dit en lui rendant le salut : « Monsieur, je suis votre très-humble ser« viteur, » avec cette mine riante et fixe que nous connaissons. L'abbé d'Effiat a été si saisi de tendresse, qu'il n'en pouvait plus.

Aussitôt que M. Fouquet a été dans la chambre, M. le chancelier lui a dit de s'asseoir. Il a répondu : « Monsieur, « vous prîtes hier avantage de ce que je m'étais assis; « vous croyez que c'est reconnaître la chambre : puisque « cela est, je vous prie de trouver bon que je ne me mette « pas sur la sellette. » Sur cela M. le chancelier a dit qu'il pouvait donc se retirer. M. Fouquet a répondu : « Je ne pré« tends point par là faire un incident nouveau; je veux « seulement, si vous le trouvez bon, faire ma protestation « ordinaire, et en prendre acte, après quoi je répondrai. »

Il a été fait comme il a souhaité; il s'est assis, et on a

---

[1] Élisabeth (ou Isabelle) de Choiseul, femme de Henri de Guénégaud, ancien secrétaire d'État.

continué la pension des gabelles, à quoi il a parfaitement bien répondu. S'il continue, ses interrogations lui seront bien avantageuses. On parle fort à Paris de son admirable esprit et de sa fermeté. Il a mandé une chose qui me fait frissonner. Il conjure une de ses amies de lui faire savoir son arrêt par une voie enchantée, bon ou mauvais, comme Dieu le lui enverra sans préambule, afin qu'il ait le temps de recevoir la nouvelle par ceux qui viendront la lui dire; ajoutant que, pourvu qu'il ait une demi-heure pour se préparer, il est capable de recevoir sans émotion tout le pis qu'on lui puisse apprendre. Cet endroit-là me fait pleurer, et je suis assurée qu'il vous serre le cœur.

(*Mercredi.*) On n'est point entré aujourd'hui en la chambre, à cause de la maladie de la reine, qui a été à l'extrémité[1]; elle est un peu mieux. Elle reçut hier au soir Notre-Seigneur comme viatique. Ce fut la plus magnifique et la plus triste chose du monde, de voir le roi et toute la cour, avec des cierges et mille flambeaux, aller conduire et requérir le S. Sacrement. Il fut reçu avec une infinité de lumières. La reine fit un effort pour se soulever, et le reçut avec une dévotion qui fit fondre en larmes tout le monde. Ce n'était pas sans peine qu'on l'avait mise en cet état; il n'y avait eu que le roi capable de lui faire entendre raison: à tous les autres elle avait dit qu'elle voulait bien communier, mais non pas pour mourir : on avait été deux heures à la résoudre.

L'extrême approbation que l'on donne aux réponses de M. Fouquet déplaît infiniment à Petit[2]; on croit même qu'il engagera Puis... à faire le malade pour interrompre le cours des admirations, et avoir le loisir de prendre un peu haleine des autres mauvais succès. Je suis très-humble

---

[1] La reine était accouchée le 16 novembre d'une princesse, nommée Marie-Anne, qui ne vécut qu'un mois; et le lendemain 17 elle eut des convulsions qui la mirent à l'extrémité.

[2] M. de Montmerqué pense que *Petit* est un nom convenu avec M. de Pomponne pour désigner Colbert.

servante du cher solitaire, de madame votre femme et de l'adorable Amalthée¹.

34. — AU MÊME.

Le jeudi 20 novembre 1664.

M. Fouquet a été interrogé ce matin sur le marc d'or; il a très-bien répondu. Plusieurs juges l'ont salué; M. le chancelier en a fait reproche, et a dit que ce n'était point la coutume, étant conseiller breton. « C'est à cause que « vous êtes de Bretagne que vous saluez si bas M. Fou- « quet. » En repassant par l'Arsenal, à pied pour se promener, M. Fouquet a demandé quels ouvriers il voyait : on lui a dit que c'étaient des gens qui travaillaient à un bassin de fontaine; il y est allé, et a dit son avis, et puis s'est retourné en riant vers Artagnan, et lui a dit : « N'admirez-vous « point de quoi je me mêle? Mais c'est que j'ai été autrefois « assez habile sur ces sortes de choses-là. » Ceux qui aiment M. Fouquet trouvent cette tranquillité admirable : je suis de ce nombre; les autres disent que c'est une affectation : voilà le monde. Madame Fouquet, sa mère, a donné un emplâtre à la reine, qui l'a guérie de ses convulsions, qui étaient, à proprement parler, des vapeurs.

La plupart, suivant leurs désirs, se vont imaginant que la reine prendra cette occasion pour demander au roi la grâce de ce pauvre prisonnier; mais, pour moi, qui entends un peu parler des tendresses de ce pays-là, je n'en crois rien du tout. Ce qui est admirable, c'est le bruit que tout le monde fait de cet emplâtre, disant que c'est une sainte que madame Fouquet, et qu'elle peut faire des miracles².

Aujourd'hui (*vendredi*) 21, on a interrogé M. Fouquet

---

¹ Madame de Sévigné désigne par ce nom madame Duplessis-Guénégaud.
² Marie de Maupeou, veuve de François Fouquet, vicomte de Vaux, conseiller d'État. C'était une femme justement renommée pour sa piété et sa charité.

sur les cires et sucres ; il s'est impatienté sur certaines objections qu'on lui faisait, et qui lui ont paru ridicules. Il l'a un peu trop témoigné, et a répondu avec un air et une hauteur qui ont déplu. Il se corrigera, car cette manière n'est pas bonne ; mais, en vérité, la patience échappe : il me semble que je ferais tout comme lui.

J'ai été à Sainte-Marie, où j'ai vu madame votre tante, qui m'a paru abîmée en Dieu ; elle était à la messe comme en extase. Mademoiselle votre sœur m'a paru jolie : de beaux yeux, une mine spirituelle ; la pauvre enfant s'est évanouie ce matin : elle est très-incommodée ; sa tante a toujours pour elle la même douceur. M. de Paris (*M. de Peréfixe*) lui a donné une certaine manière de contre-lettre qui lui a gagné le cœur ; c'est cela qui l'a obligée de signer ce diantre de Formulaire[1] : je ne leur ai parlé ni à l'une ni à l'autre ; M. de Paris l'avait défendu. Mais voici encore une image de la prévention : nos sœurs de Sainte-Marie m'ont dit : « Enfin, Dieu soit loué! Dieu a touché le cœur de « cette pauvre enfant ; elle s'est mise dans le chemin de « l'obéissance et du salut. » De là je vais à Port-Royal : j'y trouve un certain grand solitaire (*Arnauld-d'Andilly*) que vous connaissez, qui commença par me dire : « Eh bien! ce « pauvre oison a signé ; enfin Dieu l'a abandonnée, elle a « fait le saut. » Pour moi, j'ai pensé mourir de rire, faisant réflexion sur ce que fait la préoccupation. Voilà bien le monde en son naturel. Je crois que le milieu de ces extrémités est toujours le meilleur.

Samedi au soir... M. Fouquet est entré ce matin à la chambre ; on l'a interrogé sur les octrois : il a été très-mal attaqué, et s'est très-bien défendu. Ce n'est pas, entre nous, que ce ne soit un endroit des plus glissants de son

---

[1] Il s'agit de la condamnation des cinq propositions de Jansénius, pour laquelle le clergé de France avait dressé un formulaire que les religieuses de Port-Royal refusèrent de signer, refus qui dans la suite fut cause de leur perte.

affaire. Je ne sais quel bon ange l'a averti qu'il avait été trop fier; il s'en est corrigé aujourd'hui, comme on s'est corrigé de le saluer. On ne rentrera que mercredi à la chambre; je ne vous écrirai aussi que ce jour-là. Au reste, si vous continuez à me tant plaindre de la peine que je prends à vous écrire, et à me prier de ne point continuer, je croirai que c'est vous qui vous ennuyez de lire mes lettres, et que vous vous trouvez fatigué d'y faire réponse; mais sur cela je vous promets encore de faire mes lettres plus courtes, si je puis; et je vous quitte de la peine de me répondre, quoique j'aime encore vos lettres. Après ces déclarations, je ne pense pas que vous espériez d'empêcher le cours de mes gazettes. Quand je songe que je vous fais un peu de plaisir, j'en ai beaucoup. Il se présente si peu d'occasions de témoigner son estime et son amitié, qu'il ne faut pas les perdre quand elles viennent s'offrir. Je vous supplie de faire tous mes compliments chez vous et dans votre voisinage. La reine est bien mieux.

35. — AU MÊME.

Le lundi 24 novembre 1664.

Si j'en croyais mon cœur, c'est moi qui vous suis véritablement obligée de recevoir si bien le soin que je prends de vous instruire. Croyez-vous que je ne trouve point de consolation en vous écrivant? Je vous assure que j'y en trouve beaucoup, et que je n'ai pas moins de plaisir à vous entretenir que vous en avez à lire mes lettres. Tous les sentiments que vous avez sur ce que je vous mande sont bien naturels; celui de l'espérance est commun à tout le monde, sans que l'on puisse dire pourquoi; mais enfin cela soutient le cœur. Je fus dîner à Sainte-Marie de Saint-Antoine, il y a deux jours; la mère supérieure me conta en détail quatre visites que Puis.... lui a faites depuis trois mois, et dont je suis infiniment étonnée. Il lui vint dire que le bienheureux évêque de Genève (*saint François de Sales*) lui avait obtenu des grâces si particulières pendant la maladie qu'il a eue cet été, qu'il ne pouvait douter de l'obligation qu'il lui avait; qu'il la suppliait de faire prier pour lui toute la communauté. Il lui donna mille écus pour accomplir son vœu ; il la pria de lui faire voir le cœur du bienheureux. Quand il fut à la grille, il se jeta à genoux, et fut plus d'un quart d'heure fondu en larmes, apostrophant ce cœur, lui demandant une étincelle du feu dont l'amour de Dieu l'avait consumé. La mère supérieure pleurait de son côté : elle lui donna des reliques du bienheureux. Il les porte incessamment. Il parut pendant ces quatre visites si touché du désir de son salut, si rebuté de la cour, si transporté de l'envie de se convertir, qu'une plus fine que la supérieure y aurait été trompée. Elle lui parla adroitement de l'affaire de M. Fouquet; il lui répondit, comme un homme qui ne regardait que Dieu seul, qu'on ne le connaissait point, qu'on verrait, et qu'on lui ferait justice, selon Dieu, sans rien considérer que lui. Je ne fus jamais plus surprise que d'entendre tout ce discours. Si vous me demandez maintenant ce que j'en pensé, je vous dirai que je n'en sais rien, que je n'y comprends rien, et que d'un côté je ne conçois pas à quoi peut servir cette comédie, et, si ce n'en est pas une, comment il accommode tous les pas qu'il a faits depuis ce temps avec de si belles paroles.

Voilà de ces choses qu'il faut que le temps explique, car d'elles-mêmes elles sont obscures : cependant n'en parlez pas; car la mère supérieure m'a priée de ne pas faire courir cette petite histoire.

J'ai vu la mère de M. Fouquet : elle me conta de quelle façon elle avait fait donner cet emplâtre par madame de Charost[1] à la reine. Il est certain que l'effet en fut prodigieux : en moins d'une heure la reine sentit sa tête déga-

---

[1] Marie Fouquet, fille du surintendant, duchesse de Charost.

gée, et il se fit une évacuation si extraordinaire, et de quelque chose de si corrompu, et de si propre à la faire mourir la nuit suivante dans son accès, qu'elle-même dit tout haut que c'était madame Fouquet qui l'avait guérie; que c'était ce qu'elle avait vidé qui lui avait donné les convulsions dont elle avait pensé mourir la nuit d'auparavant. La reine-mère en fut persuadée, et le dit au roi, qui ne l'écouta pas. Les médecins, sans qui on avait mis l'emplâtre, ne dirent point ce qu'ils en pensaient, et firent leur cour aux dépens de la vérité. Le même jour le roi ne regarda pas ces pauvres femmes qui furent se jeter à ses pieds ; cependant cette vérité est dans le cœur de tout le monde. Voilà encore une de ces choses dont il faut attendre la suite.

Mercredi 26 novembre.

Ce matin M. le chancelier a interrogé M. Fouquet ; mais sa manière a été différente : il semble qu'il soit honteux de recevoir tous les jours sa leçon par B......[1]. Il a dit au rapporteur[2] de lire l'article sur quoi on voulait interroger l'accusé ; le rapporteur a lu, et cette lecture a duré si longtemps qu'il était dix heures et demie quand on eut fini. Il a dit : Qu'on fasse entrer Fouquet, et puis s'est repris, M. Fouquet ; mais il s'est trouvé qu'il n'avait point dit qu'on le fît venir : de sorte qu'il était encore à la Bastille. On l'est donc allé quérir ; il est venu à onze heures. On l'a interrogé sur les octrois : il a fort bien répondu ; pourtant il s'est allé embrouiller sur certaines dates, sur lesquelles on l'aurait bien embarrassé, si on avait été bien habile et bien éveillé ; mais, au lieu d'être alerte, M. le chancelier sommeillait doucement : on se regardait, et je pense que

---

[1] Boucherat, alors maître des requêtes, et depuis chancelier, avait été chargé de mettre les scellés chez le surintendant. Il était de la commission chargée de la poursuite du procès. (A. G.)

[2] Ce rapporteur était Olivier Lefèvre d'Ormesson, magistrat intègre, et dont la noble conduite dans ce procès fut remarquée par Louis XIV.

notre ami en aurait ri s'il avait osé. Enfin il s'est remis, et a continué d'interroger; et quoique M. Fouquet ait trop appuyé sur cet endroit, où on le pouvait pousser, il s'est trouvé pourtant que par l'événement il aura bien dit; car, dans son malheur, il a de certains petits bonheurs qui n'appartiennent qu'à lui. Si l'on travaille tous les jours aussi doucement qu'aujourd'hui, le procès durera encore un temps infini.

Je vous écrirai tous les soirs; mais je n'enverrai ma lettre que le samedi au soir ou le dimanche : elle vous rendra compte de jeudi, vendredi et samedi; et il faudrait que l'on pût vous en faire tenir encore une le jeudi, qui vous apprendrait le lundi, mardi et mercredi; ainsi les lettres n'attendraient pas longtemps chez vous. Je vous conjure de faire mes compliments à votre solitaire [1] et à votre chère moitié. Je ne vous dis rien de votre chère voisine [2], ce sera bientôt à moi à vous en donner des nouvelles.

36. — AU MÊME.

Du jeudi 27 novembre 1664.

On a continué aujourd'hui les interrogatoires sur les octrois. M. le chancelier avait bonne intention de pousser M. Fouquet aux extrémités, et de l'embarrasser; mais il n'en est pas venu à bout. M. Fouquet s'est fort bien tiré d'affaire, et n'est entré qu'à onze heures, parce que M. le chancelier a fait lire le rapporteur, comme je vous l'ai mandé; et, malgré toute cette belle dévotion [3], il disait tout le pis contre notre pauvre ami. Le rapporteur prenait toujours son parti, parce que le chancelier ne parlait que pour un côté; enfin il a dit : Voici un endroit sur quoi l'accusé

---

[1] Arnauld-d'Andilly, obligé de quitter Port-Royal, était alors à Pomponne.
[2] Madame Duplessis-Guénégaud.
[3] Celui qui voulait perdre Fouquet, et *disait le pis* contre lui, malgré sa belle dévotion, c'était le chancelier Séguier.

ne pourra pas répondre. Le rapporteur a dit : Ah, Monsieur, pour cet endroit-là, voici l'emplâtre qui le guérit; et a dit une très-forte raison, et puis il a ajouté : Monsieur, dans la place où je suis, je dirai toujours la vérité, de quelque manière qu'elle se rencontre.

On a souri de l'emplâtre, qui a fait souvenir de celui qui a fait tant de bruit. Sur cela on a fait entrer l'accusé, qui n'a pas été une heure dans la chambre; et en sortant, plusieurs ont fait compliment à d'Ormesson de sa fermeté.

Il faut que je vous conte ce que j'ai fait. Imaginez-vous que des dames m'ont proposé d'aller dans une maison qui regarde droit dans l'Arsenal, pour voir revenir notre pauvre ami. J'étais masquée[1]; je l'ai vu venir d'assez loin. M. d'Artagnan était auprès de lui; cinquante mousquetaires, à trente ou quarante pas derrière. Il paraissait assez rêveur. Pour moi, quand je l'ai aperçu, les jambes m'ont tremblé, et le cœur m'a battu si fort, que je n'en pouvais plus. En s'approchant de nous pour rentrer dans son trou, M. d'Artagnan l'a poussé, et lui a fait remarquer que nous étions là. Il nous a donc saluées, et a pris cette mine riante que vous lui connaissez. Je ne crois pas qu'il m'ait reconnue; mais je vous avoue que j'ai été étrangement saisie quand je l'ai vu entrer dans cette petite porte. Si vous saviez combien on est malheureux quand on a le cœur fait comme je l'ai, je suis assurée que vous auriez pitié de moi; mais je pense que vous n'en êtes pas quitte à meilleur marché, de la manière dont je vous connais. J'ai été voir votre chère voisine; je vous plains autant de ne l'avoir plus, que nous nous trouvons heureux de l'avoir. Nous avons bien parlé de notre cher ami; elle a vu Sapho (*mademoiselle de Scudéri*), qui lui a redonné du courage. Pour moi, j'irai demain en re-

---

[1] Les femmes alors sortaient en masque, usage qu'on retrouve dans les vieilles comédies de Corneille, et qui avait été apporté d'Italie par les Médicis. Ces masques de velours noir, auxquels succédèrent les *loups*, étaient destinés à conserver le teint. (G.)

prendre chez elle ; car de temps en temps je sens que j'ai besoin de réconfort : ce n'est pas que l'on ne dise mille choses qui doivent donner de l'espérance ; mais, mon Dieu ! j'ai l'imagination si vive, que tout ce qui est incertain me fait mourir.

Vendredi 28 novembre.

Dès le matin on est entré à la chambre. M. le chancelier a dit qu'il fallait parler des quatre prêts ; sur quoi d'Ormesson a dit que c'était une affaire de rien, et sur laquelle on ne pouvait rien reprocher à M. Fouquet ; qu'il l'avait dit dès le commencement du procès. On a voulu le contredire : il a prié qu'il pût expliquer la chose comme il la concevait, et a prié son camarade de l'écouter. On l'a fait, et il a persuadé la cour que cet article n'était pas considérable. Sur cela on a dit de faire entrer l'accusé : il était onze heures. Vous remarquerez qu'il n'est pas plus d'une heure sur la sellette. M. le chancelier a voulu parler de ces quatre prêts. M. Fouquet a prié qu'on voulût lui laisser dire ce qu'il n'avait pas dit la veille sur les octrois ; on l'a écouté, il a dit des merveilles ; et comme le chancelier lui disait : « Avez-vous eu votre décharge de l'emploi de cette « somme? » Il a dit : « Oui, Monsieur, mais ç'a été con- « jointement avec d'autres affaires », qu'il a marquées, et qui viendront en leur temps. Mais, a dit M. le chancelier, quand vous avez eu vos décharges, vous n'aviez pas encore fait la dépense ? Il est vrai ; a-t-il dit, mais les sommes étaient destinées. Ce n'est pas assez, a dit M. le chancelier. Mais, Monsieur, par exemple, a dit M. Fouquet, quand je vous donnais vos appointements, quelquefois j'en avais la décharge un mois auparavant ; et comme cette somme était destinée, c'était comme si elle eût été donnée. M. le chancelier a dit : Il est vrai ; je vous en avais l'obligation. M. Fouquet a dit que ce n'était pas pour le lui reprocher, qu'il se trouvait heureux de le pouvoir servir dans ce temps-là ; mais que les exemples lui revenaient, selon qu'il en avait besoin.

On ne rentrera que lundi. Il est certain qu'il semble qu'on veuille traîner l'affaire en longueur. Puis... a promis de faire parler l'accusé le moins qu'il pourrait. On trouve qu'il dit trop bien. On voudrait donc l'interroger légèrement, et ne pas parler sur tous les articles. Mais lui, il veut parler sur tous, et ne veut pas qu'on juge son procès sur des chefs sur lesquels il n'aura pas dit ses raisons. Puis... est toujours en crainte de déplaire à Petit. Il lui fit excuse l'autre jour de ce que M. Fouquet avait parlé trop longtemps, mais qu'il n'avait pu l'interrompre. Ch...[1] est derrière le paravent quand on interroge ; il écoute ce que l'on dit, et offre d'aller chez les juges leur rendre compte des raisons qu'il a eues de faire ses conclusions si extrêmes. Tout ce procédé est contre l'ordre, et marque une grande rage pour ce pauvre malheureux. Pour moi, je vous avoue que je n'ai plus aucun repos. Adieu, Monsieur, jusqu'à lundi : je voudrais que vous puissiez connaître les sentiments que j'ai pour vous, vous seriez persuadé de cette amitié que vous dites que vous estimez un peu.

37. — AU MÊME.

Lundi 1ᵉʳ décembre 1664.

Il y a deux jours que tout le monde croyait que l'on voulait tirer l'affaire de M. Fouquet en longueur ; présentement ce n'est plus la même chose, c'est tout le contraire : on presse extraordinairement les interrogations. Ce matin M. le chancelier a pris son papier, et a lu, comme une liste, dix chefs d'accusation, sur quoi il ne donnait pas le temps de répondre. M. Fouquet a dit : « Monsieur, je ne prétends

---

[1] Chamillart, accusateur public. Il mourut intendant de Caen. Son fils fut ministre sur la fin règne de Louis XIV.

« pas tirer les choses en longueur; mais je vous supplie
« de me donner le loisir de vous répondre : vous m'inter-
« rogez, et il semble que vous ne vouliez pas écouter ma
« réponse; il m'est important que je parle. Il y a plusieurs
« articles qu'il faut que j'éclaircisse, et il est juste que je
« réponde sur tous ceux qui sont dans mon procès. » Il a
donc fallu l'entendre, contre le gré des mal-intentionnés;
car il est certain qu'ils ne sauraient souffrir qu'il se défende
si bien. Il a fort bien répondu sur tous les chefs : on conti-
nuera de suite, et la chose ira si vite, que je compte que les
interrogations finiront cette semaine. Je viens de souper
à l'hôtel de Nevers; nous avons bien causé, la maîtresse du
logis[1] et moi, sur ce chapitre. Nous sommes dans des inquiétudes qu'il n'y a que vous qui puissiez comprendre,
car je viens de recevoir votre lettre; elle vaut mieux que
tout ce que je puis écrire. Vous mettez ma modestie à une
trop grande épreuve, en me mandant de quelle manière je
suis avec vous et avec votre cher solitaire. Il me semble
que je le vois et que je l'entends dire ce que vous me mandez; je suis au désespoir que ce ne soit pas moi qui ait dit :
La métamorphose de Pierrot[2] *en Tartufe.* Cela est si naturellement dit, que si j'avais autant d'esprit que vous m'en
croyez, je l'aurais trouvé au bout de ma plume.

Il faut que je vous conte une petite historiette, qui est
très-vraie, et qui vous divertira. Le roi se mêle depuis peu
de faire des vers; messieurs de Saint-Aignan et Dangeau
lui apprennent comment il faut s'y prendre. Il fit l'autre
jour un petit madrigal, que lui-même ne trouva pas trop joli.
Un matin il dit au maréchal de Grammont : Monsieur le
maréchal, lisez, je vous prie, ce petit madrigal, et voyez si
vous en avez jamais vu un si impertinent : parce qu'on sait

---

[1] Anne de Gonzague habitait alors l'hôtel de Nevers; c'est sur son emplacement qu'a été construit l'hôtel de la Monnaie. La fille d'Anne de Gonzague épousa le fils du grand Condé.
[2] Le chancelier Séguier s'appelait Pierre, et les gens qui ne l'aimaient pas lui avaient donné ce sobriquet. (M.)

que depuis peu j'aime les vers, on m'en apporte de toutes les façons. Le maréchal, après avoir lu, dit au roi : Sire, Votre Majesté juge divinement bien de toutes choses ; il est vrai que voilà le plus sot et le plus ridicule madrigal que j'aie jamais lu. Le roi se mit à rire, et lui dit : N'est-il pas vrai que celui qui l'a fait est bien fat ? Sire, il n'y a pas moyen de lui donner un autre nom. Oh bien ! dit le roi, je suis ravi que vous m'en ayez parlé si bonnement ; c'est moi qui l'ai fait. Ah ! Sire, quelle trahison ! que Votre Majesté me le rende ; je l'ai lu brusquement. Non, Monsieur le maréchal : les premiers sentiments sont toujours les plus naturels. Le roi a fort ri de cette folie, et tout le monde trouve que voilà la plus cruelle petite chose que l'on puisse faire à un vieux courtisan. Pour moi, qui aime toujours à faire des réflexions, je voudrais que le roi en fît là-dessus, et qu'il jugeât par-là combien il est loin de connaître jamais la vérité. Nous sommes sur le point d'en avoir une bien cruelle, qui est le rachat de nos rentes sur un pied qui nous envoie à l'hôpital. L'émotion est grande, mais la dureté l'est encore plus. Ne trouvez-vous point que c'est entreprendre bien des choses à la fois ? Celle qui me touche le plus n'est pas celle qui me fait perdre une partie de mon bien.

Mardi 2 décembre.

Notre cher et malheureux ami a parlé deux heures ce matin, mais si admirablement, que plusieurs n'ont pu s'empêcher de l'admirer. M. Renard[1] a dit, entre autres : « Il faut avouer que cet homme est incomparable ; il n'a « jamais si bien parlé dans le parlement. Il se possède mieux « qu'il n'a jamais fait. » C'était encore sur les six millions et sur ses dépenses. Il n'y a rien de comparable à ce qu'il a dit là-dessus. Je vous écrirai jeudi et vendredi, qui seront

---

[1] Conseiller de grand chambre, membre de la commission. Il fut d'un avis favorable à Fouquet.

les deux derniers jours de l'interrogation, et je continuerai encore jusqu'au bout.

Dieu veuille que ma dernière lettre vous apprenne ce que je souhaite le plus ardemment. Adieu, mon très-cher Monsieur; priez notre solitaire (*Arnauld-d'Andilly*) de prier Dieu pour notre pauvre ami. Je vous embrasse tous deux de tout mon cœur, et, par modestie, j'y joins madame votre femme.

Pour toute la famille du malheureux, la tranquillité y règne. On dit que M. de Nesmond [2] a témoigné en mourant que son plus grand déplaisir était de n'avoir pas été d'avis de la récusation de ces deux juges; que s'il eût été à la fin du procès, il aurait réparé cette faute; qu'il priait Dieu qu'il lui pardonnât celle qu'il avait faite.

Mardi 2 décembre.

M. Fouquet a parlé aujourd'hui deux heures entières sur les six millions; il s'est fait donner audience, il a dit des merveilles; tout le monde en était touché, chacun selon son sentiment. Pussort [2] faisait des mines d'improbation et de négative, qui scandalisaient les gens de bien.

Quand M. Fouquet a eu cessé de parler, M. Pussort s'est levé impétueusement, et a dit : « Dieu merci, on ne se plain-« dra pas qu'on ne l'ait laissé parler tout son soûl. » Que dites-vous de ces paroles? Ne sont-elles pas d'un bon juge? On dit que le chancelier est fort effrayé de l'érysipèle de M. de Nesmond, qui l'a fait mourir; il craint que ce ne soit une répétition pour lui. Si cela pouvait lui donner les sentiments d'un homme qui va paraître devant Dieu, encore serait-ce quelque chose; mais il faut craindre qu'on ne dise de lui comme d'Argant : *e mori come visse*.

---

[1] Président au parlement de Paris, membre de la commission. Il mourut pendant le procès. Son testament fit grand bruit, parce qu'il y manifestait le repentir d'avoir, par sa conduite, favorisé la haine des juges contre Fouquet. Cette anecdote est rapportée par Conrad, dans ses Mémoires.

[2] Henri Pussort, conseiller d'État, oncle maternel de Colbert, et l'un des juges les plus acharnés contre Fouquet.

38. — AU MÊME

Jeudi 4 décembre 1664.

Enfin les interrogations sont finies ce matin. M. Fouquet est entré dans la chambre; M. le chancelier a fait lire le projet¹ tout du long. M. Fouquet a repris la parole le premier, et a dit : Monsieur, je crois que vous ne pouvez tirer autre chose de ce papier que l'effet qu'il vient de faire, qui est de me donner beaucoup de confusion.

M. le chancelier a dit : Cependant vous venez d'entendre, et vous avez pu voir par là que cette grande passion pour l'État, dont vous nous avez parlé tant de fois, n'a pas été si considérable que vous n'ayez pensé à le brouiller d'un bout à l'autre. Monsieur, a dit M. Fouquet, ce sont des pensées qui me sont venues dans le fort du désespoir où me mettait quelquefois M. le cardinal, principalement lorsque après avoir contribué plus que personne du monde à son retour en France, je me vis payé d'une si noire ingratitude. J'ai une lettre de lui, et une de la reine-mère, qui font foi de ce que je dis; mais on les a prises dans mes papiers, avec plusieurs autres. Mon malheur est de n'avoir pas brûlé ce misérable papier, qui était tellement hors de ma mémoire et de mon esprit, que j'ai été près de deux ans sans y penser, et sans croire l'avoir. Quoi qu'il en soit, je le désavoue de tout mon cœur, et je vous supplie de croire, Monsieur, que ma passion pour la personne et pour le service du roi n'en a pas été diminuée. M. le chancelier a dit : Il est bien difficile de le croire, quand on voit une pensée opiniâtre exprimée en différents temps. M. Fouquet a répondu : Monsieur, dans tous les temps, et même au péril

---

¹ Madame de Motteville, dans le tome VI de ses Mémoires, page 94, donne de grands détails sur ce projet, que Fouquet avait écrit quinze ans auparavant, sous le ministère du cardinal Mazarin, et dont le but était de s'opposer à la puissance de ce ministre.

de ma vie, je n'ai jamais abandonné la personne du roi ; et dans ce temps-là vous étiez, Monsieur, le chef du conseil de ses ennemis, et vos proches donnaient passage à l'armée qui était contre lui.

M. le chancelier a senti ce coup ; mais notre pauvre ami était échauffé, et n'était pas tout à fait le maître de son émotion. Ensuite on lui a parlé de ses dépenses ; il a dit : Je m'offre à faire voir que je n'en ai fait aucune que je n'aie pu faire, soit par mes revenus, dont M. le cardinal avait connaissance, soit par mes appointements, soit par le bien de ma femme ; et si je ne prouve ce que je dis, je consens d'être traité aussi mal qu'on le peut imaginer. Enfin, cet interrogatoire a duré deux heures, où M. Fouquet a très-bien dit, mais avec chaleur et colère, parce que la lecture de ce projet l'avait extrêmement touché.

Quand il a été parti, M. le chancelier a dit : Voici la dernière fois que nous l'interrogerons. M. Poncet s'est approché de M. le chancelier, et lui a dit : Monsieur, vous ne lui avez pas parlé des preuves qu'il y a comme il a commencé à exécuter le projet. M. le chancelier a répondu : Monsieur, elles ne sont pas assez fortes, il y aurait répondu trop facilement. Là-dessus Sainte-Hélène et Pussort ont dit : Tout le monde n'est pas de ce sentiment. Voilà de quoi rêver et faire des réflexions. A demain le reste.

Vendredi 5 décembre.

On a parlé ce matin des requêtes qui sont de peu d'importance ; sinon autant que les gens de bien y voudront avoir égard en jugement. Voilà qui est donc fait ; c'est à M. d'Ormesson à parler ; il doit récapituler toute l'affaire : cela durera encore toute la semaine prochaine, c'est-à-dire qu'entre ci et là ce n'est pas vivre que la vie que nous passerons. Pour moi, je ne suis pas reconnaissable, et je ne crois pas que je puisse aller jusque là. M. d'Ormesson m'a priée de me le plus voir que l'affaire ne soit jugée; il est dans le conclave, et ne veut plus avoir de commerce avec le monde. Il affecte une grande réserve; il ne parle point, mais il écoute; et j'ai eu le plaisir, en lui disant adieu, de lui dire tout ce que je pense. Je vous manderai tout ce que j'apprendrai, et Dieu veuille que ma dernière nouvelle soit bonne! Je le désire. Je vous assure que nous sommes tous à plaindre, j'entends vous et moi, et ceux qui en font leur affaire comme nous. Adieu, mon cher Monsieur, je suis si triste et si accablée ce soir, que je n'en puis plus.

39. — AU MÊME.

Mardi 9 décembre 1664.

Je vous assure que ces jours sont bien longs à passer, et que l'incertitude est une épouvantable chose : c'est un mal que toute la famille du pauvre prisonnier ne connaît point. Je les ai vus, je les ai admirés. Il semble qu'ils n'aient jamais su ni lu ce qui est arrivé dans les temps passés; ce qui m'étonne encore plus, c'est que Sapho (*mademoiselle de Scudéry*) est tout de même, elle dont l'esprit et la pénétration n'ont point de bornes. Quand je médite là-dessus, je me flatte, et je suis persuadée, ou du moins je me veux persuader qu'elles en savent plus que moi. D'un autre côté, quand je raisonne avec d'autres gens moins prévenus, et dont le sens est admirable, je trouve nos mesures si justes, que ce sera un vrai miracle si la chose ne va pas comme nous la souhaitons. On ne perd souvent que d'une voix, et cette voix fait tout. Je me souviens de ces récusations, dont ces pauvres femmes pensaient être assurées; il est vrai que nous les perdîmes de cinq à dix-sept; depuis cela, leur assurance m'a donné de la défiance. Cependant, au fond de mon cœur, j'ai un petit brin d'espérance. Je ne sais d'où il vient, ni où il va, et même il n'est pas assez grand pour faire que je puisse dormir en repos. Je causais hier de toute cette affaire avec madame du Plessis; je ne puis voir que les gens avec qui j'en puis parler, et qui sont dans les mêmes sentiments que moi. Elle espère, comme je fais, sans en savoir la raison. Mais pourquoi espérez-vous? Parce que j'espère : voilà nos réponses; ne sont-elles pas bien raisonnables? Je lui disais avec la plus grande vérité du monde que si nous avions un arrêt tel que nous le souhaitons, le comble de ma joie était de penser que je vous enverrais un homme à cheval, à toute bride, qui vous apprendrait cette agréable nouvelle, et que le plaisir d'imaginer celui que je vous ferais rendrait le mien entièrement complet. Elle comprit cela comme moi ; et notre imagination nous donna dans cette pensée plus d'un quart d'heure de *campos*. Cependant je veux rajuster la dernière journée de l'interrogatoire sur le crime d'État. Je vous l'avais mandée comme on me l'avait dite, mais la même personne s'en est mieux souvenue, et me l'a redite à moi. Tout le monde en a été instruit par plusieurs juges. Après que M. Fouquet eut dit que les seuls effets que l'on pouvait tirer du projet, c'était de lui avoir donné la confusion de l'entendre, M. le chancelier lui dit : Vous ne pouvez pas dire que ce ne soit là un crime d'État. Il répondit : Je confesse, Monsieur, que c'est une folie et une extravagance, mais non pas un crime d'État. Je supplie ces messieurs, dit-il en se tournant vers les juges, de trouver bon que j'explique ce que c'est qu'un crime d'État : ce n'est pas qu'ils ne soient plus habiles que nous, mais j'ai eu plus de loisir qu'eux pour l'examiner. Un crime d'État, c'est quand on est dans une charge principale, qu'on a le secret du prince, et que tout d'un coup on se met du côté de ses ennemis; qu'on engage toute sa famille dans les mêmes intérêts; qu'on fait ouvrir les portes des villes dont on est gouverneur à l'armée des ennemis, et qu'on les ferme à son véritable maître; qu'on porte dans le parti tous les secrets de l'État : voilà, Messieurs, ce qui s'appelle un crime d'État. M. le chancelier ne savait où se mettre, et tous les juges avaient fort envie de rire. Voilà au vrai comme la chose se passa. Vous m'avouerez qu'il n'y a rien de plus spirituel, de plus délicat, et même de plus plaisant.

Toute la France a su et admiré cette réponse. Ensuite il se défendit en détail, et a dit ce que je vous ai mandé. J'aurais eu sur le cœur que vous n'eussiez point su cet endroit; notre cher ami y aurait beaucoup perdu. Ce matin, M. d'Ormesson a commencé à récapituler toute l'affaire; il a fort bien parlé et fort nettement. Il dira jeudi son avis. Son camarade parlera deux jours; on prend quelques jours encore pour les autres opinions. Il y a des juges qui prétendent bien s'étendre: de sorte que nous avons encore bien à languir jusqu'à la semaine qui vient. En vérité, ce n'est pas vivre que d'être en l'état où sommes.

Mercredi 10 décembre.

M. d'Ormesson a continué la récapitulation du procès; il a fait des merveilles, c'est-à-dire, il a parlé avec une netteté, une intelligence et une capacité extraordinaires. Pussort l'a interrompu cinq ou six fois, sans autre dessein que de l'empêcher de si bien dire; il lui a dit sur un endroit qui paraissait fort pour M. Fouquet : Monsieur, nous parlerons après vous, nous parlerons après vous.

40. — AU MÊME.

Jeudi 11 décembre 1664.

M. d'Ormesson a continué encore; quand il est venu sur un certain article du marc d'or, Pussort a dit : Voilà qui est contre l'accusé. Il est vrai, a dit M. d'Ormesson, mais il n'y a pas de preuves. Quoi! a dit Pussort, on n'a pas fait interroger ces deux officiers-là? Non, a dit M. d'Ormesson. Ah! cela ne se peut pas! a répondu Pussort. Je n'en ai rien trouvé dans le procès, a dit M. d'Ormesson. Là-dessus Pussort a dit avec emportement : Ah! Monsieur, vous deviez le dire plus tôt, voilà une lourde faute. M. d'Ormesson n'a rien répondu ; mais si Pussort lui eût dit encore un mot, il lui eût répondu : Monsieur, je suis juge, et non pas dénonciateur. Ne vous souvient-il plus de ce que je vous contai une fois à Fresne ? Voilà ce que c'est : M. d'Ormesson n'a découvert cela que lorsqu'il n'y a point eu de remède. M. le chancelier a interrompu plusieurs fois encore M. d'Ormesson ; il lui a dit qu'il ne fallait point parler du projet, et c'est par malice ; car plusieurs jugeront que c'est un grand crime, et le chancelier voudrait bien que M. d'Ormesson n'en fît point voir les preuves, qui sont ridicules, afin de ne pas affaiblir l'idée qu'on a voulu donner.

Mais M. d'Ormesson en parlera, puisque c'est un des articles qui composent le procès. Il achèvera demain. Sainte-Hélène parlera samedi. Lundi, les deux rapporteurs diront leur avis, et mardi ils s'assembleront tous dès le matin, et ne se sépareront point qu'après avoir donné un arrêt. Je suis transie quand je pense à ce jour-là. Cependant la famille a de grandes espérances. Foucault[1] va solliciter partout, et fait voir un écrit du roi où on lui fait dire qu'il trouverait fort mauvais qu'il y eût des juges qui appuyassent leur avis sur la soustraction des papiers ; que c'est lui qui les a fait prendre ; qu'il n'y en a aucun qui serve à la défense de l'accusé ; que ce sont des papiers qui touchent son état, et qu'il le déclare, afin qu'on ne pense pas juger là-dessus. Que dites-vous de tout ce beau procédé ? N'êtes-vous point désespéré qu'on fasse la chose de cette façon à un prince qui aimerait la justice et la vérité s'il les connaissait ? Il disait l'autre jour, à son lever, que Fouquet était un homme dangereux ; voilà ce qu'on lui met dans la tête. Enfin, nos ennemis ne gardent plus aucune mesure : ils vont à présent à bride abattue ; les menaces, les promesses, tout est en usage ; si nous avons Dieu pour nous, nous serons les plus forts ;

---

[1] Ce Foucault était le greffier de la chambre de l'Arsenal : il lut à M. Fouquet son arrêt.

vous aurez peut-être encore une de mes lettres, et si nous avons de bonnes nouvelles, je vous les manderai par un homme exprès à toute bride. Je ne saurais dire ce que je ferai si cela n'est pas ; je ne comprends pas moi-même ce que je deviendrai. Mille compliments à notre solitaire et à votre chère moitié. Faites bien prier Dieu.

Samedi 13 décembre.

On a voulu, après avoir bien changé et rechangé, que M. d'Ormesson dît son avis aujourd'hui, afin que le dimanche passât par-dessus, et que Sainte-Hélène, recommençant lundi sur nouveaux frais, fît plus d'impression. M. d'Ormesson a donc opiné au bannissement perpétuel et à la confiscation de ses biens au roi. M. d'Ormesson a couronné par là sa réputation. L'avis est un peu sévère ; mais prions Dieu qu'il soit suivi. Il est toujours beau d'aller à l'assaut le premier.

41. — AU MÊME.

Mercredi 17 décembre 1664.

Vous languissez, mon pauvre Monsieur, mais nous languissons bien aussi. J'ai été fâchée de vous avoir mandé que l'on aurait mardi un arrêt ; car, n'ayant point eu de mes nouvelles, vous avez cru que tout était perdu ; cependant nous avons encore toutes nos espérances. Je vous mandai samedi comme M. d'Ormesson avait rapporté l'affaire et opiné ; mais je ne vous parlai point assez de l'estime extraordinaire qu'il s'est acquise par cette action. J'ai oui dire à des gens du métier que c'est un chef-d'œuvre que ce qu'il a fait, pour s'être expliqué si nettement, et avoir appuyé son avis sur des raisons si solides et si fortes ; il y mêla de l'éloquence, et même de l'agrément. Enfin, jamais homme de sa profession n'a eu une plus belle occasion de paraître, et ne s'en est mieux servi. S'il avait voulu ouvrir la porte aux louanges, sa maison n'aurait pas désempli ; mais il a voulu être modeste, et s'est caché avec soin. Son camarade très-indigne, Sainte-Hélène, parla lundi et mardi : il reprit l'affaire pauvrement et misérablement, lisant ce qu'il disait, et sans rien augmenter, ni donner un autre tour à l'affaire : il opina, sans s'appuyer sur rien, que M. Fouquet aurait la tête tranchée, à cause du crime d'État. Et pour attirer plus de monde à lui, et faire un trait de Normand, il dit qu'il fallait croire que le roi donnerait grâce et pardonnerait ; que c'était lui seul qui le pourrait faire. Ce fut hier qu'il fit cette belle action, dont tout le monde fut touché, autant qu'on avait été aise de l'avis de M. d'Ormesson.

Ce matin, Pussort a parlé quatre heures, mais avec tant de véhémence, tant de chaleur, tant d'emportement, tant de rage, que plusieurs juges en furent scandalisés, et on croit que cette furie peut faire plus de bien que de mal à notre pauvre ami. Il a redoublé de force sur la fin de son avis, et a dit, sur ce crime d'État, qu'un certain Espagnol nous devait faire bien de la honte, qui avait eu tant d'horreur d'un rebelle, qu'il avait brûlé sa maison, parce que Charles de Bourbon[1] y avait passé ; qu'à plus forte raison nous devions avoir en abomination le crime de M. Fouquet ; que pour le punir il n'y avait que la corde et les gibets ; mais qu'à cause des charges qu'il avait possédées, et qu'il avait plusieurs parents considérables, il se relâchait à prendre l'avis de M. de Sainte-Hélène.

Que dites-vous de cette modération ? C'est à cause qu'il est oncle de M. Colbert et qu'il a été récusé, qu'il a voulu en user si honnêtement. Pour moi, je saute aux nues quand je pense à cette infamie. Je ne sais si on jugera demain, ou si l'on traînera l'affaire toute la semaine. Nous avons encore de grandes salves à essuyer ; mais peut-être que

[1] Le connétable de Bourbon, qui sous François Ier alla mourir sous les murs de Rome, en servant Charles-Quint contre la France.

quelqu'un reprendra l'avis de ce pauvre M. d'Ormesson, qui jusque ici a été si mal suivi. Mais écoutez, je vous prie, trois ou quatre petites choses qui sont très-véritables, et qui sont assez extraordinaires. Premièrement, il y a une comète qui paraît depuis quatre jours : au commencement, elle n'a été annoncée que par des femmes, on s'en est moqué ; mais à présent tout le monde l'a vue. M. d'Artagnan veilla la nuit passée, et la vit fort à son aise. M. de Neuré, grand astrologue, dit qu'elle est d'une grandeur considérable. J'ai vu M. Dufoin, qui l'a vue avec trois ou quatre savants. Moi, qui vous parle, je fais veiller cette nuit pour la voir aussi : elle paraît sur les trois heures ; je vous en avertis, vous pouvez en avoir le plaisir ou le déplaisir.

Berrier est devenu fou, mais au pied de la lettre ; c'est-à-dire qu'après après avoir été saigné excessivement, il ne laisse pas d'être en fureur ; il parle de potences, de roues, il choisit des arbres exprès ; il dit qu'on le veut pendre, et fait un bruit si épouvantable qu'il le faut tenir et lier. Voilà une punition de Dieu assez visible et assez à point nommé. Il y a eu un nommé Lamothe qui a dit, sur le point de recevoir son arrêt, que MM. de Bezemaux, gouverneur de la Bastille, et Chamillard (on y met Poncet, mais je n'en suis pas si assurée), l'avaient pressé plusieurs fois de parler contre M. Fouquet et contre de Lorme ; que moyennant cela ils le feraient sauver, et qu'il ne l'a pas voulu, et le déclare avant que d'être jugé. Il a été condamné aux galères. Mesdames Fouquet ont obtenu une copie de cette déposition, qu'elles présenteront demain à la chambre. Peut-être qu'on ne la recevra pas, parce que l'on est aux opinions ; mais elles peuvent le dire ; et comme ce bruit est répandu, il doit faire un grand effet dans l'esprit des juges. N'est-il pas vrai que tout ceci est bien extraordinaire ?

Il faut que je vous raconte encore une action héroïque de Masnau : il était malade à mourir, il y a huit jours, d'une colique néphrétique ; il prit plusieurs remèdes, et se fit saigner à minuit. Le lendemain, à sept heures, il se fit traîner à la chambre de justice; il y souffrit des douleurs inconcevables. M. le chancelier le vit pâlir; il lui dit : Monsieur, vous n'en pouvez plus, retirez-vous. Il lui répondit : Monsieur, il est vrai, mais il faut mourir ici. M. le chancelier, le voyant quasi s'évanouir, lui dit, le voyant s'opiniâtrer : Eh bien, Monsieur, nous vous attendrons. Sur cela il sortit un quart d'heure, et dans ce temps il fit deux pierres d'une grosseur si considérable, qu'en vérité cela pourrait passer pour un miracle, si les hommes étaient dignes que Dieu en voulût faire. Ce bon homme rentra gai et gaillard, et chacun fut surpris de cette aventure.

Voilà tout ce que je sais. Tout le monde s'intéresse dans cette grande affaire. On ne parle d'autre chose; on raisonne, on tire des conséquences, on compte sur ses doigts, on s'attendrit, on craint, on souhaite, on hait, on admire, on est triste, on est accablé; enfin, mon pauvre Monsieur, c'est une chose extraordinaire que l'état où l'on est présentement; mais c'est une chose divine que la résignation et la fermeté de notre cher malheureux. Il sait tous les jours ce qui se passe, et tous les jours il faudrait faire des volumes à sa louange. Je vous conjure de bien remercier monsieur votre père de l'aimable billet qu'il m'a écrit, et des belles choses qu'il m'a envoyées. Hélas! je les ai lues, quoique j'aie la tête en quatre. Dites-lui que je suis ravie qu'il m'aime un peu, c'est-à-dire beaucoup, et que pour moi je l'aime encore davantage. J'ai reçu votre dernière lettre. Hé! mon Dieu! vous me payez au delà de tout ce que je fais pour vous; je vous dois du reste.

42. — AU MÊME.

Vendredi 19 décembre 1664.

Voici un jour qui nous donne de grandes espérances; mais il faut reprendre de plus loin. Je vous ai mandé comme

M. Pussort opina mercredi à la mort; jeudi, Nogués, Gisaucourt, Fériol, Héraut, à la mort encore. Roquesante finit la matinée; et, après avoir parlé une heure admirablement bien, il reprit l'avis de M. d'Ormesson. Ce matin nous avons été au-dessus du vent, car deux ou trois incertains ont été fixés, et tout d'un article, nous avons eu la Toison, Masnau, Verdier, La Baume et Catinat de l'avis de M. d'Ormesson. C'était à Poncet à parler; mais, jugeant que ceux qui restent sont quasi tous à la vie, il n'a pas voulu parler, quoiqu'il ne fût qu'onze heures. On croit que c'est pour consulter ce qu'on veut qu'il dise, et qu'il n'a pas voulu se décrier et aller à la mort sans nécessité. Voilà où nous en sommes, qui est un état si avantageux, que la joie n'en est pas entière; car il faut que vous sachiez que M. Colbert est tellement enragé, qu'on attend quelque chose d'atroce et d'injuste qui nous remettra au désespoir. Sans cela, mon pauvre Monsieur, nous aurions la joie de voir notre ami, quoique bien malheureux, au moins avec la vie sauve, qui est une grande affaire. Nous verrons demain ce qui arrivera. Nous en avons sept, ils en ont six. Voici ceux qui restent : Le Feron, Moussy, Brillac, Bernard, Renard, Voisin, Pontchartrain et le chancelier. Il y en a plus qu'il ne nous en faut de bons à ce reste-là.

Samedi.

Louez Dieu, Monsieur, et le remerciez; notre pauvre ami est sauvé : il a passé de treize à l'avis de M. d'Ormesson, et neuf à celui de Sainte-Hélène. Je suis si aise, que je suis hors de moi [1].

---

[1] Bureau de la commission qui jugea Fouquet :

PONS.		CONTRAIRES.	
D'Ormesson.	La Toison.	Sainte-Hélène.	Héraut.
Le Feron.	La Baume.	Pussort.	Poncet.
Moussy.	Verdier.	Gisaucourt.	Voisin.
Brillac.	Masnau.	Fériol.	Le chancelier.
Renard.	Catinat.	Nogués.	
Bernard.	Pontchartrain		
Roquesante.			

Dimanche au soir.

Je mourais de peur qu'un autre que moi vous eût donné le plaisir d'apprendre la bonne nouvelle. Mon courrier n'a pas fait une grande diligence ; il avait dit en partant qu'il n'irait coucher qu'à Livry. Enfin, il est arrivé le premier, à ce qu'il m'a dit. Mon Dieu ! que cette nouvelle vous a été sensible et douce, et que les moments qui délivrent tout d'un coup le cœur et l'esprit d'une si terrible peine font sentir un inconcevable plaisir ! De longtemps je ne serai remise de la joie que j'eus hier ; tout de bon, elle est trop complète : j'avais peine à la contenir. Le pauvre homme apprit cette nouvelle par l'air [1], peu de moments après, et je ne doute pas qu'il ne l'ait sentie dans toute son étendue. Ce matin le roi a envoyé son chevalier du Guet à mesdames Fouquet, leur recommander de s'en aller toutes deux à Montluçon en Auvergne ; le marquis et la marquise de Charost à Ancenis, et le jeune Fouquet à Joinville en Champagne. La bonne femme a mandé au roi qu'elle avait soixante et douze ans, qu'elle suppliait Sa Majesté de lui donner son dernier fils, pour l'assister sur la fin de sa vie, qui apparemment ne serait pas longue. Pour le prisonnier, il n'a point encore su son arrêt. On dit que demain on le fait conduire à Pignerol, car le roi change l'exil en une prison. On lui refuse sa femme, contre toutes les règles. Mais gardez-vous bien de rien rabattre de votre joie pour tout ce procédé : la mienne est augmentée, s'il se peut, et me fait bien mieux voir la grandeur de notre victoire. Je vous manderai fidèlement la suite de cette histoire : elle est curieuse. Voilà ce qui s'est passé aujourd'hui ; à demain le reste.

[1] Par des signaux.

Lundi au soir.

Ce matin à dix heures on a mené M. Fouquet à la chapelle de la Bastille. Foucault tenait son arrêt à la main. Il lui a dit : Monsieur, il faut me dire votre nom, afin que je sache à qui je parle. M. Fouquet a répondu : Vous savez bien qui je suis, et pour mon nom, je ne le dirai pas plus ici que je ne l'ai dit à la chambre ; et pour suivre le même ordre, je fais mes protestations contre l'arrêt que vous m'allez lire. On a écrit ce qu'il disait, et en même temps Foucault s'est couvert et a lu l'arrêt. M. Fouquet l'a entendu découvert. Ensuite on a séparé de lui Pecquet[1] et Lavalée, et les cris et les pleurs de ces pauvres gens ont pensé fendre le cœur de ceux qui ne l'ont pas de fer ; ils faisaient un bruit si étrange, que M. d'Artagnan a été obligé de les aller consoler, car il semblait que c'était un arrêt de mort qu'on vint de lire à leur maître. On les a mis tous deux dans une chambre à la Bastille ; on ne sait ce qu'on en fera.

Cependant M. Fouquet est allé dans la chambre de M. d'Artagnan ; pendant qu'il y était, il a vu par la fenêtre passer M. d'Ormesson, qui venait de reprendre quelques papiers qui étaient entre les mains de M. d'Artagnan. M. Fouquet l'a aperçu ; il l'a salué avec un visage ouvert et plein de joie et de reconnaissance ; il lui a même crié qu'il était son très-humble serviteur. M. d'Ormesson lui a rendu son salut avec une très-grande civilité, et s'en est venu, le cœur tout serré, me conter ce qu'il avait vu.

A onze heures, il y avait un carrosse prêt, où M. Fouquet est entré avec quatre hommes, M. d'Artagnan à cheval avec cinquante mousquetaires ; il le conduira jusqu'à Pignerol, où il le laissera en prison sous la conduite d'un nommé Saint-Mars, qui est fort honnête homme, et qui prendra cinquante soldats pour le garder. Je ne sais si on

[1] Jean Pecquet, anatomiste célèbre, et médecin de Fouquet, et qui lui resta fidèle.

lui a redonné un autre valet de chambre ; si vous saviez comme cette cruauté paraît à tout le monde, de lui avoir ôté ces deux hommes, Pecquet et Lavalée, c'est une chose inconcevable ; on en tire même des conséquences fâcheuses, dont Dieu le préserve, comme il a fait jusqu'ici : il faut mettre sa confiance en lui, et le laisser sous sa protection, qui lui a été si salutaire. On lui refuse toujours sa femme On a obtenu que la mère n'irait qu'au Parc, chez sa fille, qui en est abbesse[1]. L'Écuyer suivra sa belle-sœur ; il a déclaré qu'il n'avait pas de quoi se nourrir ailleurs. M. et Madame de Charost vont toujours à Ancenis. M. Bailly, avocat général, a été chassé pour avoir dit à Gisaucourt, avant le jugement du procès, qu'il devait bien remettre la compagnie du grand conseil en honneur, et qu'elle serait déshonorée si Chamillard, Pussort et lui allaient le même train. Cela me fâche à cause de vous ; voilà une grande rigueur. *Tantæne animis cœlestibus iræ*[2] !

Mais non, ce n'est point de si haut que cela vient. De telles vengeances rudes et basses ne sauraient partir d'un cœur comme celui de notre maître. On se sert de son nom, et on le profane, comme vous voyez. Je vous manderai la suite : il y aurait bien à causer sur tout cela ; mais il est impossible par lettres. Adieu, mon pauvre Monsieur, je ne suis pas si modeste que vous ; et sans me sauver dans la foule, je vous assure que je vous aime et vous estime très-fort. J'ai vu aujourd'hui la comète ; sa queue est d'une belle longueur : j'y mets une partie de mes espérances. Mille compliments à votre chère femme.

---

[1] Marie-Élisabeth Fouquet, sœur du surintendant, abbesse du Parc-aux-Dames, près Senlis.
[2] VIRGILE, *Énéid.*, liv. Ier.

43. — AU MÊME.

Jeudi au soir, janvier 1665.

Enfin, la mère, la belle-fille et le frère ont obtenu d'être ensemble ; ils s'en vont à Montluçon, au fond de l'Auvergne[1]. La mère avait permission d'aller au Parc-aux-Dames avec sa fille ; mais sa belle-fille l'entraîne. Pour M. et Madame de Charost, ils sont partis pour Ancenis. Pecquet et Lavalée sont encore à la Bastille. Y a-t-il rien au monde de si horrible que cette injustice ? On a donné un autre valet de chambre au malheureux. M. d'Artagnan est sa seule consolation dans le voyage. On dit que celui qui le gardera à Pignerol est un fort honnête homme. Dieu le veuille ! ou, pour mieux dire, Dieu le garde ! Il l'a protégé si visiblement, qu'il faut croire qu'il en a un soin tout particulier. La Forêt, son défunt écuyer, l'aborda comme il s'en allait ; il lui dit : Je suis ravi de vous voir ; je sais votre fidélité et votre affection : dites à nos femmes qu'elles ne s'abattent point, que j'ai du courage de reste, et que je me porte bien. En vérité, cela est admirable. Adieu, mon cher Monsieur ; soyons comme lui, ayons du courage, et ne nous accoutumons pas à la joie que nous donna l'admirable arrêt de samedi.

Madame de Grignan (*Angélique-Claire d'Agennes, première femme de M. de Grignan*) est morte.

Vendredi au soir.

Il me semble, par vos beaux remerciments, que vous me donniez mon congé, mais je ne le prends pas encore. Je prétends vous écrire quand il me plaira ; et dès qu'il y aura des vers du Pont-Neuf et autres, je vous les enverrai fort bien. Notre cher ami est par les chemins. Il a couru un

---

[1] Ceci est une erreur. Montluçon est une ville du Bourbonnais, et n'est point au fond de l'Auvergne.

bruit qu'il était bien malade; tout le monde disait : Quoi! déjà.... On disait encore que M. d'Artagnan avait envoyé demander à la cour ce qu'il ferait de son prisonnier malade, et qu'on lui avait répondu durement qu'il le menât toujours, en quelque état qu'il fût. Tout cela est faux; mais on voit par là ce qu'on a dans le cœur, et combien il est dangereux de donner des fondements sur quoi on augmente tout ce qu'on veut. Pecquet et Lavalée sont toujours à la Bastille : en vérité, cette conduite est admirable. On recommencera la chambre après les Rois.

Je crois que les pauvres exilés sont arrivés présentement à leur gîte. Quand notre ami sera au sien, je vous le manderai; car il le faut mettre jusqu'à Pignerol; et plût à Dieu que de Pignerol nous le puissions faire venir où nous voudrions bien [1]. Et vous, mon pauvre Monsieur, combien durera encore votre exil? J'y pense bien souvent. Mille compliments à monsieur votre père. On m'a dit que madame votre femme est ici; je l'irai voir. J'ai soupé hier avec une de nos amies; nous parlâmes de vous aller voir.

Mardi.

Voilà de quoi vous amuser quelques moments; assurément vous trouverez quelque chose de beau et d'agréable à ce que je vous envoie. C'est une vraie charité de vous divertir tous deux dans votre solitude. Si l'amitié que j'ai pour le père et le fils vous était un remède contre l'ennui, vous ne seriez pas à plaindre. Je viens d'un lieu où je l'ai renouvelée, ce me semble, en parlant de vous à cinq ou six personnes qui se mêlent comme moi d'être de vos amis et amies; c'est à l'hôtel de Nevers, en un mot. Madame votre femme y était; elle vous mandera les admirables petits comédiens que nous y avons vus. Je crois que notre cher ami est arrivé; je n'en ai pas de nouvelles certaines. On a su seu-

---

[1] Fouquet mourut prisonnier le 23 mars 1680.

lement que M. d'Artagnan, continuant ses manières obligeantes, lui a donné toutes les fourrures ordinaires pour passer les montagnes sans incommodité. J'ai su aussi qu'il avait reçu des lettres du roi, et qu'il avait dit à M. Fouquet qu'il fallait se réjouir et avoir toujours bon courage, que tout allait bien. On espère toujours des adoucissements ; je les espère aussi ; l'espérance m'a trop bien servie pour l'abandonner. Ce n'est pas que toutes les fois qu'à nos ballets je regarde notre maître, ces deux vers du Tasse ne me reviennent à la tête :

> *Goffredo ascolta, e in rigida sembianza*
> *Porge più di timor che di speranza*[1].

Cependant je me garde bien de me décourager ; il faut suivre l'exemple de notre pauvre prisonnier ; il est gai et tranquille, soyons-le aussi. J'aurai une sensible joie de vous revoir ici. Je ne crois pas que votre exil puisse être long. Assurez bien monsieur votre père de ma tendresse ; voilà comme il faut parler, et me mander un peu votre avis des stances. Il y en a qui sont admirées, aussi bien que des couplets.

44. — DU COMTE DE BUSSY A MADAME DE SÉVIGNÉ.

A Forléans, ce 21 novembre 1666.

Je fus hier à Bourbilly. Jamais je n'ai été si surpris, ma belle cousine. Je trouvai cette maison belle ; et quand j'en cherchai la raison, après le mépris que j'en avais fait il y a deux ans, il me sembla que cela venait de votre absence. En effet, vous et mademoiselle de Sévigné enlaidissez ce qui vous environne, et vous fîtes ce tour-là, il y a deux ans, à votre maison. Il n'y a rien de si vrai ; et je vous donne avis que si vous la vendez jamais, vous fassiez ce marché par

---

[1] GERUSALEMME LIBERATA, cant. V, st. 55.

procureur, car votre présence en diminuerait fort le prix.

En arrivant, le soleil, qu'on n'avait pas vu depuis deux jours, commença de paraître, et lui et votre fermier firent fort bien l'honneur de la maison ; celui-ci en me faisant une bonne collation, et l'autre en dorant toutes les chambres, que les Christophle [1] et les Guy [2] s'étaient contentés de tapisser de leurs armes. J'y étais allé en famille, qui fut aussi satisfaite de cette maison que moi. Les Rabutins vivants voyant tant d'écussons s'estimèrent encore davantage, connaissant par là le cas que les Rabutins morts faisaient de leur maison. Mais l'éclat de rire nous prit à tous quand nous vîmes le bon Christophle à genoux, qui, après avoir mis ses armes en mille endroits et en mille manières différentes, s'en était fait faire un habit. Il est vrai que c'est pousser l'amour de son nom aussi loin qu'il peut aller. Vous croyez bien, ma belle cousine, que Christophle avait un cachet, et que ses armes étaient sur sa vaisselle, sur les housses de ses chevaux et sur son carrosse. Pour moi, j'en mettrais mes mains dans le feu.

45. — DE MADAME DE SÉVIGNÉ AU COMTE DE BUSSY.

A Paris, ce 20 mai 1667.

Je reçus une lettre de vous en Bretagne, mon cher cousin, où vous me parliez de nos Rabutins et de la beauté de Bourbilly. Mais comme on m'avait écrit d'ici qu'on vous y attendait, et que je croyais même y arriver plus tôt, j'ai toujours différé à vous faire réponse jusqu'à présent, que j'ai appris que vous ne viendrez point ici. Vous savez qu'il n'est plus question que de guerre. Toute la cour est à l'armée, et toute l'armée est à la cour. Paris est un

---

[1] Christophle de Rabutin, seigneur de Sully et Bourbilly, né vers 1500, mort en 1569.
[2] Guy de Rabutin, troisième fils de Christophle, né en 1532, fut le premier de sa race qui porta le titre de baron de Chantal.

désert; et désert pour désert, j'aime beaucoup mieux celui de la forêt de Livry, où je passerai l'été,

> En attendant que nos guerriers
> Reviennent couverts de lauriers.

Voilà deux vers. Cependant je ne sais si je les savais déjà, ou si je les viens de faire. Comme la chose n'est pas d'une fort grande conséquence, je reprendrai le fil de ma prose. J'ai bien senti mon cœur pour vous, depuis que j'ai vu tant de gens empressés à commencer ou à recommencer un métier que vous avez fait avec tant d'honneur, dans le temps que vous avez pu vous en mêler. C'est une chose douloureuse à un homme de courage, d'être chez soi quand il y a tant de bruit en Flandre. Comme je ne doute point que vous ne sentiez sur cela tout ce qu'un homme d'esprit, et qui a de la valeur, peut sentir, il y a de l'imprudence à moi de repasser sur un endroit si sensible. J'espère que vous me pardonnerez, par le grand intérêt que j'y prends.

On dit que vous avez écrit au roi; envoyez-moi la copie de votre lettre, et me mandez un peu des nouvelles de votre vie, quelles sortes de choses vous peuvent amuser, et si l'ajustement de votre maison n'y contribue pas beaucoup. Pour moi, j'ai passé l'hiver en Bretagne, où j'ai fait planter une infinité de petits arbres, et un labyrinthe d'où l'on ne sortira pas sans le fils d'Ariane. J'ai encore acheté plusieurs terres, à qui j'ai dit, à la manière accoutumée : *Je vous fais parc.* De sorte que j'ai étendu mes promenoirs sans qu'il m'en ait coûté beaucoup. Ma fille vous fait mille amitiés; j'en fais autant à toute votre famille.

46. = DU COMTE DE BUSSY A MADAME DE SÉVIGNÉ

A Bussy, ce 23 mai 1667.

Pour vous parler franchement, j'étais un peu surpris de ne recevoir aucune réponse à la lettre que je vous écrivis il y a plus de six mois, parce que je ne croyais pas qu'il vous fallût deux de mes lettres pour m'en attirer une des vôtres; mais, après les raisons que vous me mandez, je suis content.

On m'écrivit que vous étiez à Paris aussitôt que vous y fûtes arrivée. Pour moi, je n'irai point cette campagne, je vais la passer dans mes châteaux à les embellir et à augmenter mon revenu, que ceux qui se mêlaient de mes affaires avaient fort diminué, par les belles mains qu'ils prenaient de mes fermiers. Quoique je n'aie jamais fait jusqu'ici le métier d'un homme qui fait valoir son bien lui-même, je ne m'en acquitte pas trop mal, et je ne le crois pas si pénible que je me l'étais figuré; je pense que le profit en ôte les épines.

Pour la guerre où vous me souhaitez, je ne suis pas de même sentiment que vous. Je vous rends pourtant mille grâces, ma chère cousine, de la part que vous prenez à ma méchante fortune; mais je vous en veux consoler, en vous disant les raisons que j'ai d'avoir là-dessus l'esprit en repos. Il faut donc que vous sachiez que lorsque je fus arrêté [1], j'étais tellement fatigué des injustices qu'on me faisait depuis huit ou dix ans, que j'étais à tous moments sur le point de me défaire de ma charge; la seule raison qui m'en empêchait était la crainte des reproches qu'on m'aurait pu faire de m'être dégradé moi-même. Mais lorsque j'eus ordre de me démettre, j'en fus ravi, croyant qu'on ne s'en pourrait pas prendre à moi, et qu'on n'en pourrait accuser que la fortune. Si d'un état agréable j'étais passé tout d'un coup à un état malheureux, je sentirais tout ce que vous sentez; mais on m'a fait avaler, huit ans durant, tant de couleuvres, dont je ne me vantais pas, que je regardais la fin de ces misères, de quelque façon qu'elle pût arriver, comme je regardais avant cela d'être maréchal de France; de sorte

---

[1] Bussy fut arrêté le 17 avril 1665, et conduit à la Bastille.

que j'entends parler aujourd'hui du voyage de Flandre avec la même tranquillité dont j'entendais ces jours passés parler des revues de la plaine d'Ouilles. Ce n'est pas que je n'aie écrit au roi; mais j'ai donné cela à M. de Noailles, qui m'y avait engagé, comme vous verrez par la copie de sa lettre que je vous envoie, et non pas à l'envie que j'ai eue de refaire un métier où j'ai reçu tant de dégoûts. Je vous envoie aussi la copie de ma lettre au roi. Si l'on me donnait un grand emploi et de quoi le soutenir, je serais ravi de recommencer; à moins que cela, je serais fort embarrassé si le roi recevait mes offres. Ainsi, Madame, cessez de me plaindre sur les chagrins que vous croyez que j'ai. Il y a bien des gens en France qui ont de plus grands plaisirs que moi, mais il n'y en a point au monde qui aient moins de peines. Cependant j'ai autant de courage et d'ambition que j'en ai jamais eu; mais il est vrai que je ne suis pas assez fou pour me tourmenter pour des maux inévitables. Après les contrariétés de la fortune, je suis aussi peu fâché de n'être pas maréchal de France, que de n'être pas roi. Un honnête homme fait tout ce qu'il peut pour s'avancer, et se met au-dessus des mauvais succès quand il n'a pas réussi.

> Quand on n'a pas ce que l'on aime,
> Il faut aimer ce que l'on a.

Je fais des vers aussi bien que vous, Madame; mais je suis assuré que je savais les miens, et je crois que vous avez fait les vôtres.

Mademoiselle de Sévigné a raison de me faire des amitiés; après vous, je n'aime ni n'estime rien tant qu'elle : je suis pour ses intérêts comme vous êtes pour les miens; je suis assuré qu'elle n'est pas si mal satisfaite de sa fortune que moi; et sa vertu lui fera attendre sans impatience un établissement avantageux, que l'estime extraordinaire que j'ai pour elle me persuade être trop lent à venir. Voilà de grandes paroles, Madame ; mais, en un mot, je l'aime fort et je trouve qu'elle devrait plutôt être princesse que mademoiselle de Brancas ¹.

47. — DE MADAME DE SÉVIGNÉ A M. DE POMPONNE.

A Fresnes, ce 1ᵉʳ août 1667.

N'en déplaise au service du roi, je crois, monsieur l'ambassadeur, que vous seriez tout aussi aise d'être ici avec nous, que d'être à Stockholm à ne regarder le soleil que du coin de l'œil. Il faut que je vous dise comme je suis présentement. J'ai M. d'Andilly à ma main gauche, c'est-à-dire du côté de mon cœur ; j'ai madame de La Fayette ² à ma droite ; madame du Plessis ³ devant moi, qui s'amuse à barbouiller de petites images ; madame de Motteville ⁴ un peu plus loin, qui rêve profondément ; notre oncle de Cessac ⁵, que je crains parce que je ne le connais guère ; madame de Caderousse ⁶, mademoiselle sa sœur ⁷, qui est un fruit nouveau que vous ne connaissez pas, et mademoiselle de Sévigné sur le tout, allant et venant par le cabinet comme de petits frelons. Je suis assurée, Monsieur, que toute cette compagnie vous plairait fort, et surtout si vous voyiez de quelle manière on se souvient de vous, combien l'on vous aime, et le chagrin que nous commencions d'avoir contre votre excellence, ou pour mieux dire contre votre mérite, qui vous tient longtemps à quatre ou cinq cents lieues de nous. La dernière

---

[1] Françoise de Brancas, mariée à Charles de Lorraine, prince d'Harcourt. Son père, le comte de Brancas, se rendit fameux par ses distractions, et a servi de modèle à La Bruyère pour le caractère de Ménalque.
[2] Auteur de *la Princesse de Clèves*.
[3] Madame Duplessis-Guénégaud, dame de Fresne.
[4] Auteur des *Mémoires pour servir à l'Histoire d'Anne d'Autriche*.
[5] Ceci est un titre d'amitié, car le marquis de Cessac n'était pas parent de madame de Sévigné.
[6] Claire-Bénédictine de Guénégaud, épouse du duc de Caderousse.
[7] Élisabeth-Angélique de Guénégaud, depuis femme du comte de Boufflers.

fois que je vous écrivis, j'avais toute ma tristesse et toute celle de mes amis. Présentement, sans que rien soit changé, nous avons toutes repris courage : ou l'on s'est accoutumé à son malheur, ou l'espérance nous soutient le cœur. Enfin nous revoilà tous ensemble avec assez de joie pour parler avec plaisir des Bayard et des comtesse de Chivergny, et même pour souhaiter encore quelque nouvel enchantement. Mais les magies d'Amalthée[1] ne sont pas encore en train, de sorte que nous remettons l'ouverture du théâtre pour la Saint-Martin. Cependant le roi s'amuse à prendre la Flandre, et Castel-Rodrigue à se retirer de toutes les villes que Sa Majesté veut avoir. Presque tout le monde est en inquiétude ou de son fils, ou de son frère, ou de son mari; car, malgré toutes nos prospérités, il y a toujours quelque blessé ou quelque tué. Pour moi, qui espère y avoir quelque gendre, je souhaite en général la conservation de toute la chevalerie.

48. — AU COMTE DE BUSSY.

A Paris, ce 6 juin 1668.

Je vous ai écrit la dernière, pourquoi ne m'avez-vous point fait de réponse? Je l'attendais, et j'ai compris à la fin que le proverbe italien disait vrai :

Chi offende, non perdona.

Cependant je reviens la première, parce que je suis de bon naturel, et que cela même fait que je vous aime et que j'ai toujours eu une pente et une inclination pour vous qui m'ont mise à deux doigts d'être ridicule à l'égard de ceux qui savaient mieux que moi comme j'étais avec vous.

Madame d'Époisses m'a dit qu'il vous était tombé une

---

[1] C'était le nom romanesque de madame Duplessis-Guénégaud, et les magies d'Amalthée ne sont autre chose que les petites pièces de société qu'on jouait au château de Fresne.

corniche sur la tête, qui vous avait extrêmement blessé. Si vous vous portiez bien, et que l'on osât dire de méchantes plaisanteries, je vous dirais que ce ne sont pas des diminutifs qui font du mal à la tête de la plupart des maris ; ils se trouveraient bien heureux de n'être offensés que par des corniches. Mais je ne veux point dire de sottises : je veux savoir auparavant comment vous vous portez, et vous assurer que, par la même raison qui me rendait faible quand vous aviez été saigné, j'ai senti de la douleur de celle que vous avez eue à la tête. Je ne pense pas qu'on puisse porter plus loin la force du sang.

Ma fille a pensé être mariée. Cela s'est rompu, je ne sais pourquoi. Elle vous baise les mains, et moi à toute votre famille. Ne faites-vous rien du côté de la cour? Mandez-moi où vous en êtes.

49. — DU COMTE DE BUSSY A MADAME DE SÉVIGNÉ.

A Bussy, ce 9 juin 1668.

La dernière lettre que vous m'avez écrite, avant celle que je reçus hier de vous, ma belle cousine, était du 20 mai de l'année passée, à quoi je répondis sur-le-champ ; est-ce que vous n'avez pas reçu ma réponse? Personne n'est plus ponctuel avec tout le monde que moi, et surtout avec vous, à qui j'aime à écrire, et je réponds aujourd'hui à votre lettre du 6 de ce mois, dans laquelle vous ne sauriez pas vous empêcher de m'agacer sans sujet.

Pourquoi me dire que je ne vous pardonne pas l'offense que je vous ai faite, puisque je vous en ai demandé mille fois pardon, et que vous m'avez promis autant de fois de n'y plus songer? Je comptais, sur votre parole, tout cela comme non avenu, et si je m'en souvenais quelquefois, ce n'était que pour m'obliger à raccommoder le passé par plus de tendresse pour vous. Cependant il semble que de temps en temps vous vous repentiez de m'avoir pardonné.

Tout ce que je puis croire en votre faveur, ma chère cousine, c'est que ces changements-là sont étrangers en vous, et que la douceur et l'amitié pour moi y est naturelle. Vous n'avez pas la force de résister à la mode : je n'y suis pas aujourd'hui ; si j'y reviens jamais, je crois que vous vous ferez bien moins de violence pour battre des mains quand on dira du bien de moi, que vous ne vous en faites quand on vous en dit du mal. Vous voyez par là que je crois ce que vous me mandez, que vous avez de la pente à m'aimer ; mais je ne demeure pas d'accord que cela vous ait mise à deux doigts d'être ridicule. Quoi qu'il se fût passé entre nous, nous étions raccommodés ; après cela, étant si proches que nous sommes, il était naturel que vous parussiez de mes amies, et je suis même persuadé que lorsque je fus arrêté, il eût été honnête et généreux à vous de prendre mon parti envers et contre tous, quand même vous ne m'auriez pas pardonné avant que j'entrasse à la Bastille. Au moins en usai-je ainsi pour vous quand le surintendant Fouquet fut arrêté ; véritablement vous n'étiez pas en prison, mais vous étiez en Bretagne, nous étions brouillés : je pouvais, sans passer pour emporté, mêler mon prétendu ressentiment avec le déchaînement de vos envieux ; je ne sais pas même si vous ne vous y attendiez point : cependant je fis le contraire, et, bien loin de craindre d'en être ridicule, je me trouvai le cœur bien fait en cette rencontre.

Cela vous soit dit sans aigreur et sans reproche, ma belle cousine ; car je vous ai presque toujours aimée, quoi que vous aient dit ceux que vous me mandez, qui savaient mieux que vous comment vous étiez avec moi. Si je ne vous avais pas aimée avant notre brouillerie, et même depuis notre réconciliation, je n'en aurais fait confidence qu'à une certaine personne que vous savez[1] ; cependant, hormis

---

[1] Probablement à sa maîtresse, madame de Montglas, dont le mari est désigné à la fin de cette lettre comme un homme gros, gras, bien nourri, et portant des cornes sur la tête.

la conjecture où je crus avoir sujet de me plaindre de vous, je ne lui en ai jamais parlé que comme de la plus jolie femme de France; ce qu'elle ne trouvait nullement bon, et qu'elle voulait toujours détruire par mille particularités que je vous dirai un jour. De sorte que tout ce que je pouvais faire, c'était de lui cacher ce que je pensais d'avantageux pour vous; mais je n'en disais point de mal,

> Et, retenu par mon respect extrême,
> Ma bouche au moins ne fit point de blasphème.

Vous comprenez bien, ma belle cousine, les raisons qu'on avait de craindre que je ne vous trouvasse trop aimable; et si vous voulez savoir celles qu'on aurait maintenant de me brouiller avec vous, c'est que, craignant peut-être quelques petits reproches de ma part, qu'on sent bien qu'on mérite, et qui pourraient faire du bruit, on serait bien aise de m'attirer des ennemis, et de mettre les choses en état que les rieurs ne fussent pas de mon côté. Mais on a tort de m'appréhender, ma colère ferait trop d'honneur, et je suis trop glorieux pour me plaindre.

Au reste, Madame, je ne sais d'où est venue à madame d'Époisses la nouvelle de ma blessure.

> A Bussy, d'où je n'ai bougé,
> Pour vous dire la chose en homme véritable,
> Il ne m'est, sur mon Dieu, rien du tout arrivé.

De sorte que quand vous avez eu de la douleur, elle venait d'autre chose que de la force du sang. Je vois bien qu'il y a un peu d'altération dans notre sympathie, ou du moins qu'elle n'a lieu que dans les saignées. Si elle avait été aussi loin que vous dites, ma belle cousine, elle aurait été jusqu'à votre cœur; mais à moi n'appartenait pas tant de braverie.

J'attends ici un de ces maris dont la tête n'est pas incommodée des corniches; ce qu'il y porte va dans le superlatif. Je voudrais bien vous faire connaître le personnage sans vous le nommer. Il n'est pas si beau qu'Astolfe ni que Joconde; mais, en récompense, il est quatre fois plus malheureux. Ne le connaissez-vous pas à cela? C'est un mari tout à fait insensible. Il ne ressemble pas au pauvre Sganarelle, qui était un mari *très-marri*. On ne comprend pas celui-ci, car, quoiqu'il porte des cornes sur la tête, il les tient fort au-dessous de lui. Si vous n'y êtes pas encore, vous n'en êtes pas loin. Attendez : c'est un mari gros et gras et bien nourri. Y êtes-vous? C'est un mari dont le malheur m'est particulièrement connu. Oh! pour celui-là, vous y êtes. Je défie Baubrun de le peindre plus au naturel.

Je ne sais si j'oserais vous parler du mariage de mademoiselle de Sévigné, si près du chapitre des corniches? Oui, cela ne tire pas à conséquence, et puis vous lui choisirez un honnête homme; autrement, vous savez bien la prédiction que j'ai faite. J'ai ouï parler du mari qu'elle a failli d'épouser. Je ne sais pas, s'il l'eût épousée, s'il eût été quelque jour *très-marri*; mais je sais bien que dans les commencements il eût été bien aise. Je suis le serviteur de la belle, et je l'aime fort; mais pourtant encore moins que vous.

50. — DE MADAME DE SÉVIGNÉ A MÉNAGE.

25 juin 1668.

Votre souvenir m'a donné une joie sensible, et m'a réveillé tout l'agrément de notre ancienne amitié. Vos vers m'ont fait souvenir de ma jeunesse, et je voudrais bien savoir pourquoi le souvenir de la perte d'un bien aussi irréparable ne donne point de tristesse. Au lieu du plaisir que j'ai senti, il me semble qu'on devrait pleurer; mais, sans examiner d'où peut venir ce sentiment, je veux m'attacher à celui que me donne la reconnaissance que j'ai de votre présent. Vous ne pouvez douter qu'il ne me soit agréable, puisque mon amour-propre y trouve si bien son compte, et que j'y suis célébrée par le plus bel esprit de mon temps. Il faudrait, pour l'honneur de vos vers, que j'eusse mieux mérité tout celui que vous me faites. Telle que j'ai été, et telle que je suis, je n'oublierai jamais votre véritable et solide amitié, et je serai toute ma vie la plus reconnaissante comme la plus ancienne de vos très-humbles servantes.

La marquise de SÉVIGNÉ.

51. — DU COMTE DE BUSSY A MADAME DE SÉVIGNÉ.

A Bussy, le 17 juillet 1668.

Je ne vous entretiendrai pas longtemps aujourd'hui, ma belle cousine, parce que j'ai été saigné; mais je n'ai que faire de vous le dire, vous le savez bien. Je ne sais si vous savez aussi qu'on m'a tiré du sang de poulet; il est vrai que j'en avais tant que j'en étouffais. Si j'étais à Paris, on ne me saignerait pas si souvent; c'est un air qui dissipe beaucoup d'esprits.

Mais j'oublie de vous parler du sujet de ma lettre : c'est une recommandation que je vous demande à M. Didé, conseiller au grand conseil, pour une affaire que j'ai à son rapport; je ne doute pas que vous ne le connaissiez, ou quelqu'un qui le connaît, car il est Breton. De la manière dont j'ai entendu parler de lui, je n'appréhende pas que d'être exilé lui fasse trouver ma cause moins bonne. Si je n'avais été saigné, je lui écrirais; et si je pouvais aller à Paris, j'irais lui rendre mes devoirs : il n'y a que le roi au monde qui m'en pût empêcher.

Adieu, ma chère cousine; je suis, ma foi, bien à vous et à la plus jolie fille de France : je n'ai que faire après cela de vous prier de faire mon compliment à mademoiselle d Sévigné.

52. — DE MADAME DE SÉVIGNÉ AU COMTE DE BUSSY.

Paris, ce 26 juillet 1668.

Je veux commencer à répondre en deux mots à votre lettre, et puis notre procès sera fini.

Vous m'attaquez doucement, monsieur le Comte, et me reprochez finement que je ne fais pas grand cas des malheureux, mais qu'en récompense je battrai des mains pour votre retour; en un mot, que je hurle avec les loups, et que je suis d'assez bonne compagnie pour ne pas dédire ceux qui blâment les absents.

Je vois bien que vous êtes mal instruit des nouvelles de ce pays-ci, mon cousin : apprenez donc de moi que ce n'est pas la mode de m'accuser de faiblesse pour mes amis. J'en ai beaucoup d'autres, comme dit madame de Bouillon[1], mais je n'ai pas celle-là; cette pensée n'est que dans votre tête, et j'ai fait ici mes preuves de générosité sur le sujet des disgraciés[2], qui m'ont mise en honneur dans beaucoup de bons lieux, que je vous dirais bien si je voulais. Je ne crois donc pas mériter ce reproche, et il faut que vous rayiez cet article sur le mémoire de mes défauts. Mais venons à vous.

Nous sommes proches et de même sang; nous nous plaisons, nous nous aimons, nous prenons intérêt dans nos fortunes. Vous me parlez de vous avancer de l'argent sur les dix mille écus que vous aurez à toucher dans la succession de M. de Châlons[3] : vous dites que je vous l'ai refusé, et moi je dis que je vous l'ai prêté; car vous savez fort bien, et notre ami Corbinelli en est témoin, que mon cœur le vou-

---

[1] Marie-Anne Mancini, femme du duc de Bouillon.
[2] Cardinal de Retz, le surintendant Fouquet.
[3] Jacques de Neuchèse, évêque de Châlons, grand-oncle de madame de Sévigné.

lut d'abord, et que lorsque nous cherchions quelques formalités pour avoir le consentement de Neuchèse, afin d'entrer en votre place pour être payé, l'impatience vous prit; et m'étant trouvée par malheur assez imparfaite de corps et d'esprit pour vous donner sujet de faire un fort joli portrait de moi, vous le fîtes et vous préférâtes à notre ancienne amitié, à notre nom et à la justice même, le plaisir d'être loué de votre ouvrage. Vous savez qu'une dame de vos amies vous obligea généreusement de le brûler; elle crut que vous l'aviez fait, je le crus aussi; et quelque temps après, ayant su que vous aviez fait des merveilles sur le sujet de M. Fouquet et le mien, cette conduite acheva de me faire revenir; je me raccommodai avec vous à mon retour de Bretagne; mais avec quelle sincérité? Vous le savez. Vous savez encore notre voyage de Bourgogne, et avec quelle franchise je vous redonnai toute la part que vous aviez jamais eue dans mon amitié : je revins entêtée de votre société. Il y eut des gens qui me dirent en ce temps-là : « J'ai vu votre portrait entre les mains de madame de « La Baume[1], je l'ai vu. » Je ne répondis que par un sourire dédaigneux, ayant pitié de ceux qui s'amusaient à croire à leurs yeux. « Je l'ai vu, » me dit-on encore au bout de huit jours; et moi, de sourire encore. Je le dis en riant à Corbinelli; il reprit le même souris moqueur qui m'avait déjà servi en deux occasions, et je demeurai cinq ou six mois de cette sorte, faisant pitié à ceux dont je m'étais moquée. Enfin le jour malheureux arriva où je vis moi-même, et de mes propres yeux *bigarrés,* ce que je n'avais pas voulu croire. Si les cornes me fussent venues à la tête, j'au-

---

[1] Il s'agit ici de la marquise de La Baume, qui, s'étant procuré une copie manuscrite des *Amours des Gaules*, les fit imprimer à l'insu de Bussy. Voici le passage dont se plaint madame de Sévigné : « Madame de Sévi- « gné est inégale jusques aux prunelles des yeux et jusques aux paupières; « elle a les yeux de différentes couleurs, et les yeux étant les miroirs de « l'âme, ces inégalités sont comme un avis que donne la nature à ceux qui « l'approchent, de ne pas faire un grand fondement sur son amitié. »

rais été bien moins étonnée. Je le lus et je le relus, ce cruel portrait; je l'aurais trouvé très-joli, s'il eût été d'une autre que de moi et d'un autre que de vous : je le trouvai même si bien enchâssé, et tenant si bien sa place dans le livre, que je n'eus pas la consolation de me pouvoir flatter qu'il fût d'un autre que de vous. Je le reconnus à plusieurs choses que j'en avais ouï dire, plutôt qu'à la peinture de mes sentiments, que je méconnus entièrement. Enfin, je vous vis au Palais-Royal, où je vous dis que ce livre courait. Vous voulûtes me conter qu'il fallait qu'on eût fait ce portrait de mémoire, et qu'on l'avait mis là : je ne vous crus point du tout. Je me ressouvins alors des avis qu'on m'avait donnés, et dont je m'étais moquée. Je trouvai que la place où était ce portrait était si juste, que l'amour paternel vous avait empêché de vouloir défigurer cet ouvrage en l'ôtant d'un lieu où il tenait si bien son coin. Je vis que vous vous étiez moqué et de madame de Montglas et de moi, que j'avais été votre dupe, que vous aviez abusé de ma simplicité, et que vous aviez eu sujet de me trouver bien innocente, en voyant le retour de mon cœur pour vous, et sachant que le vôtre me trahissait : vous savez la suite.

Être dans les mains de tout le monde; se trouver imprimée; être le livre de divertissement de toutes les provinces, où ces choses-là font un tort irréparable; se rencontrer dans les bibliothèques, et recevoir cette douleur, par qui? Je ne veux point vous étaler davantage toutes mes raisons; vous avez bien de l'esprit, je suis assurée que si vous voulez faire un quart d'heure de réflexion, vous les verrez et vous les sentirez comme moi. Cependant que fais-je, quand vous êtes arrêté? Avec la douleur dans l'âme, je vous fais faire des compliments, je plains votre malheur, j'en parle même dans le monde, et je dis assez librement mon avis sur le procédé de madame de La Baume pour en être brouillée avec elle. Vous sortez de prison, je vous vais voir plusieurs fois, je vous dis adieu quand je partis pour la Bretagne; je vous ai écrit, depuis que vous êtes chez vous, d'un style assez libre et sans rancune; et enfin je vous écris encore, quand madame d'Époisses me dit que vous vous êtes cassé la tête.

Voilà ce que je voulais vous dire une fois en ma vie, en vous conjurant d'ôter de votre esprit que ce soit moi qui aie tort. Gardez ma lettre, et la relisez, si jamais la fantaisie vous prenait de le croire, et soyez juste là-dessus, comme si vous jugiez d'une chose qui se fût passée entre deux autres personnes; que votre intérêt ne vous fasse pas voir ce qui n'est pas : avouez que vous avez cruellement offensé l'amitié qui était entre nous, et je suis désarmée. Mais de croire que si vous répondez, je puisse jamais me taire, vous auriez tort, car ce m'est une chose impossible. Je verbaliserai toujours; au lieu d'écrire en deux mots, comme je vous l'avais promis, j'écrirai en deux mille; et enfin j'en ferai tant, par des lettres d'une longueur cruelle et d'un ennui mortel, que je vous obligerai, malgré vous, à me demander pardon, c'est-à-dire à me demander la vie. Faites-le donc de bonne grâce.

Au reste, j'ai senti votre saignée; n'était-ce pas le 17 de ce mois? justement : elle me fit tous les biens du monde, et je vous en remercie. Je suis si difficile à saigner, que c'est charité à vous de donner votre bras au lieu du mien.

Pour cette sollicitation, envoyez-moi votre homme d'affaires avec un placet, et je le ferai donner par une amie à M. Didé; car, pour moi, je ne le connais point; et j'irai même avec cette amie. Vous pouvez vous assurer que si je pouvais vous rendre service, je le ferais, et de bon cœur et de bonne grâce. Je ne vous dis point l'intérêt extrême que j'ai toujours pris à votre fortune : vous croiriez que ce serait le *Rabutinage* qui en serait la cause; mais non, c'était vous; c'est vous encore qui m'avez causé des afflictions tristes et amères, en voyant ces trois nouveaux maréchaux de France[1]. Madame de Villars, qu'on allait voir, me mettait devant les yeux les visites qu'on m'aurait rendues en pareille occasion, si vous aviez voulu.

Je vous remercie de vos lettres au roi, mon cousin; elles me feraient plaisir à lire d'un inconnu, elles m'attendrissent; il me semble qu'elles devraient faire cet effet-là sur notre maître : il est vrai qu'il ne s'appelle pas *Rabutin* comme moi.

La plus jolie fille de France vous fait des compliments; ce nom me paraît assez agréable; je suis pourtant lasse d'en faire les honneurs.

53. — DU COMTE DE BUSSY-RABUTIN A MADAME DE SÉVIGNÉ.

A Bussy, ce 29 juillet 1668.

Je ne croyais pas, Madame, avoir jamais lieu de vous parler de nos démêlés, après ce que je vous en écrivis dernièrement; mais, puisque vous jugez à propos d'éclaircir cette affaire et de la traiter à fond, je m'en vais vous dire tout ce que j'en pense, avec cette sincérité dont vous m'avez reproché quelquefois que je traitais trop franchement les choses qui me regardaient, et avec la protestation que, quoiqu'il vous paraisse que je croie que vous avez eu plus de torts, en de certaines rencontres, que vous ne pensez, il ne m'en reste rien sur le cœur contre vous, et qu'au contraire j'en ai si mal usé à votre égard, que vous me faites trop de grâce de me pardonner et de ne laisser pas de me promettre votre amitié. Ceci n'est donc pas pour me justifier tout à fait, mais seulement pour vous faire voir que je n'ai pas tant de tort que vous croyez.

[1] MM. de Créqui, de Bellefonds et d'Humières.

Je demeure d'accord avec vous, ma belle cousine, que votre premier mouvement fut de m'assister, lorsque notre ami Corbinelli vous en alla prier de ma part; et je ne doute pas que si vous n'eussiez consulté que votre cœur, je n'eusse reçu le secours que je vous demandais; mais vous prîtes conseil de gens qui ne m'aimaient pas tant que vous faisiez, qui vous portèrent à prolonger les affaires par des formalités inutiles; car je sais aussi bien que M. Auzanet [1] que vous n'aviez pas besoin du consentement de M. de Neuchèse, et qu'avec la cession que je vous eusse faite, il eût bien fallu qu'il vous eût payée, comme il me paya l'hiver d'après; mais enfin en une autre rencontre j'aurais eu patience et j'aurais donné à votre conseil tout le temps qu'il eût souhaité. Ce qui me fit croire qu'on ne cherchait qu'un prétexte à m'éconduire, ce fut que, la campagne étant commencée par le siége de Dunkerque, vos gens d'affaires parlaient d'envoyer en Bourgogne et d'en avoir réponse, et cela sans nécessité; et ce qui vous peut faire voir que j'avais raison de m'impatienter, c'est que j'arrivai à l'armée la veille de la bataille [2]. Je partis donc de Paris avec le déplaisir de voir que la seule personne de mon sang que j'aimais au monde m'abandonnât dans une affaire d'honneur où elle ne courait aucun hasard, et je vis le lendemain du combat qu'il n'avait pas tenu à cette cousine, qui m'avait été jusque là si chère, que je n'eusse eu le chagrin de ne m'y pas trouver. Je vous avoue que j'eus pour vous alors autant de haine que j'avais eu d'amitié : vous savez bien que cela est toujours ainsi; et si j'en fusse demeuré là, vous ne vous seriez jamais lavée de la tache d'avoir abandonné votre parent et votre ami au besoin. Mais le procédé que j'eus dans la suite effaça bien votre faute; et, vous déchargeant du blâme que vous méritiez,

---

[1] Barthélemi Auzanet, célèbre avocat du dix-septième siècle.
[2] La bataille des Dunes, gagnée le 14 juin 1658 par M. de Turenne contre le grand Condé et don Juan d'Autriche. L'armée espagnole fut détruite.

je m'en chargeai tout seul, et je vous rendis par là, sans y penser, le meilleur office du monde.

Je passe donc condamnation sur le portrait, madame, et personne ne m'en saurait blâmer plus que je fais moi-même ; mais il faut que je vous apprenne là-dessus quelque chose que vous ne savez pas. Cette amie si généreuse, que vous dites qui m'obligea de brûler ce portrait, vous obligea à bon marché : premièrement, après avoir goûté le plaisir de l'entendre lire, je ne dis pas plaisir à cause de lui, mais plaisir à cause de vous, elle me pria de le déchirer, ce que je fis en mille pièces devant elle : à la vérité, je ne fus pas sorti de sa chambre, que son mari, qui était présent à la rupture, ramassa jusqu'aux moindres morceaux, et les rajusta si bien, qu'il le copia et me le montra trois jours après. Je vous avoue que l'envie de le ravoir me prit, et que, me trouvant quelque temps après en commerce d'amitié avec madame de La Baume, elle eut de moi cette ridicule pièce, qu'elle rendit publique, comme vous savez.

Je ne vous dis point ce que je fis sur votre sujet, après la prison du surintendant Fouquet ; vous ne l'ignorez pas, et vous en avez plus de reconnaissance que l'action ne mérite ; mais la vérité est que depuis ce temps-là jusqu'à ma prison je vous ai aimée de tout mon cœur, et qu'il n'y avait qu'une passion plus forte que la tendresse que je sentais pour vous.

Lorsque vous me dîtes, un peu avant que je fusse arrêté, que ce portrait courait dans le monde, il ne me souvient pas bien de ce que je vous répondis pour m'excuser ; mais ce que je sais, c'est que j'en eus une douleur mortelle, et que je fis pour étouffer cela dans sa naissance tout ce qu'humainement on peut faire ; et pour vous, soit que vous me fissiez justice, en croyant bien que j'en étais au désespoir moi-même, et que je ne vous avais fait le mal que vous ressentiez alors que dans le temps que j'étais brouillé avec vous, soit que vous eussiez trop de répugnance à me haïr, après quelques petits reproches moins aigres qu'obligeants, vous me pardonnâtes, et je fus arrêté après.

Vous me mandez que vous me fîtes faire des compliments, que vous plaignîtes mon malheur, que vous en parlâtes dans le monde, et que vous en fûtes brouillée avec madame de La Baume. Si vos compliments fussent venus jusqu'à moi, je vous en aurais su bon gré, et j'aurais cru facilement tout le reste; mais, bien loin de cela, il me revint de plusieurs endroits que vous vous plaigniez de moi; et ce qui me le persuada encore plus, c'est que toutes mes amies, hormis vous, me vinrent voir sur le fossé aux fenêtres de la Bastille. Cependant la première visite que je reçus chez Dalancé [1], ce fut la vôtre : je vous avoue qu'elle me fit plaisir, quoique je ne m'y attendisse pas ; il me sembla que je ne la méritais non plus que la dureté que vous m'aviez témoignée pendant ma prison; mais enfin je revins de bonne foi pour vous, et il me parut que nous étions bien ensemble quand nous nous quittâmes à Paris. Aussitôt que je fus chez moi, je vous écrivis une lettre, où je badinais avec vous, et où vous pûtes voir bien de la tendresse; vous fûtes sept ou huit mois sans me faire réponse, et par là je crus que vous ne vous souciiez pas trop d'avoir commerce avec moi. Je suis assez glorieux naturellement, et dans la conjoncture présente quatre fois plus que si j'étais ce que je devrais être; de sorte que je rengaînai les amitiés que je voulais vous faire tant que j'eusse été absent. Madame d'Époisses vous dit que j'étais blessé à la tête, et sur cela vous me fîtes un compliment : vous savez combien agréablement je le reçus, et avec quelle douceur je répondis à la petite attaque que vous me donniez, en me disant que je vous haïssais, parce que je

---

[1] Chirurgien chez lequel le roi permit que le comte de Bussy fût conduit pour rétablir sa santé.

vous avais offensée; sur cela vous me faites une espèce d'éclaircissement, par lequel vous prétendez que j'ai tout le tort, ma chère cousine, et que vous n'en avez point du tout; et moi je vous réponds aujourd'hui que nous en avons tous deux; que cependant j'en ai bien plus que vous, et que c'est pour cela que je vous en demande mille pardons.

Au reste, ma chère cousine, ne pensez pas que la peur de vos procès-verbaux m'oblige de vous crier merci; je suis plus en état de vous faire craindre sur cela, que vous, moi : je n'ai rien à faire, et pour une lettre que vous m'écrirez, je vous en écrirai quatre. Mais je vous avoue que j'ai mille fois plus de tort que vous, parce que ma représaille a été plus forte que l'offense que vous m'aviez faite, et que je ne devais pas m'emporter si fort contre une jolie femme comme vous, ma proche parente, et que j'avais toujours bien aimée. Pardonnez-moi donc, ma cousine, et oublions le passé au point de ne nous en ressouvenir jamais. Quand je serai persuadé de votre bonne foi dans votre retour pour moi, je vous aimerai mille fois plus que je n'ai jamais fait; car, après avoir bien, ce qu'on appelle, tourné et viré, je vous trouve la plus agréable femme de France.

Je mande à un gentil-homme qui vous rendra celle-ci de vous donner un placet pour M. Didé.

Mais vous ne me répondez rien sur la plaisanterie des corniches; cependant vous n'êtes pas personne à vous laisser donner votre reste sur ces matières-là. Est-ce que vous êtes fatiguée de la longueur de votre lettre? ou si vous ne voulez pas traiter avec moi ce chapitre, craignant ma rechute, et qu'après cela je ne vous fasse une affaire? Ne vous contraignez pas une autre fois, ma chère cousine; vous pouvez sûrement vous ouvrir à moi sur ce sujet, sans appréhender ni que je retombe, ni que je vous trahisse, si j'étais assez maudit pour retomber.

Au reste, Madame, je vous suis trop obligé de la peine que vous ont donnée pour moi les réflexions que vous avez faites sur ces nouveaux maréchaux; mais il faut que je vous console une fois pour toutes sur ces matières, en vous disant que moi, qui suis l'intéressé, et qui ne suis ni fou ni insensible, je regarde cela avec un mépris digne d'un galant homme persécuté. Si on ne donnait ces honneurs-là qu'à des gens qui eussent autant servi que moi, et je puis dire, aussi utilement pour l'État, et aussi glorieusement pour leur réputation, je serais chagrin de la préférence de mes rivaux; mais quand je verrai faire trois maréchaux de France à la fois, qui n'ont jamais fait une action d'éclat à la guerre, à deux desquels il est arrivé des malheurs sur la réputation, et tous trop jeunes pour une dignité comme celle-là, à moins que d'avoir fait des actions extraordinaires; quand je verrai, dis-je, des caprices de la fortune aussi ridicules que celui-là, bien loin de m'affliger, je me réjouirai de ce qu'une pareille promotion honore ma disgrâce; et voilà les sentiments que doivent avoir mes amis en de pareilles rencontres.

Voulez-vous savoir, ma belle cousine, la raison qui a fait ces messieurs maréchaux de France? Elle est assez plaisante.

D'ordinaire, les gens qui sont en passe de s'élever à de grandes dignités sont tellement tourmentés et traversés par les envieux, que souvent on les fait échouer; pour ceux-ci, ils étaient si peu en passe d'être maréchaux, que l'envie ne daignait songer à eux; et ainsi le roi, prenant tout d'un coup cette pensée en leur faveur, personne n'a eu le loisir de traverser leur élévation, et de faire connaître à Sa Majesté leur peu de mérite. Vous me mandez que si j'avais voulu, on vous aurait fait les mêmes honneurs qu'à madame de Villars. Vous croyez donc, Madame, que sans ma disgrâce, c'est-à-dire si je n'avais été arrêté, j'aurais été maréchal de France. Je crois que non, moi. J'étais il y a longtemps dans une disgrâce sourde, inconnue au public, mais qui m'eût empêché de m'avancer, à moins que d'un changement dans le ministère, et je n'étais pas assez jeune pour espérer de voir ce changement. Mais je m'étonne que vous regardiez madame de Villars au-dessus de vous, parce qu'elle est tante de Bellefonds, qu'on vient de faire maréchal ; j'ai peur que l'éclat de cette nouvelle fortune ne vous éblouisse, parce que vous la regardez de près : mais croyez-moi, ma belle cousine, moi, qui la regarde d'un peu loin, et qui dès là en juge plus sainement, ce n'est pas ce que vous pensez : on peut bien donner un rang dans le monde à Charles Gigault au-dessus de Roger de Rabutin, mais il changera fort, ou il marchera toujours bien après lui dans l'estime des honnêtes gens.

La plus jolie fille de France sait bien ce que je lui suis ; il me tarde, autant qu'à vous, qu'un autre vous aide à en faire les honneurs ; c'est sur son sujet que je reconnais bien la bizarrerie du destin, aussi bien que sur mes affaires.

54. — DE MADAME DE SÉVIGNÉ AU COMTE DE BUSSY.

Paris, ce 14 août 1668.

J'ai reçu votre dernière lettre, j'y ferai réponse l'un de ces jours ; j'ai bien des choses à y répondre. Bon Dieu ! quelles apostilles n'y ferai-je point ! mais je n'ai pas le loisir aujourd'hui.

Je donnerai votre placet quand on me l'apportera.

.... Il met en ordre tous les titres de la noblesse de Champagne ; les Coligny, les Étanges et plusieurs autres ont paru à l'envi. Il en est à nos Rabutins ; il me paraît de conséquence qu'ils aient de quoi se parer aussi bien que les autres. M. de Caumartin a dit qu'il était persuadé qu'il y avait des titres pour deux noblesses : cette exagération prétendue m'a paru une médisance ; il me semble que nous avons de quoi faire quatre ou cinq gentils-hommes les uns sur les autres. Je vous prie, mon cousin, de m'envoyer les copies de tout ce que vous avez; et pour qu'elles soient plus authentiques, faites-les copier par-devant l'intendant de votre province; ne manquez pas à cela, il y va de l'honneur de notre maison. On ne peut pas être plus vive sur cela que je le suis. Adieu; faites réponse à ceci, je vous écrirai plus à loisir.

55. — DU COMTE DE BUSSY A MADAME DE SÉVIGNÉ.

A Bussy, ce 19 août 1668.

J'ai beaucoup d'impatience, Madame, de recevoir le commentaire que vous me voulez envoyer de la dernière lettre que je vous ai écrite.

Cependant, pour répondre à l'envie que vous avez d'avoir ce que j'ai de titres de notre maison, je vous envoie d'abord quatre chartres que M. du Bouchet m'a données, qui partent de loin.

Je vous envoie encore la droite ligne de notre maison, ainsi que je l'ai fait peindre sur la frise d'une de mes galeries de Bussy, en dedans de la cour. Je vous aime et je vous estime encore plus que je ne faisais, d'être un peu entêtée de cela.

Je ferai collationner par un notaire ce que je vous enverrai. Pour l'intendant Bouchu, je n'ai point de commerce avec lui.

56. — DE MADAME DE SÉVIGNÉ AU COMTE DE BUSSY.

A Paris, ce 18 août 1668.

Encore un petit mot, et puis plus; c'est pour commencer une manière de duplique à votre réplique.

Où diantre vouliez-vous que je trouvasse douze ou quinze mille francs? Les avais-je dans ma cassette? les trouve-t-on dans la bourse de ses amis? Ne m'allez-vous pas dire qu'ils étaient dans celle du surintendant? Je n'y ai jamais rien voulu chercher ni trouver; et à moins donc que l'abbé de Coulanges ne m'eût cautionnée, je n'aurais pas trouvé un quart d'écu, et lui ne le voulait pas sans cette sûreté de Bourgogne, ou nécessaire ou inutile; tant y a qu'il la voulait, et pour moi, je fus au désespoir de n'avoir pu vous faire ce plaisir. Mais enfin voilà ce *chien de portrait* fait et parfait; la joie d'avoir si bien réussi, et d'être approuvé, vous fît trouver que j'avais tous les torts du monde, et vous les augmentâtes beaucoup par l'envie de vous ôter tous les remords. Madame de Montglas vous oblige donc de le rompre, et puis son mari rejoint tous les morceaux ensemble, et il le ressuscite. Quelle niaiserie me contez-vous là? Est-ce lui qui est cause que vous le placez dans un des principaux endroits de votre histoire? Eh bien! s'il vous l'avait rendu, vous n'aviez qu'à le remettre dans votre cassette, et ne le point mettre en œuvre comme vous avez fait; il n'aurait pas été entre les mains de madame de La Baume, ni traduit en toutes les langues. Ne me dites pas que c'est la faute d'un autre, cela n'est point vrai, c'est la vôtre purement; c'est sur cela que je vous donnerais un beau soufflet si j'avais l'honneur d'être auprès de vous, et que vous me vinssiez conter ces lanternes; c'est ma grande douleur : c'est de m'être remise avec vous de bonne foi, pendant que vous m'aviez livrée entre les mains des brigands, c'est-à-dire de madame de La Baume. Et vous savez bien même qu'après notre paix vous eûtes besoin d'argent; je vous donnai une procuration pour en emprunter, et, n'en ayant pu trouver, je vous fis prêter sur mon billet deux cents pistoles de M. Le Maigre, que vous lui avez bien rendues. Quant à ce que vous dites, que d'abord que j'eus vu mon portrait, je vous revis et ne parus point en colère, ne vous y trompez pas, Monsieur le Comte: j'étais outrée, j'en passais les nuits entières sans dormir. Il est vrai que, soit que je vous visse accablé d'affaires plus importantes que celle-là, soit que j'espérasse que la chose ne deviendrait pas publique, je n'éclatai point en reproches contre vous ; mais quand je me vis donnée au public, et répandue dans les provinces, je vous avoue que je fus au désespoir, et que, ne vous voyant plus pour réveiller mes faiblesses et mes anciennes tendresses pour vous, je m'abandonnai à une sécheresse de cœur qui ne me permit pas de faire autre chose pendant votre prison que ce que je fis ; je trouvais encore que c'était beaucoup. Quand vous sortites, vous me l'envoyâtes dire avec confiance; cela me toucha : bon sang ne peut mentir ; le temps avait un peu adouci ma première douleur ; vous savez le reste. Je ne vous dis point maintenant comment vous êtes avec moi ; le monde me jetterait des pierres, si je faisais de plus grandes démonstrations. Je voudrais qu'à cela près vous fussiez en état, par votre présence, de me redonner encore la qualité de votre dupe. Mais, sans pousser cet endroit plus loin, je vous dirai, pour la dernière fois, que je ne vous donne pour pénitence, c'est-à-dire pour supplice, que de méditer sur toute l'amitié que j'ai toujours eue pour vous, sur mon innocence à l'égard de cette première offense prétendue, sur toute ma confiance après notre raccommodement, qui me faisait rire de ceux qui me donnaient de bons avis, et sur les crapauds et les couleuvres que vous nourrissiez contre moi pendant ce temps-là, et qui sont éclos heureusement par madame de La Baume : *Basta*, je finis ici le procès.

Pour la plaisanterie des corniches, je n'y veux pas entrer ; je crois qu'on me doit être obligé de cette retenue, et encore plus de vouloir bien traiter de diminutif une chose qui pourrait l'être de superlatif.

J'ai reçu ce que vous m'avez envoyé touchant notre maison ; je suis entêtée de cette folie. M. de Caumartin [1] est très-curieux de ces recherches ; il y a plaisir en ces oc-

---

[1] Louis Lefèvre de Caumartin, conseiller d'État et intendant de justice en Champagne.

casions de ne rien oublier, elles ne se rencontrent pas tous les jours. M. l'abbé de Coulanges verra M. du Bouchet, et moi j'écrirai aux Rabutins de Champagne, afin de rassembler tous nos papiers; écrivez-lui aussi qu'il m'envoie l'inventaire de ce qu'il a; mon oncle l'abbé en a aussi quelques-uns; il y a plaisir d'étaler une bonne chevalerie, quand on y est obligé.

La plus jolie fille de France est plus digne que jamais de votre estime et de votre amitié; elle vous fait des compliments; sa destinée est si difficile à comprendre, que pour moi je m'y perds.

Je crois que vous ne savez pas que mon fils est allé en Candie avec M. de Rouannes et le comte de Saint-Paul[1]; cette fantaisie lui est entrée fortement dans la tête; il l'a dit à M. de Turenne, au cardinal de Retz, à M. de la Rochefoucauld : voyez quels personnages ! Tous ces messieurs l'ont tellement approuvé, que la chose a été résolue et répandue avant que j'en susse rien. Enfin, il est parti, j'en ai pleuré amèrement ; j'en suis sensiblement affligée ; je n'aurai pas un moment de repos pendant tout ce voyage; j'en vois tous les périls, j'en suis morte; mais enfin je n'en ai pas été la maîtresse; et dans ces occasions-là les mères n'ont pas beaucoup de voix au chapitre. Adieu, Comte, je suis lasse d'écrire, et non pas de lire tous les endroits tendres et obligeants que vous avez semés dans votre lettre; rien n'est perdu avec moi.

57. — DU COMTE DE BUSSY A MADAME DE SÉVIGNÉ.

A Bussy, ce dernier août 1668.

On ne peut pas être moins capable de la triplique que je le suis, ma belle cousine; pourquoi m'y voulez-vous obliger? Je me suis rendu dans la réplique que je vous ai faite ; je

---

[1] Depuis duc de Longueville.

vous ai demandé la vie, vous me voulez tuer à terre, et cela est un peu inhumain. Je ne pensais pas que vous vous mêlassiez, vous autres belles, d'avoir de la cruauté sur d'autres chapitres que sur celui de l'amour. Cessez donc, petite brutale, de vouloir souffleter un homme qui se jette à vos pieds, qui vous avoue sa faute, et qui vous prie de la lui pardonner; si vous n'êtes pas encore contente des termes dont je me sers en cette rencontre, envoyez-moi un modèle de la satisfaction que vous souhaitez, et je vous la renverrai écrite et signée de ma main, contresignée d'un secrétaire, et scellée du sceau de mes armes. Que vous faut-il davantage?

Vous ne voulez point, dites-vous, entrer dans les plaisanteries des corniches; il est vrai que vous en parlez avec bien de la réserve. Hé! bon Dieu! qu'en diriez-vous donc si vous étiez aussi mal satisfaite de la dame que moi? Mais ne craignez-vous point que je lui fasse voir un jour quels égards vous avez pour elle? car enfin que ne fait-on et que ne doit-on pas faire pour rattraper un cœur aussi honnête que celui que j'ai perdu?

Tremblez, Philis, et prenez garde à vous.

Quoique la fortune soit bien folle, je ne pense pas qu'elle le soit assez pour pousser son injustice jusqu'au bout contre la plus jolie fille de France. Donnez-vous un peu de patience, ma belle cousine, et vous découvrirez peut-être les raisons qu'elle a eues de faire ce qu'elle a fait.

Adieu, ma chère cousine. La fin de votre lettre m'attendrit furieusement pour vous, et je vous dirai sur cela, en deux mots, que je n'aime ni estime au monde personne tant que vous.

58. — DE MADAME DE SÉVIGNÉ AU COMTE DE BUSSY.

A Paris, ce 4 septembre 1668.

Levez-vous, Comte : je ne veux point vous tuer à terre, ou reprenez votre épée pour recommencer notre combat. Mais il vaut mieux que je vous donne la vie, et que nous vivions en paix. Vous avouerez seulement la chose comme elle s'est passée, c'est tout ce que je veux. Voilà un procédé assez honnête : vous ne me pouvez plus appeler justement une petite brutale.

Je ne trouve pas que vous ayez conservé une grande tendresse pour la belle qui vous captivait autrefois ; il en faut revenir à ce que vous avez dit :

> A la cour,
> Quand on a perdu l'estime,
> On perd l'amour.

M. de Montausier vient d'être fait gouverneur de M. le dauphin.

> Je t'ai comblé de biens, je t'en veux accabler.

Adieu, Comte. Présentement que je vous ai battu, je dirai partout que vous êtes le plus brave homme de France, et je conterai notre combat le jour que je parlerai des combats singuliers. Ma fille vous fait ses compliments. L'opinion que vous avez de sa fortune nous console un peu.

59. — DU COMTE DE BUSSY A MADAME DE SÉVIGNÉ.

A Chaseu, ce 7 septembre 1668.

Rien n'est plus généreux que l'action que vous venez de faire, Madame. Oui, je le dirai partout ; mais je ne comprends pas que vous parliez si bien d'un procès. Pour moi, je crois que vous avez eu quelque affaire en Bretagne, qui vous a appris cette langue. Ne trouvez-vous pas que c'est grand dommage que nous ayons été brouillés quelque temps ensemble, et que cependant il se soit perdu des folies que nous aurions relevées, et qui nous auraient réjouis? car, bien que nous ne soyons pas demeurés muets chacun de notre côté, il me semble que nous nous faisons valoir l'un l'autre, et que nous nous entredisons des choses que nous ne disons pas ailleurs.

Il n'est pas difficile de savoir mes sentiments sur le sujet de feu mon Iris : je ne cache guère ni mon amour ni ma haine; mais il faudrait se parler pour tout dire; ce sera un jour la matière de quelques-unes de nos conversations, qui ne sera pas la moins agréable.

Cependant je vous envoie une imitation des *remèdes d'amour* d'Ovide, qui ne vous déplaira pas : il faut bien s'amuser et se divertir.

Je suis fort aise que M. de Montausier soit gouverneur de M. le dauphin; il n'y a que moi en France que j'aimasse mieux en cette place que lui. Il est vrai qu'il semble que le roi s'excite tous les jours à faire des grâces à cette maison.

Je suis tellement persuadé que mademoiselle de Sévigné sera bien et bientôt mariée, que cette opinion a de l'air d'un pressentiment. Vous m'en direz des nouvelles avant qu'il soit un an. Je suis son très-humble admirateur.

60. — DE MADAME DE SÉVIGNÉ AU COMTE DE BUSSY.

A Paris, ce 4 décembre 1668.

N'avez-vous pas reçu ma lettre où je vous donnai la vie, et où je ne voulais pas vous tuer à terre? J'attendais une réponse sur cette belle action : vous n'y avez pas pensé; vous vous êtes contenté de vous relever, et de reprendre votre épée, comme je vous l'ordonnais. J'espère que ce ne sera pas pour vous en servir jamais contre moi.

Il faut que je vous apprenne une nouvelle qui, sans doute, vous donnera de la joie ; c'est qu'enfin la plus jolie fille de France épouse, non pas le plus joli garçon, mais un des plus honnêtes hommes du royaume : c'est M. de Grignan, que vous connaissez il y a longtemps. Toutes ses femmes sont mortes pour faire place à votre cousine, et même son père et son fils, par une bonté extraordinaire ; de sorte qu'étant plus riche qu'il n'a jamais été, et se trouvant d'ailleurs, et par sa naissance, et par ses établissements, et par ses bonnes qualités, tel que nous le pouvions souhaiter, nous ne le marchandons point, comme on a accoutumé de faire : nous nous en fions bien aux deux familles qui ont passé devant nous. Il paraît fort content de notre alliance, et aussitôt que nous aurons des nouvelles de l'archevêque d'Arles, son oncle, son autre oncle l'évêque d'Uzès étant ici, ce sera une affaire qui s'achèvera avant la fin de l'année. Comme je suis une dame assez régulière, je n'ai pas voulu manquer à vous en demander votre avis et votre approbation. Le public paraît content, c'est beaucoup : car on est si sot, que c'est quasi sur cela qu'on se règle.

Voici encore un autre article sur quoi je veux que vous me contentiez, s'il vous reste un brin d'amitié pour moi : je sais que vous avez mis au bas du portrait que vous avez de moi que j'ai été mariée à un gentilhomme breton, *honoré* des alliances de Vassé et de Rabutin. Cela n'est pas juste, mon cher cousin ; je suis depuis peu si bien instruite de la maison de Sévigné, que j'aurais sur ma conscience de vous laisser dans cette erreur. Il a fallu montrer notre noblesse en Bretagne, et ceux qui en ont le plus ont pris plaisir de se servir de cette occasion pour étaler leur marchandise ; voici la nôtre.

Quatorze contrats de mariage de père en fils ; trois cent cinquante ans de chevalerie ; les pères quelquefois considérables dans les guerres de Bretagne, et bien marqués dans l'histoire, quelquefois retirés chez eux comme des Bretons, quelquefois de grands biens, quelquefois de médiocres, mais toujours de bonnes et de grandes alliances; celles de trois cent cinquante ans, au bout desquels on ne voit que des noms de baptême, sont du Quelnec, Montmorency, Baraton et Châteaugiron. Ces noms sont grands; ces femmes avaient pour maris des Rohan et des Clisson. Depuis ces quatre, ce sont des Guesclin, des Coaquin, des Rosmadec, des Clindon, des Sévigné de leur même maison, des du Bellay, des Rieux, des Bodegal, des Plessis-Treul et d'autres qui ne me reviennent pas présentement, jusqu'à Vassé et jusqu'à Rabutin. Tout cela est vrai, il faut m'en croire... Je vous conjure donc, mon cousin, si vous me voulez obliger, de changer votre écriteau, et si vous n'y voulez point mettre de bien, n'y mettez point de rabaissement; j'attends cette marque de votre justice et du reste d'amitié que vous avez pour moi.

61. — DU COMTE DE BUSSY A MADAME DE SÉVIGNÉ.

A Chaseu, ce 8 décembre 1668.

J'ai reçu la lettre où vous me mandiez que vous ne vouliez pas me tuer à terre, ma belle cousine, et j'y ai répondu.

Vous avez raison de croire que la nouvelle du mariage de mademoiselle de Sévigné me donnera de la joie; l'aimant et l'estimant comme je fais, peu de choses m'en peuvent donner davantage, et d'autant plus que M. de Grignan est un homme de qualité et de mérite, et qu'il a une charge considérable; il n'y a qu'une chose qui me fait peur pour la plus jolie fille de France : c'est que Grignan, qui n'est pas vieux, est déjà à sa troisième femme; il en use presque autant que d'habits, ou du moins que de carrosses; à cela près, je trouve ma cousine bien heureuse; mais pour lui, il ne manque rien à sa bonne fortune. Au reste, Madame, je vous suis obligé des égards que vous avez pour moi en cette rencontre. Mademoiselle de Sévigné ne pouvait épouser personne à qui je donnasse de meilleur cœur mon approbation.

Pour l'autre article de votre lettre, où vous me mandez que vous savez que j'ai fait mettre au bas du portrait que j'ai de vous, que vous avez été mariée à un gentilhomme breton, *honoré* des alliances de Vassé et de Rabutin, je vous dirai que je ne doute pas qu'on ne vous l'ai dit, mais que vous ne devez pas douter aussi qu'on n'ait menti. S'il vous reste un brin d'amitié pour moi, ma chère cousine, vous montrerez à ceux qui vous ont si mal informée ce que je dis d'eux : vous leur devez cette récompense de leur fausse nouvelle; car peut-être vous veulent-ils aigrir mal à propos contre moi; peut-être aussi veulent-ils mettre sous mon nom l'injure qu'ils ont dessein de faire à la maison de Sévigné.

Voici, mot pour mot, ce qu'il y a au-dessous du portrait que j'ai de vous dans mon salon :

Marie de Rabutin, fille du baron de Chantal, marquise de Sévigné, femme d'un génie extraordinaire, et d'une vertu compatible avec la joie et les agréments.

Si j'y avais mis ce que vous me mandez, je vous l'avouerais ingénument, et je changerais l'écriteau si j'étais persuadé; car il se fait tant de friponneries en contrats, que je m'en rapporte plus aux histoires approuvées et à la voix publique, qu'aux faiseurs de généalogies.

Pour les maisons que vous me mandez qui sont meilleures que la nôtre, je n'en demeure pas d'accord; je le cède à Montmorency pour les honneurs, et non pour l'ancienneté; mais pour les autres, je ne les connais pas, je n'y entends non plus qu'au bas-breton; je ne suis pas cependant sans quelque connaissance en cette matière : je tiens les Guesclin, les Rosmadec, les Coaquin et les Rieux, meilleurs que les Quelnec, les Baraton et les Châteaugiron. Mais il n'est pas question de faire des comparaisons, il ne s'agit d'autre chose que de vous assurer encore une fois que ceux qui vous ont si soigneusement instruite de la souscription que j'ai de vous dans mon salon de Bussy, ont faussement menti, et que vous ne devez pas vous fier à ces gens-là.

J'ai encore un autre portrait de vous dans ma chambre, sous lequel ceci est écrit :

Marie de Rabutin, vive, agréable et sage, fille de Celse-Bénigne de Rabutin et de Marie de Coulanges, et femme de Henri de Sévigné.

Dans notre généalogie que j'ai fait mettre au bout de ma galerie de Bussy, voici ce qui est écrit pour vous :

Marie de Rabutin, une des plus jolies filles de France, épousa Henri de Sévigné, gentilhomme de Bretagne, ce qui fut une bonne fortune pour lui, à cause du bien et de la fortune de la demoiselle.

Il n'y a pas un endroit dans toutes ces souscriptions dont la maison de Sévigné se pût plaindre; pour ce qui est de celui où je dis que vous avez été une bonne fortune pour monsieur votre mari, je ne sais pas s'il aurait eu la sincérité d'en convenir, mais je sais bien que vous l'auriez été d'un plus grand seigneur que lui et d'un homme de plus grand mérite; j'ai cela tellement dans la tête, que rien ne me le saurait ôter.

Je croyais qu'après notre dernier combat je n'aurais jamais d'affaire avec vous, et particulièrement sur les portraits; mais je vois bien qu'il faut que vous ayez ma vie ou que j'aie la vôtre.

62. — DU CARDINAL DE RETZ A MADAME DE SÉVIGNÉ.

A Commerci, le 20 décembre 1668.

Si les intérêts de madame de Meckelbourg[1] et de M. le maréchal d'Albret vous sont indifférents, Madame, je solliciterai pour le cavalier, parce que je l'aime quatre fois plus

---

[1] Élisabeth-Angélique de Montmorency, veuve de Gaspard de Coligny;

que la dame; si vous voulez que je sollicite pour la dame, je le ferai de très-bon cœur, parce que je vous aime quatre millions de fois mieux que le cavalier; si vous m'ordonnez la neutralité; je la garderai : enfin, parlez, et vous serez ponctuellement obéie. Je ne suis point surpris des frayeurs de ma nièce : il y a longtemps que je me suis aperçu qu'elle dégénère; mais, quelque grand que vous me dépeigniez son transissement sur le jour de la conclusion, je doute qu'il puisse être égal au mien sur les suites, depuis que j'ai vu, par une de vos lettres, que vous n'avez ni n'espérez guère d'éclaircissements, et que vous vous abandonnez, en quelque sorte, au destin, qui est souvent très-ingrat, et reconnaît assez mal la confiance que l'on a placée en lui. Je me trouve en vérité, sans comparaison, plus sensible à ce qui vous regarde, vous et la petite, qu'à ce qui m'a jamais touché moi-même le plus sensiblement. Au reste, Madame, ne vous en prenez ni au cardinal dataire, ni à moi, de ce que l'on n'a rien fait encore pour Corbinelli. Un homme de la daterie, en qui je me fiais, a pris mon nom pour obtenir mille grâces pour lui, et m'a trompé dans trois ou quatre chefs; s'il en a usé pour Corbinelli comme il a fait pour d'autres, je doute que le nom de Corbinelli ait été seulement prononcé depuis ma première lettre. Il n'y a pas quinze jours que ce même homme m'écrivit une longue histoire sur cette affaire, et sur quelques autres que je lui avais recommandées, et j'ai découvert deux faussetés dans les détails qu'il me fait; ce n'est pas au sujet de Corbinelli, mais comme je vois qu'il ment sur le reste, je juge qu'il a pu encore mentir à cet égard; j'y remédierai par le premier ordinaire, et avec toute la force qu'il me sera possible; vous ne pouvez vous imaginer le chagrin que cela m'a donné.

duc de Châtillon, et remariée en février 1664 à Christian-Louis, duc de Mecklebourg. Elle est célèbre par ses galanteries, qui occupent une large place dans les *Amours des Gaules*.

63. — DE MADAME DE SÉVIGNÉ AU COMTE DE BUSSY.

A Paris, ce 7 janvier 1669.

Il est tellement vrai que je n'ai point reçu votre réponse sur la lettre où je vous donnais la vie, que j'étais en peine de vous, et je craignais qu'avec la meilleure intention du monde de vous pardonner (comme je ne suis pas accoutumée à manier une épée), je ne vous eusse tué sans y penser. Cette raison seule me paraissait bonne à vous pour ne m'avoir point fait de réponse. Cependant vous me l'aviez faite, et l'on ne peut pas avoir été mieux perdue qu'elle ne l'a été. Vous voulez bien que je la regrette encore. Tout ce que vous écrivez est agréable; et si j'eusse souhaité la perte de quelque chose, ce n'eût jamais été pour cette lettre-là. Vous me dites très-naïvement tous les écriteaux qui sont au bas de mes portraits : je suis persuadée que ceux qui en ont parlé autrement ont menti; mais celui où vous me louez sur l'amitié, qu'en dites-vous? J'entends votre ton, et je comprends que c'est une satire selon votre pensée; mais comme vous serez peut-être le seul qui la preniez pour une contre-vérité, et qu'en plusieurs endroits cette louange m'est acquise par des raisons assez fortes, je consens que ce que vous avez écrit demeure écrit à l'éternité; et pour vous, Monsieur le Comte, sans recommencer notre procès ni notre combat, je vous dirai que je n'ai pas manqué un moment à l'amitié que je vous devais; mais n'en parlons plus, je crois que dans votre cœur vous en êtes présentement persuadé.

Pour notre chevalerie de Bretagne, vous ne la connaissez point. Le Bouchet, qui connaît les maisons dont je vous ai parlé, et qui vous paraissent barbares, vous dirait qu'il faut baisser le pavillon devant elles.

Je ne vous dis pas cela pour dénigrer nos Rabutins, hélas! je ne les aime que trop, et je ne suis que trop sensiblement touchée de ne pas voir celui qui s'appelle Roger, briller ici avec tous les ornements qui lui étaient dus ; mais il se faut consoler, dans la pensée que l'histoire lui fera la justice que la fortune lui a si injustement refusée. Il ne faut donc pas que vous me querelliez sur le cas que je fais de quelques maisons, au préjudice de la nôtre : je dis seulement des Sévignés ce qui en est et ce que j'en ai vu.

Je suis fort aise que vous approuviez le mariage de M. de Grignan : il est vrai que c'est un très-bon et un très-honnête homme, qui a du bien, de la qualité, une charge, de l'estime et de la considération dans le monde. Que faut-il davantage ? Je trouve que nous sommes fort bien sortis d'intrigue. Puisque vous êtes de cette opinion, signez la procuration que je vous envoie, mon cher cousin, et soyez persuadé que, par mon goût, vous seriez tout le beau premier à la fête. Bon Dieu ! que vous y tiendriez bien votre place ! Depuis que vous êtes parti de ce pays-ci, je ne trouve plus d'esprit qui me contente pleinement, et mille fois je me dis en moi-même : Bon Dieu ! quelle différence ! On parle de guerre, et que le roi fera la campagne.

64. — DU COMTE DE BUSSY A MADAME DE SÉVIGNÉ.

A Chaseu, ce 22 janvier 1669.

Je vous fais justice comme vous me la faites, ma belle cousine. Je vous ai écrit, et vous n'avez pas reçu ma lettre, tout cela est vrai. Au reste, je vous suis fort obligé de l'inquiétude que vous avez eue de m'avoir tué sans y songer, et je vous apprends que vous êtes plus adroite que vous ne pensez. Quand vous m'eûtes donné la vie, vous baissâtes la pointe de votre épée, et je me relevai le plus content du monde de votre générosité. Ce n'est pas que s'il en fût arrivé autrement, j'eusse été le premier que vous eussiez fait mourir sans dessein. Quoique vous vous serviez encore moins de vos yeux que de votre épée, il y a des gens si maladroits qu'ils se font enferrer d'eux-mêmes, et nous en savons à qui vous avez percé le cœur, sans songer quasi qu'ils fussent au monde. Mais ne vous lasserez-vous jamais de me parler de ce que j'ai fait contre vous? Croyez-vous qu'il me soit fort agréable de me ressouvenir d'un si vilain endroit de ma vie? Non, assurément, ma chère cousine; mais il m'est encore bien plus rude de voir que vous vous en ressouveniez si souvent.

Pour vous répondre sur les souscriptions de vos portraits, je vous dirai, avec ma sincérité ordinaire, qu'il y a eu un temps où je n'eusse cru parler qu'en contre-vérité de votre tendresse pour vos amis; mais je ne l'eusse pas fait écrire au bas de votre portrait, car, comme ces écriteaux regardent plus l'avenir que le présent, la postérité, qui prend tout au pied de la lettre, aurait eu de l'estime pour vous, et ce n'eût pas été alors mon intention de lui en donner; ainsi vous pouvez juger de quel esprit j'ai dit du bien de vous. Je vous assure, ma chère cousine, que je ne m'en lasserai jamais, et que je n'y entendrai jamais de finesse. Je voudrais bien aussi que toute l'estime que vous me témoignez vînt de votre cœur; mais pourquoi n'en viendrait-elle pas? Il faut que je le croie, malgré ma modestie; car je vous estime aussi, et puis l'état de ma fortune ne me permet pas de douter que mes flatteurs ne m'aient abandonné.

Je vous sais bon gré, ma chère cousine, du chagrin que vous avez de ne me pas voir à la cour en l'état où j'y devrais être, et il faut que je vous donne encore celui de vous ôter l'espérance que l'histoire me traite un jour mieux que n'a fait la fortune; car enfin vous savez que comme ceux qui l'écrivent sont pensionnaires de la cour, et qu'elle se compose sur les mémoires des ministres, elle ne dira pas de moi des vérités qui, après les maux qu'ils m'ont faits, les feraient accuser d'injustice; et par la même raison aussi, quand on y verra les éloges de beaucoup de héros indignes, ce seront des louanges que ces ministres auront fait donner à leur choix.

65. — DU MÊME A LA MÊME.

A Bussy, ce 16 mai 1669.

J'ai tort, ma belle cousine, non pas de ne vous avoir point écrit sur le mariage de madame de Grignan; car je vous en avais assez témoigné ma joie, mais de n'avoir pas continué notre commerce de lettres; je vous en demande pardon. Si vous saviez combien je me veux de mal d'avoir si souvent tort avec vous, vous ne m'en voudriez point, car vous connaîtriez par là que je ne pèche point contre les principes, et que mon cœur est pour vous comme il doit être. En effet, je suis bien maudit que, vous ayant toujours aimée et estimée assez pour faire la plus grande passion du monde, j'aie passé une partie de ma vie à vous offenser. J'en ai tant de repentir, ma chère cousine, que je ne doute pas que je vous aille aimer éperdument : nous verrons si vous me gronderez pour cela comme vous faites pour le contraire.

Madame de Grignan a raison aussi de se plaindre de moi : c'est à elle à qui je devais, de nécessité, écrire après son mariage, et je lui en vais crier merci; j'avoue franchement la dette. Il faut aussi que vous soyez sincère sur le sujet de M. de Grignan : de quelque côté qu'on nous regarde tous deux, et particulièrement quand il épouse la fille de ma cousine germaine, il me doit écrire le premier, car je ne m'imagine pas que d'être persécuté, ce me doive être une exclusion à cette grâce : il y a mille gens qui m'en écriraient plus volontiers, et cela n'est pas de la politesse de l'hôtel de Rambouillet. Je sais bien que les amitiés sont libres, mais je ne pensais pas que les choses qui regardent la bienséance le fussent aussi. Voilà ce que c'est que d'être longtemps hors de la cour, on s'enrouille dans la province.

Adieu, ma belle cousine; j'ai la plus grande impatience du monde de vous voir; n'allez pas croire que Paris ait aucune part à cela; venez seulement à Bourbilly, et vous verrez que je serai content.

66. — DE MADAME DE SÉVIGNÉ AU COMTE DE BUSSY.

A Paris, ce 4 juin 1669.

Pour vous dire le vrai, je ne me plaignais point de vous, car nous nous étions rendu tous les devoirs de la proximité dans le mariage de ma fille; mais je vous faisais une espèce de querelle d'Allemand pour avoir de vos lettres, qui ont toujours le bonheur de me plaire. N'allez pas, sur cela, vous mettre à m'aimer *éperdument*, comme vous m'en menacez : que voudriez-vous que je fisse de votre *éperdument*, sur le point d'être grand'mère? Je pense qu'en cet état je m'accommoderais mieux de votre haine que de votre extrême tendresse. Vous êtes un homme bien excessif : n'est-ce pas une chose étrange que vous ne puissiez trouver de milieu entre m'offenser outrageusement ou m'aimer plus que votre vie? Des mouvements si impétueux sentent le fagot, je vous le dis franchement : vous trouver à mille lieues de l'indifférence est un état qui ne vous devrait pas brouiller avec moi, si j'étais une femme comme une autre; mais je suis si unie, si tranquille et si reposée, que vos bouillonnements ne vous profitent pas comme ils feraient ailleurs.

Madame de Grignan vous écrit pour monsieur son époux; il jure qu'il ne vous écrira point sottement, comme tous les maris ont accoutumé de faire à tous les parents de leur épousée; il veut que ce soit vous qui lui fassiez un compliment sur l'inconcevable bonheur qu'il a eu de posséder mademoiselle de Sévigné : il prétend que pour un tel sujet il n'y a point de règle générale. Comme il dit tout cela fort plaisamment et d'un bon ton, et qu'il vous aime et vous estime avant ce jour, je vous prie, Comte, de lui écrire une lettre badine, comme vous savez si bien faire; vous me ferez plaisir, à moi que vous aimez, et à lui, qui entre nous est le plus souhaitable mari, et le plus divin pour la société, qui soit au monde. Je ne sais pas ce que j'aurais fait d'un *Jobelin* qui eût sorti de l'Académie, qui ne saurait ni la langue ni le pays, qu'il faudrait produire et expliquer partout, et qui ne ferait pas une sottise qui ne nous fît rougir.

67. — DU COMTE DE BUSSY A MADAME DE SÉVIGNÉ.

A Bussy, ce 6 juin 1669.

Vous me mandez que je vous menace de vous aimer *éperdument*, que vous vous accommoderiez encore mieux de ma haine que de mon extrême tendresse, que je suis un homme bien excessif, que c'est une chose étrange que je ne puisse trouver de milieu entre vous offenser outrageusement ou vous aimer plus que ma vie, et que des mouvements si impétueux sentent le fagot; voilà bien de l'aigreur, ma belle cousine, et je ne sais si je la mériterais quand je voudrais m'excuser du tort que j'ai eu autrefois avec vous; mais, assurément, je n'en suis pas digne aujourd'hui, et vous avez tort, à votre tour, quand vous insultez un homme qui se condamne, et qui, après vous avoir fait une espèce d'amende honorable, badine avec vous.

Je vous estime assez pour ne pas croire que vous en eussiez usé de la sorte, si l'on ne vous avait échauffée; mais je vois bien que vous avez montré ma lettre à M. et à madame de Grignan, et que vous avez concerté avec eux la réponse que vous m'avez faite; elle est trop pleine d'injures contre moi et de louanges pour lui, pour que vous n'ayez pas eu dessein de lui plaire. Madame de Grignan m'écrit à peu près sur le même ton de panégyrique pour son mari; mais cet entêtement est plus excusable dans une femme nouvellement mariée que dans une belle-mère. Je vous le dis avec la même sincérité dont vous m'écrivez, ma belle cousine; vous êtes quelquefois (en tout bien et en tout honneur) aussi extrême que moi.

Au reste, ne vous alarmez pas encore trop de mon amour, si vous le prenez pour une menace ; il n'y a rien que je ne fasse pour vous rassurer, et je vous haïrais plutôt que de ne vous pas mettre sur cela l'esprit en repos ; mais je ne vous entends pas quand vous dites que des mouvements si impétueux sentent le fagot, et je n'ai jamais ouï dire que pour se brouiller avec sa cousine, ou pour l'aimer plus que la vie, on méritât d'être brûlé.

Madame de Grignan me mande, comme vous savez, que son mari, bien loin de comprendre qu'il dût commencer à m'écrire, trouve assez mauvais que je n'aie daigné lui faire un compliment, parce qu'il s'est trouvé si heureux qu'il croyait tout le monde obligé de le féliciter. Si je voulais, je lui répondrais que son mari, bien loin de nous faire voir qu'il se tient aussi heureux qu'elle me dit qu'il se croit, témoigne, en ne suivant pas l'usage reçu de tous les honnêtes gens, qu'il n'a pas trouvé les grâces qu'il attendait d'elle.

Mais je ne veux lui répondre autre chose, sinon, que si une aussi bonne fortune que la sienne lui a fait tourner la tête, pour moi, qui ne suis pas si heureux, j'ai conservé toute ma raison, et que j'essayerai de m'en servir toujours en cette matière, et surtout en vous honorant et en vous aimant comme je dois.

68. — DE MADAME DE SÉVIGNÉ AU COMTE DE BUSSY.

A Paris, ce 9 juin 1669.

Ah! Comte, est-ce vous qui m'avez écrit la lettre que je viens de recevoir? J'étais si fort étonnée en la lisant, que j'en paraissais éperdue; je ne pouvais croire ce que je voyais. Est-il possible que la plus folle lettre du monde puisse être prise de cette manière par un homme qui entend aussi bien raillerie que vous, et qui saurait même donner de bonnes explications à une lettre, si elle en avait besoin? Mais je soutiens que la mienne parle toute seule. Vous m'écriviez des folies, et je vous en répondais; je badinais assez bien, ce me semble, sur les extrémités dont vous êtes capable sur mon sujet, je les exagérais pour mieux badiner; je trouvais que votre cœur était si loin de l'indifférence et si fort accoutumé à n'avoir que de la passion, ou de haine, ou de tendresse pour moi, que c'était justement à dire qu'il était né pour avoir de l'amour. Dit-on ces choses-là sérieusement? Et pour l'expression de *sentir le fagot,* que vous avez prise dans toute sa force, je vous le pardonne: vous avez été autrefois dans une cabale où il n'en fallait rien diminuer; mais je pensais que vous sussiez qu'on l'avait rendue un peu moins terrible, et qu'on s'en servait moins communément pour expliquer des choses extraordinaires. *Cela sent bien le fagot,* c'était-à-dire cela sent bien son homme qui aurait été amoureux de moi, si je l'avais laissé faire, et qui le serait encore, pour peu que je l'en priasse. Et tout cela, bon Dieu! peut-il être autre chose qu'un jeu? Cependant vous me rassurez en me disant qu'il est aisé de me tirer de peine là-dessus: vous trouvez que je vous dis des injures; vous trouvez qu'un cousin qui aimerait sa cousine ne mériterait pas d'être brûlé; vous trouvez que je suis entêtée de Grignan; vous tenez votre gravité. Comte, est-ce vous, encore une fois? Gardez ma lettre, je vous prie; relisez-la, démontez votre sérieux, représentez-vous combien nous aurions ri de tout cela; mais ce n'est plus vous. J'étais vive et gaie en écrivant ma lettre, et je ne doutais point qu'elle ne vous divertît dans votre solitude, puisqu'elle me réjouissait ici; j'y attendais une réponse encore plus enjouée, s'il se pouvait; et je vous jure que j'ai cru, en lisant votre lettre, que je ne lisais ou que je n'entendais pas bien. Nous avions trouvé quelque chose de plaisant à renverser tout l'ordre gothique des familles et à vous faire écrire un compliment le premier. Je vous jure qu'il y avait ici une lettre tout écrite que nous n'avons pas voulu envoyer; nous n'avons point fait tant de façons pour tous nos parents de Bretagne; ils ont reçu des lettres de nous. On voulait badiner avec vous, et vous en êtes à cent lieues loin. Est-ce vous, Comte, qui n'avez point aimé ma dernière lettre? est-ce vous qui m'avez répondu ce que voilà? N'espérez pas que je vous parle d'autre chose que de ma lettre; je garderai la vôtre, et j'espère que quelque jour vous reviendrez dans ce bon sens qui était si agréable et si droit. Non-seulement je n'ai pas reconnu mon sang dans votre style, mais je n'y ai pas reconnu le vôtre; si cela durait, nous pourrions nous faire saigner tant qu'il nous plairait, sans crainte de nous affaiblir l'un l'autre.

N'avez-vous point écrit au roi au commencement de cette guerre? Ne me supprimez pas le plaisir de voir ce que vous lui mandez.

69. — DU COMTE DE BUSSY A MADAME DE SÉVIGNÉ.

A Bussy, ce 12 juin 1669.

Avant que de répondre à votre dernière lettre, ma chère cousine, je vous déclare que je suis le plus content du monde de vous, et que quand vous devriez dire que je suis un homme d'extrémités, je vous aimerai et je vous estimerai toute ma vie. Avec tout cela, trouvez bon qu'avec tout le respect et toute la douceur imaginables je justifie mon procédé.

Quoique avant et après le mariage de madame de Grignan je m'attendisse à une lettre de monsieur son mari, et qu'il ne m'entrât point dans la tête qu'on pût plaisanter sur cela, je n'en disais mot, espérant un jour vous en faire mes plaintes, lorsque madame de Bussy me manda que vous lui aviez témoigné trouver étrange que je ne vous eusse point écrit après ce mariage, et particulièrement que je n'en eusse point fait de compliment à madame de Grignan; et sur cela je vous écrivis une lettre que vous me mandez qui était fort badine. En effet, tout ce qui vous regardait l'était extrêmement; mais vous ne sauriez disconvenir que l'article de M. de Grignan ne fût sérieux; vous pourriez le voir encore si vous aviez gardé ma lettre, et pour moi, je m'en souviens mot pour mot. Cela étant, vous savez trop bien vivre pour répondre en badinant à un endroit où on a parlé tout de bon; aussi ne l'avez-vous pas fait, et quoique vous ayez affecté un air de raillerie, vous l'avez mêlé de choses sérieuses; comme, par exemple, quand vous me priez d'écrire à M. de Grignan pour l'amour de vous, que j'aime, peut-on prendre cela comme une plaisanterie? Non, il n'est pas possible; du reste, il ne faut pas que vous prétendiez me persuader que je n'entends point raillerie : je ne l'ai jamais si bien entendue que je fais, et je ne me suis jamais si peu laissé aller au chagrin que la fortune m'a voulu donner; mais surtout je n'ai jamais eu tant de disposition à vous aimer que j'en ai, je n'oserais plus dire ce terrible mot d'*éperdument*, mais, à vous bien aimer. Au nom de Dieu, ma chère cousine, ne me donnez pas sujet de la vouloir changer.

70. — DE MADAME DE SÉVIGNÉ AU COMTE DE BUSSY.

A Paris, ce 8 août 1669.

Puisque vous m'assurez que vous avez autant d'esprit qu'à l'ordinaire, je m'en vais vous écrire, avec promesse que si je suis jamais assez heureuse pour vous voir, et que vous soyez d'assez bonne humeur pour vous laisser battre, je vous ferai rendre votre épée aussi franchement que vous l'avez fait rendre autrefois à d'autres. Vous voyez que je n'ai pas oublié la journée *des combats singuliers*[1], ou, pour mieux dire, tout le voyage[2], dont je fais si souvent une très-agréable commémoration; vous croyez bien que, m'en souvenant comme je fais, je n'ai pas de peine à croire que personne n'a plus d'esprit que vous, et c'est aussi ce qui m'a fait crier *miséricorde*, quand j'ai cru vous avoir vu moins badin et moins intelligent qu'à l'ordinaire. Je finis cette guerre jusqu'à ce que nous soyons en présence; cependant souvenez-vous que je vous ai toujours aimé naturellement, et que je ne vous ai jamais haï que par accident.

71. — DU COMTE DE BUSSY A MADAME DE SÉVIGNÉ.

A Bussy, ce 12 août 1669.

Il n'est pas nécessaire que nous soyons en présence, ma chère cousine, pour que je vous rende les armes; je vous enverrai de cinquante lieues mon épée; et l'amitié me fera faire ce que la crainte fait faire aux autres; mais vous étendez un peu vos priviléges, et vous avez raison, à mon avis, de la même chose où tout le monde aurait tort. Comptez-moi cela, il en vaut bien la peine, et vous pouvez juger par vous-même si c'est un petit sacrifice que celui de son opinion : nous en dirons sur cela quelque jour davantage; cependant croyez bien que je vous aime et que je vous estime plus que tout ce que je connais de femmes au monde.

72. — DU MÊME A LA MÊME.

A Chaseu, ce 5 avril 1670.

Je vous assure, ma chère cousine, que j'ai été fort aise que M. Frémiot vous ait donné du bien en mourant; mais

---

[1] *Voyez* ci-dessus la lettre du 4 septembre 1668.
[2] Son voyage en Bourgogne. *Voyez* la lettre du 26 juillet 1668.

si sa chère moitié l'avait assez aimé pour s'enfermer dans un même tombeau, ma joie aurait été entière; elle devrait avoir honte de survivre à un si honnête homme que celui-là. Cependant, comme vous mandez à madame de Toulongeon, vous êtes toutes deux en état d'attendre; il ne vous faut que de la patience, et pour moi je la compte pour rien, dont bien me prend.

73. — DE MADAME DE SÉVIGNÉ AU COMTE DE BUSSY.

A Paris, ce 16 avril 1670.

Je reçois votre lettre, mon cousin; vous êtes toujours honnête et très-aimable; je ne vais guère loin chercher dans mon cœur, pour y trouver de la douceur pour vous.

> Enfin n'abusez pas, Bussy, de mon secret;
> Au milieu de Paris il m'échappe à regret,
> Mais enfin il m'échappe, et cette retenue
> Ne peut plus contenir la lettre que j'ai lue.

Je vous remercie de m'avoir rouvert la porte de notre commerce, qui était tout démanché. Il nous arrive toujours des incidents, mais le fond est bon; nous en rirons peut-être quelque jour. Revenons à M. Frémiot, notre cousin; n'est-il pas trop bon, ce président, d'avoir pensé en mourant à me donner son bien, lorsque j'y pensais le moins[1]? Je l'aimais fort, et j'y joins présentement une grande reconnaissance; de sorte que ma douleur est véritable. Cela est honteux, comme vous dites, que la présidente survive à un si admirable mari. C'est tout ce que je puis faire, moi qui vous parle. Adieu, je vous souhaite une patience qui triomphe de vos malheurs. Vous ne voulez pas que je vous parle de ma fille, et moi j'en veux parler. Elle est grosse, et demeure ici pour y faire ses couches; son mari est en Provence, c'est-à-dire, il s'y en va dans trois jours.

[1] *Voyez* la lettre du 10 juin 1671.

74. — DU COMTE DE BUSSY A MADAME DE SÉVIGNÉ.

A Chaseu, ce 21 avril 1670.

Il faut que je vous l'avoue, ma belle cousine, il m'ennuyait si fort de ne vous plus écrire, quand M. Frémiot est venu à mourir, que, pour peu qu'il eût tardé, je vous aurais consolée de la mort de quelque personne vivante, ou je me serais réjoui avec vous de quelque succession imaginaire; mais la fortune me tua le pauvre président à point nommé. S'il ne m'a laissé du bien en mourant, comme à vous, au moins lui ai-je l'obligation de m'avoir fourni un prétexte de recommencer notre commerce; c'est le seul bien qu'il m'a fait, que j'estime fort, ma chère cousine, et après le fonds de terre, je ne trouve rien de meilleur.

Il est vrai qu'il est surprenant de voir qu'ayant de l'agrément l'un pour l'autre, et un bon fonds, il arrive de temps en temps des riottes[1] entre nous deux; mais quand j'y fais un peu de réflexion, je ne trouve pas que nous nous en devions plaindre; au contraire, je crois que ce sont des *saupiquets* en amitié[2], laquelle, dans un long commerce, serait trop fade sans de petites brouilleries; nous en rirons bien quelque jour.

Je ne sais pas si ma patience triomphera de mes malheurs, comme vous le souhaitez; mais elle est extrême, et, quoique je fasse toujours des pas du côté de la cour, je suis, sur le succès, d'une tranquillité qui n'est pas imaginable. Je ne doute pas que si mes ennemis l'apprenaient, ils ne disent que je suis insensible, et que les gens de courage ne souffrent pas si patiemment que je fais; et je vois bien qu'ils

---

[1] Ce mot se prenait autrefois dans le sens de *querelles, débats.* On disait d'un homme qui aimait la dispute qu'il était *sujet à avoir des riottes.* La langue anglaise s'est enrichie de ce mot, que nous avons perdu.

[2] Bussy prête ici un sens moral à un mot qui n'est guère d'usage que dans le style culinaire, où il désigne une espèce de sauce ou de ragoût qui pique et qui excite l'appétit.

m'estimeraient davantage si je prenais les affaires assez à cœur pour me perdre ou en mourir.

Voulez-vous que je vous fasse un des petits raisonnements dont je me console quelquefois, ma chère cousine? Écoutez: il y a des disgrâces sourdes, il y en a d'éclatantes. J'ai été sept ou huit ans à la cour avec une de ces premières, et de l'heure qu'il est mille gens que l'on croit heureux en souffrent de pareilles. Pour moi, j'aimais mieux alors être mal à la cour que d'être chassé, parce que j'espérais toujours de me raccommoder; mais je vois bien maintenant qu'avec les ennemis que j'avais la chose était impossible; et cela étant ainsi, une demi-disgrâce qui dure longtemps est insupportable : c'est une mort de langueur qui fait plus de peine qu'une démission de charge, qui, après cent mille dégoûts, est une espèce de coup de grâce. Voilà, entre autres, les réflexions qui me mettent l'esprit en repos; je ne sais si elles feraient le même effet à tout le monde, mais enfin mon bonheur, c'est que j'en suis persuadé.

Vous avez deviné; je ne voulais point vous parler de madame de Grignan, parce que je n'étais point content d'elle, et ma raison est que je n'ai jamais aimé les femmes qui aimaient si fort leurs maris : encore me mandez-vous une chose qui ne la racommodera pas avec moi, c'est sa grossesse; il faut que ces choses-là me choquent étrangement, pour altérer l'inclination naturelle que j'ai toujours eue pour mademoiselle de Sévigné.

75. — DE MADAME DE SÉVIGNÉ AU COMTE DE BUSSY.

A Paris, ce 7 mai 1670.

J'ai sur le cœur de n'avoir rien dit à ma nièce de Bussy, cette pauvre enfant que j'ai vue pas plus haute que cela : réparez donc mes torts. J'ai reçu votre lettre, et je suis fort aise que les cendres du pauvre président aient réchauffé notre commerce. Nous avons ici M. de Corbinelli; j'en ai une joie sensible, et, parce que je juge de vous par moi, je me réjouis avec vous de celle que vous aurez de le voir.

Madame de Grignan est si indigne de votre amitié, elle aime tant son mari, elle est si grosse, que je n'ose vous dire qu'elle se souvient fort de vous. Raillerie à part, elle vous aime et vous honore infiniment.

Adieu, Comte; j'ai une si bonne compagnie autour de moi, que je n'ose m'embarquer à vous en dire davantage.

76. — DU COMTE DE BUSSY A MADAME DE SÉVIGNÉ.

A Chaseu, ce 15 mai 1670.

J'ai fait votre paix avec votre nièce de Bussy; mais nous sommes aussi étonnés de ce qui vous a fait souvenir d'elle, lorsqu'on ne vous en parlait pas, que de ce qui vous l'a fait oublier; j'attends ici M. Corbinelli avec une impatience extrême. Nous en dirons de bonnes. Que n'êtes-vous en tiers; j'entends ici avec nous deux, car à Paris nous n'y serions pas si à l'aise. Vous êtes trop distraits, vous autres gens du monde; vous n'appuyez pas sur les plaisirs, comme nous autres ermites; vous ne les prenez qu'en courant, et cela fait qu'on n'en a pas tant avec vous. Après sept ou huit jours de séjour, nous vous laisserions retourner dans votre chaos, car nous savons que la nature se plait dans la diversité.

Le voyage de M. de Grignan en Provence pourrait bien raccommoder madame de Grignan avec moi. Je vous déclare que je ferai toujours la moitié du chemin. J'oublierai aisément toutes les amitiés qu'elle a faites à son mari, et même sa grossesse, pourvu que je voie quelque apparence d'une meilleure conduite à l'avenir. A moins que cela, je ne l'aimerai que malgré moi, car je ne saurais m'empêcher de l'aimer. Adieu, ma belle cousine; écrivons-nous souvent, et badinons toujours. Nous sommes bien meilleurs ainsi que d'autre manière.

77. — DE M. DE CORBINELLI AU COMTE DE BUSSY.

A Paris, ce 17 mai 1670.

Madame de Sévigné et moi avons chacun une réponse à vous faire, et nous avons résolu de la mettre en une seule. Je vous dirai donc, pour ma part, qu'une de mes plus grandes joies ici a été de songer que je m'en retournerais par chez vous. Je serai huit jours à Châtillon [1], et je me laisserai gouverner par M...... J'ai une violente envie de vous raccommoder tous deux, et de faire des reproches à celui qui aura tort.

Oui, oui, nous ferons des réflexions morales et politiques : nous poserons en fait les deux espèces de disgrâces dont vous parlez à madame de Sévigné. Je suis venu ici examiner cette vérité, et je l'ai trouvée telle que vous nous la faites voir. Les uns s'imaginent être agréablement à la cour, et sont près d'être comme nous ; les autres croient être comme nous, et sont près d'être favoris ; d'autres ne sont rien, et se ruinent courageusement à attendre un malheur décidé. Je vous conterai toute l'histoire des Petites-Maisons ; et je vous ferai voir démonstrativement que ceux qu'on croit vous devoir plaindre vous doivent envier. Fiez-vous-en moi ; nous comptons là-dessus en Languedoc [2].

Après cela, je vous dirai mille autres choses qui vous pourront rendre supportable un séjour de quelques heures. Préparez-vous donc à savoir gré au roi de votre éloignement de la cour, ou vous êtes le premier de tous les ingrats du monde.

---

[1] Auprès de sa sœur, qui était religieuse à Châtillon.
[2] M. de Vardes y était exilé dans son gouvernement d'Aigues-Mortes.

78. — DE MADAME DE SÉVIGNÉ AU COMTE DE BUSSY.

aris, ce 17 juin 1670.

Allons, je le veux, monsieur le Comte, je vous écrirai quand vous m'écrirez, ou quand la fantaisie m'en prendra. Je pense qu'il ne faut rien de plus réglé à des conduites aussi dégingandées que les nôtres. C'est un assez bon miracle que nos fonds soient bons, sans nous demander des dehors fort réguliers. Au reste, je vous déclare que, selon les gens, je fais un grand secret du mien; j'ai hasardé deux ou trois fois de le dire sans choix ! j'ai tant trouvé d'hélas ! d'admirations, de signes de croix, et même des discours fâcheux de moi, dans mon chemin, que je me résolus de choisir les gens à qui je fais cette confidence. Vous êtes de ce nombre; car je m'imagine qu'en votre faveur vous voudrez bien excuser les retours de mon cœur pour vous, quand même vous auriez vu des lettres que j'ai retrouvées depuis peu, où vous me remerciez avec chaleur et reconnaissance de la véritable envie que j'avais de vous avancer de l'argent sur notre oncle de Châlons; et ensuite la querelle d'Allemand se forma sur ce que vous trouvâtes qu'on pouvait faire sur moi une fort jolie satire. Je vous mets donc du nombre de ceux qui veulent bien m'excuser; M. de Corbinelli en est aussi; il a des tendresses pour vous qui rallumeraient les miennes quand je n'y serais pas disposée. Je vous trouve heureux d'avoir devant vous le plaisir de le voir. Pour moi, j'ai derrière celui de l'avoir vu, dont je suis au désespoir; car, en un mot, son esprit est fait pour plaire au mien. Je n'avais rien trouvé en son absence qui me pût consoler de lui. Il m'aime comme j'aime qu'on m'aime. Ainsi je perds ma joie et la douceur de ma vie en le perdant. J'admire par quels enchaînements sa destinée le porte à deux cents lieues de moi, et son intérêt m'y fait consentir contre le mien propre. Adieu, Comte; écrivons-nous, et prenons courage contre nos ennemis. Pensez-vous que je n'en aie pas, moi qui vous parle? Je fais mes compliments à toutes vos dames. Madame de Grignan vous fait les siens de très-bonne grâce. Je ne suis pas accoutumée à la voir grosse; j'en suis scandalisée aussi bien que vous.

DE M. DE CORBINELLI.

Vous êtes deux vrais Rabutins, nés l'un pour l'autre. Dieu vous maintienne en parfaite intelligence! Mais où vous irai-je prendre à Chaseu, moi qui n'irais pas chercher à cheval une couronne à une demi-lieue? Nous verrons pourtant. Quand je serai à Châtillon, je vous manderai mon arrivée. Cependant croyez qu'il est impossible d'être plus votre serviteur que je le suis.

79. — DU COMTE DE BUSSY A MADAME DE SÉVIGNÉ.

A Chaseu, ce 25 juin 1670.

Je ne sais pas, ma belle cousine, quelle idée vous vous êtes faite de ma régularité; mais ceux qui en ont eu avec moi se sont toujours loués de la mienne; et pour nos conduites, je ne vois pas qu'elles soient si dégingandées que vous mandez : pour moi, je suis très-satisfait de la vôtre, et je crois bien que vous ne l'avez condamnée que pour avoir prétexte de dauber la mienne. Il est vrai que celle-ci est détestable, si vous en jugez par le succès; mais moi, qui ne suis pas de ceux qui croient aveuglément qu'on a tort dès qu'on est malheureux, je ne trouve pas ma conduite si dégingandée que vous croyez.

Vous voulez bien que je vous dise franchement que votre lettre me paraît venir d'une personne intriguée, et à qui ses ennemis (comme vous dites que vous en avez) ont donné du chagrin. Ils vous ont même donné un peu d'aigreur contre moi, qui n'en puis mais; car, à quel propos, je vous prie, me venir reprocher l'argent que vous m'avez voulu avancer, et la satire que j'ai faite? Est-il question de cela? Vous ai-je obligée, par mes lettres, à me dire la moindre chose approchante de ces rudesses? Vous avez peut-être reparlé avec M. de Corbinelli de ces affaires, et, toute pleine de la chaleur qu'elles vous ont donnée, vous m'écrivez des choses désagréables, à moi qui ne songe à rien de vous qu'à recevoir quelque lettre enjouée pour réponse à celle que je vous avais écrite sur ce ton. Je voudrais bien que vous me dissiez combien de temps ces *recommencements-là* doivent encore durer, afin que je m'y attende.

Je ne pense pas que vous vouliez dire que j'aie tort de me plaindre, puisque vous avez dit à Breban de me mander que je ne me fâchasse point de ce que vous m'écriviez; il valait mieux ne me pas offenser que de me faire satisfaction. Vous deviez jeter cette lettre au feu, et attendre à me faire réponse que vous eussiez été en meilleure humeur; mais vous avez mieux aimé hasarder de perdre votre ami que de perdre vos peines; cela n'est pas d'une bonne conscience. Si je cherchais noise, vous m'auriez fourni en cet endroit un beau sujet de garder contre vous quelque chose sur mon cœur; mais, après vous avoir dit mon grief, je vous déclare que je ne vous aime pas moins que je faisais; je vous prie aussi de prendre un peu plus garde une autre fois à ne pas blesser l'amitié que vous me devez.

M. de Corbinelli a raison de m'aimer, car il sait bien que je l'aime extrêmement. Je me réjouis fort de le voir, et je vous plains de ce que vous ne le verrez de longtemps. Je ne doute pas que vous n'ayez des ennemis, je le sais par d'autres que par vous; mais quoi qu'on m'ait mandé, je ne crois pas votre conduite si dégingandée qu'on dit, et je ne condamne pas les gens sans les entendre.

Je rends mille grâces à madame de Grignan de son souvenir; je ne saurais bonnement dire le sujet que j'ai de me rattendrir pour elle; mais elle me paraît plus aimable de jour en jour, et je sens que je l'aime beaucoup plus que je ne faisais il y a trois mois.

A M. DE CORBINELLI.

Grondez un peu notre amie, afin de m'épargner la peine de me plaindre jamais d'elle à elle-même. Un tiers a meilleure grâce de le faire que l'intéressé; je vous promets, à la pareille, de lui laver la tête quand elle vous offensera; ne croyez pas en être à couvert, car quoique vous n'ayez pas, comme moi, de péché originel à son égard, défiez-vous de l'avenir; *toute femme varie,* comme disait François Ier; et puis, si elle vous écrivait en méchante humeur, elle pourrait vous dire quelque rudesse, et alors je ferais merveille de la redresser. Si je ne suis pas encore à Bussy quand vous arriverez à Châtillon, écrivez-moi un mot par Gardien; je vous enverrai une chaise, car je ne présume pas si fort du plaisir que vous aurez de me voir, que je veuille vous le faire acheter par la moindre incommodité du monde; pour moi, je meurs d'impatience de vous voir.

80. — DE MADAME DE SÉVIGNÉ AU COMTE DE GRIGNAN [1].

A Paris, mercredi 25 juin 1670.

Vous m'avez écrit la plus aimable lettre du monde; j'y aurais fait plus tôt réponse si je n'avais su que vous couriez par votre Provence. Je voulais d'ailleurs vous envoyer les motets que vous m'aviez demandés : je n'ai pu encore les avoir; de sorte qu'en attendant, je veux vous dire que je vous aime toujours très-tendrement; que si cela peut vous donner quelque joie, comme vous me le dites, vous

---

[1] M. de Grignan était depuis peu en Provence, où le service du roi l'avait obligé de se rendre. Madame de Grignan était demeurée à Paris, à cause de sa grossesse. (G.)

devez être l'homme du monde le plus content. Vous le serez sans doute beaucoup du commerce que vous avez avec ma fille : il me paraît très-vif de sa part; je ne crois point qu'on puisse plus aimer qu'elle vous aime. Pour moi, j'espère que je vous la rendrai saine et entière, avec un petit enfant de même, ou j'y brûlerai mes livres. Il est vrai que je ne suis pas habile, mais je sais bien demander conseil, et le suivre; et ma fille, de son côté, contribue fort à sa conservation.

J'ai mille compliments à vous faire de M. de La Rochefoucauld et de son fils; ils ont reçu tous les vôtres. Madame de La Fayette vous rend mille grâces de votre souvenir, aussi bien que ma tante[1], et mon abbé[2], qui aime votre femme de tout son cœur : ce n'est pas peu, car si elle n'était pas bien raisonnable, il la haïrait le plus franchement du monde.

Si l'occasion vous vient de rendre quelque service à un gentilhomme de votre pays, qui s'appelle ***, je vous conjure de le faire : vous ne me sauriez donner une marque plus agréable de votre amitié. Vous m'avez promis un canonicat pour son frère; vous connaissez toute sa famille. Ce pauvre garçon était attaché à M. Fouquet; il a été convaincu d'avoir servi à faire tenir à madame Fouquet une lettre de son mari; sur cela il a été condamné aux galères pour cinq ans : c'est une chose un peu extraordinaire; vous savez que c'est un des plus honnêtes garçons qu'on puisse voir, et propre aux galères comme à prendre la lune avec les dents.

Brancas est fort content de vous, et ne prétend pas vous épargner quand il aura besoin de votre service : il est persuadé qu'il vous a donné une si jolie femme, et qui vous aime si tendrement, que vous ne pouvez jamais en faire

---

[1] Henriette de Coulanges, sœur de la mère de Madame de Sévigné. (P.)
[2] Christophe de Coulanges, oncle de Madame de Sévigné, abbé de Notre-Dame de Livry. (G.)

assez pour vous acquitter envers lui. Adieu, mon très-cher Comte ; je vous embrasse de toute la tendresse de mon cœur.

81. — DE MADAME DE SÉVIGNÉ AU COMTE DE BUSSY.

A Paris, ce 6 juillet 1670.

Je me presse de vous écrire, afin d'effacer promptement de votre esprit le chagrin que ma dernière y a mis. Je ne l'eus pas plus tôt écrite que je m'en repentis. M. de Corbinelli me voulut empêcher de vous l'envoyer, mais je ne voulus pas perdre ma lettre, toute méchante qu'elle était, et je crus que je ne vous perdrais pas pour cela, puisque vous ne m'aviez pas perdue pour quelque chose de plus. Nous ne nous perdons point, de notre race : nos liens s'allongent quelquefois, mais ils ne se rompent jamais. Je sais ce qu'en vaut l'aune : après mon expérience, je pouvais bien hasarder le paquet. Il est vrai que j'étais de méchante humeur d'avoir retrouvé dans mes paperasses ces lettres que je vous dis. Je n'eus pas la docilité de démonter mon esprit pour vous écrire ; je trempai ma plume dans mon fiel, et cela composa une sotte lettre amère, dont je vous fais mille excuses. Je le dis à notre homme (*à Corbinelli*) ; si vous fussiez entré une heure après dans ma chambre, nous nous fussions moqués de moi ensemble. Nous voilà donc raccommodés. Vous seriez bien heureux si nous étions quittes : mais, bon Dieu ! que je vous en dois encore de reste, que je ne vous payerai jamais ! Vous me donnez un trait en me disant que j'ai des ennemis et qu'on vous a mandé que ma conduite était dégingandée. Vous feignez qu'on vous l'a écrit ; je parie que cela n'est pas vrai. Hélas ! mon cousin, je n'ai point d'ennemis ; ma vie est tout unie, ma conduite n'est point dégingandée (puisque *dégingandée* y a). Il n'est point question de moi : j'ai une bonne réputation, mes amis m'aiment, les autres ne songent pas que je sois au monde ; je ne suis plus ni jeune ni jolie, on ne m'envie point; je suis quasi grand'mère, c'est un état où l'on n'est guère l'objet de la médisance : quand on a été jusque là sans se décrier, on se peut vanter d'avoir achevé sa carrière.

M. de Corbinelli vous dira comme je suis, et, malgré mes cheveux blancs[1], il vous redonnera peut-être du goût pour moi. Il m'aime de tout son cœur, et je vous jure aussi que je n'aime personne plus que lui. Son esprit, son cœur et ses sentiments me plaisent au dernier point. C'est un bien que je vous dois; sans vous je ne l'aurais jamais vu. Vous l'aurez bientôt; vous serez bien aise de causer avec lui. Il vous dira la mort de MADAME, c'est-à-dire l'étonnement où l'on a été en apprenant qu'elle a été malade et morte en huit heures[2], et qu'on perdait avec elle toute la joie, tout l'agrément et tous les plaisirs de la cour. Je crois que vous aurez été aussi surpris que les autres. Adieu, Comte; point de rancune, ne nous tracassons plus. J'ai un peu de tort; mais qui n'en a point en ce monde? Je suis bien aise que vous reveniez pour ma fille. Demandez à M. de Corbinelli combien elle est jolie. Montrez-lui ma lettre, afin qu'il voie que si je fais les maux je fais les médecines.

82. — DU COMTE DE BUSSY A MADAME DE SÉVIGNÉ.

A Chaseu, ce 10 juillet 1670.

Je suis bien aise, ma belle cousine, que vous confessiez que vous avez eu tort. Cela me marque un bon cœur, et m'oblige de trouver que vous n'en avez pas tant que j'avais d'abord pensé. La lettre que je viens de recevoir de vous

---

[1] Madame de Sévigné avait alors quarante-quatre ans.
[2] « Henriette, fille de Charles Ier, roi d'Angleterre, petite-fille de Henri « le Grand, princesse chère à la France par son esprit et par ses grâces, « morte à la fleur de l'âge. » Ainsi s'exprime Voltaire. Il a toujours cru sa mort naturelle, contre l'opinion de presque tous les contemporains, contre la prévention même que cette princesse manifesta au lit de mort, contre l'autorité de Saint-Simon et de madame de Bavière, seconde femme de Monsieur. On peut voir à la bibliothèque de l'Arsenal une pièce manuscrite de *Valot*, médecin du roi, et qui appuie le sentiment de Voltaire.

est aussi agréable que la précédente l'était peu. Votre retour me paraît si plaisant, que je vous permets encore de m'offenser, pourvu que vous me promettiez une pareille satisfaction : aussi bien me mandez-vous que vous m'en devez encore de reste. Hâtez-vous donc de me payer, afin que nous soyons bientôt quittes. Je meurs d'impatience d'être assuré que je n'essuierai jamais de mauvaise humeur de vous. Je ne vous ai point menti quand je vous ai dit que je savais que vous aviez des ennemis; premièrement, vous me l'aviez écrit dans votre *épître chagrine* [1]; mais, outre cela, on me l'a mandé d'ailleurs. Quoique votre modestie vous fasse dire que vous n'êtes ni jeune ni belle, et quoique vous ne vous puissiez sauver par là si vous donniez lieu de parler, ce n'est pas sur cela qu'on a parlé de vous; mais je suis bien ridicule de vouloir vous apprendre ce qu'assurément vous savez avant moi : on ne manque pas de gens, au pays où vous êtes, qui avertissent les amis des calomnies aussi bien que des vérités qu'on dit d'eux. Je ne vous en dirai donc pas davantage, sinon qu'à quelques petits reproches près, dont vous m'avez un peu trop souvent fatigué, je vous trouve une dame sans reproche, et que j'ai la meilleure opinion du monde de vous.

Cependant je vous assure que la mort de MADAME m'a surpris et affligé au dernier point. Vous savez combien agréablement j'étais autrefois avec elle. Toutes mes persécutions m'avaient encore attiré de sa part mille amitiés extraordinaires, que je vous conterai un jour. Si quelque chose est capable de détacher du monde les gens qui y sont les plus attachés, ce sont les réflexions que fait faire cette mort. Pour moi, elle me console fort de l'état de ma fortune, quand je vois que ceux qui peuvent faire enrager les autres, et qui par leur grandeur sont à couvert des représailles, ne le sont pas des coups du ciel. Vivons seulement,

---

[1] *Voyez* ci-dessus, lettre du 17 juin précédent.

ma belle cousine, et nous en verrons bien d'autres. Je suis tout revenu pour madame de Grignan, et ce que m'en dira M. de Corbinelli ne peut augmenter la tendresse que j'ai pour elle, à moins qu'il ne m'assurât qu'elle est brouillée avec son mari; car en ce cas-là je l'aimerais mieux que ma vie. Adieu, ma belle cousine; ne nous tracassons plus. Quoique vous m'assuriez que nos liens s'allongent de notre race, et qu'ils ne se rompent point, ne vous y fiez pas trop : il arrive en une heure ce qui n'arrive pas en cent. Pour moi, j'aime la douceur : je suis comme le frère d'Arnolphe, *tout sucre et tout miel*[1].

83. — DE MADAME DE SÉVIGNÉ A M. DE GRIGNAN.

A Paris, mercredi 6 août 1670.

Est-ce qu'en vérité je ne vous ai pas donné la plus jolie femme du monde? Peut-on être plus honnête, plus régulière? Peut-on vous aimer plus tendrement? Peut-on avoir des sentiments plus chrétiens? Peut-on souhaiter plus passionnément d'être avec vous? Et peut-on avoir plus d'attachement à tous ses devoirs? Cela est assez ridicule que je dise tant de bien de ma fille ; mais c'est que j'admire sa conduite comme les autres, et d'autant plus que je la vois de plus près ; et qu'à vous dire vrai, quelque bonne opinion que j'eusse d'elle sur les choses principales, je ne croyais point du tout qu'elle dût être exacte sur toutes les autres au point qu'elle l'est. Je vous assure que le monde aussi lui rend bien justice, et qu'elle ne perd aucune des louanges qui lui sont dues. Voilà mon ancienne thèse qui me fera lapider un jour, c'est que le public n'est ni fou ni injuste : madame de Grignan doit être trop contente de lui pour disputer contre moi présentement. Elle a été dans des

---

[1] Ce n'est pas l'Arnolphe de *l'École des Femmes*, c'est le Sganarelle de *l'École des Maris*, qui dit :

Eh! qu'il est doucereux ! c'est tout sucre et tout miel!

peines de votre santé qui ne sont pas concevables; je me réjouis que vous soyez guéri, pour l'amour de vous et pour l'amour d'elle. Je vous prie que, si vous avez encore quelque bourrasque à essuyer de votre bile, vous en obteniez d'attendre que ma fille soit accouchée. Elle se plaint encore tous les jours de ce qu'on l'a retenue ici, et dit tout sérieusement que cela est bien cruel de l'avoir séparée de vous. Il semble que ce soit par plaisir que nous vous ayons mis à deux cents lieues d'elle. Je vous prie sur cela de calmer son esprit, et de lui témoigner la joie que vous avez d'espérer qu'elle accouchera heureusement ici. Rien n'était plus impossible que de l'emmener dans l'état où elle était; et rien ne sera si bon pour sa santé, ni même pour sa réputation, que d'y accoucher au milieu de ce qu'il y a de plus habile, et d'y être demeurée avec la conduite qu'elle a. Si elle voulait, après cela, devenir folle et coquette, elle le serait plus d'un an avant qu'on pût le croire, tant elle a donné bonne opinion de sa sagesse. Je prends à témoin tous les Grignans qui sont ici de la vérité de tout ce que je dis. La joie que j'en ai a bien du rapport à vous, car je vous aime de tout mon cœur, et suis ravie que la suite ait si bien justifié votre goût. Je ne vous dis aucune nouvelle; ce serait aller sur les droits de ma fille. Je vous conjure seulement de croire qu'on ne peut s'intéresser plus tendrement que je fais à ce qui vous touche.

84. — AU MÊME.

A Paris, vendredi 15 août 1670.

Si je vous écris souvent, vous n'avez pas oublié que c'est à condition que vous ne me ferez point de réponse; et, dans cette confiance, je vous dirai que je me réjouis de tous les honneurs dont vous êtes accablé. Il me paraît que M. le commandant n'y a pas plus de part que M. de Grignan; et je vois, ce me semble, un fonds pour vous qui ne serait point pour un autre. Je vois un commerce si vif entre vous et une certaine dame, qu'il serait ridicule de prétendre vous rien mander. Il n'y a pas seulement la moindre espérance de vous apprendre qu'elle vous aime : toutes ses actions, toute sa conduite, tous ses soins, toute sa tristesse, vous le disent assez. Je suis fort délicate en amitié, et ne m'y connais pas trop mal. Je vous avoue que je suis contente de celle que je vois, et que je n'en souhaiterais pas davantage. Jouissez de ce plaisir, et n'en soyez pas ingrat. S'il y a une petite place de reste dans votre cœur, vous me ferez un plaisir extrême de me la donner, car vous en avez une très-grande dans le mien. Je ne vous dis point si j'ai soin de votre chère moitié, si j'ai la dernière application pour sa santé, et si je souhaite que toute la barque arrive à bon port : si vous savez aimer, vous jugerez aisément de tous mes sentiments. Plût à Dieu que votre pauvre femme fût aussi heureuse que la petite Deville[1] ! elle vient d'accoucher d'un garçon qui paraît avoir trois mois. Ma fille disait tout à l'heure : Ah ! que je suis fâchée ! la petite Deville a pris mon garçon ; il n'en vient point deux dans une même maison. Je lui ai donné, c'est-à-dire à ma fille, un livre pour vous ; vous le trouverez d'une extrême beauté ; il est de l'ami intime[2] de Pascal ; il ne vient rien de là que de parfait : lisez-le avec attention. Voilà aussi de très-beaux airs, en attendant des motets. N'abandonnez point votre voix, n'abandonnez point votre taille ; enfin ne cessez point d'être aimable, puisque vous êtes aimé.

85. — AU MÊME.

A Paris, vendredi 12 septembre 1670.

Ce n'est point pour entretenir un commerce avec vous, j'en ferais scrupule, sachant de quelle sorte vous êtes ac-

---

[1] Femme du maître d'hôtel de M. de Grignan. (M.)
[2] M. Nicole. (P.)

cablé de celui de madame de Grignan. Je vous plains d'avoir à lire de si grandes lettres; je n'ai jamais rien vu de si vif, et je crois que pour en être délivré vous voudriez qu'elle fût avec vous; voilà où vous réduit son importunité. Elle est présentement séparée de nous au coin de sa chambre, avec une petite table et une écritoire à part, ne trouvant pas que M. de Coulanges ni moi nous soyons dignes d'approcher d'elle. Elle a été au désespoir que vous m'ayez écrit : je n'ai jamais vu une femme si jalouse ni si envieuse. Elle a beau faire, je la défie d'empêcher notre amitié. Vous avez une grande part aux soins que j'ai de sa santé; et quand je songe au plaisir que vous aurez d'avoir une femme et un enfant gais et gaillards, je redouble toute l'application que j'ai à vous donner cette joie. J'espère que tout ira bien; il nous semble même que depuis quelques jours cet enfant est devenu un garçon. Adieu, mon très-cher. Je vous défends de m'écrire, mais je vous conjure de m'aimer. Pour moi, je vous aime; il y a si longtemps, que je ne crois plus qu'il soit besoin de vous le dire.

M. DE COULANGES AU MÊME.

Vous avez beau dire et beau faire, si faut-il que je vous dise ici, monsieur, que je suis très-aise que vous soyez content de l'intendant et de l'intendante de Lyon [1]. Ils sont charmés de vous l'un et l'autre; il n'est pas jusqu'à ma petite belle-sœur [2] qui ne nous écrive mille belles choses de vous. Ne vous mettez jamais en peine de me faire réponse : souffrez seulement que, me trouvant ici quand on vous écrit, je vous assure toujours que vous n'avez point de serviteur qui vous soit plus acquis que moi.

---

[1] M. et madame du Gué-Bagnols, dont la fille aînée était femme de M. de Coulanges. (P.)

[2] Mademoiselle du Gué-Bagnols, qui fut mariée depuis à M. du Gué-Bagnols, intendant de Flandre, son cousin. (P.)

Madame votre femme est belle comme un ange; madame votre femme vit comme un ange; et, s'il plaît à Dieu, elle accouchera heureusement d'un ange. Voilà tout ce que j'ai à vous dire pour aujourd'hui. Puisque vous êtes content de ma belle-sœur, trouvez-lui un peu quelque bon parti dans votre province : elle est nièce de M. Le Tellier, et cousine germaine de M. de Louvois.

86. — AU MÊME.

A Paris, mercredi 19 novembre 1670.

Madame de Puizieux [1] dit que si vous aviez envie d'avoir un fils, vous preniez la peine de le faire : je trouve ce discours le plus juste et le meilleur du monde. Vous nous avez laissé une petite fille, nous vous la rendons. Jamais il n'y eut un accouchement si heureux. Vous saurez que ma fille et moi nous allâmes samedi dernier nous promener à l'Arsenal : elle sentit de petites douleurs. Je voulus, au retour, envoyer quérir madame Robinet; elle ne le voulut jamais. On soupa; elle mangea très-bien. M. le coadjuteur [2] et moi nous voulûmes donner à cette chambre un air d'accouchement; elle s'y opposa encore d'une façon qui nous persuadait qu'elle n'avait qu'une colique de fille. Enfin, comme j'allais envoyer, malgré elle, quérir la Robinette, voilà des douleurs si vives, si extrêmes, si redoublées, si continuelles, des cris si violents, si perçants, que nous comprîmes très-bien qu'elle allait accoucher. La difficulté, c'est qu'il n'y avait point de sage-femme; nous ne savions tous où nous en étions; j'étais au désespoir. Ma fille demandait du secours et une sage-femme; c'était alors qu'elle la souhaitait : ce n'était pas sans raison; car, comme nous eûmes fait venir en diligence la sage-femme de la De-

---

[1] Charlotte d'Estampes-Valançay, marquise de Puisieux. (P.)
[2] Jean-Baptiste Adhémar de Monteil, coadjuteur d'Arles, frère de M. de Grignan. (P.)

ville, elle reçut l'enfant un quart d'heure après. Dans ce moment, Pequet[1] arriva, qui aida à la délivrer. Quand tout fut fait, la Robinette arriva, un peu étonnée ; c'est qu'elle s'était amusée à accommoder madame la duchesse, pensant en avoir pour toute la nuit. D'abord *Hélène*[2] me dit : Madame, c'est un petit garçon. Je le dis au coadjuteur ; et puis quand nous le regardâmes de plus près, nous trouvâmes que c'était une petite fille. Nous en sommes un peu honteuses quand nous songeons que tout l'été nous avons fait *des béguins au Saint-Père*[3], et qu'après de si belles espérances, *la signora met au monde une fille*. Je vous assure que cela rabaisse le caquet. Rien ne console que la parfaite santé de ma fille ; elle n'a pas eu la fièvre de son lait. Sa fille a été baptisée et nommée *Marie-Blanche*[4] ; M. le coadjuteur pour M. d'Arles[5], et moi pour moi. Voilà un détail qu'on haïrait bien pour des choses indifférentes ; mais on l'aime fort pour celles qui tiennent au cœur. M. le premier président de Provence[6] est revenu exprès de Saint-Germain pour faire son compliment ici. Jamais je n'ai vu de si grandes apparences d'une véritable amitié. Que vous dirai-je encore ? Oserai-je le dire ? je crois que la santé de votre chère épouse vous en consolera : c'est que notre aimable duchesse de Saint-Simon[7] a la petite vérole si dangereusement que l'on craint pour sa vie. Adieu, mon cher ; je laisse à votre pauvre cœur à démêler tous ces divers sentiments : vous savez les miens il y a longtemps sur votre sujet. Des médisants disent que Blanche d'Adhémar ne sera pas d'une beauté sur-

---

[1] Médecin de M. Fouquet. (P.)
[2] Une des femmes de Madame de Sévigné. (P.)
[3] *Voyez* le conte de *l'Ermite*, par La Fontaine. (P.)
[4] La même qui, dans la suite, fut religieuse aux Dames de Sainte-Marie d'Aix, et mourut âgée de soixante-deux ans. (P.)
[5] François Adhémar de Monteil, archevêque d'Arles, commandeur des ordres du roi, oncle de M. de Grignan. (P.)
[6] M. de Forbin d'Oppède. (P.)
[7] Diane-Henriette de Budos, duchesse de Saint-Simon. (P.)

prenante; et les mêmes gens ajoutent qu'elle vous ressemble. Si cela est, vous ne doutez pas que je ne l'aime fort.

87. — AU MÊME.

À Paris, mercredi 26 novembre 1670.

Vous avez une lettre de votre chère femme ; n'est-ce pas une folie de se mêler de vous écrire? Ce n'est aussi que pour vous dire que madame la duchesse de Saint-Simon est hors de tout danger. Le jour que je vous écrivis, elle avait reçu tous ses sacrements, et l'on ne croyait pas qu'elle dût vivre deux jours. Présentement, vous pouvez sentir toute la joie que vous donne la bonne santé de ma fille. Elle a reçu tantôt une nouvelle qui lui donne beaucoup de déplaisir; elle croyait que le petit de Noirmoutier[1] dût être aveugle; elle avait fait là-dessus toutes ses réflexions morales et chrétiennes; elle en avait eu toute la pitié que méritait un tel accident : tout d'un coup on lui vient dire qu'il verra clair, et que ses pauvres yeux, que la fluxion avait mis hors de la tête, y étaient rentrés heureusement comme si de rien n'était : là-dessus, elle demande ce qu'on veut qu'elle fasse de ses réflexions, et dit qu'on vient lui déranger ses pensées; qu'on a bien peu de considération pour elle de lui dire cette nouvelle avant que les neuf jours soient passés. Enfin, nous avons tant ri de cette folie, que nous avions peur qu'elle n'en fût malade.

M. Le Grand[2] et le maréchal de Bellefond courent lundi dans le bois de Boulogne, sur des chevaux vites comme des éclairs : il y a trois mille pistoles de pari pour cette course.

---

[1] Antoine-François de La Trémoille, duc de Noirmoutier. Il était alors âgé de dix-huit ans. (P.)
[2] Le grand-écuyer de France, Louis de Lorraine, comte d'Armagnac. (P.)

88. — AU MÊME.

A Paris, vendredi 28 novembre 1670.

Ne parlons plus de cette femme, nous l'aimons au delà de toute raison; elle se porte très-bien, et je vous écris en mon propre et privé nom. Je veux vous parler de M. de Marseille [1], et vous conjurer, par toute la confiance que vous pouvez avoir en moi, de suivre mes conseils sur votre conduite avec lui. Je connais les manières des provinces, et je sais le plaisir qu'on y prend à nourrir les divisions; en sorte qu'à moins que d'être toujours en garde contre les discours de ces messieurs, on prend insensiblement leurs sentiments, et très-souvent c'est une injustice. Je vous assure que le temps ou d'autres raisons ont changé l'esprit de M. de Marseille : depuis quelques jours il est fort adouci, et, pourvu que vous ne vouliez pas le traiter comme un ennemi, vous trouverez qu'il ne l'est pas. Prenons-le sur ses paroles, jusqu'à ce qu'il ait fait quelque chose de contraire; rien n'est plus capable d'ôter tous les bons sentiments que de marquer de la défiance; il suffit souvent d'être soupçonné comme ennemi pour le devenir : la dépense en est toute faite, on n'a plus rien à ménager. Au contraire, la confiance engage à bien faire; on est touché de la bonne opinion des autres, et on ne se résout pas facilement à la perdre. Au nom de Dieu, desserrez votre cœur, et vous serez peut-être surpris par un procédé que vous n'attendez pas. Je ne puis croire qu'il y ait du venin caché dans son cœur, avec toutes les démonstrations qu'il nous fait, et dont il serait honnête d'être la dupe, plutôt que d'être capable de le soupçonner injustement. Suivez mes avis, ils ne sont pas de moi seule : plusieurs bonnes têtes vous demandent cette conduite, et vous assurent que

---

[1] Toussaint de Forbin-Janson, évêque de Marseille, depuis évêque et comte de Beauvais, cardinal et grand aumônier de France. (P.)

vous n'y serez pas trompé. Votre famille en est persuadée : nous voyons les choses de plus près que vous ; tant de personnes qui vous aiment, et qui ont un peu de bon sens, ne peuvent guère s'y méprendre.

Je vous mandai l'autre jour que M. le premier président de Provence [1] était venu de Saint-Germain exprès, aussitôt que ma fille fut accouchée, pour lui faire son compliment : on ne peut témoigner plus d'honnêteté, ni prendre plus d'intérêt à ce qui vous touche. Nous l'avons revu aujourd'hui ; il nous a parlé le plus franchement et le mieux du monde sur l'affaire que vous ferez proposer à l'assemblée (*des états de Provence*) : il nous a dit qu'on vous avait envoyé des ordres pour la convoquer, et qu'il vous écrivait pour vous faire part de ses conseils, que nous avons trouvés très-bons. Comme on ne connaît d'abord les hommes que par les paroles, il faut les croire jusqu'à ce que les actions les détruisent ; on trouve quelquefois que les gens qu'on croit ennemis ne le sont point ; on est alors fort honteux de s'être trompé ; il suffit qu'on soit toujours reçu à se haïr, quand on y est autorisé. Adieu, mon cher Comte ; je me fonde en raison, et je vous importune.

Madame de Coulanges [2] m'a mandé que vous m'aimiez ; quoique ce ne me soit pas une nouvelle, je dois être fort aise que cette amitié résiste à l'absence et à la Provence, et qu'elle se fasse sentir dans les occasions.

J'ai bien à vous remercier des bontés que vous avez eues pour *** ; il m'en est revenu de grands compliments. Le roi a eu pitié de lui ; il n'est plus sur les galères, il n'a plus de chaîne, et demeure à Marseille en liberté. On ne peut trop louer le roi de cette justice et de cette bonté.

---

[1] M. de Forbin d'Oppède.
[2] Madame de Coulanges était à Lyon dans ce temps-là. (P.)

89. — AU MÊME.

A Paris, mercredi 3 décembre 1670.

Hélas! c'est donc à moi à vous mander la mort de madame la duchesse de Saint-Simon, après dix-huit jours de petite vérole, tantôt sauvée, tantôt à l'extrémité? Enfin, elle mourut hier, et sa mort laisse presque tout le monde affligé de la perte d'une si aimable personne. Pour moi, j'en suis touchée au dernier point. Vous savez l'inclination naturelle que j'avais pour elle; si vous en avez conservé autant, vous serez fâché d'apprendre une si triste nouvelle.

Au reste, le père Bourdaloue prêche divinement bien aux Tuileries. Nous nous trompions dans la pensée qu'il ne jouerait bien que dans son tripot; il passe infiniment tout ce que nous avons ouï.

Adieu, mon très-cher Comte; votre frère a prêché tantôt avec une approbation générale et sincère.

90. — AU MÊME.

A Paris, mercredi 10 décembre 1670.

Madame de Coulanges m'a mandé plus de quatre fois que vous m'aimiez de tout votre cœur, que vous parliez de moi, que vous me souhaitiez. Comme j'ai fait toutes les avances de cette amitié, et que je vous ai aimé la première, vous pouvez juger à quel point mon cœur est content d'apprendre que vous répondez à cette inclination que j'ai pour vous depuis si longtemps. Tout ce que vous écrivez de votre fille est admirable; je n'ai point douté que la bonne santé de la mienne ne vous consolât de tout. J'aurais eu trop de joie de vous apprendre la naissance d'un petit garçon; mais c'eût été trop de biens tout à la fois, et ce plaisir que j'ai naturellement à dire de bonnes nouvelles eût été jusqu'à l'excès. Je serai bientôt dans l'état où vous me vîtes l'année passée; il faut que je vous aime bien pour vous envoyer ma fille par un si mauvais temps. Quelle folie de quitter une si bonne mère, dont vous m'assurez qu'elle est si contente, pour aller chercher un homme au bout de la France! Je vous assure qu'il n'y a rien qui choquetant la bienséance que ces sortes de conduites. Je crois que vous aurez été touché de la mort de cette aimable duchesse. J'étais si affligée moi-même, que j'aurais eu besoin de consolation en vous écrivant.

Ma fille me prie de vous mander le mariage de M. de Nevers[1]: ce M. de Nevers si difficile à ferrer, ce M. de Nevers si extraordinaire, qui glisse des mains alors qu'on y pense le moins, il épouse enfin, devinez qui? Ce n'est point mademoiselle d'Houdancourt, ni mademoiselle de Grancei; c'est mademoiselle de Thianges[2], jeune, jolie, modeste, élevée à l'Abbaye-aux-Bois. Madame de Montespan en fait les noces dimanche; elle en fait comme la mère, et en reçoit tous les honneurs. Le roi rend à M. de Nevers toutes ses charges; de sorte que cette belle, qui n'a pas un sou, lui vaut mieux que la plus grande héritière de France. Madame de Montespan fait des merveilles partout. Je vous défends de m'écrire : écrivez à ma fille, et laissez-moi la liberté de vous écrire, sans vous embarquer dans des réponses qui m'ôteraient le plaisir de vous mander des bagatelles. Aimez-moi toujours, mon cher Comte, je vous quitte d'honorer ma grand'maternité; mais il faut m'aimer, et vous assurer que vous n'êtes aimé en nul lieu du monde si chèrement qu'ici.

Ne manquez pas d'écrire à madame de Brissac[3], je l'ai

---

[1] Philippe-Julien Mazarini-Mancini, duc de Nevers. (P.)
[2] Diane-Gabrielle de Damas, fille de Claude-Léonor marquis de Thianges et de Gabrielle de Rochechouart-Mortemar, sœur de madame de Montespan. (P.)
[3] Gabrielle-Louise de Saint-Simon, duchesse de Brissac, fille de Claude duc de Saint-Simon, et de Diane-Henriette de Budos. (P.)

vue aujourd'hui ; elle est très-affligée : elle m'a parlé du déplaisir qu'elle croit que vous aurez en apprenant la mort de sa mère.

M. de Foix [1] est quelquefois à l'extrémité, quelquefois mieux ; je ne répondrai point cette année de la vie de ceux qui ont la petite vérole.

Il y a ici un jeune fils du Landgrave de Hesse [2], qui est mort de la fièvre continue sans avoir été saigné : sa mère lui avait recommandé en partant de ne point se faire saigner à Paris ; il ne s'est point fait saigner, il est mort.

Noirmoutier est aveugle sans ressource ; madame de Grignan peut reprendre toutes les vieilles réflexions qu'elle avait faites là-dessus. La cour est ici, et le roi s'y ennuie à tel point, qu'il ira toutes les semaines trois ou quatre jours à Versailles.

Le maréchal de La Ferté dit ici des choses non pareilles ; il a présenté à sa femme le comte de Saint-Paul [3] et le *petit Bon* [4] en qualité de jeunes gens qu'il faut présenter aux dames. Il fit des reproches au comte de Saint-Paul d'avoir été si longtemps sans l'être venu voir. Le comte a répondu qu'il était venu plusieurs fois chez lui ; qu'il fallait donc qu'on ne lui eût pas dit.

91. — DE MADAME DE SÉVIGNÉ A M. DE COULANGES.

A Paris, lundi 15 décembre 1670.

Je m'en vais vous mander la chose la plus étonnante, la plus surprenante, la plus merveilleuse, la plus miraculeuse, la plus triomphante, la plus étourdissante, la plus inouïe, la plus singulière, la plus extraordinaire, la

---

[1] Henri-Charles de Foix, abbé de Rebais.
[2] Guillaume VII, né le 21 janvier 1651, mort à Paris, le 21 novembre 1670.
[3] Depuis duc de Longueville.
[4] Le comte de Fiesque.

plus incroyable, la plus imprévue, la plus grande, la plus petite, la plus rare, la plus commune, la plus éclatante, la plus secrète jusqu'à aujourd'hui, la plus brillante, la plus digne d'envie ; enfin une chose dont on ne trouve qu'un exemple dans les siècles passés, encore cet exemple n'est-il pas juste [1], une chose que nous ne saurions croire à Paris, comment la pourrait-on croire à Lyon? une chose qui fait crier miséricorde à tout le monde ; une chose qui comble de joie madame de Rohan et madame d'Hauterive ; une chose, enfin, qui se fera dimanche, où ceux qui la verront croiront avoir la *berlue;* une chose qui se fera dimanche, et qui ne sera peut-être pas faite lundi. Je ne puis me résoudre à la dire, devinez-la ; je vous le donne en trois ; *jetez-vous votre langue aux chiens?* Hé bien! il faut donc vous la dire : M. de Lauzun [2] épouse dimanche au Louvre, devinez qui? Je vous le donne en quatre, je vous le donne en dix, je vous le donne en cent. Madame de Coulanges dit : Voilà qui est bien difficile à deviner : c'est madame de la Vallière. Point du tout, Madame ; c'est donc mademoiselle de Retz? Point du tout ; vous êtes bien provinciale. Ah, vraiment, nous sommes bien bêtes! dites-vous ; c'est mademoiselle Colbert. Encore moins. C'est assurément mademoiselle de Créqui? Vous n'y êtes pas. Il faut donc à la fin vous le dire : il épouse, dimanche au Louvre, avec la permission du roi, mademoiselle, mademoiselle de.... mademoiselle : devinez le nom ; il épouse Mademoiselle, ma foi! par ma foi! ma foi jurée! MADEMOISELLE, la grande Mademoiselle, Mademoiselle, fille de feu MONSIEUR, Mademoiselle, petite-fille de HENRI IV, mademoiselle d'Eu, mademoiselle de Dombes, mademoiselle de Montpensier, mademoiselle d'Orléans, Mademoi-

---

[1] Madame de Sévigné veut sans doute parler de Marie sœur de Henri VIII, roi d'Angleterre, qui, trois mois après la mort de Louis XII, son mari, épousa le duc de Suffolk.

[2] Antoine Nompar de Caumont, marquis de Puiguilhem, depuis duc de Lauzun.

selle, cousine germaine du roi; Mademoiselle, destinée au trône; Mademoiselle, le seul parti de France qui fût digne de MONSIEUR. Voilà un beau sujet de discourir. Si vous criez, si vous êtes hors de vous-même, si vous dites que nous avons menti, que cela est faux, qu'on se moque de vous, que voilà une belle raillerie, que cela est bien fade à imaginer; si enfin vous nous dites des injures, nous trouverons que vous avez raison; nous en avons fait autant que vous. Adieu; les lettres qui seront portées par cet ordinaire vous feront voir si nous disons vrai ou non.

92. — DE MADAME DE SÉVIGNÉ AU COMTE DE BUSSY.

A Paris, ce 19 décembre 1670.

Voilà M. de P...... à qui je parlais de vous avec plaisir et déplaisir. Je ne vous fais pas valoir la douleur que j'ai de l'état de votre fortune : ce serait vouloir escroquer des reconnaissances. Quand je vois des gens fort heureux, je suis au désespoir : cela n'est pas d'une belle âme; mais le moyen aussi de souffrir des coups de tonnerre de bonheur, comme il y en a, dit-on, pour les inclinations? Je vous remercie de votre compliment sur l'accouchement de ma fille, c'en est trop pour une troisième fille de Grignan; mais que dites-vous de la charge de grand maréchal des logis qu'on vient de donner à notre cousin de Thianges?

Rodrigue, qui l'eût cru? Chimène, qui l'eût dit?

Je me tais tout court : j'irais trop loin si je ne me retenais; je dirai encore pourtant que je suis au désespoir quand je vois des gens heureux sans raison, et vous en l'état où vous êtes. Je trouve mon intérêt si mêlé avec le vôtre, et l'amour-propre si confondu avec l'amitié, qu'il est impossible de les démêler.

La lettre que vous me faites l'honneur de m'écrire pour me dédier notre généalogie est trop aimable et trop obligeante : il faudrait être parfaite, c'est-à-dire n'avoir point d'amour-propre pour n'être pas sensible à des louanges si bien assaisonnées; elles sont même choisies, et tournées d'une manière que, si l'on n'y prenait garde, on se laisserait aller à la douceur de croire en mériter une partie, quelque exagération qu'il y ait. Vous devriez, mon cher cousin, avoir toujours été dans cet aveuglement, puisque je vous ai toujours aimé, et que je n'ai jamais mérité votre haine. N'en parlons plus; vous réparez trop bien le passé, et d'une manière si noble et si naturelle, que je veux bien présentement vous en devoir le reste. Adieu, Comte; c'est grand dommage que nos étoiles nous aient séparés. Nous étions bien propres à vivre dans une même ville : nous nous entendons, ce me semble, à demi-mot. Je ne me réjouis pas bien sans vous; et si je ris, cela ne passe pas le nœud de la gorge. M. de Plombières me paraît passionné pour vous. Je voudrais bien, comme dit le maréchal de Grammont, que ce qu'il a dans la tête pour vous pût passer dans une autre tête que je dirais bien [1].

93. — DU COMTE DE BUSSY A MADAME DE SÉVIGNÉ.

A Chaseu, ce 23 décembre 1670.

De la manière que je vois que ma mauvaise fortune vous touche, Madame, c'est à moi à vous consoler; car, pour mon particulier, je vous assure que j'en suis tout consolé, et plus je vois de choses extraordinaires sur la bonne fortune des autres, plus j'ai l'esprit en repos, comme je vous disais l'autre jour : ces coups-là honorent les honnêtes malheureux, et font croire que le même caprice qui fait faire des fortunes prodigieuses à de certaines gens fait éprouver à d'autres de grandes disgraces sans fondement. Telles et semblables réflexions que je fais, jointes à la nécessité,

---

[1] Elle veut dire la tête du roi, ou l'indulgence du monarque. (G).

m'ont fait prendre le parti de ne me plus affliger de rien. Je vous conseille, ma chère cousine, d'en user de même, et je vous supplie de croire que la manière dont je soutiens les persécutions qu'on me fait depuis cinq ans me doit faire autant d'honneur que les plus belles campagnes que j'aie jamais faites. Mon cousin de Thianges a bien du mérite; mais il faut dire le vrai, il est bien heureux.

Il est vrai, ma chère cousine, que nous étions assez faits l'un pour l'autre : mais je ne désespère pas encore que nous ne passions une bonne partie de notre vie ensemble ; songeons seulement à vivre, et nous verrons bien des choses. Pour moi, j'ai une santé que je n'ai point eue depuis trente ans ; je vous veux seulement surprendre quand je retournerai à Paris : je m'en irai un beau matin chez vous sans livrées, je vous ferai dire que c'est un gentilhomme breton dont vous ne connaissez pas le nom seulement; il se terminera en *ec*. J'entrerai dans votre chambre, je déguiserai ma voix : je suis assuré que vous ne me reconnaîtrez pas, et que quand je me découvrirai, vous serez surprise de mon air jeune et de ma fraîcheur. On dirait à me voir que Dieu me veut remplacer en une longue vie ce qu'il m'ôte de fortune : ce n'est pas tout perdre au moins. Je crois que si ce qui est dans la tête de Plombières pour moi était dans celle que vous diriez bien, je serais un exemple de grande fortune aux siècles présents et à venir.

94. — DE MADAME DE SÉVIGNÉ A M. DE COULANGES.

A Paris, vendredi 19 décembre 1670.

Ce qui s'appelle tomber du haut des nues, c'est ce qui arriva hier au soir aux Tuileries ; mais il faut reprendre les choses de plus loin. Vous en êtes à la joie, aux transports, aux ravissements de la princesse et de son bienheureux amant. Ce fut donc lundi que la chose fut déclarée, comme je vous l'ai mandé. Le mardi se passa à parler, à s'étonner, à complimenter; le mercredi, Mademoiselle fit une donation à M. de Lauzun, avec dessein de lui donner les titres, les noms et les ornements nécessaires pour être nommé dans le contrat de mariage, qui fut fait le même jour. Elle lui donna donc, en attendant mieux, quatre duchés : le premier, c'est le comté d'Eu, qui est la première pairie de France, et qui donne le premier rang; le duché de Montpensier, dont il porta hier le nom toute la journée; le duché de Saint-Fargeau, le duché de Châtellerault : tout cela estimé vingt-deux millions. Le contrat fut dressé ensuite, où il prit le nom de Montpensier. Le jeudi matin, qui était hier, Mademoiselle espéra que le roi signerait le contrat, comme il l'avait dit; mais, sur les sept heures du soir, la reine, Monsieur et plusieurs barbons firent entendre à Sa Majesté que cette affaire faisait tort à sa réputation; en sorte qu'après avoir fait venir Mademoiselle et M. de Lauzun, le roi leur déclara, devant M. le prince [1], qu'il leur défendait absolument de songer à ce mariage. M. de Lauzun reçut cet ordre avec tout le respect, toute la soumission, toute la fermeté et toute le désespoir que méritait une si grande chute. Pour Mademoiselle, suivant son humeur, elle éclata en pleurs, en cris, en douleurs violentes, en plaintes excessives ; et tout le jour elle a gardé son lit, sans rien avaler que des bouillons. Voilà un beau songe, voilà un beau sujet de roman ou de tragédie, mais surtout un beau sujet de raisonner et de parler éternellement : c'est ce que nous faisons jour et nuit, soir et matin, sans fin, sans cesse ; nous espérons que vous en ferez autant : *E frà tanto vi bacio le mani.*

---

[1] On m'a communiqué un manuscrit des Mémoires de La Fare, dont l'écriture est du temps de Louis XIV; j'y ai trouvé l'anecdote suivante, qui a été retranchée à l'impression. « La reine même, qui ne se mêlait de rien, « parla au roi fortement; Monsieur encore davantage, et monsieur le « prince dit au roi, quoique respectueusement, *qu'il irait au mariage du* « *cadet Lauzun, et qu'il lui casserait la tête, en sortant, d'un coup de* « *pistolet.* » (M.)

95. — AU MÊME.

A Paris, mercredi 24 décembre 1670.

Vous savez présentement l'histoire romanesque de Mademoiselle et de M. de Lauzun. C'est le juste sujet d'une tragédie dans toutes les règles du théâtre; nous en disposions les actes et les scènes l'autre jour; nous prenions quatre jours au lieu de vingt-quatre heures, et c'était une pièce parfaite. Jamais il ne s'est vu de si grands changements en si peu de temps; jamais vous n'avez vu une émotion si générale; jamais vous n'avez ouï une si extraordinaire nouvelle. M. de Lauzun a joué son personnage en perfection, il a soutenu ce malheur avec une fermeté, un courage, et pourtant une douleur mêlée d'un profond respect, qui l'ont fait admirer de tout le monde. Ce qu'il a perdu est sans prix; mais les bonnes grâces du roi, qu'il a conservées, sont sans prix aussi, et sa fortune ne paraît pas déplorée. Mademoiselle a fort bien fait aussi: elle a bien pleuré; elle a recommencé aujourd'hui à rendre ses devoirs au Louvre, dont elle avait reçu toutes les visites. Voilà qui est fini. Adieu.

96. — AU MÊME.

A Paris, mercredi 31 décembre 1670.

J'ai reçu vos réponses à mes lettres. Je comprends l'étonnement où vous avez été de tout ce qui s'est passé depuis le 15 jusqu'au 20 de ce mois: le sujet le méritait bien. J'admire aussi votre bon esprit, et combien vous avez jugé droit, en croyant que cette grande machine ne pourrait pas aller depuis le lundi jusqu'au dimanche. La modestie m'empêche de vous louer à bride abattue là-dessus, parce que j'ai dit et pensé toutes les mêmes choses que vous. Je dis à ma fille le lundi: Jamais ceci n'ira à bon port jusqu'à dimanche; et je voulus parier, quoique tout respirât la noce, qu'elle ne s'achèverait point. En effet, le jeudi le temps se brouilla, et la nuée creva le soir à dix heures, comme je vous l'ai mandé. Ce même jeudi, j'allai dès neuf heures du matin chez Mademoiselle, ayant eu l'avis qu'elle allait se marier à la campagne, et que le coadjuteur de Reims [1] faisait la cérémonie ; cela était ainsi résolu le mercredi au soir ; car pour le Louvre, cela fut changé dès le mardi. Mademoiselle écrivait ; elle me fit entrer, elle acheva sa lettre, et puis, comme elle était au lit, elle me fit mettre à genoux dans sa ruelle ; elle me dit à qui elle écrivait, et pourquoi, et les beaux présents qu'elle avait faits la veille, et le nom qu'elle avait donné ; qu'il n'y avait point de parti pour elle en Europe, et qu'elle voulait se marier. Elle me conta une conversation mot à mot qu'elle avait eue avec le roi ; elle me parut transportée de la joie de faire un homme bienheureux ; elle me parla avec tendresse du mérite et de la reconnaissance de M. de Lauzun ; et sur tout cela je lui dis : « Mon Dieu, Mademoiselle, vous voilà « bien contente ; mais que n'avez-vous donc fini prompte- « ment cette affaire dès lundi ? Savez-vous bien qu'un si « grand retardement donne le temps à tout le royaume de « parler, et que c'est tenter Dieu et le roi que de vouloir « conduire si loin une affaire si extraordinaire ? » Elle me dit que j'avais raison ; mais elle était si pleine de confiance, que ce discours ne lui fit alors qu'une légère impression. Elle retourna sur les bonnes qualités et sur la bonne maison de Lauzun. Je lui dis ces vers de Sévère dans *Polyeucte* :

> Je ne la puis du moins blâmer d'un mauvais choix :
> Polyeucte a du nom, et sort du sang des rois.

Elle m'embrassa fort. Cette conversation dura une heure ; il est impossible de la redire toute : mais j'avais été assurément fort agréable durant ce temps, et je le puis dire sans vanité, car elle était aise de parler à quelqu'un :

[1] Charles Maurice Le Tellier.

son cœur était trop plein. A dix heures elle se donna au reste de la France, qui venait lui faire sur cela son compliment. Elle attendit tout le matin des nouvelles, et n'en eut point. L'après-dînée elle s'amusa à faire ajuster elle-même l'appartement de M. de Montpensier. Le soir vous savez ce qui arriva. Le lendemain, qui était vendredi, j'allai chez elle; je la trouvai dans son lit; elle redoubla ses cris en me voyant; elle m'appela, m'embrassa, me mouilla toute de ses larmes. Elle me dit : Hélas! vous souvient-il de ce que vous me dites hier? Ah! quelle cruelle prudence! ah! la prudence! Elle me fit pleurer à force de pleurer. J'y suis encore retournée deux fois; elle est fort affligée, et m'a toujours traitée comme une personne qui sentait ses douleurs. Elle ne s'est pas trompée : j'ai retrouvé dans cette occasion des sentiments qu'on n'a guère pour des personnes d'un tel rang[1]. Ceci entre nous deux et madame de Coulanges ; car vous jugez bien que cette causerie serait entièrement ridicule avec d'autres. Adieu.

97. — DE MADAME DE SÉVIGNÉ AU COMTE DE GRIGNAN.

A Paris, vendredi 16 janvier 1671.

Hélas! je l'ai encore cette pauvre enfant, et quoi qu'elle ait pu faire, il n'a pas été en son pouvoir de partir le 10 de ce mois, comme elle en avait le dessein. Les pluies ont été et sont encore si excessives, qu'il y aurait eu de la folie à se hasarder. Toutes les rivières sont débordées; tous les grands chemins sont noyés; toutes les ornières cachées; on peut fort bien verser dans tous les gués. Enfin la chose est au point que madame Rochefort[2], qui est chez elle

---

[1] On croit que Mademoiselle épousa secrètement Lauzun. Plusieurs lettres de Madame de Sévigné donnent la suite de cette histoire. La Bruyère a peint le caractère du duc de Lauzun sous le nom de *Straton*, chap. VIII de la cour.

[2] Madeleine de Laval, épouse du marquis de Rochefort, depuis maréchal de France. (P.)

à la campagne, qui brûle d'envie de revenir à Paris, où son mari la souhaite, et où sa mère l'attend avec une impatience incroyable, ne peut pas se mettre en chemin, par ce qu'il n'y a pas de sûreté, et qu'il est vrai que cet hiver est épouvantable. Il n'a pas gelé un moment, et il a plu tous les jours comme des pluies d'orage. Il ne passe plus aucun bateau sous les ponts; les arches du Pont-Neuf sont quasi comblées. Enfin, c'est une chose étrange. Je vous avoue que l'excès d'un si mauvais temps fait que je me suis opposée à son départ pendant quelques jours. Je ne prétends pas qu'elle évite le froid, ni les boues, ni les fatigues du voyage; mais je ne veux pas qu'elle soit noyée. Cette raison, quoique très-forte, ne la retiendrait pas présentement, sans le coadjuteur, qui part avec elle, et qui est engagé de marier sa cousine d'Harcourt [1]. Cette cérémonie se fait au Louvre; M. de Lionne est le procureur. Le roi lui a parlé, je dis à M. le coadjuteur, sur ce sujet. Cette affaire s'est retardée d'un jour à l'autre, et ne se fera peut-être que dans huit jours. Cependant je vois ma fille dans une telle impatience de partir, que ce n'est pas vivre que le temps qu'elle passe ici présentement; et si le coadjuteur ne quitte là cette noce, je la vois disposée à faire une folie, qui est de partir sans lui. Ce serait une chose si étrange d'aller seule, et c'est une chose si heureuse pour elle d'aller avec son beau-frère, que je ferai tous mes efforts pour qu'ils ne se quittent pas. Cependant les eaux s'écouleront un peu. Je veux vous dire, de plus, que je ne sens point le plaisir de l'avoir présentement : je sais qu'il faut qu'elle parte; ce qu'elle fait ici ne consiste qu'en devoirs et en affaires : on ne s'attache à nulle société, on ne prend aucun plaisir, on a toujours le cœur serré; on ne cesse de parler des chemins, des pluies, des histoires tragiques de ceux qui se sont hasardés. En un

---

[1] Marie-Angélique-Henriette de Lorraine, mariée, le 7 février 1671, à Nugno-Alvarès Pereira de Mello, duc de Cadaval en Portugal. Sa mère était d'Ornano, sœur de la mère de MM. de Grignan. (P.)

mot, quoique je l'aime comme vous savez, l'état où nous sommes à présent nous pèse et nous ennuie. Ces derniers jours-ci n'ont aucun agrément. Je vous suis très-obligée, mon cher Comte, de toutes vos amitiés pour moi, et de toute la pitié que je vous fais. Vous pouvez mieux que nul autre comprendre ce que je souffre et ce que je souffrirai. Je suis fâchée pourtant que la joie que vous aurez de la voir puisse être troublée par cette pensée. Voilà les changements et les chagrins dont la vie est mêlée. Adieu, mon très-cher Comte, je vous tue par la longueur de mes lettres; j'espère que vous verrez le fonds qui me les fait écrire.

98. — DE MADAME DE SÉVIGNÉ AU COMTE DE BUSSY.

A Paris, ce 25 janvier 1671.

Voilà, mon cousin, tout ce que l'abbé de Coulanges sait de notre maison, dont vous avez dessein de faire une petite histoire. Je voudrais que vous n'eussiez jamais fait que celle-là. Nous sommes très-obligés à M. du Bouchet : il nous démêle fort, et nous fait valoir en des occasions qui font plaisir. En vérité, c'est peu de n'avoir que moi pour représenter ici le corps des Rabutins. Je suis transplantée, et ce que l'on dit soi-même, outre qu'on ne voudrait guère souvent parler sur ce chapitre, ne fait pas un grand effet. On me vient de conter une aventure extraordinaire qui s'est passée à l'hôtel de Condé, et qui mériterait de vous être mandée, quand nous n'y aurions pas l'intérêt que nous y avons. La voici : Madame la princesse[1] ayant pris il y a quelque temps de l'affection pour un de ses valets de pied nommé Duval, celui-ci fut assez fou pour souffrir impatiemment la bonne volonté qu'elle témoignait aussi pour le jeune Rabutin qui avait été son page. Un jour qu'ils se trouvaient tous deux dans sa chambre, Duval ayant dit

[1] Claire-Clémence de Maillé-Brezé, princesse de Condé. (P.)

quelque chose qui manquait de respect à la princesse, Rabutin mit l'épée à la main pour l'en châtier ; Duval tira aussi la sienne, et la princesse se mettant entre deux pour les séparer, elle fut blessée légèrement à la gorge. On a arrêté Duval, et Rabutin est en fuite ; cela fait grand bruit en ce pays-ci. Quoique le sujet de la noise soit honorable, je n'aime pas qu'on nomme un valet de pied avec Rabutin. Je vous avoue que je ne suis guère humble, et que j'aurais eu une grande joie que vous eussiez fait de votre nom tout ce qui était en vos mains. Adieu, mon pauvre Rabutin, non pas celui qui s'est battu contre Duval, mais un autre qui eût bien fait de l'honneur à ses parents, s'il avait plu à la destinée. Je vous souhaite la continuation de votre philosophie, et à moi celle de votre amitié ; elle ne saurait périr, quoi que nous puissions faire : elle est d'une bonne trempe, et le fond en tient à nos os. Ma fille vous fait mille compliments et mille adieux ; elle s'en va au diantre en Provence ; je suis inconsolable de cette séparation. J'embrasse mes chères nièces.

99. — DU COMTE DE BUSSY A MADAME DE SÉVIGNÉ.

A Chaseu, ce 1er février 1671.

Je viens de recevoir votre lettre et le mémoire de notre maison, dont je vous rends mille grâces et à monsieur l'abbé. Les pièces que vous avez, avec les miennes, font toutes les preuves que nous pouvons souhaiter, car, quoique votre cadet, j'en ai bien plus que vous.

Je suis bien aise, ma chère cousine, que vous approuviez le dessein de mon histoire généalogique ; vous verrez un jour ce que j'en ai fait, et vous louerez encore plus mon entreprise que vous ne faites.

Mais ne sauriez-vous vous corriger de reparler toujours du passé quand il est désagréable ?

Vous me mandez que vous voudriez que je n'eusse jamais fait d'autre histoire que celle de notre maison, et en suite du chagrin que vous témoignez du mélange des noms de Rabutin et de Duval, vous me dites que vous auriez eu une grande joie si j'avais voulu faire de mon nom tout ce qui était en mon pouvoir. Je n'ai que deux mots à vous dire là-dessus, sans entrer avec vous dans le détail de ma justification : ou je suis coupable et me suis attiré ma mauvaise fortune, ou seulement malheureux. Si c'est celui-ci, vous êtes injuste de me rien reprocher, et si je suis coupable, il est malhonnête à vous, dans tous les temps, de me le dire, mais particulièrement quand je suis accablé de persécutions. Personne que vous ne me parle ainsi, et si mes ennemis le disent quelquefois, je suis assuré qu'ils ne le pensent pas.

Je vois bien que c'est le départ de madame de Grignan qui vous met en méchante humeur; mais je remarque que vous avez, à point nommé, quand vous m'écrivez, des occasions de *picotterie* dont je me passerais fort bien. Regardez s'il vous serait agréable que je vous redisse souvent que si vous aviez voulu, on n'aurait pas dit de vous et du surintendant Fouquet les sottises qui s'en dirent après qu'il fut arrêté; je ne les ai jamais crues, mais aussi je ne vous ai pas donné le chagrin de les entendre. Je vous prie donc, ma chère cousine, d'avoir les mêmes égards pour moi que j'ai pour vous; car, quoique je ne puisse jamais m'empêcher de vous aimer, je n'aimerais pas que toute notre vie se passât en reproches et en éclaircissements; c'est tout ce que nous pourrions faire s'il y avait de l'amour sur le jeu.

L'aventure de notre cousin n'est ni belle ni laide : la maîtresse lui fait honneur, et le rival de la honte.

100. — DE MADAME DE SÉVIGNÉ A MADAME DE GRIGNAN.

A Paris, vendredi 6 février 1671.

Ma douleur serait bien médiocre si je pouvais vous la dépeindre; je ne l'entreprendrai pas aussi. J'ai beau chercher ma chère fille, je ne la trouve plus, et tous les pas qu'elle fait l'éloignent de moi. Je m'en allai donc à Sainte-Marie toujours pleurant et toujours mourant : il me semblait qu'on m'arrachait le cœur et l'âme; et en effet quelle rude séparation! Je demandai la liberté d'être seule; on me mena dans la chambre de madame du Housset, on me fit du feu. *Agnès* me regardait sans me parler, c'était notre marché; j'y passai jusqu'à cinq heures sans cesser de sangloter : toutes mes pensées me faisaient mourir. J'écrivis à M. de Grignan, vous pouvez penser sur quel ton; j'allai ensuite chez madame de La Fayette, qui redoubla mes douleurs par l'intérêt qu'elle y prit : elle était seule, et malade et triste de la mort d'une sœur religieuse; elle était comme je la pouvais désirer. M. de La Rochefoucauld y vint; on ne parla que de vous, de la raison que j'avais d'être touchée, et du dessein de parler comme il faut à *Mellusine* [1]. Je vous réponds qu'elle sera bien relancée. D'Hacqueville vous rendra un bon compte de cette affaire. Je revins enfin à huit heures de chez madame de La Fayette; mais en entrant ici, bon Dieu! comprenez-vous bien ce que je sentis en montant ce degré? Cette chambre où j'entrais toujours, hélas! j'en trouvai les portes ouvertes; mais je vis tout démeublé, tout dérangé, et votre petite fille qui me représentait la mienne. Comprenez-vous bien tout ce que je souffris? Les réveils de la nuit ont été noirs, et le matin je n'étais point avancée d'un pas pour le repos de mon esprit. L'après-dînée se passa avec madame de La Troche [2] à l'Arsenal. Le soir, je reçus votre lettre,

---

[1] Françoise de Montalais, veuve de Jean de Beuil, comte de Marans, grand échanson. Madame de Sévigné et sa fille lui avaient donné le nom de Mellusine, fée célèbre en Poitou par sa queue de poisson, et par les cris qu'elle poussait sur les ruines du château de Lusignan chaque fois que cette famille était menacée de quelque malheur.

[2] Marie Goulde de Varennes, veuve du marquis de La Troche, conseiller au parlement de Rennes, de la maison de Savonière, en Anjou. Elle avait un fils, qui devint maréchal de camp, et qui fut tué le 18 septembre 1691 au combat de Leuze : c'était un officier d'un très-grand mérite. (P.)

qui me remit dans les premiers transports, et ce soir j'achèverai celle-ci chez M. de Coulanges, où j'apprendrai des nouvelles; car, pour moi, voilà ce que je sais, avec les douleurs de tous ceux que vous avez laissés ici; toute ma lettre serait pleine de compliments, si je voulais.

Vendredi au soir.

J'ai appris chez madame de Lavardin les nouvelles que je vous mande; et j'ai su, par madame de La Fayette, qu'elle et M. de La Rochefoucauld eurent hier une conversation avec *Mellusine*, dont le détail n'est pas aisé à écrire: mais songez qu'elle fut confondue et poussée à bout par l'horreur de son procédé, qui lui fut reproché sans aucun ménagement. Elle est fort heureuse du parti qu'on lui offre, et dont elle est demeurée d'accord; c'est de se taire très-religieusement: moyennant quoi on ne la poussera pas à bout. Vous avez des amis qui ont pris vos intérêts avec une grande chaleur. Je ne vois que des gens qui vous aiment et vous estiment beaucoup, et qui entrent bien aisément dans ma douleur. Je n'ai voulu aller encore que chez madame de La Fayette. On s'empresse fort de me chercher et de me vouloir prendre, et je crains cela comme la mort. Je vous conjure, ma chère fille, d'avoir soin de votre santé; conservez-la pour l'amour de moi, et ne vous abandonnez pas à ces cruelles négligences, dont il ne me semble pas qu'on puisse jamais revenir. Je vous embrasse avec une tendresse qui ne saurait avoir d'égale, n'en déplaise à toutes les autres.

Le mariage de mademoiselle d'Houdancourt[1] et de M. de Ventadour a été signé ce matin. L'abbé de Chambonnas a été nommé aussi ce matin à l'évêché de Lodève. Madame

---

[1] Fille du maréchal de ce nom. Elle était dame d'honneur de la reine; c'est elle que la comtesse de Soissons essaya de rendre agréable au roi pour le détacher de madame de La Vallière. (A. G.)

la Princesse¹ partira le mercredi des Cendres pour Châteauroux, où M. le Prince désire qu'elle fasse quelque séjour. M. de La Marguerie a la place du conseil de M. d'Estampes², qui est mort. Madame de Mazarin arrive ce soir à Paris; le roi s'est déclaré son protecteur, et l'a envoyé querir au Lis avec un exempt et huit gardes, et un carrosse bien attelé. Voici un trait d'ingratitude qui ne vous déplaira pas, et dont je veux faire mon profit, quand je ferai mon livre sur les grandes ingratitudes. Le maréchal d'Albret a convaincu madame d'Heudicourt, non-seulement d'une bonne galanterie avec M. de Béthune, dont il avait toujours voulu douter; mais d'avoir dit de lui et de madame Scarron³ tous les maux qu'on peut s'imaginer. Il n'y a point de mauvais offices qu'elle n'ait tâché de rendre à l'un et à l'autre, et cela est tellement avéré, que madame Scarron ne la voit plus, ni tout l'hôtel de Richelieu. Voilà une femme bien abîmée : mais elle a cette consolation de n'y avoir pas peu contribué.

101. — A LA MÊME.

A Paris, lundi 9 février 1671.

Je reçois vos lettres, comme vous avez reçu ma bague; je fonds en larmes en les lisant; il semble que mon cœur veuille se fendre par la moitié; on croirait que vous m'écrivez des injures ou que vous êtes malade, ou qu'il vous est arrivé quelque accident, et c'est tout le contraire; vous m'aimez, ma chère enfant, et vous me le dites d'une manière que je ne puis soutenir sans des pleurs en abondance. Vous continuez votre voyage sans aucune aventure fâcheuse, et lorsque j'apprends tout cela, qui est justement tout ce

---

¹ Claire-Clémence de Maillé-Brezé, princesse de Condé. (P.)
² Jean d'Estampes, conseiller ordinaire du roi en son conseil d'État et privé. (P.)
³ Depuis madame de Maintenon. Après la mort de Scarron, elle passait sa vie chez le maréchal d'Albret, qui était son parent.

qui me peut être le plus agréable, voilà l'état où je suis. Vous vous amusez donc à penser à moi, vous en parlez, et vous aimez mieux m'écrire vos sentiments que vous n'aimez à me les dire. De quelque façon qu'ils me viennent, ils sont reçus avec une sensibilité qui n'est comprise que de ceux qui savent aimer comme je fais. Vous me faites sentir pour vous tout ce qu'il est possible de sentir de tendresse; mais, si vous songez à moi, soyez assurée aussi que je pense continuellement à vous : c'est ce que les dévots appellent une pensée habituelle; c'est ce qu'il faudrait avoir pour Dieu, si l'on faisait son devoir. Rien ne me donne de distraction; je vois ce carrosse qui avance toujours, et qui n'approchera jamais de moi : je suis toujours dans les grands chemins, il me semble que j'ai quelquefois peur que ce carrosse ne verse; les pluies qu'il fait depuis trois jours me mettent au désespoir; le Rhône me fait une peur étrange. J'ai une carte devant mes yeux; je sais tous les lieux où vous couchez : vous êtes ce soir à Nevers; vous serez dimanche à Lyon, où vous recevrez cette lettre. Je n'ai pu vous écrire qu'à Moulins par madame de Guénégaud. Je n'ai reçu que deux de vos lettres; peut-être que la troisième viendra; c'est la seule consolation que je souhaite; pour d'autres, je n'en cherche pas. Je suis entièrement incapable de voir beaucoup de monde ensemble; cela viendra peut-être, mais il n'en est pas question encore. Les duchesses de Verneuil[1] et d'Arpajon me veulent réjouir, je les en ai remerciées : je n'ai jamais vu de si belles âmes qu'il y en a dans ce pays-ci. Je fus samedi tout le jour chez madame de Villars[2] à parler de vous et à pleurer; elle entre bien dans mes sentiments. Hier je fus au sermon de M. d'Agen[3] et au salut, et chez madame de Puisieux,

---

[1] La duchesse de Verneuil était fille du chancelier Séguier. (P.)

[2] Marie Gigault de Bellefonds, marquise de Villars, mère du maréchal duc de ce nom. (P.)

[3] Claude Joli, célèbre prédicateur, depuis évêque d'Agen, mort à l'âge de soixante-huit ans, en 1678. (P.)

et chez madame du Puy-du-Fou, qui vous fait mille amitiés. Si vous aviez un petit manteau fourré, elle aurait l'esprit en repos. Aujourd'hui je m'en vais souper au faubourg, tête à tête [1]. Voilà les fêtes de mon carnaval. Je fais tous les jours dire une messe pour vous : c'est une dévotion qui n'est pas chimérique. Je n'ai vu Adhémar [2] qu'un moment; je m'en vais lui écrire pour le remercier de son lit; je lui en suis plus obligée que vous. Si vous voulez me faire un véritable plaisir, ayez soin de votre santé; dormez dans ce joli petit lit, mangez du potage, et servez-vous de tout le courage qui me manque. Continuez à m'écrire. Tout ce que vous avez laissé d'amitiés ici est augmenté : je ne finirais point à vous faire des compliments et à vous dire l'inquiétude où l'on est de votre santé.

Mademoiselle d'Harcourt fut mariée avant-hier; il y eut un grand souper maigre à toute la famille; hier un grand bal et un grand souper au roi, à la reine, à toutes les dames parées : c'était une des plus belles fêtes qu'on puisse voir.

Madame d'Heudicourt est partie avec un désespoir inconcevable, ayant perdu toutes ses amies, convaincue de tout ce que madame Scarron avait toujours défendu, et de toutes les trahisons du monde. Mandez-moi quand vous aurez reçu mes lettres. Je fermerai tantôt celle-ci.

Lundi au soir.

Avant que d'aller au faubourg, je fais mon paquet, et je l'adresse à M. l'intendant à Lyon. La distinction de vos

---

[1] Avec madame de La Fayette, rue de Vaugirard, vis-à-vis le petit Luxembourg. (P.)
[2] Joseph Adhémar de Monteil, frère de M. de Grignan, connu d'abord sous le nom d'*Adhémar*, fut appelé *le chevalier de Grignan*, après la mort de Charles-Philippe d'Adhémar, son frère, arrivée le 6 février 1672; et s'étant marié dans la suite avec N... d'Oraison, il reprit le nom de *comte d'Adhémar*. Il était en 1675 mestre de camp d'un régiment de cavalerie, à la tête duquel il se signala en plusieurs occasions, et surtout au combat d'Altenheim. Il fut fait maréchal de camp en 1688, et mourut sans postérité, le 19 novembre 1713, âgé de soixante-neuf ans. (P.)

lettres m'a charmée : hélas! je la méritais bien, par la distinction de mon amitié pour vous.

Madame de Fontevraud[1] fut bénite hier ; MM. les prélats furent un peu fâchés de n'y avoir que des tabourets.

Voici ce que j'ai su de la fête d'hier ; toutes les cours de l'hôtel de Guise étaient éclairées de deux mille lanternes. La reine entra d'abord dans l'appartement de mademoiselle de Guise[2], fort éclairé, fort paré ; toutes les dames se mirent à genoux autour de la reine, sans distinction de tabourets ; on soupa dans cet appartement. Il y avait quarante dames à table. Le souper fut magnifique. Le roi vint, et fort gravement regarda tout sans se mettre à table ; on monta plus haut, où tout était préparé pour le bal. Le roi mena la reine, et honora l'assemblée de trois ou quatre courantes, et puis s'en alla au Louvre avec sa compagnie ordinaire. Mademoiselle ne voulut point venir à l'hôtel de Guise. Voilà tout ce que je sais.

Je veux voir le paysan de Sully, qui m'apporta hier votre lettre ; je lui donnerai de quoi boire : je le trouve bienheureux de vous avoir vue. Hélas! comme un moment me paraîtrait, et que j'ai de regret à tous ceux que j'ai perdus! Je me fais des *dragons*[3] aussi bien que les autres. Dirval[4] a ouï parler de *Mellusine* : il dit que c'est bien employé, qu'il vous avait avertie de toutes les plaisanteries qu'elle avait faites à votre première couche ; que vous ne daignâtes pas l'écouter ; que depuis ce temps-là il n'a point été chez vous. Il y a longtemps que cette créature-là parlait

---

[1] Marie-Madeleine-Gabrielle de Rochechouart, célèbre par son esprit et par ses vertus. Elle était sœur du duc de Vivonne et de mesdames de Thianges et de Montespan. (P.) « Ces quatre personnes, dit Voltaire dans le « *Siècle de Louis XIV*, plaisaient universellement, par un tour singulier de « conversation, mêlé de plaisanterie, de naïveté et de finesse, qu'on ap-« pelait *l'esprit des Mortemar.* » (A. G.)

[2] Marie de Lorraine, qui mourut en 1688, à quatre-vingt-treize ans.

[3] Expression familière entre la mère et la fille, pour dire *des chagrins, des inquiétudes* (P.)

[4] Le comte d'Avaux, frère du célèbre négociateur. (P.)

très-mal de vous; mais il fallait que vous en fussiez persuadée par vos yeux. Et notre coadjuteur, ne voulez-vous pas bien l'embrasser pour l'amour de moi? N'est-il point encore *seigneur corbeau* pour vous? Je désire avec passion que vous soyez remise comme vous étiez. Hé, ma pauvre fille! hé! mon Dieu! a-t-on bien du soin de vous? Il ne faut jamais vous croire sur votre santé : voyez ce lit que vous ne vouliez point; tout cela est comme madame Robinet[1]. Adieu, ma chère enfant, l'unique passion de mon cœur, le plaisir et la douleur de ma vie. Aimez-moi toujours, c'est la seule chose qui me peut donner de la consolation.

102. — A LA MÊME.

A Paris, mercredi 11 février 1671.

Je n'en ai reçu que trois de ces aimables lettres qui me pénètrent le cœur; il y en a une qui ne revient point : sans que je les aime toutes, et que je n'aime point à perdre ce qui me vient de vous, je croirais n'avoir rien perdu : je trouve qu'on ne peut rien souhaiter qui ne soit dans celles que j'ai reçues : elles sont, premièrement, très-bien écrites; et de plus, si tendres et si naturelles, qu'il est impossible de ne les pas croire; la défiance même en serait convaincue : elles ont ce caractère de vérité qui se maintient toujours, qui se fait voir avec autorité, pendant que la fausseté et la menterie demeurent accablées sous les paroles sans pouvoir persuader; plus leurs sentiments s'efforcent de paraître, plus ils sont enveloppés. Les vôtres sont vrais et le paraissent; vos paroles ne servent, tout au plus, qu'à vous expliquer; et dans cette noble simplicité elles ont une force à quoi l'on ne peut résister. Voilà, ma fille, comme vos lettres m'ont paru; jugez quel effet elles me font, et quelle sorte de larmes je répands, en me trouvant

---

[1] La sage-femme, nommée *la Robinette* dans la lettre du 19 novembre 1670.

persuadée de la vérité que je souhaite le plus. Vous pourrez juger par-là de ce que m'ont fait les choses qui m'ont donné autrefois des sentiments contraires. Si mes paroles ont la même puissance que les vôtres, il ne faut pas vous en dire davantage, je suis assurée que mes vérités ont fait en vous leur effet ordinaire; mais je ne veux pas que vous disiez que j'étais un rideau qui vous cachait : tant pis si je vous cachais, vous êtes encore plus aimable quand on a tiré le rideau; il faut que vous soyez à découvert pour être dans votre perfection; nous l'avons dit mille fois. Pour moi, il me semble que je suis toute nue, qu'on m'a dépouillée de tout ce qui me rendait aimable; je n'ose plus voir le monde, et, quoi qu'on ait fait pour m'y remettre, j'ai passé tous ces jours-ci comme un loup-garou, ne pouvant faire autrement. Peu de gens sont dignes de comprendre ce que je sens; j'ai cherché ceux qui sont de ce petit nombre, et j'ai évité les autres. J'ai vu Guitaud et sa femme; ils vous aiment, mandez-moi un petit mot pour eux. Deux ou trois Grignans me vinrent voir hier matin. J'ai remercié mille fois Adhémar de vous avoir prêté son lit : nous ne voulûmes point examiner s'il n'eût pas été meilleur pour lui de troubler votre repos que d'en être cause; nous n'eûmes pas la force de pousser cette folie, et nous fûmes ravis de ce que le lit était bon. Il nous semble que vous êtes à Moulins aujourd'hui; vous y recevrez une de mes lettres. Je ne vous ai point écrit à Briare : c'était ce cruel mercredi qu'il fallait écrire; c'était le propre jour de votre départ : j'étais si affligée et si accablée, que j'étais même incapable de chercher de la consolation en vous écrivant. Voici donc ma troisième et ma seconde à Lyon; ayez soin de me mander si vous les avez reçues. Quand on est fort éloigné, on ne se moque plus des lettres qui commencent par *j'ai reçu la vôtre*, etc. La pensée que vous avez de vous éloigner toujours, et de voir que ce carrosse va toujours en delà, est une de celles qui me tourmentent le plus. Vous allez toujours, et enfin, comme vous dites, vous vous trouverez à deux cents lieues de moi : alors, ne pouvant plus souffrir les injustices sans en faire à mon tour, je me mettrai à m'éloigner aussi de mon côté, et j'en ferai tant, que je me trouverai à trois cents : ce sera une belle distance, et ce sera aussi une chose digne de mon amitié, que d'entreprendre de traverser la France pour vous aller trouver. Je suis touchée du retour de vos cœurs entre le coadjuteur et vous : vous savez combien j'ai toujours trouvé que cela était nécessaire au bonheur de votre vie; conservez bien ce trésor. Vous êtes vous-même charmée de sa bonté, faites-lui voir que vous n'êtes pas ingrate. Je finirai tantôt ma lettre. Peut-être qu'à Lyon vous serez si étourdie de tous les honneurs qu'on vous y fera, que vous n'aurez pas le temps de lire tout ceci; ayez au moins celui de me mander toujours de vos nouvelles, comme vous vous portez, et votre aimable visage que j'aime tant, et si vous vous embarquez sur ce diable de Rhône. Je crois que vous aurez M. de Marseille[1] à Lyon.

Mercredi au soir.

Je viens de recevoir tout présentement votre lettre de Nogent; elle m'a été donnée par un fort honnête homme que j'ai questionné tant que j'ai pu ; mais votre lettre vaut mieux que tout ce qui se peut dire. Il était bien juste, ma fille, que ce fût vous la première qui me fissiez rire, après m'avoir tant fait pleurer. Ce que vous me mandez de M. Busche est original; cela s'appelle des traits dans le style de l'éloquence; j'en ai donc ri, je vous l'avoue, et j'en serais honteuse si depuis huit jours j'avais fait autre chose que pleurer. Hélas! je le rencontrai dans la rue ce M. Busche, qui amenait vos chevaux. Je l'arrêtai, et, tout en pleurs, je lui demandai son nom; il me le dit; je lui

---

[1] M. de Forbin de Janson, depuis cardinal.

dis en sanglotant : Monsieur Busche, je vous recommande ma fille, ne la versez point ; et quand vous l'aurez menée heureusement à Lyon, venez me voir pour me dire de ses nouvelles ; je vous donnerai de quoi boire. Je le ferai assurément : ce que vous me mandez sur son sujet augmente beaucoup le respect que j'avais déjà pour lui. Mais vous ne vous portez point bien, vous n'avez point dormi ; le chocolat vous remettra. Mais vous n'avez point de chocolatière ; j'y ai pensé mille fois ; comment ferez-vous ? Hélas, mon enfant, vous ne vous trompez point quand vous croyez que je suis occupée de vous encore plus que vous ne l'êtes de moi, quoique vous me le paraissiez plus que je ne vaux. Si vous me voyez, vous me voyez chercher ceux qui en veulent bien parler ; si vous m'écoutez, vous entendez bien que j'en parle. C'est assez vous dire que j'ai fait une visite à l'abbé Guêton, pour parler des chemins et de la route de Lyon. Je n'ai encore vu aucun de ceux qui veulent me divertir ; en paroles couvertes, c'est qu'ils veulent m'empêcher de penser à vous, et cela m'offense. Adieu, ma très-aimable ; continuez à m'écrire et à m'aimer : pour moi, je suis tout entière à vous ; j'ai des soins extrêmes de votre enfant. Je n'ai point de lettres de M. de Grignan, et je ne laisse pas de lui écrire.

103. — A LA MÊME.

A Paris, jeudi 12 février 1671.

Ceci est un peu de provision, car je ne vous écrirai que demain ; mais je veux vous écrire présentement ce que je viens d'apprendre.

Le président Amelot [1], après avoir fait hier mille visites, se trouva un peu embarrassé sur le soir, et tomba dans une apoplexie épouvantable, dont il est mort ce matin à huit

---

[1] Charles Amelot de Gournay, président au grand conseil.

heures. Je vous conseille d'écrire à sa femme : c'est une affliction extrême dans toute sa famille.

La duchesse de La Vallière manda au roi, par le maréchal de Bellefonds, outre cette lettre que l'on n'a point vue : « Qu'elle aurait plus tôt quitté la cour, après avoir perdu « l'honneur de ses bonnes grâces, si elle avait pu obtenir « d'elle de ne le plus voir ; que cette faiblesse avait été si « forte en elle, qu'à peine était-elle capable présentement « d'en faire un sacrifice à Dieu ; qu'elle voulait pourtant « que le reste de la passion qu'elle a eue pour lui servit à « sa pénitence, et qu'après lui avoir donné toute sa jeu- « nesse, ce n'était pas trop encore du reste de sa vie pour « le soin de son salut. » Le roi pleura fort, et envoya M. Colbert à Chaillot, la prier instamment de venir à Versailles, et qu'il pût lui parler encore. M. Colbert l'y a conduite ; le roi a causé une heure avec elle, et a fort pleuré. Madame de Montespan fut au-devant d'elle, les bras ouverts et les larmes aux yeux. Tout cela ne se comprend point ; les uns disent qu'elle demeurera à Versailles et à la cour, les autres qu'elle reviendra à Chaillot ; nous verrons.

104. — A LA MÊME.

Vendredi, 15 février 1671, chez M. de Coulanges.

M. de Coulanges veut que je vous écrive encore à Lyon. Je vous conjure, ma chère enfant, si vous vous embarquez, de descendre au Pont-Saint-Esprit. Ayez pitié de moi ; conservez-vous, si vous voulez que je vive. Vous m'avez si bien persuadée que vous m'aimez, qu'il me semble que, dans la vue de me plaire, vous ne vous hasarderez point. Mandez-moi bien comme vous conduirez votre barque. Hélas ! qu'elle m'est chère et précieuse cette petite barque que le Rhône m'emporte si cruellement ! J'ai ouï dire qu'il y avait eu un dimanche gras, mais ce n'est que par ouï-dire, et je ne l'ai point vu. J'ai été farouche au point de ne pouvoir pas souffrir quatre personnes ensemble. J'étais au coin du feu de madame de La Fayette. L'affaire de *Mellusine* est entre les mains de Langlade, après avoir passé par celles de M. de La Rochefoucauld et de d'Hacqueville. Je vous assure qu'elle est bien confondue et bien méprisée par ceux qui ont l'honneur de la connaître. Je n'ai pas encore vu madame d'Arpajon; elle a une mine satisfaite qui m'importune. Le bal du mardi gras pensa être renvoyé; jamais il ne fut une telle tristesse; je crois que c'était votre absence qui en était cause. Bon Dieu! que de compliments j'ai à vous faire! que d'amitiés! que de soins de savoir de vos nouvelles! que de louanges l'on vous donne! Je n'aurais jamais fait si je voulais nommer tous ceux et celles dont vous êtes aimée, estimée, adorée; mais quand vous aurez mis tout cela ensemble, soyez assurée, ma fille, que ce n'est rien en comparaison de ce que je suis pour vous. Je ne vous quitte pas un moment; je pense à vous sans relâche, et de quelle façon! J'ai embrassé votre fille, et elle m'a baisée, et très-bien baisée de votre part. Savez-vous bien que je l'aime, cette petite, quand je songe de qui elle vient.

105. — AU COMTE DE BUSSY.

Paris, le 16 février 1671.

Mon Dieu, mon cousin, que votre lettre[1] est raisonnable, et que je suis impertinente de vous attaquer toujours! Vous me faites voir si clairement que j'ai tort, que je n'ai pas le mot à dire; mais je suis tellement résolue de m'en corriger, que quand nos lettres désormais devraient être aussi froides qu'elles sont vives, il est certain que je ne vous donnerai jamais sujet de m'écrire sur ce ton-là. Au milieu de mon repentir, à l'heure que je vous parle, il vient

---

[1] La lettre du 1er février. *Voyez* ci-dessus.

encore des aigreurs au bout de ma plume ; ce sont des tentations du diable que je renvoie d'où elles viennent. Le départ de ma fille m'a causé des vapeurs noires ; je prendrai mieux mon temps quand je vous écrirai une autre fois, et, de bonne foi, je ne vous fâcherai de ma vie.

Encore une fois, j'aime fort que vous vous amusiez à notre belle et ancienne chevalerie ; cela me fait un plaisir extrême. L'abbé (*de Coulanges*) vous prie de lui faire part de votre dessein : il a fait une litanie des Sévignés, il veut travailler à nos Rabutins ; écrivez-lui quelque chose qui puisse embellir son histoire. Je ne trouve rien de si proche que d'être d'une même maison ; il ne faut pas s'étonner si l'on s'y intéresse, cela tient dans la moelle des os, au moins à moi. C'est fort bien fait à vous d'avoir tous nos titres ; je suis hors de la famille, et c'est vous qui devez tout soutenir.

Adieu, mon cher cousin ; écrivons-nous un peu sans nous gronder, pour voir comment nous nous en trouverons. Si cela nous ennuie, nous serons toujours sur nos pieds pour nous faire quelque petite querelle d'Allemand, sur d'autres sujets, cela s'entend. Ce qui me plaît de tout ceci, c'est que nous éprouvons la bonté de nos cœurs, qui est inépuisable.

106. — DU COMTE DE BUSSY A MADAME DE SÉVIGNÉ.

A Chaseu, ce 25 février 1671.

Si votre lettre du mois de janvier me donna du chagrin contre vous, ma chère cousine, celle que je viens de recevoir m'a donné bien de l'estime et de l'amitié pour vous. Je n'ai jamais vu un retour si sincère et si honnête que le vôtre, ni qui marquât un cœur si bien fait ; je ne doute pas, après cela, que vous n'ayez plus d'égards pour moi que vous n'en avez eu, et vous savez bien que depuis ma faute contre vous et votre amnistie on ne peut être plus net que je l'ai été.

Au reste, ma chère cousine, ne craignez pas que mes lettres soient moins vives, quand vous ne serez pas aigre; je ne laisse pas d'être assez animé avec ceux dont je suis content; mais si enfin vous me trouviez un peu fade, nous trouverons assez de gens qui méritent des coups de patte, sans nous en donner l'un à l'autre.

L'approbation que vous donnez à l'histoire de notre maison, mon ouvrage, et l'éloge que vous faites de ma lettre dédicatoire, m'obligent de vous faire confidence de quelque chose de plus important à quoi je m'amuse; mais je vous demande le secret.

Pendant que j'étais dans la Bastille, je me mis dans la tête d'écrire mes campagnes; il y a trois ans que je trouvai ce travail assez beau pour me convier à l'étendre davantage, et faire ce qu'on appelle des mémoires.

Le roi sait ceci, et que je retourne à la cour, ou non, il le verra infailliblement; peut-être que les actions de guerre, qui sont diversifiées d'autres événements, et tout cela conté avec des tours assez singuliers, divertiront ce grand prince; tant y a qu'en l'amusant je lui apprendrai, à n'en pouvoir douter, ce que j'ai fait pour son service; et c'est là mon principal dessein.

107. — DE MADAME DE SÉVIGNÉ A MADAME DE GRIGNAN.

A Paris, mercredi 18 février 1671.

Je vous conjure, ma fille, de conserver vos yeux; pour les miens, vous savez qu'ils doivent finir à votre service. Vous comprenez bien, ma belle, que, de la manière dont vous m'écrivez, il faut bien que je pleure en lisant vos lettres. Pour comprendre quelque chose de l'état où je suis, joignez, ma bonne, à la tendresse et à l'inclination naturelle que j'ai pour votre personne la petite circonstance d'être persuadée que vous m'aimez, et jugez de l'excès de mes sentiments. Méchante! pourquoi me cachez-vous quelquefois de si précieux trésors ? Vous avez peur que je ne meure de joie; mais ne craignez-vous pas aussi que je ne meure du déplaisir de croire voir le contraire ? Je prends d'Hacqueville à témoin de l'état où il m'a vue autrefois; mais quittons ces tristes souvenirs, et laissez-moi jouir d'un bien sans lequel la vie m'est dure et fâcheuse. Ce ne sont point des paroles, ce sont des vérités. Madame de Guénégaud m'a mandé de quelle manière elle vous a vue pour moi : je vous conjure d'en garder le fond; mais plus de larmes, je vous en prie : elles ne vous sont pas si saines qu'à moi. Je suis présentement assez raisonnable; je me soutiens au besoin, et quelquefois je suis quatre ou cinq heures tout comme une autre; mais peu de chose me remet à mon premier état : un souvenir, un lieu, une parole, une pensée un peu trop arrêtée, vos lettres surtout; les miennes même en les écrivant, quelqu'un qui me parle de vous, voilà des écueils à ma constance, et ces écueils se rencontrent souvent. J'ai vu Raymond chez la comtesse du Lude; elle me chanta un nouveau récit du ballet; mais si vous voulez qu'on le chante, chantez-le. Je vois madame de Villars, je me plais avec elle, parce qu'elle entre dans mes sentiments; elle vous dit mille amitiés. Madame de La Fayette comprend fort bien aussi les tendresses que j'ai pour vous; elle est touchée de l'amitié que vous me témoignez. Je suis assez souvent dans ma famille, quelquefois ici le soir par lassitude, mais rarement. J'ai vu cette pauvre madame Amelot; elle pleure bien, je m'y connais. Faites quelque mention de certaines gens dans vos lettres, afin que je le leur puisse dire. Je vais aux sermons des Mascaron[1] et des Bourdaloue; ils se surpassent à l'envi. Voilà bien de mes nouvelles; j'ai fort envie de savoir des vôtres, et comment vous vous serez trouvée à Lyon; pour vous dire le vrai, je ne pense à nulle autre chose. Je

---

[1] Jules Mascaron, prêtre de l'Oratoire, nommé en 1671 à l'évêché de Tulle.

sais votre route, et où vous avez couché tous les jours : vous étiez dimanche à Lyon ; vous auriez bien fait de vous y reposer quelques jours. Vous m'avez donné envie de m'informer de la mascarade du mardi gras : j'ai su qu'un grand homme, plus grand de trois doigts qu'un autre, avait fait faire un habit admirable; il ne voulut point le mettre, et il se trouva par hasard qu'une dame qu'il ne connaît point du tout, à qui il n'a jamais parlé, n'était point à l'assemblée[1] ; du reste, il faut que je dise, comme Voiture : personne n'est encore mort de votre absence, hormis moi; ce n'est pas que le carnaval n'ait été d'une tristesse excessive, vous pouvez vous en faire honneur; pour moi, j'ai cru que c'était à cause de vous; mais ce n'est point assez pour une absence comme la vôtre. J'envoie pour cette fois cette lettre en Provence ; j'embrasse M. de Grignan, et je meurs d'envie de savoir de vos nouvelles. Dès que j'ai reçu une lettre, j'en voudrais tout à l'heure une autre, je ne respire que d'en recevoir.

Vous me dites des merveilles du tombeau de M. de Montmorency, et de la beauté de mesdemoiselles de Valençai. Vous écrivez extrêmement bien, personne n'écrit mieux : ne quittez jamais le naturel, votre tour s'y est formé, et cela compose un style parfait. J'ai fait vos compliments à madame de La Fayette et à M. de La Rochefoucauld et à Langlade; tout cela vous aime, vous estime et vous sert en toute occasion. Vos chansons m'ont paru jolies; j'en ai reconnu les styles. Ah ! mon enfant, que je voudrais bien vous voir un peu, vous entendre, vous embrasser, vous voir passer, si c'est trop demander que le reste! Hé bien, par exemple, voilà de ces pensées à quoi je ne résiste pas. Je sens qu'il m'ennuie de ne vous plus avoir : cette séparation me fait une douleur au cœur et à l'âme, que je sens comme un mal du corps. Je ne vous puis assez remer-

---

[1] Il s'agit ici du roi et de madame de Montespan.

cier de toutes les lettres que vous m'avez écrites sur le chemin : ces soins sont trop aimables, et font bien leur effet aussi ; rien n'est perdu avec moi. Vous m'avez écrit de partout : j'ai admiré votre bonté; cela ne se fait point sans beaucoup d'amitié; autrement, on serait plus aise de se reposer et de se coucher. L'impatience que j'ai d'avoir encore de vos nouvelles et de Roane et de Lyon n'est pas médiocre ; je suis en peine de votre embarquement, et de savoir ce que vous a paru ce furieux Rhône en comparaison de notre pauvre Loire, à laquelle vous avez fait tant de civilités. Que vous êtes honnête de vous en être souvenue comme d'une de vos anciennes amies ! Hélas ! de quoi ne me souviens-je point ? Les moindres choses me sont chères ; j'ai mille *dragons*. Quelle différence ! je ne revenais jamais ici sans impatience et sans plaisir : présentement j'ai beau chercher, je ne vous trouve plus ; et comment peut-on vivre quand on sait que, quoi qu'on fasse, on ne trouvera plus une si chère enfant ? Je vous ferai bien voir si je la souhaite, par le chemin que je ferai pour l'aller chercher. J'ai reçu une lettre de M. de Grignan ; il n'y en a point pour vous. Il me mande qu'il reviendra cet hiver ; vous quittera-t-il ? ou le suivrez-vous ? Faites-moi réponse.

M. le dauphin était malade, il se porte mieux. On sera à Versailles jusqu'à lundi. Madame de La Vallière est toute rétablie à la cour. Le roi la reçut avec des larmes de joie ; elle a eu plusieurs conversations tendres : tout cela est difficile à comprendre ; il faut se taire. Les nouvelles de cette année ne tiennent pas d'un ordinaire à l'autre. J'ai une infinité de compliments à vous faire. Je vois tous les jours votre petite ; je veux qu'elle soit droite, voilà mon soin : cela serait plaisant d'être votre fille et de M. de Grignan, et qu'elle ne fût pas bien faite ; je suis habile, j'ai même des précautions inutiles. J'ai vu hier madame du Puy-du-Fou, qui vous salue ; j'ai vu aussi madame de Janson et madame Le Blanc. Tout ce qui a rapport à vous de cent lieues loin m'est plus agréable qu'autre chose. Mon Dieu! le Rhône! vous y êtes présentement. Quelle idée pour moi, et quelle inquiétude jusqu'à ce que je vous en sache dehors!

108. — A LA MÊME.

Vendredi 20 février 1671.

Je vous avoue que j'ai une extraordinaire envie de savoir de vos nouvelles; songez, ma chère fille, que je n'en ai point eu depuis la Palisse; je ne sais rien, du reste, de votre voyage jusqu'à Lyon, ni de votre route jusqu'en Provence; je suis bien assurée qu'il me viendra des lettres, je ne doute point que vous ne m'ayez écrit; mais je les attends, et je ne les ai pas : il faut se consoler, et s'amuser en vous écrivant. Vous saurez, ma petite, qu'avant-hier au soir, mercredi, après être revenue de chez M. de Coulanges, où nous faisons nos paquets les jours d'ordinaire, je songeai à me coucher; cela n'est pas extraordinaire, mais ce qui l'est beaucoup, c'est qu'à trois heures après minuit j'entendis crier au voleur, au feu; et ces cris si près de moi et si redoublés, que je ne doutai point que ce ne fût ici; je crus même entendre qu'on parlait de ma pauvre petite-fille; je ne doutai point qu'elle ne fût brûlée : je me levai dans cette crainte, sans lumière, avec un tremblement qui m'empêchait quasi de me soutenir. Je courus à son appartement, qui est le vôtre; je trouvai tout dans une grande tranquillité; mais je vis la maison de Guitaud toute en feu; les flammes passaient par-dessus la maison de madame de Vauvineux : on voyait dans nos cours, et surtout chez M. de Guitaud, une clarté qui faisait horreur : c'étaient des cris, c'était une confusion, c'était un bruit épouvantable des poutres et des solives qui tombaient. Je fis ouvrir ma porte, j'envoyai mes gens au secours : M. de Guitaud m'envoya une cassette de ce qu'il a de plus précieux ; je la mis dans mon cabinet, et puis je voulus aller dans la rue pour béer comme les autres ; j'y trouvai M. et madame de Guitaud quasi nus, l'ambassadeur de Venise, tous ses gens, la petite de Vauvineux[1] qu'on portait tout endormie chez l'ambassadeur, plusieurs meubles et vaisselles d'argent qu'on sauvait chez lui. Madame de Vauvineux faisait déméubler : pour moi, j'étais comme dans une île, mais j'avais grande pitié de mes pauvres voisins. Madame Guéton et son frère donnaient de très-bons conseils ; nous étions dans la consternation : le feu était si allumé qu'on n'osait en approcher, et l'on n'espérait la fin de cet embrasement qu'avec la fin de la maison de ce pauvre Guitaud. Il faisait pitié ; il voulait aller sauver sa mère, qui brûlait au troisième étage ; sa femme s'attachait à lui, et le retenait avec violence ; il était entre la douleur de ne pas secourir sa mère et la crainte de blesser sa femme, grosse de cinq mois ; enfin il me pria de tenir sa femme, je le fis : il trouva que sa mère avait passé au travers de la flamme, et qu'elle était sauvée. Il voulut aller retirer quelques papiers ; il ne put approcher du lieu où ils étaient : enfin il revint à nous dans cette rue où j'avais fait asseoir sa femme : des capucins, pleins de charité et d'adresse, travaillèrent si bien, qu'ils coupèrent le feu. On jeta de l'eau sur le reste de l'embrasement, et enfin le combat finit faute de combattants, c'est-à-dire après que le premier et le second étage de l'antichambre et de la petite chambre et du cabinet, qui sont à main droite du salon, eurent été entièrement consumés. On appela bonheur ce qui restait de la maison, quoiqu'il y ait pour Guitaud pour plus de dix mille écus de perte ; car on compte de faire rebâtir cet appartement, qui était peint et doré. Il y avait plusieurs beaux tableaux à M. Le Blanc, à qui est la maison ; il y avait aussi plusieurs tables, miroirs, minia-

---

[1] Charlotte-Élisabeth de Cochefilet, mariée, en 1679, à Charles de Rohan, prince de Guémené, duc de Montbazon. (P.)

tures, meubles, tapisseries. Ils ont un grand regret à des lettres; je me suis imaginé que c'étaient des lettres de M. le Prince. Cependant, vers les cinq heures du matin, il fallut songer à madame de Guitaud; je lui offris mon lit; mais madame Guêton la mit dans le sien, parce qu'elle a plusieurs chambres meublées. Nous la fîmes saigner; nous envoyâmes querir *Bouchet* : il craint bien que cette grande émotion ne la fasse accoucher devant les neuf jours. Elle est donc chez cette pauvre madame Guêton; tout le monde la vient voir, et moi je continue mes soins, parce que j'ai trop bien commencé pour ne pas achever. Vous m'allez demander comment le feu s'était mis à cette maison; on n'en sait rien, il n'y en avait point dans l'appartement où il a pris. Mais si on avait pu rire dans une si triste occasion, quels portraits n'aurait-on pas faits de l'état où nous étions tous? Guitaud était nu en chemise, avec des chausses; madame de Guitaud était nu-jambes, et avait perdu une de ses mules de chambre; madame de Vauvineux était en petite jupe sans robe de chambre; tous les valets, tous les voisins, en bonnet de nuit; l'ambassadeur était en robe de chambre et en perruque, et conserva fort bien la gravité de la *sérénissime*; mais son secrétaire était admirable. Vous parlez de la poitrine d'Hercule; vraiment celle-ci était bien autre chose, on la voyait tout entière : elle est blanche, grasse, potelée, et surtout sans aucune chemise, car le cordon qui la devait attacher avait été perdu à la bataille. Voilà les tristes nouvelles de notre quartier. Je prie *Deville*[1] de faire tous les soirs une ronde pour voir si le feu est éteint partout; on ne saurait trop avoir de précautions pour éviter ce malheur. Je souhaite que l'eau vous ait été favorable; en un mot, je vous souhaite tous les biens, et je prie Dieu qu'il vous garantisse de tous les maux.

M. de Ventadour devait être marié jeudi, c'est-à-dire

---

[1] Maître d'hôtel de M. de Grignan.

hier ; il a la fièvre : la maréchale de La Mothe¹ a perdu pour cinq cents écus de poisson. L'autre jour, à table chez M. du Mans, Courcelles dit qu'il avait deux bosses à la tête, qui l'empêchaient de mettre une perruque : cette sottise nous fit tous sortir de table avant qu'on eût achevé de manger du fruit, de peur d'éclater à son nez : un peu après d'Olonne arriva ; M. de La Rochefoucauld me dit : Madame, ils ne peuvent pas tenir tous deux dans cette chambre ; et en effet, Courcelles sortit².

Voilà bien des lanternes, ma chère enfant ; mais toujours vous dire que je vous aime, que je ne songe qu'à vous, que je ne suis occupée que de ce qui vous touche, que vous êtes le charme de ma vie, que jamais personne n'a été aimée si chèrement que vous, cette répétition vous ennuierait. J'embrasse mon cher Grignan et mon coadjuteur.

109. — A LA MÊME.

Mercredi 25 février 1671.

Je n'ai point encore reçu une lettre que je suis persuadée que vous m'avez écrite de Lyon avant que d'en partir : je croirai difficilement qu'ayant pu m'écrire, et ayant écrit à M. de Coulanges, vous m'ayez oubliée. Je fais un grand bruit pour retrouver ce paquet. J'ai reçu la première lettre que vous m'écrivîtes le lendemain que vous y fûtes arrivée. Je ne suis pas encore à l'épreuve de tout ce que vous me mandez ; j'ai transi de vous voir passer de nuit cette montagne que l'on ne passe jamais qu'entre deux soleils et en litière ; je ne m'étonne pas si vos parties nobles ont été si

---

¹ Mademoiselle de La Mothe-Houdancourt, fille du maréchal, ne fut mariée au duc de Ventadour que le 14 mars.
² Madame d'Olonne était la femme la plus galante de la cour. M. d'Olonne étant près de mourir, on lui annonça un prêtre nommé Cornouaille ; il dit : *Serai-je encornaillé jusqu'à la mort ?* Il était très-gourmand. C'est lui que La Bruyère a peint sous le nom de *Cliton*. Quant à M. de Courcelles, c'était un officier aux gardes, dont la femme marchait sans aucun désavantage sur les traces de madame d'Olonne.

culbutées. M. de Coulanges avait mandé au secrétaire de M. du Gué qu'on envoyât une litière à Roane; si vous aviez écrit un mot du jour que vous croyiez arriver, vous l'auriez trouvée infailliblement. Jamais personne comme vous ne s'est conduite comme vous avez fait, et jamais aussi on n'a laissé mourir de faim une pauvre femme : la prévoyance de la fourmi nous apprend qu'il faut faire des provisions où l'on en trouve, pour quand on n'en trouve point. Ma chère enfant, comme vous avez été traitée! Si j'avais été là, il n'en eût pas été de même, et je n'aurais pas pris votre courage pour de la force, comme on a fait. L'aventure de madame Robinet [1] m'aurait bien appris à ne pas vous consulter sur ce qui regarde votre personne. En un mot, vos fatigues ont été grandes; il n'en est plus question présentement; mais tout ce qui vous touche ne me passe pas légèrement dans l'esprit. J'écris au coadjuteur sur sa bonne tête; qu'il vous montre ma lettre : en voilà une de Guitaud, qui vous réjouira. J'ai fait vos compliments à mesdames de Villars et de Saint-Géran : la première vous aime tendrement; elle vous écrira. Faites mention, dans vos lettres, de ma tante, de la Troche, de la Vauvinette [2] et de la d'Escars; tout cela ne parle que de vous. Madame du Gué a mandé à M. de Coulanges que vous êtes belle comme un ange; elle est charmée de vous et contente de vos politesses : elle mande qu'elle vous a mise dans votre bateau par un temps et par un calme admirables; tout cela me donne de l'espérance, mais je ne serai tranquille qu'en apprenant que vous êtes arrivée à Arles. J'espère que Ripert vous aura fait descendre aux endroits périlleux; pour seigneur Corbeau [3], je ne m'y fie plus. Je n'ai point sur le cœur de m'être divertie ni même de m'être distraite pendant votre voyage; je vous ai suivie pas à pas, et quand vous étiez

---

[1] *Voyez* la lettre du 19 novembre 1670.
[2] Madame de Vauvineux, veuve du comte de Vauvineux.
[3] M. le coadjuteur d'Arles.

mal, je n'ai point été en repos; je vous suis aussi fidèle sur l'eau que sur la terre. Nous avons compté vos journées; il nous semble que vous arrivâtes dimanche à Arles. M. de La Rochefoucauld dit que je contente son idée sur l'amitié, avec toutes ses circonstances et dépendances. Il a eu encore des conversations avec *Mellusine*[1], qui sont incomparables; on ne peut les écrire, mais en gros elles sont comme vous les souhaitez. Votre enfant embellit tous les jours; elle rit, elle connaît; j'en prends beaucoup de soin. *Pecquet* vient voir la nourrice très-souvent; je ne suis point si sotte sur cela que vous pensez : je fais comme vous, quand je ne me fie à personne, je fais des merveilles. Votre frère revint avant-hier; je ne l'ai quasi pas vu, il est à Saint-Germain; ses yeux se portent bien; il nous faisait peur de sa santé, parce qu'il s'ennuyait à Nancy depuis le départ de madame *Madruche*.

Je reçois donc votre lettre du mercredi, que vous m'écrivîtes de Lyon un peu à la hâte, mais cela fait plaisir; il en coûte des renouvellements de tendresse dont on est fort aise : je ne comprends point ceux qui veulent les éviter. Vous allez vous embarquer, ma chère fille; je recevrai de vos lettres de tous les endroits d'où vous pourrez m'écrire, j'en suis persuadée. Mon Dieu! que j'ai envie de savoir de vos nouvelles, et que vous m'êtes chère! Il me semble que je fais tort à mes sentiments, de vouloir les expliquer avec des paroles : il faudrait voir ce qui se passe dans mon cœur sur votre sujet.

Le comte de Saint-Paul est présentement M. de Longueville; son frère lui fit la donation de tout son bien lundi au soir : c'est environ trois cent mille livres de rente; tous ses meubles, toutes ses pierreries, l'hôtel de Longueville; en un mot, c'est le plus grand parti de France : si madame de Marans le peut épouser, elle fera une très-bonne

---

[1] Madame de Marans. *Voyez* sa lettre du 16 février 1671.

affaire. J'embrasse de tout mon cœur M. de Grignan ; je ne fais point de réponse à sa dernière lettre : a-t-il besoin de quelque chose, puisque vous êtes avec lui? Je vous aime, mon enfant, et vous embrasse avec la dernière tendresse. M. Vallot[1] est mort ce matin.

110. — A LA MÊME.

A Paris, vendredi 27 février 1671.

Rien ne dure cette année, pas même la mort de M. Vallot, que je vous reprends ; il se porte bien, et au lieu de mourir, comme on me l'avait dit, il a pris une pilule qui l'a ressuscité. Il a dit au roi que le plus habile homme qu'il connût pour la médecine, c'était M. du Chesnai du Mans. Madame de Mazarin partit il y a deux jours pour Rome. M. de Nevers n'y doit aller que cet été avec sa femme. M. de Mazarin[2] se plaignit au roi qu'on envoyât sa femme à Rome, sans son consentement; que c'était une chose inouïe qu'on ôtât ainsi une femme de la domination de son mari, et qu'on lui fît donner vingt-quatre mille livres de pension par an, et douze mille francs présentement, pour un voyage qu'il n'approuvait point, et qui le déshonorait. Sa Majesté l'écouta ; mais tout étant réglé, et le voyage résolu, il n'en fut autre chose. Pour madame de Mazarin, sur tout ce qu'on lui disait ici pour l'obliger de se remettre avec son mari, elle répondait toujours en riant, comme pendant la guerre civile : *Point de Mazarin, point de Mazarin.*

A l'égard de madame de La Vallière, nous sommes au désespoir de ne pouvoir vous la remettre à Chaillot ; mais

---

[1] Premier médecin du roi.
[2] C'était le fils du maréchal de La Meilleraye. Le cardinal l'avait choisi pour en faire son héritier en lui donnant sa nièce et son nom. La dévotion le rendit fou. On peut lire dans les Mémoires de Saint-Simon les détails curieux de ses extravagances. Sa femme était cette fameuse Hortense de Mancini, qui, après tant de courses pour fuir son mari, alla mourir en Angleterre, ainsi que Saint-Évremond, qui l'a chantée. (A. G.)

elle est à la cour beaucoup mieux qu'elle n'a été depuis longtemps; il faut vous résoudre à l'y laisser. On appelle le duc de Longueville l'abbé d'Orléans, et le comte de Saint-Paul, duc de Longueville. M. de Ventadour a la fièvre double tierce, de sorte que son mariage est retardé. On dit mille belles choses là-dessus. Cette petite d'Houdancourt[1] est bien jolie. L'abbé de La Victoire[2] lui disait l'autre jour : « Mademoiselle, il n'y a pas d'apparence que « vous refusiez à d'autres ce que vous accorderez à « M. de Ventadour. » Et Benserade disait : « Je voudrais « bien qu'une mère, une tante, une amie voulût se mêler « de gronder une femme comme celle-là, parce qu'elle « haïrait son mari et qu'elle aurait un galant; ma foi, « elle aurait bonne grâce. » M. de Duras a, cette année, pendant le voyage de Flandre, le même commandement général qu'avait M. de Lauzun l'année passée, et d'autant plus beau, qu'il y aura une fois plus de troupes. Le roi a donné à mademoiselle de La Mothe[3], fille de la reine, deux cent mille francs : elle trouvera bientôt parti. M. de Lauzun a refusé le bâton de maréchal de France, que le roi voulait lui donner; il a dit qu'il ne le méritait pas; et que s'il avait assez servi, ce serait un honneur qu'il tiendrait fort cher, mais qu'il ne voulait l'avoir que par le bon chemin[4]. D'Hacqueville, par ses soins, a fait avoir à M. le cardinal de Retz six mille livres de rente sur le même

---

[1] *Voyez* la lettre du mercredi 31 décembre 1670.

[2] Il se nommait Lenet; c'était le frère du procureur général au parlement de Dijon.

[3] Mademoiselle de La Mothe-d'Argencourt. Louis XIV l'aimait. Persécutée par Mazarin, qui n'avait pu s'en faire un espion auprès du jeune roi, elle se retira au couvent des religieuses de Sainte-Marie à Chaillot, où elle resta jusqu'à la fin de sa vie, mais sans prononcer de vœux.

[4] Le roi dit à M. de Lauzun : « Je vous ferai si grand que vous n'aurez « pas sujet de regretter la fortune que je vous ôte; je vous fais, en atten- « dant, duc et pair et maréchal de France. — Sire, interrompit Lauzun, « vous avez fait tant de ducs qu'on n'est plus honoré de l'être, et pour le « bâton de maréchal de France, Votre Majesté pourra me le donner quand « je l'aurai mérité par mes services. »

(*Mémoires inédits de l'abbé de Choisi.*)

fonds qu'on a donné au cardinal de Bouillon, hormis qu'il n'en a pas l'obligation à messieurs du clergé.

111. — A LA MÊME

A Paris, vendredi au soir, 27 février 1671.

Le Rhône, ma chère fille, me tient fort au cœur; je crois que vous êtes arrivée heureusement; mais j'aimerais bien à le savoir par vous : j'attends cette nouvelle avec une impatience digne de tout le reste. Il nous semble que vous arrivâtes samedi à Arles; il nous semble que M. de Grignan est venu au-devant de vous au Saint-Esprit; il nous semble qu'il a été ravi de vous revoir et de vous ravoir; il nous semble que vous avez fait comme mercredi votre entrée à Aix; et puis, il nous semble que vous êtes bien lasse. Ma chère enfant, reposez-vous, au nom de Dieu; tenez-vous au lit, restaurez-vous, et contez-moi bien l'état où vous êtes. Savez-vous que votre souvenir fait ici la fortune de ceux que vous en favorisez ? Les autres languissent après. Le petit mot pour ma tante ne se peut payer; on est encore fort loin de vous oublier. On m'a tantôt dit mille horreurs de cette montagne de Tarare; que je la hais ! Il y a un autre certain chemin où la roue est en l'air, et l'on tient le carrosse par l'impériale : je ne soutiens pas cette idée; mais il n'est plus question de tout cela.

RÉPONSE A LA LETTRE DE VIENNE.

Je la reçois présentement cette aimable lettre; ne voyez-vous point comme je la reçois et avec quelle tendresse je la lis ? Je crois que vous ne me demandez pas que je puisse être de sang-froid en cette occasion. Il est vrai que la dignité de *beauté* où vous avez été élevée n'est pas d'une petite fatigue; si vous n'étiez point belle, vous vous reposeriez : il faut choisir. Votre paresse me fait peur, ne la croyez pas sur ce choix; il n'y a rien de si aimable que d'être belle, c'est un présent de Dieu qu'il faut conserver. Vous savez comme j'aime votre beauté; mon amour-propre m'y fait prendre intérêt : je vous la recommande pour l'amour de moi. Il me semble qu'on me va trouver bien habile en Provence d'avoir fait un si joli visage, si doux et si régulier. Vous êtes fâchée que votre nez ne soit pas de travers ; et moi, qui suis rangée, j'en suis ravie : je ne comprends pas ce que peuvent faire avec moi mes paupières bigarrées[1]. Mais ne croyez-vous point que M. de Coulanges et moi nous sommes sorciers de deviner tout ce que vous faites? Vous n'êtes point surprise des bords de votre Rhône; vous les trouvez beaux, et ce fleuve n'est composé que d'eau comme les autres. Pour moi, j'en ai une idée extraordinaire; il me semble qu'on devrait dire :

> Mille sources de sang forment cette rivière,
> Qui, trainant des corps morts et de vieux ossements,
> Au lieu de murmurer, fait des gémissements [2].

Langlade vous rendra compte de sa visite chez *Mellusine;* en attendant, je puis vous dire que ce qu'il avait à faire n'était autre chose que d'avoir le plaisir de lui laver sa cornette; il l'a fait plus volontiers qu'un autre. Elle est, je vous assure, bien mortifiée et bien décontenancée : je la vis l'autre jour, elle n'a pas le mot à dire. Votre absence a renouvelé la tendresse de tous vos amis ; mais il faut que cette absence ne soit pas infinie, et quelque aversion que vous ayez pour les fatigues d'un long voyage, vous ne devez songer qu'à vous mettre en état de les recommencer. J'ai dit à M. de La Rochefoucauld ce que vous trouvez des fatigues des autres, et l'application que vous en faites : il m'a chargée de mille amitiés pour vous, mais d'un si bon ton, et accompagnées de si agréables louanges, qu'il mérite d'être aimé de vous.

---

[1] *Voyez* ci-dessus la note de la page 86.
[2] Vers du *Temple de la Mort*, poëme de Ph. Habert.

Je ferai vos compliments à madame de Villars. Il y a presse à être nommé dans mes lettres : je vous remercie d'avoir fait mention de Brancas. Vous aurez vu votre tante[1] au Saint-Esprit, et vous aurez été reçue comme une reine. Ma fille, je vous conjure de me bien mander tout cela, et de me parler de M. de Grignan et de M. d'Arles[2]. Vous savez que nous avons réglé que l'on hait autant les détails des personnes qui sont indifférentes, qu'on les aime de celles qui ne le sont pas; c'est à vous à deviner de quel nombre vous êtes auprès de moi. Mascaron, Bourdaloue, me donnent tour à tour des plaisirs et des satisfactions qui doivent, pour le moins, me rendre sainte : dès que j'entends quelque chose de beau, je vous souhaite; vous avez part à tout ce que je pense : j'admire en moi, tous les jours, les effets naturels d'une extrême amitié. Je vous embrasse tendrement, embrassez-moi aussi. Une petite amitié à mon coadjuteur; pour M. de Grignan, il me semble qu'il est si glorieux de vous avoir, qu'il n'écoute plus personne.

112. — A LA MÊME.

A Paris, mardi 3 mars 1671.

Si vous étiez ici, ma chère enfant, vous vous moqueriez de moi ; j'écris de provision, mais c'est par une raison bien différente de celle que je vous donnais un jour, pour m'excuser d'avoir écrit à quelqu'un une lettre qui ne devait partir que dans deux jours ; c'était parce que je ne me souciais guère de lui, et que dans deux jours je n'aurais pas autre chose à lui dire. Voici tout le contraire : c'est que je me soucie beaucoup de vous, que j'aime à vous entretenir à toute heure, et que c'est la seule consolation que je puisse

---

[1] Anne d'Ornano, femme de François de Lorraine, comte d'Harcourt, et sœur de Marguerite d'Ornano, mère de M. de Grignan. (P.)
[2] François Adhémar de Monteil, archevêque d'Arles, commandeur des ordres du roi, oncle de M. de Grignan. (P.)

avoir présentement. Je suis aujourd'hui toute seule dans ma chambre, par l'excès de ma mauvaise humeur. Je suis lasse de tout ; je me suis fait un plaisir de dîner ici, et je m'en fais un de vous écrire hors de propos ; mais, hélas ! vous n'avez pas de ces sortes de loisirs. J'écris tranquillement, et je ne comprends pas que vous puissiez lire de même : je ne vois pas un moment où vous soyez à vous ; je vois un mari qui vous adore, qui ne peut se lasser d'être auprès de vous, et qui peut à peine comprendre son bonheur. Je vois des harangues, des infinités de compliments, de civilités, de visites ; on vous fait des honneurs extrêmes ; il faut répondre à tout cela, vous êtes accablée ; moi-même, sur ma petite boule, je n'y suffirais pas. Que fait votre paresse pendant tout ce fracas ? Elle souffre, elle se retire dans quelque petit cabinet, elle meurt de peur de ne plus retrouver sa place ; elle vous attend dans quelque moment perdu pour vous faire au moins souvenir d'elle, et vous dire un mot en passant. Hélas ! dit-elle, m'avez-vous oubliée ? Songez que je suis votre plus ancienne amie, celle qui ne vous a jamais abandonnée, la fidèle compagne de vos plus beaux jours ; que c'est moi qui vous consolais de tous les plaisirs, et qui même quelquefois vous les faisais haïr, qui vous ai empêchée de mourir d'ennui, et en Bretagne et dans votre grossesse. Quelquefois votre mère troublait nos plaisirs, mais je savais bien où vous reprendre ; présentement je ne sais plus où j'en suis : les honneurs et les représentations me feront périr, si vous n'avez soin de moi. Il me semble que vous lui dites en passant un petit mot d'amitié, vous lui donnez quelque espérance de vous posséder à Grignan ; mais vous passez vite, et vous n'avez pas le loisir d'en dire davantage. Le devoir et la raison sont autour de vous, et ne vous donnent pas un moment de repos ; moi-même, qui les ai toujours tant honorés, je leur suis contraire, et ils me le sont ; le moyen qu'ils vous laissent le temps de lire de telles lanterneries ? Je vous assure, ma chère enfant, que je songe à vous continuellement, et je sens tous les jours ce que vous me dîtes une fois, qu'il ne fallait point appuyer sur certaines pensées : si l'on ne glissait pas dessus, on serait toujours en larmes, c'est-à-dire moi. Il n'y a lieu dans cette maison qui ne me blesse le cœur; toute votre chambre me tue; j'y ai fait mettre un paravent tout au milieu, pour rompre un peu la vue; une fenêtre de ce degré, par où je vous vis monter dans le carrosse de d'Hacqueville, et par où je vous rappelai, me fait peur à moi-même, quand je pense combien alors j'étais capable de me jeter par la fenêtre, car je suis folle quelquefois; ce cabinet, où je vous embrassai sans savoir ce que je faisais; ces Capucins [1], où j'allai entendre la messe; ces larmes qui tombaient de mes yeux à terre, comme si c'eût été de l'eau qu'on eût répandue; Sainte-Marie, madame de La Fayette, mon retour dans cette maison, votre appartement, la nuit, le lendemain; et votre première lettre, et toutes les autres, et encore tous les jours, et tous les entretiens de ceux qui entrent dans mes sentiments : ce pauvre d'Hacqueville est le premier; je n'oublierai jamais la pitié qu'il eut de moi. Voilà donc où j'en reviens, il faut glisser sur tout cela, et se bien garder de s'abandonner à ses pensées et aux mouvements de son cœur. J'aime mieux m'occuper de la vie que vous faites maintenant; cela me fait une diversion, sans m'éloigner pourtant de mon sujet et de mon objet, qui est ce qui s'appelle poétiquement l'objet aimé. Je songe donc à vous, et je souhaite toujours de vos lettres; quand je viens d'en recevoir, j'en voudrais bien encore. J'en attends présentement, et je reprendrai ma lettre quand j'aurai reçu de vos nouvelles. J'abuse de vous, ma très-chère; j'ai voulu aujourd'hui me permettre cette lettre d'avance; mon cœur en avait besoin, je n'en ferai pas une coutume.

---

[1] Les Capucins de la rue d'Orléans au Marais. Ce monastère n'existe plus.

113. — A LA MÊME.

A Paris, mercredi 4 mars 1671.

Ah, ma fille, quelle lettre! quelle peinture de l'état où vous avez été! et que je vous aurais mal tenu ma parole, si je vous avais promis de n'être point effrayée d'un si grand péril. Je sais bien qu'il est passé : mais il est impossible de se représenter votre vie si proche de sa fin sans frémir d'horreur : et M. de Grignan vous laisse embarquer pendant un orage; et quand vous êtes téméraire, il trouve plaisant de l'être encore plus que vous; au lieu de vous faire attendre que l'orage soit passé, il veut bien vous exposer : ah, mon Dieu! qu'il eût été bien mieux d'être timide, et de vous dire que si vous n'aviez point de peur, il en avait, lui, et ne souffrirait point que vous traversassiez le Rhône par un temps comme celui qu'il faisait! Que j'ai de peine à comprendre sa tendresse en cette occasion! ce Rhône, qui fait peur à tout le monde, ce pont d'Avignon, où l'on aurait tort de passer en prenant de loin toutes ses mesures; un tourbillon de vent vous jette violemment sous une arche; et quel miracle que vous n'ayez pas été brisés et noyés dans un moment! Je ne soutiens pas cette pensée, j'en frissonne, et je m'en suis réveillée avec des sursauts dont je ne suis pas la maîtresse. Trouvez-vous toujours que le Rhône ne soit que de l'eau? De bonne foi, n'avez-vous point été effrayée d'une mort si proche et si inévitable? Une autre fois ne serez-vous point un peu moins hasardeuse? Une aventure comme celle-là ne vous fera-t-elle point voir les dangers aussi terribles qu'ils le sont? Je vous prie de m'avouer ce qui vous en est resté; je crois du moins que vous avez rendu grâces à Dieu de vous avoir sauvée; pour moi, je suis persuadée que les messes que j'ai fait dire tous les jours pour vous ont fait ce miracle, et je suis plus obligée à Dieu de vous avoir conservée dans cette occasion, que de m'avoir fait naître ; c'est à M. de Grignan que je m'en prends. Le coadjuteur a bon temps : il n'a été grondé que pour la montagne de Tarare ; elle me paraît présentement comme les pentes de Nemours. M. *Busche*[1] m'est venu voir tantôt ; j'ai pensé l'embrasser en songeant comme il vous a bien menée ; je l'ai fort entretenu de vos faits et gestes, et puis je lui ai donné de quoi boire un peu à ma santé. Cette lettre vous paraîtra bien ridicule ; vous la recevrez dans un temps où vous ne songerez plus au pont d'Avignon. Faut-il que j'y pense, moi, présentement ! C'est le malheur des commerces si éloignés ; il faut s'y résoudre, et ne pas même se révolter contre cet inconvénient. Cela est naturel, et la contrainte serait trop grande d'étouffer toutes ses pensées ; il faut entrer dans l'état naturel où l'on est, en répondant à une chose qui tient au cœur : vous serez donc obligée de m'excuser souvent. J'attends des relations de votre séjour à Arles ; je sais que vous y aurez trouvé bien du monde. Ne m'aimez-vous point de vous avoir appris l'italien ? Voyez comme vous vous en êtes bien trouvée avec ce vice-légat : ce que vous dites de cette scène est excellent ; mais que j'ai peu goûté le reste de votre lettre ! Je vous épargne mes éternels *recommencements*[2] sur ce pont d'Avignon ; je ne l'oublierai de ma vie.

114 — A LA MÊME.

A Paris, vendredi 6 mars 1671.

Il est aujourd'hui le 6 de mars ; je vous conjure de me mander comment vous vous portez : si vous vous portez bien, vous êtes malade ; mais si vous êtes malade, vous vous portez bien. Je souhaite, ma fille, que vous soyez malade, afin que vous ayez de la santé au moins pour quelque temps : voilà une énigme bien difficile à comprendre et à

---

[1] Le conducteur de madame de Grignan.
[2] Mot de Bussy-Rabutin.

deviner; j'espère que vous me l'expliquerez. Vous me faites une relation divine de votre entrée dans Arles; mais il me semble que vous auriez grand besoin de vous reposer un peu : vous avez toute la fatigue de votre voyage à digérer; quel temps prendrez-vous pour cela? Vous êtes là comme la reine; elle ne se repose jamais, elle est toujours comme vous êtes depuis quelque temps; il faut donc prendre son esprit, et avoir patience au milieu de toutes vos cérémonies. Je suis persuadée que M. de Grignan est bien charmé de la réception qu'on vous fait : vous ne me parlez guère de lui, et c'est de ce détail que je serais curieuse. Je crois que le coadjuteur a été noyé sous le pont d'Avignon. Ah, mon Dieu! cet endroit est encore bien noir dans ma tête. Dites-moi si cette expérience ne vous fera point un peu moins hardie; il faut qu'il vous en coûte toujours; témoin votre première grossesse [1]; il a pensé m'en coûter bien cher cette fois, aussi bien qu'à vous. Voilà le Rhône passé; mais j'ai peur que vous ne vouliez tâter de quelque précipice, et que personne ne vous en empêche : ma chère fille, ayez pitié de moi, si vous n'avez pitié de vous. Le cocher de madame de Caderousse [2] fait assez souvenir de celui du cardinal de Retz. Ah! monsieur *Busche*, que vous êtes divin! Je vous ai conté comme je l'avais bien reçu. Je suis persuadée que cette pauvre Caderousse mourra bientôt; à peine sait-on ici si elle est morte ou vive : j'en dirai des nouvelles, si on veut les écouter. Corbinelli m'écrit des merveilles de vous; mais ce qui le charme, c'est qu'il croit et qu'il voit que vous m'aimez : il a tant d'amitié pour moi, qu'il est ravi que l'on soit dans son goût. Mais que je le trouve heureux de vous voir, de vous toucher, d'écrire auprès de vous! Je crois que vous aurez eu aussi quelque joie de voir un de mes amis, et qui est le vôtre si véritablement.

---

[1] La fausse-couche de Livry. (P.)
[2] Fille de madame Duplessis-Guénégaud. (P.)

MONSIEUR DE SÉVIGNÉ.

Dans l'intervalle des deux reprises, je vous dirai que je sors d'une symphonie charmante, composée des deux Camus et d'Ytier. Vous savez que l'effet ordinaire de la musique est d'attendrir; quoique je n'aie pas besoin de l'éprouver sur votre sujet, elle n'a pas laissé de renouveler mille choses, que le temps qu'il y a que nous sommes séparés devrait avoir amorties. Mais savez-vous en quelle compagnie j'étais? C'étaient mademoiselle de Lenclos, madame de La Sablière, madame de Salins, mademoiselle de Fiennes, madame de Montsoreau, et le tout chez mademoiselle de Raymond [1]. Après cela, si vous ne me trouvez pas joli garçon, vous aurez tort, car vous n'avez pas les mêmes raisons qu'elles, et vous ne voyez pas, d'où vous êtes, ma perruque noire, qui me rend effroyable; j'en aurai demain une autre, qui les rassurera, et qui me rendra un *cavaliero garbato*. Adieu; vous, soyez la bien échappée des périls du Rhône, et la bien reçue dans votre royaume d'Arles. A propos, j'ai fait transir M. de Condom [2] sur le récit de votre aventure; il vous aime toujours de tout son cœur.

MADAME DE SÉVIGNÉ.

Nous sommes en peine de savoir si vous riez quand on vous harangue; c'est une incommodité à quoi je craignais que vous ne fussiez sujette. Si vous faites aussi bien que vous dites, ils font fort bien de vous adorer. Le nombre de ceux qui me font des compliments, et qui me prient de vous en faire, et qui me demandent de vos nouvelles, est infini; j'aurais le visage aussi las que vous, si je les

---

[1] Mademoiselle de Raymond était une célèbre cantatrice. Madame de Sévigné la désigne ainsi dans sa 107ᵉ lettre. Elle se retira dans un couvent quelques années plus tard, et sa retraite fit alors beaucoup de bruit.
[2] Bossuet.

embrassais tous. Je ferai part à Brancas de vos relations. Le père Bourdaloue a prêché ce matin au delà de tous les plus beaux sermons qu'il ait jamais faits. La cour va et vient à Versailles ; M. le dauphin et M. d'Anjou se portent mieux : voilà de belles nouvelles. Madame de La Fayette et tout ce qui est ordinairement chez elle vous font souvenir de l'amitié qu'ils ont pour vous, et vous prient d'en avoir un peu pour eux. Madame de La Fayette dit qu'elle aimerait fort à jouer le rôle que vous jouez, quand ce ne serait que pour changer : vous savez comme elle est quelquefois lasse de la même chose. M. d'Uzès [1] est ravi des honneurs qu'on vous rend ; il est persuadé, comme les autres, que depuis saint Trophime [2] il n'y a point eu de nièce pareille à vous. Madame de Tourville [3] est morte. La Gouville pleure fort bien. Madame la Princesse [4] est à Châteauroux *ad multos annos*. Votre fille est jolie, je l'aime et j'en ai beaucoup de soin. Je suis à vous, ma très-chère, avec une tendresse qu'il n'est pas aisé d'expliquer, et j'embrasse M. de Grignan malgré le pont d'Avignon.

115. — A LA MÊME.

A Paris, mercredi 11 mars 1671.

Je n'ai point encore reçu vos lettres ; j'en aurai peut-être avant que de fermer celle-ci : songez, ma chère enfant, qu'il y a huit jours que je n'ai eu de vos nouvelles ; c'est un siècle pour moi. Vous étiez à Arles ; mais je ne sais rien par vous de votre arrivée à Aix. Il me vint hier un gentil-homme [5] de ce pays-là, qui était présent à cette ar-

---

[1] Jacques Adhémar de Monteil, évêque d'Uzès, oncle de M. de Grignan. (P.)

[2] Premier évêque d'Arles. (P.)

[3] Lucie de La Rochefoucauld-Montendre, veuve de César de Cottentin, comte de Tourville. (P.)

[4] Claire-Clémence de Maillé-Brézé, femme de Louis de Bourbon, prince de Condé. (P.)

[5] M. de Julianis.

rivée, et qui vous a vue jouer à petite prime avec Vardes[1], Bandol et un autre ; je voudrais pouvoir vous dire comme je l'ai reçu, et ce qu'il m'a paru, de vous avoir vu jeudi dernier. Vous admiriez tant l'abbé de Vins d'avoir pu quitter M. de Grignan, j'admire bien plus celui-ci de vous avoir quittée ; il m'a trouvée avec le père Mascaron, à qui je donnais un très-beau dîner ; comme il prêche à ma paroisse, et qu'il vint me voir l'autre jour, j'ai pensé que cela était d'une vraie petite dévote de lui donner un repas ; il est de Marseille, et a trouvé fort bon d'entendre parler de Provence. J'ai su encore, par d'autres voies, que vous avez eu trois ou quatre démêlés à votre avénement : ma fille, on ne parvient point à ne pas avoir de ces malheurs en province ; mais comme il n'y a peut-être rien de vrai dans ce qu'on m'a conté, j'attendrai que vous m'en parliez, avant que de vous dire mon avis sur ce sujet. J'ai demandé à ce gentil-homme si vous n'étiez point bien fatiguée ; il m'a dit que vous étiez très-belle. Mais vous savez que mes yeux pour vous sont plus justes que ceux des autres : je pourrais bien vous trouver abattue et fatiguée au travers de leurs approbations. J'ai été enrhumée ces jours-ci, et j'ai gardé ma chambre : presque tous vos amis ont pris ce temps-là pour me venir voir ; l'abbé Têtu[2] m'a fort priée de le distinguer en vous écrivant. Je n'ai jamais vu une personne absente être si vive dans tous les cœurs ; c'était à vous qu'était réservé ce miracle. Vous savez comme nous avons toujours trouvé qu'on se passait bien des gens : on ne se passe point de vous. Ma vie est employée à parler de vous ; ceux qui m'écoutent le mieux

---

[1] Le marquis de Vardes, d'abord mis à la Bastille, exilé pour ses intrigues ; ce fut lui qui informa Marie-Thérèse de l'amour du roi pour mademoiselle de La Vallière.

[2] Jacques Têtu, abbé de Belval, auteur des *Stances chrétiennes sur divers passages de l'Écriture Sainte et des Pères*. Il était de l'Académie Française. Il ne faut pas le confondre avec un autre abbé Têtu, qui était aussi de l'Académie Française, et dont il n'est jamais question dans les *Lettres de Madame de Sévigné*.

sont ceux que je cherche le plus. N'allez point craindre que je sois ridicule; car, outre que le sujet ne l'est pas, c'est que je connais parfaitement bien et les gens et le lieu, et ce qu'il faut dire et ce qu'il faut taire. Je dis un peu de bien de moi en passant; j'en demande pardon au Bourdaloue et au Mascaron : j'entends tous les matins l'un ou l'autre; un demi-quart des merveilles qu'ils disent devrait faire une sainte.

Je vous avoue de bonne foi, ma petite, que je ne puis du tout m'accoutumer à vous savoir à deux cents lieues de moi; je suis plus touchée que je ne l'étais lorsque vous étiez en chemin, je repleure sur nouveaux frais; je ne vois goutte dans votre cœur, je me représente cent choses désagréables que je ne vous puis dire, je ne vois pas même ce que pense M. de Grignan; et tout est brouillé, je ne sais comment, dans ma tête. Je vous vois accablée d'honneurs, et d'honneurs qui tiennent fort au nom que vous portez; rien n'est plus grand ni plus considéré; nulle famille ne peut être plus aimable : vous y êtes adorée, à ce que je crois, car le coadjuteur ne m'écrit plus; mais j'ignore comment vous vous portez dans tout ce tracas. C'est une sorte de vie étrange que celle des provinces : on fait des affaires de tout. Je m'imagine que vous faites des merveilles, et je voudrais bien savoir ce que ces merveilles vous coûtent, soit pour vous plaindre, soit pour ne vous plaindre pas.

Je reçois votre lettre, ma chère enfant, et j'y fais réponse avec précipitation, parce qu'il est tard : cela me fait approuver les avances de provision. Je vois bien que tout ce qu'on m'a dit de vos aventures à votre arrivée n'est pas vrai; j'en suis très-aise : ces sortes de petits procès dans les villes de province, où l'on n'a rien autre chose dans la tête, font une éternité d'éclaircissements, et c'est assez pour mourir d'ennui. Mais vous êtes bien plaisante, madame la comtesse, de montrer mes lettres; où est donc ce principe de cachoterie pour ce que vous aimez? Vous souvient-il avec quelle peine nous attrapions les dates de celles de M. de Grignan? Vous pensez m'apaiser par vos louanges, et me traiter toujours comme la gazette de Hollande; je m'en vengerai. Vous cachez les tendresses que je vous mande, friponne; et moi je montre quelquefois, et à certaines gens, celles que vous m'écrivez. Je ne veux pas qu'on croie que j'ai pensé mourir, et que je pleure tous les jours, *pour qui? pour une ingrate.* Je veux qu'on voie que vous m'aimez, et que si vous avez mon cœur tout entier, j'ai une place dans le vôtre. Je ferai tous vos compliments. Chacun me demande : Ne suis-je point nommé? Et je dis, Non, pas encore; mais vous le serez. Par exemple, nommez-moi un peu M. d'Ormesson, et les Mêmes [1]. Il y a presse à votre souvenir; ce que vous envoyez ici est tout aussitôt enlevé : ils ont raison, ma fille, vous êtes aimable, et rien n'est comme vous. Voilà, du moins, ce que vous cacherez, car depuis Niobé jamais une mère n'a parlé comme je fais. Pour M. de Grignan, il peut bien s'assurer que si je puis quelque jour avoir sa femme, je ne la lui rendrai pas. Comment! ne me pas remercier d'un tel présent! ne me point dire qu'il est transporté! Il m'écrit pour me la demander, et ne me remercie point quand je la lui donne. Je comprends pourtant qu'il peut fort bien être accablé ainsi que vous; ma colère ne tient à guère, et ma tendresse pour vous deux tient à beaucoup. Tout ce que vous me mandez est très-plaisant; c'est dommage que vous n'ayez eu le temps d'en dire davantage. Mon Dieu, que j'ai d'envie de recevoir de vos lettres! Il y a déjà près d'une demi-heure que je n'en ai reçu. Je ne sais aucune nouvelle : le roi se porte fort bien; il va de Versailles à Saint-Germain, de Saint-Germain à Versailles; tout est comme il était. La reine fait souvent ses dévotions, et va

---

[1] Jean-Antoine de Mesmes, président à mortier, et son fils Jean-Jacques, comte d'Avaux.

au salut du Saint-Sacrement. Le père Bourdaloue prêche : bon Dieu ! tout est au-dessous des louanges qu'il mérite. L'autre jour notre abbé eut un démêlé, avant le sermon, avec M. de Noyon [1], qui lui fit entendre qu'il devait bien quitter sa place à un homme de la maison de Clermont : on a fort ri de ce titre, pour avoir la place d'un abbé à l'église ; on a bien raconté là-dessus toutes les clefs de la maison de Tonnerre, et toute la science du prélat sur la *pairie*. Je dîne tous les vendredis chez les Mans [2] avec M. de La Rochefoucauld, madame de Brissac et Benserade, qui toujours y fait la joie de la compagnie. Si la Provence m'aime, je suis fort sa servante aussi ; conservez-moi l'honneur de ses bonnes grâces, je lui ferai mes compliments quand vous voudrez. Je vous ai donné un voyage, c'est à vous de le placer. Je ne dis rien à M. de Vardes ni à mon ami Corbinelli ; je les crois retournés en Languedoc. J'aime votre fille à cause de vous ; mes entrailles n'ont point encore pris le train des tendresses d'une grand'mère.

116. — A LA MÊME.

A Paris, vendredi 15 mars 1671.

Me voici à la joie de mon cœur, toute seule dans ma chambre à vous écrire paisiblement ; rien ne m'est si agréable que cet état. J'ai dîné aujourd'hui chez madame de Lavardin, après avoir été en Bourdaloue, où étaient les mères de l'Église : c'est ainsi que j'appelle les princesses de Conti et de Longueville. Tout ce qui était au monde était à ce sermon, et ce sermon était digne de tout ce qui l'é-

---

[1] François de Clermont-Tonnerre, évêque et comte de Noyon, pair de France, commandeur des ordres du roi. Ce prélat était connu pour porter à l'excès toutes les vanités dont un courtisan peut être susceptible. On a *un mémoire pour servir à son propre éloge*, dicté par lui-même à son secrétaire.

[2] Philibert-Emmanuel de Beaumanoir, évêque du Mans, commandeur des ordres du roi. (P.)

coûtait. J'ai songé vingt fois à vous, et vous ai souhaitée autant de fois auprès de moi; vous auriez été ravie de l'entendre, et moi encore plus ravie de vous le voir entendre. M. de La Rochefoucauld a reçu très-plaisamment, chez madame de Lavardin, le compliment que vous lui faites; on a fort parlé de vous. M. d'Ambres y était avec sa cousine de Brissac; il a paru s'intéresser beaucoup à votre prétendu naufrage; on a parlé de votre hardiesse. M. de La Rochefoucauld a dit que vous aviez voulu paraître brave, dans l'espérance que quelque charitable personne vous en empêcherait; et que, n'en ayant pas trouvé, vous aviez dû être dans le même embarras que Scaramouche. Nous avons été voir à la foire, une grande diablesse de femme, plus grande que Riberpré de toute la tête; elle accoucha l'autre jour de deux gros enfants, qui vinrent de front, les bras aux côtés : c'est une grande femme tout à fait. J'ai été faire des compliments pour vous à l'hôtel de Rambouillet; on vous en rend mille. Madame de Montausier est au désespoir de ne vous point voir. J'ai été chez madame du Puy-du-Fou; j'ai été, pour la troisième fois, chez madame de Maillanes; je me fais rire moi-même en observant le plaisir que j'ai de faire toutes ces choses. Au reste, si vous croyez les filles de la reine enragées, vous croyez bien. Il y a huit jours que madame de Ludres[1], Coëtlogon et la petite de Rouvroi furent mordues d'une petite chienne qui était à Théobon; cette petite chienne est morte enragée; de sorte que Ludres, Coëtlogon et Rouvroi, sont parties ce matin pour aller à Dieppe, et se faire jeter trois fois dans la mer. Ce voyage est triste; Benserade en était au désespoir; Théobon n'a pas voulu y aller, quoiqu'elle ait été mordillée. La reine ne veut pas qu'elle la serve qu'on ne sache ce qui arrivera de toute cette aventure. Ne trouvez-vous point que Ludres ressemble à Andromède? Pour

---

[1] Marie-Élisabeth de Ludres, chanoinesse de Poussay, qui fut aimée du roi.

moi, je la vois attachée au rocher, et Tréville[1] sur un cheval ailé qui tue le monstre. *Ah! Zésu, matame te Grignan, l'étranze sose t'être zettée toute nue tans la mer*[2]. En voici une, à mon sens, encore plus étrange : c'est de coucher demain avec M. de Ventadour, comme fera mademoiselle d'Houdancourt : je craindrais plus ce monstre que celui d'Andromède, *contra il qual non vale elmo ne scudo.*

Voilà bien des lanternes, et je ne sais rien de vous : vous croyez que je devine ce que vous faites ; mais j'y prends trop d'intérêt, et à votre santé, et à l'état de votre esprit, pour vouloir me borner à ce que j'en imagine : les moindres circonstances sont chères de ceux qu'on aime parfaitement, autant qu'elles sont ennuyeuses des autres : nous l'avons dit mille fois, et cela est vrai. La Vauvineux vous fait cent compliments ; sa fille a été bien malade ; madame d'Arpajon l'a été aussi : nommez-moi tout cela avec madame de Verneuil[3], à votre loisir. Voilà une lettre de M. de Condom, qu'il m'a envoyée avec un billet fort joli. Votre frère entre sous les lois de Ninon ; je doute qu'elles lui soient bonnes : il y a des esprits à qui elles ne valent rien. Elle avait gâté son père ; il faut le recommander à Dieu : quand on est chrétienne, ou du moins quand on le veut être, on ne peut voir les déréglements sans chagrin. Ah, Bourdaloue ! quelles divines vérités vous nous avez dites aujourd'hui sur la mort ! Madame de La Fayette y était pour la première fois de sa vie ; elle était transportée d'admiration ; elle est ravie de votre souvenir, et vous embrasse de tout son cœur. Je lui ai donné une belle copie de votre portrait ; il pare sa chambre, où vous n'êtes jamais oubliée. Si vous êtes encore de l'humeur dont vous

---

[1] Henri-Joseph de Peyre, comte de Tréville.

[2] Manière de prononcer de madame de Ludres.

[3] Charlotte Séguier, veuve du duc de Sully, et mariée en secondes noces au duc de Verneuil. (M.)

étiez à Sainte-Marie, et que vous gardiez mes lettres, voyez si vous n'avez pas reçu celle du 18 février. Adieu, ma très-aimable enfant. Vous dirai-je que je vous aime? c'est se moquer d'en être encore là; cependant, comme je suis ravie quand vous m'assurez de votre tendresse, je vous assure de la mienne, afin de vous donner de la joie, si vous êtes de mon humeur. Et ce Grignan, mérite-t-il que je lui dise un mot?

Je crois que M. d'Hacqueville vous mande toutes les nouvelles; pour moi, je n'en sais point : je serais toute propre à vous dire que le chancelier [1] a pris un lavement.

Je vis hier une chose chez Mademoiselle qui me fit plaisir. Madame de Gêvres arrive, belle, charmante et de bonne grâce; madame d'Arpajon était au-dessus de moi; je pense que la duchesse s'attendait que je lui dusse offrir ma place; ma foi, je lui devais une incivilité de l'autre jour, je la lui payai comptant, et ne branlai pas. Mademoiselle était au lit; madame de Gêvres a donc été contrainte de se mettre au-dessous de l'estrade; cela est fâcheux. On apporte à boire à Mademoiselle : il faut donner la serviette. Je vois madame de Gêvres qui dégante sa main maigre; je pousse madame d'Arpajon : elle m'entend, et se dégante; et, d'une très-bonne grâce, avance un pas, coupe la duchesse, et prend et donne la serviette. La duchesse de Gêvres en a eu toute la honte; elle était montée sur l'estrade et elle avait ôté ses gants, et tout cela pour voir donner la serviette de plus près par madame d'Arpajon. Ma fille, je suis méchante, cela m'a réjouie; c'est bien employé : a-t-on jamais vu accourir pour ôter à madame d'Arpajon, qui est dans la ruelle, un petit honneur qui lui vient tout naturellement? Madame de Puisieux s'en est épanoui la rate. Mademoiselle n'osait lever les yeux; et moi, j'avais une mine qui ne valait rien. Après cela on m'a dit cent mille biens

[1] Le chancelier Séguier n'allait jamais au conseil sans avoir pris cette précaution. (*Note de l'éditeur de* 1734.)

de vous, et Mademoiselle m'a commandé de vous dire qu'elle était fort aise que vous ne fussiez point noyée et que vous fussiez en bonne santé. Nous fûmes chez madame Colbert, qui me demanda de vos nouvelles : voilà de terribles bagatelles ; mais je ne sais rien. Vous voyez que je ne suis plus dévote : hélas! j'aurais bien besoin des matines et de la solitude de Livry ; si est-ce que je vous donnerai les deux livres de La Fontaine, quand vous devriez être en colère ; il y a des endroits jolis et d'autres ennuyeux : on ne veut jamais se contenter d'avoir bien fait, et en voulant mieux faire on fait plus mal.

117. — A LA MÊME.

A Paris, dimanche 15 mars 1671.

Monsieur de La Brosse veut que ma lettre l'introduise auprès de vous : n'est-ce pas se moquer des gens? Vous savez l'estime et l'amitié que j'ai pour lui ; vous savez que son père est l'un de mes plus anciens amis ; vous savez vous-même le mérite de l'un et de l'autre, et vous avez pour eux tous les sentiments que je voudrais vous inspirer : vous voyez donc bien que ma lettre ne peut lui être utile. C'est à moi qu'elle est très-bonne ; car en vérité j'aime à vous écrire. C'est une chose plaisante à observer que le plaisir qu'on prend à parler, quoique de loin, à une personne que l'on aime, et l'étrange pesanteur qu'on trouve à écrire aux autres. Je me trouve heureuse d'avoir commencé ma journée par vous. Le petit *Pecquet* était au chevet de mon lit pour un épouvantable rhume, qui sera passé quand vous recevrez cette lettre ; nous parlions de vous, et de là je me mets à vous écrire. Je dois passer cette journée avec moins de chagrin que les autres. Pour hier au soir, j'avais ici assez de gens, et j'étais comme Benserade : je me faisais un plaisir de ne point coucher avec M. de Ventadour, comme cette pauvre fille qui eut cet honneur ¹. Vous savez que Benserade ne se consolait de n'être pas M. d'Armagnac ², que parce qu'il n'était point M. de Saint-Hérem. Mais qui me consolera de ne point recevoir de vos lettres? Je ne comprends rien aux postes; elles sont déréglées, et ces gens si obligeants, qui partent à minuit pour porter mes lettres, n'ont pas assez de soin de me rapporter vos réponses. Nous parlons sans cesse de vos affaires, l'abbé et moi; il vous rend compte de tout, c'est pourquoi je ne vous dis rien. Votre santé, votre repos, vos affaires, ce sont les trois points de mon esprit, d'où je tire une conclusion que je vous laisse à méditer.

118. — A LA MÊME.

A Paris, mercredi 18 mars 1671.

Je reçois deux paquets ensemble qui ont été retardés considérablement. J'apprends enfin par vous-même votre entrée à Aix : mais vous ne me dites pas si votre mari était avec vous, ni de quelle manière Vardes honorait votre triomphe; du reste, vous me le représentez très-plaisamment, aussi bien que votre embarras et vos civilités déplacées. Bon Dieu! que n'étais-je avec vous! ce n'est pas que j'eusse mieux fait que vous, car je n'ai pas le don de placer si juste les noms sur les visages : au contraire, je fais tous les jours mille sottises là-dessus; mais il me semble que je vous aurais aidée, et que j'aurais fait du moins bien des révérences. Il est vrai que c'est un métier tuant que cet excès de cérémonies et de civilités; cependant ne vous relâchez sur rien; tâchez, mon enfant, de vous ajuster aux mœurs et aux manières des gens avec qui vous avez à vivre; accommodez-vous un peu de ce qui n'est pas mauvais, ne

---

¹ Mademoiselle d'Houdancourt, son épouse. *Voyez* la lettre du 27 février précédent.
² M. d'Armagnac était l'un des hommes les mieux faits.

vous dégoûtez point de ce qui n'est que médiocre, faites-vous un plaisir de ce qui n'est pas ridicule.

Il y a présentement une nouvelle qui fait l'unique entretien de Paris. Le roi a commandé à M. de S.... de se défaire de sa charge, et tout de suite de sortir de Paris. Savez-vous pourquoi? Pour avoir trompé au jeu, et avoir gagné cinq cent mille écus avec des cartes ajustées. Le cartier fut interrogé par le roi même : il nia d'abord ; enfin, sur le pardon que Sa Majesté lui promit, il avoua qu'il faisait ce métier depuis longtemps; on dit même que cela se répandra plus loin, car il y a plusieurs maisons où il fournissait de ces bonnes cartes rangées. Le roi a eu beaucoup de peine à se résoudre à déshonorer un homme de la qualité de S....; mais voyant que depuis deux mois tous ceux qui jouaient avec lui étaient ruinés, Sa Majesté a cru qu'il y allait de sa conscience à faire éclater cette friponnerie. S.... savait si bien le jeu des autres, que toujours il faisait va-tout sur la dame de pique, parce que tous les piques étaient dans les autres jeux. Le roi perdait toujours à trente-un de trèfle, et disait : Le trèfle ne gagne point contre le pique en ce pays-ci. S... avait donné trente pistoles aux valets de chambre de madame de La Vallière, pour leur faire jeter dans la rivière toutes les cartes qu'ils avaient, sous prétexte qu'elles n'étaient point bonnes, et avait introduit son cartier. Celui qui le conduisait dans cette belle vie s'appelle *Pradier*, et s'est éclipsé aussitôt que le roi défendit à S.... de se trouver devant lui. S.... aurait dû, s'il avait été innocent, se mettre en prison et demander qu'on lui fît son procès; mais il n'a pas pris ce chemin, et a trouvé celui de Languedoc plus sûr : bien des gens lui conseillaient celui de la Trappe, après un malheur comme celui-là. Voilà de quoi on parle uniquement.

Madame d'Humières m'a chargée de mille amitiés pour vous; elle s'en va à Lille, où elle sera honorée comme vous l'êtes à Aix. Le maréchal de Bellefonds, par un pur sentiment de piété, s'est accommodé avec ses créanciers ; il leur a cédé le fonds de son bien, et donné plus de la moitié du revenu de sa charge [1], pour achever de payer les arrérages. Cette exécution est belle, et fait bien voir que ses voyages à la Trappe ne sont pas inutiles. J'allai voir l'autre jour cette duchesse de Ventadour ; elle était belle comme un ange. Madame la duchesse de Nevers y vint coiffée à faire rire : il faut m'en croire, car vous savez comme j'aime la mode excessive. La Martin [2] l'avait *brétaudée* par plaisir comme un patron de mode : elle avait donc tous les cheveux coupés sur la tête, et frisés *naturellement* par cent papillotes qui lui font souffrir mort et passion toute la nuit. Cela fait une petite tête de chou ronde, sans que rien accompagne les côtés. Ma fille, c'était la plus ridicule chose que l'on pût imaginer : elle n'avait point de coiffe : mais encore passe, elle est jeune et jolie ; mais toutes ces femmes de Saint-Germain, et cette La Mothe surtout, se font *testonner* par la Martin ; cela est au point que le roi et toutes les dames sensées en pâment de rire : elles en sont encore à cette jolie coiffure que Mongobert [3] sait si bien ; je veux dire ces boucles renversées. Voilà tout ; on se divertit extrêmement à voir outrer cette nouvelle mode jusqu'à la folie.

Votre frère est à Saint-Germain ; il est entre Ninon et une comédienne [4], et Despréaux sur le tout : nous lui faisons une vie enragée.

119. — A LA MÊME.

Du même jour 18 mars 1671.

Avant que d'envoyer mon paquet, je fais réponse à votre lettre du 11, que je reçois. Je suis plus désespérée que vous des retardements de la poste.

---

[1] De premier maitre d'hôtel du roi. (P.)
[2] Fameuse coiffeuse de ce temps-là.
[3] Demoiselle de compagnie de madame de Grignan, et son amie.
[4] La Champmêlé.

MONSIEUR DE BARILLON [1].

J'interromps la plus aimable mère du monde pour vous dire trois mots, qui ne seront guère bien arrangés, mais qui seront vrais. Sachez donc, Madame, que je vous ai toujours plus aimée que je ne vous l'ai dit, et que si jamais je gouverne, la Provence n'aura plus de gouvernante. En attendant, gouvernez-vous bien, et régnez doucement sur les peuples que Dieu a soumis à vos lois. Adieu, Madame, je quitte Paris sans regret.

MADAME DE SÉVIGNÉ.

C'est ce pauvre Barillon qui m'a interrompue, et qui ne me trouve guère avancée de ne pouvoir pas encore recevoir de vos lettres sans pleurer. Je ne le puis, ma fille, mais ne souhaitez point que je le puisse; aimez mes tendresses, aimez mes faiblesses; pour moi, je m'en accommode fort bien. Je les aime bien mieux que des sentiments de Sénèque et d'Épictète. Je suis douce, tendre, ma chère enfant, jusques à la folie; vous m'êtes toutes choses, je ne connais que vous. Hélas! je suis bien précisément comme vous pensez, c'est-à-dire, d'aimer ceux qui vous aiment et qui se souviennent de vous; je le sens tous les jours. Quand je trouvai *Mellusine* [2], le cœur me battit de colère et d'émotion; elle s'approcha, comme vous savez, et me dit : Hé bien, Madame, êtes-vous bien fâchée? — Oui, Madame, lui dis-je; on ne peut pas plus. — Ah, vraiment! je le crois; il faudra vous aller consoler. — Madame, n'en prenez pas la peine, ce serait une chose inutile. — Mais, me dit-elle, n'êtes-vous pas chez vous? — Non, Madame, on ne m'y trouve jamais. — Voilà notre dialogue. Je vous assure qu'elle est *débellée*, comme dit Coulanges : il ne me semble pas qu'elle ait une langue présentement. Mais

---

[1] Conseiller d'État, ambassadeur en Angleterre.
[2] Madame de Marans. Lettre du 6 février précédent. (G.)

je veux revenir à mes lettres, qu'on ne vous envoie point ; j'en suis au désespoir. Croyez-vous qu'on les ouvre? croyez-vous qu'on les garde? Hélas! je conjure ceux qui prennent cette peine de considérer le peu de plaisir qu'ils ont à cette lecture, et le chagrin qu'ils nous donnent. Messieurs, du moins ayez soin de les faire recacheter, afin qu'elles arrivent tôt ou tard. Vous parlez de peinture : vraiment vous m'en faites une de l'habit de vos dames, qui vaut tout ce qu'une description peut valoir. Vous dites que vous voudriez bien me voir entrer dans votre chambre, et m'entendre discourir. Hélas! c'est ma folie que de vous voir, de vous parler, de vous entendre; je me dévore de cette envie et du déplaisir de ne vous avoir pas assez écoutée, pas assez regardée. Il me semble pourtant que je n'en perdais guère les moments; mais enfin je n'en suis pas contente, je suis folle. Il n'y a rien de plus vrai; mais vous êtes obligée d'aimer ma folie. Je ne comprends pas comme on peut tant penser à une personne ; n'aurai-je jamais tout pensé? Non, que quand je ne penserai plus. Le billet de M. de Grignan est très-joli. Je lui ferai réponse, et je le prie de m'aimer toujours ; pour votre fille, je l'aime ; vous savez pourquoi et pour qui.

120. — A LA MÊME.

A Paris, vendredi 20 mars 1671.

Monsieur le coadjuteur de Rheims[1] était l'autre jour avec nous chez madame de Coulanges. Je me plaignis à lui du désordre de la poste ; il me dit qu'elle lui faisait des tours aussi bien qu'à moi ; qu'il vous avait écrit deux fois, et qu'il n'avait point eu de réponse. Mettez la main sur la conscience, ma bonne, et payez vos dettes. Il s'en est allé à Rheims, et madame de Coulanges lui disait : Quelle folie d'aller à Rheims! et qu'allez-vous faire là? Vous vous y

---

[1] Charles-Maurice Le Tellier, frère du ministre Louvois. (P.)

ennuierez comme un chien : demeurez ici, nous nous promènerons. Ce discours à un archevêque nous fit rire, et elle aussi; nous ne le trouvâmes nullement canonique, et nous comprîmes pourtant que si plusieurs dames le tenaient à des prélats, elles ne perdraient peut-être pas leurs paroles. M. de La Rochefoucauld m'a demandé plus de dix fois si vous n'aviez point reçu ses dragées, et je lui ai dit toutes vos douceurs là-dessus. Voici une histoire qu'il vous envoie cette fois au lieu de dragées. Le comte d'Estrées lui a conté qu'en son voyage de Guinée il se trouva parmi des chrétiens; qu'étant entré dans une église, il y trouva vingt chanoines nègres tout nus avec des bonnets carrés, et une aumusse au bras gauche, qui chantaient les louanges de Dieu. Il vous prie de faire réflexion sur cette rencontre, et de ne pas croire qu'ils eussent le moindre surplis, car ils étaient comme quand on sort du ventre de sa mère, et noirs comme des diables. Voilà ma commission.

Madame de Guise a fait un faux pas à Versailles; elle n'en a rien dit : elle est accouchée, à quatre mois, d'un pauvre petit garçon, qui n'a point été baptisé. Voilà un bel exemple pour se conserver, et pour ne point cacher ses fausses démarches. D'Hacqueville vous a envoyé une assez plaisante chanson sur M. de Longueville : c'est à l'imitation d'un certain récit de ballet que vous ne connaissez point, et que je vous ai dit qui était le plus beau du monde. Je le sais, et je le chante bien. La lettre que vous avez écrite à Guitaud est fort jolie; j'aime passionnément vos lettres. Si les miennes vous peignent bien ce que je vous dis, et que vous croyiez le voir, vous vous souviendrez des chanoines de Guinée. On donna l'autre jour au père Desmares un billet en montant en chaire; il le lut avec ses lunettes; c'était :

> De par monseigneur de Paris,
> On déclare à tous les maris
> Que leurs femmes on baisera, *alleluia*.

Il en lut plus de la moitié : on pensa mourir de rire. Il y a des gens de bonne humeur, comme vous voyez. Je crois que vous savez que MADEMOISELLE a chassé Guilloire : le pauvre Ségrais ne tient à guère ; c'est qu'ils ont témoigné trop librement leurs sentiments sur M. de Lauzun. Dites un petit mot de madame de Lavardin dans une de vos lettres ; elle est toujours enthousiasmée de votre mérite, et moi de la tendresse que j'ai pour vous : si je ne vous en parle pas assez à mon gré, c'est par discrétion ; mais, en un mot, vous m'occupez tout entière ; et sans vous donner aucun rendez-vous d'esprit, comme mademoiselle de Scudéri, soyez assurée que vous ne sauriez penser à moi en aucun temps que je ne pense à vous. Regardez un peu la lune, cette lune que je regarde aussi ; nous voyons la même chose, quoiqu'à deux cents lieues l'une de l'autre.

121. — A LA MÊME.

A Paris, lundi 23 mars 1671.

Cela n'est-il pas cruel de n'avoir pas encore reçu vos lettres? Voilà M. de Coulanges qui a reçu les siennes, et qui me vient insulter. Il m'a montré votre réponse à l'*ex voto*, qui est tellement à mon gré, que je l'ai lue deux fois avec plaisir. Ah! que vous écrivez à ma fantaisie! Cet *ex voto*, qui fut fait au bout de la table où je vous écrivais, me réjouit fort, et me fit souvenir du jour que je fus si malheureusement pendue. Vous souvient-il combien vous me fûtes cruelle ce jour-là? Vous me condamnâtes sans miséricorde, et toute la sollicitation de d'Hacqueville ne put pas même vous obliger à revoir mon procès. Il est vrai que je fis une grande faute, mais aussi d'être pendue haut et court, comme je le fus, c'était une grande punition. La chanson de M. de Coulanges était bonne aussi ; il y a plaisir de vous envoyer des folies, vous y répondez délicieusement. Vous savez que rien n'attrape tant que quand on croit avoir écrit pour divertir ses amis, et qu'il arrive qu'ils n'y prennent pas garde, ou qu'ils n'en disent pas un mot. Vous n'avez pas cette cruauté : vous êtes aimable en tout et partout ; hélas ! combien vous êtes aimée aussi ! combien de cœurs où vous êtes la première ! Il y a peu de gens qui puissent se vanter d'une telle chose. M. de Coulanges vous écrit la plus folle lettre du monde, et d'après le naturel ; elle m'a fort divertie. Enfin les femmes sont folles ; il semble qu'elles aient toutes la tête cassée : on leur met le premier appareil, et elles se reposent comme d'une opération ; cette folie vous réjouirait fort, si vous étiez ici. Je fus hier chez M. de La Rochefoucauld ; je le trouvai criant les hauts cris : ses douleurs étaient à un tel point que toute sa constance était vaincue, sans qu'il en restât un seul brin ; l'excès de ces douleurs l'agitait de telle sorte qu'il était en l'air dans sa chaise avec une fièvre violente. Il me fit une pitié extrême : je ne l'avais jamais vu en cet état ; il me pria de vous le mander, et de vous assurer que les roués ne souffrent point en un moment ce qu'il souffre la moitié de sa vie, et qu'aussi il souhaite la mort comme le coup de grâce. Sa nuit n'a pas été meilleure.

Je reçois présentement votre lettre, et me voilà toute seule dans ma chambre pour vous écrire et vous faire réponse. Au sortir d'un lieu où j'ai dîné, je reviens fort bien chez moi, et quand j'y trouve une de vos lettres, j'entre et j'écris : rien n'est préféré à ce plaisir, et je languis après les jours de poste. Ah ! ma fille, qu'il y a de différence de ce que j'ai pour vous, et de ce que l'on a pour quelqu'un qu'on n'aime point ! Vous voulez que je lise de sang-froid le récit du péril que vous avez couru ; j'en ai été encore plus effrayée par les lettres qu'on m'a montrées d'Avignon et d'ailleurs, que par les vôtres. Je comprends bien le dépit qui fit dire à M. de Grignan : *vogue la galère*. En vérité, vous êtes quelquefois capable de mettre au désespoir ; si vous m'aviez caché cette aventure, je l'aurais apprise d'ailleurs, et je vous en aurais su très-mauvais gré. Je vous avoue que je serai très-mal contente de M. de Marseille, s'il ne fait ce que nous souhaitons. Il a beau dire, je ne tâte point de son amour pour la Provence ; quand je vois qu'il ne dit rien pour empêcher les quatre cent cinquante mille francs, et qu'il ne s'écrie que sur une bagatelle, je suis sa très-humble servante. J'ai une extrême impatience de savoir ce qui sera enfin résolu. Madame d'Angoulême m'a dit qu'on lui avait mandé que vous étiez la personne du monde la plus polie ; elle vous fait mille compliments. Vous ne voulez point du tout me dire la date des lettres que vous recevez de moi ; j'ai un billet, mais je ne trouve pas ce que vous vouliez. Au moins, mandez-moi quand vous aurez reçu deux éventails que je vous donne et que je vous envoie par cette poste. Je crains plus que vous mon voyage de Bretagne ; il me semble que ce sera encore une autre séparation, une douleur sur une douleur, et une absence sur une absence ; enfin je commence à m'affliger tout de bon : ce sera vers le commencement de mai. Pour mon autre voyage, dont vous m'assurez que le chemin est libre, vous savez qu'il dépend de vous ; je vous l'ai donné : vous manderez à d'Hacqueville en quel temps vous voulez qu'il soit placé. M. de Vivonne a bonne mémoire de me faire un compliment si vieux ; faites-lui mes compliments ; je lui écrirai dans deux ans. N'êtes-vous pas à merveille avec Bandol[1] ? dites-lui mille amitiés pour moi : il a écrit une lettre à M. de Coulanges, une lettre qui lui ressemble, et qui est aimable. Prenez garde, au reste, que votre paresse ne vous fasse perdre votre argent au jeu : ces petites pertes fréquentes sont comme les petites pluies, qui gâtent bien les chemins. Je vous embrasse, ma chère fille ; si vous pouvez, aimez-moi toujours, puisque c'est la seule chose que je souhaite en ce monde, pour la tranquillité de mon âme ;

---

[1] Le président de Bandol.

je fais bien d'autres souhaits pour ce qui vous regarde ; enfin, tout tourne ou sur vous, ou de vous, ou par vous.

122. — A LA MÊME.

A Livry, mardi saint 24 mars 1671.

Voici une terrible causerie, ma chère enfant ; il y a trois heures que je suis ici. Je suis partie de Paris avec l'abbé, Hélène, Hébert et *Marphise*[1], dans le dessein de me retirer du monde et du bruit pour jusqu'à jeudi au soir : je prétends être en solitude ; je fais de ceci une petite Trappe, je veux y prier Dieu, y faire mille réflexions ; j'ai résolu d'y jeûner beaucoup pour toutes sortes de raisons, de marcher pour tout le temps que j'ai été dans ma chambre, et surtout de m'ennuyer pour l'amour de Dieu. Mais ce que je ferai beaucoup mieux que tout cela, c'est de penser à vous, ma fille ; je n'ai pas encore cessé depuis que je suis arrivée, et ne pouvant contenir tous mes sentiments, je me suis mise à vous écrire au bout de cette petite allée sombre que vous aimez, assise sur ce siége de mousse où je vous ai vue quelquefois couchée. Mais, mon Dieu, où ne vous ai-je point vue ici ? et de quelle façon toutes ces pensées me traversent-elles le cœur ? Il n'y a point d'endroit, point de lieu, ni dans la maison, ni dans l'église, ni dans le pays, ni dans le jardin, où je ne vous aie vue ; il n'y en a point qui ne me fasse souvenir de quelque chose. De quelque manière que ce soit, cela me perce le cœur : je vous vois, vous m'êtes présente ; je pense et repense à tout. Ma tête et mon esprit se creusent ; mais j'ai beau tourner, j'ai beau chercher, cette chère enfant que j'aime avec tant de passion est à deux cents lieues de moi, je ne l'ai plus ; sur cela je pleure, sans pouvoir m'en empêcher. Ma chère bonne, voilà qui est bien faible ; mais pour moi, je ne sais point

---

[1] Hélène, femme de chambre de Madame de Sévigné ; Hébert, son valet de chambre, et Marphise, sa chienne. (M.)

être forte contre une tendresse si juste et si naturelle. Je ne sais en quelle disposition vous serez en lisant cette lettre ; le hasard fera qu'elle viendra mal à propos, et qu'elle ne sera peut-être pas lue de la manière qu'elle est écrite. A cela je ne sais point de remède : elle sert toujours à me soulager présentement ; c'est au moins ce que je lui demande. L'état où ce lieu m'a mise est une chose incroyable. Je vous prie de ne point parler de mes faiblesses ; mais vous devez les aimer et respecter mes larmes, puisqu'elles viennent d'un cœur tout à vous.

123. — A LA MÊME.

A Livry, jeudi saint 26 mars 1671.

Si j'avais autant pleuré mes péchés que j'ai pleuré pour vous depuis que je suis ici, je serais très-bien disposée pour faire mes pâques et mon jubilé. J'ai passé ici le temps que j'avais résolu, de la manière dont je l'avais imaginé, à la réserve de votre souvenir, qui m'a plus tourmenté que je ne l'avais prévu. C'est une chose étrange qu'une imagination vive, qui représente toutes les choses comme si elles étaient encore ; sur cela on songe au présent, et quand on a le cœur comme je l'ai, on se meurt. Je ne sais où me sauver de vous : notre maison de Paris m'assomme encore tous les jours, et Livry m'achève. Pour vous, c'est par un effort de mémoire que vous pensez à moi : la Provence n'est point obligée de me rendre à vous, comme ces lieux-ci doivent vous rendre à moi. J'ai trouvé de la douceur dans la tristesse que j'ai eue ici ; une grande solitude, un grand silence, un office triste, des Ténèbres chantées avec dévotion, un jeûne canonique, et une beauté dans ces jardins dont vous seriez charmée : tout cela m'a plu. Je n'avais jamais été à Livry la semaine sainte ; hélas ! que je vous y ai souhaitée ! Quelque difficile que vous soyez sur la solitude, vous auriez été contente de celle-ci ; mais je m'en retourne à Paris par nécessité ; j'y trouverai de vos lettres, et je veux demain aller à la Passion du père Bourdaloue ou du père Mascaron : j'ai toujours honoré les belles Passions. Adieu, ma chère petite, j'achèverai cette lettre à Paris : voilà ce que vous aurez de Livry : si j'avais eu la force de ne vous y point écrire et de faire un sacrifice à Dieu de tout ce que j'y ai senti, cela vaudrait mieux que toutes les pénitences du monde ; mais, au lieu d'en faire un bon usage, j'ai cherché de la consolation à vous en parler : ah, ma fille, que cela est faible et misérable !

124. — A LA MÊME.

A Paris, vendredi saint 27 mars 1671.

J'ai trouvé ici un gros paquet de vos lettres ; je ferai réponse aux messieurs quand je ne serai pas si dévote : en attendant, embrassez votre cher mari pour moi ; je suis touchée de son amitié et de sa lettre. Je suis bien aise de savoir que le pont d'Avignon est encore sur le dos du coadjuteur : c'est donc lui qui vous y a fait passer, car, pour le pauvre Grignan, il se noyait par dépit contre vous ; il aimait autant mourir que d'être avec des gens si déraisonnables : le coadjuteur est perdu d'avoir ce crime avec tant d'autres. Je suis très-obligée à Bandol de m'avoir fait une si agréable relation. Mais d'où vient, mon enfant, que vous craignez qu'une autre lettre n'efface la vôtre ? vous ne l'avez donc pas relue ? car, pour moi, qui l'ai lue avec attention, elle m'a fait un plaisir sensible, un plaisir à n'être effacé par rien, un plaisir trop agréable pour un jour comme aujourd'hui. Vous contentez ma curiosité sur mille choses que je voulais savoir : je me doutais bien que les prophéties auraient été entièrement fausses à l'égard de Vardes ; je me doutais bien aussi que vous n'auriez fait aucune incivilité ; je me doutais bien encore de l'ennui que vous avez, et ce qui vous surprendra, c'est que, quelque aversion que je vous aie toujours vue pour les narrations, j'ai cru que vous aviez trop d'esprit pour ne pas voir qu'elles sont quelquefois agréables et nécessaires. Je crois qu'il n'y a rien qu'il faille entièrement bannir de la conversation, et que le jugement et les occasions doivent y faire entrer tour à tour tout ce qui est le plus à propos. Je ne sais pourquoi vous dites que vous ne contez pas bien; je ne connais personne qui attache plus que vous : ce ne serait pas une sorte de chose à souhaiter uniquement; mais quand cela tient à l'esprit et à la nécessité de ne rien dire qui ne soit agréable, je pense qu'on doit être bien aise de s'en acquitter comme vous faites.

J'ai entendu la passion du Mascaron, qui en vérité a été très-belle et très-touchante. J'avais grande envie de me jeter dans le Bourdaloue; mais l'impossibilité m'en a ôté le goût : les laquais y étaient dès mercredi, et la presse était à mourir. Je savais qu'il devait redire celle que M. de Grignan et moi nous entendîmes l'année passée aux Jésuites; et c'était pour cela que j'en avais envie : elle était parfaitement belle, et je ne m'en souviens que comme d'un songe. Que je vous plains d'avoir eu un méchant prédicateur! Mais pourquoi cela vous fait-il rire? J'ai envie de vous dire encore ce que je vous dis une fois : *Ennuyez-vous, cela est si méchant.* Je n'ai jamais pensé que vous ne fussiez pas très-bien avec M. de Grignan, je ne crois pas avoir témoigné que j'en doutasse; tout au plus, je souhaiterais en entendre un mot de lui ou de vous, non point par manière de nouvelle, mais pour me confirmer une chose que je désire avec tant de passion. La Provence ne serait pas supportable sans cela, et je comprends bien aisément tous les soins de M. de Grignan pour vous empêcher d'y mourir d'ennui; nous avons, lui et moi, les mêmes symptômes.

Le maréchal d'Albret[1] a gagné un procès de quarante

---

[1] César-Phébus d'Albret, comte de Miossens.

mille livres de rente en fonds de terre; il rentre dans tout le bien de ses grands-pères; il ruine tout le Béarn : vingt familles avaient acheté et revendu ; il faut rendre tout cela avec les fruits depuis cent ans : c'est une épouvantable affaire pour les conséquences. Adieu, ma très-chère ; je voudrais bien savoir quand je ne penserai plus tant à vous ; il faut répondre :

> Comment pourrais-je vous le dire ?
> Rien n'est plus incertain que l'heure de la mort [1].

Mon cher Grignan, je vous embrasse. Je ferai réponse à votre jolie lettre. Adieu, petit démon qui me détournez ; je devrais être à ténèbres il y a plus d'une heure.

125. — A LA MÊME.

A Paris, mercredi 1er avril 1671.

Je revins hier de Saint-Germain ; j'étais avec madame d'Arpajon. Le nombre de ceux qui me demandèrent de vos nouvelles est aussi grand que celui de tous ceux qui composent la cour. Je pense qu'il est bon de distinguer la reine, qui fit un pas vers moi, et me demanda des nouvelles de ma fille, sur son aventure du Rhône : je la remerciai de l'honneur qu'elle vous faisait de se souvenir de vous. Elle reprit la parole, et me dit : Contez-moi comme elle a pensé périr. Je me mis à lui conter votre belle hardiesse de vouloir traverser le Rhône par un grand vent, et que ce vent vous avait jetée rapidement sous une arche à deux doigts du pilier, où vous auriez péri mille fois, si vous l'aviez touché. La reine me dit : Et son mari était-il avec elle ? — Oui, madame, et M. le coadjuteur aussi. — Vraiment, ils ont grand tort, reprit-elle, et fit des hélas, et dit des choses très-obligeantes pour vous. Il vint ensuite bien des duches-

---

[1] Vers de Montreuil.

ses, entre autres la jeune Ventadour, très-belle et très-jolie. On fut quelques moments sans lui apporter ce divin tabouret; je me tournai vers le grand-maître[1], et je dis : Hélas! qu'on le lui donne, il lui coûte assez cher[2]; il fut de mon avis. Au milieu du silence du cercle, la reine se tourne, et me dit : A qui ressemble votre petite-fille? Madame, lui dis-je, elle ressemble à M. de Grignan. S. M. fit un cri : J'en suis fâchée; et me dit doucement : Elle aurait mieux fait de ressembler à sa mère ou à sa grand'mère. Voilà ce que vous me valez de faire ma cour. Le maréchal de Bellefonds m'a fait promettre de le tirer de la presse; M. et madame de Duras, à qui j'ai fait vos compliments, MM. de Charost et de Montausier, et *tutti quanti*, vous les rendent au centuple. J'ai donné votre lettre à M. de Condom. Je ne dois pas oublier M. le dauphin et Mademoiselle, qui m'ont fort parlé de vous. J'ai vu madame de Ludres; elle vint m'aborder avec une surabondance d'amitié qui me surprit; elle me parla de vous sur le même ton; et puis tout d'un coup, comme je pensais lui répondre, je trouvai qu'elle ne m'écoutait plus, et que ses beaux yeux trottaient par la chambre : je le vis promptement, et ceux qui virent que je le voyais me surent bon gré de l'avoir vu, et se mirent à rire. Elle a été plongée dans la mer, la mer l'a vue toute nue, et sa fierté en est augmentée; j'entends la fierté de la mer, car pour la belle, elle en est fort humiliée.

Les coiffures *hurluberlu* m'ont fort divertie; il y en a que l'on voudrait souffleter. La Choiseul ressemblait, comme dit Ninon, à un *printemps d'hôtellerie*[3] comme deux gouttes d'eau : cette comparaison est excellente. Mais qu'elle est dangereuse, cette Ninon! Si vous saviez comme elle dogmatise sur la religion, cela vous ferait horreur. Son zèle pour

---

[1] Henri de Daillon, comte, puis duc du Lude. (P.)
[2] M. de Ventadour était non-seulement laid et contrefait, mais encore très-libertin.
[3] Allusion aux mauvaises peintures qu'on trouve dans les cabarets.

pervertir les jeunes gens est pareil à celui d'un certain M. de Saint-Germain que nous avons vu une fois à Livry. Elle trouve que votre frère a la simplicité de la colombe : il ressemble à sa mère ; c'est madame de Grignan qui a tout le sel de la maison, et qui n'est pas si sotte que d'être dans cette docilité. Quelqu'un pensa prendre votre parti, et voulut lui ôter l'estime qu'elle a pour vous ; elle le fit taire, et dit qu'elle en savait plus que lui. Quelle corruption ! Quoi ! parce qu'elle vous trouve belle et spirituelle, elle veut joindre à cela cette autre bonne qualité, sans laquelle, selon ses maximes, on ne peut être parfaite ! Je suis vivement touchée du mal qu'elle fait à mon fils sur ce chapitre. Ne lui en mandez rien ; nous faisons nos efforts, madame de La Fayette et moi, pour le dépêtrer d'un engagement si dangereux. Il a de plus une petite comédienne [1], et tous les Despréaux et les Racine, et paye les soupers ; enfin c'est une vraie diablerie. Il se moque des Mascaron, comme vous avez vu : vraiment il lui faudrait votre minime [2]. Je n'ai jamais rien vu de si plaisant que ce que vous m'écrivez là-dessus ; je l'ai lu à M. de La Rochefoucauld, il en a ri de tout son cœur. Il vous mande qu'il y a un certain apôtre qui court après *sa côte*, et qui voudrait bien se l'approprier comme son bien ; mais il n'a pas l'art de suivre les grandes entreprises. Je pense que *Mellusine* est dans un trou ; nous n'en entendons pas dire un seul mot. M. de La Rochefoucauld vous dit encore que s'il avait seulement trente ans de moins, il en voudrait fort à la *troisième côte* [3] de M. de Grignan. L'endroit où vous dites qu'il a deux côtes rompues le fit éclater. Nous vous souhaitons toujours quelque sorte de folie qui vous divertisse ; mais nous craignons bien que celle-là n'ait été meilleure pour nous que pour vous. Après tout, nous vous plaignons bien de n'entendre

---

[1] La Champmêlé. (P.)
[2] Le minime qui prêchait à Grignan. (P.)
[3] C'est-à-dire à madame de Grignan, qui était la troisième femme de M. de Grignan. (P.)

parler de Dieu que de cette sorte. Ah, Bourdaloue! il fit, a ce qu'on m'a dit, une Passion plus parfaite que tout ce qu'on peut imaginer : c'était celle de l'année passée, qu'il avait rajustée, selon ce que ses amis lui avaient conseillé, afin qu'elle fût inimitable. Comment peut-on aimer Dieu, quand on n'entend jamais bien parler de lui? Il vous faut des grâces plus particulières qu'aux autres. Nous entendîmes l'autre jour l'abbé de Montmort[1]; je n'ai jamais ouï un si beau jeune sermon; je vous en souhaiterais autant à la place de votre minime. Il fit le signe de la croix, il dit son texte; il ne nous gronda point, il ne nous dit point d'injures; il nous pria de ne point craindre la mort, puisqu'elle était le seul passage que nous eussions pour ressusciter avec Jésus-Christ. Nous le lui accordâmes; nous fûmes tous contents. Il n'a rien qui choque : il imite M. d'Agen[2] sans le copier; il est hardi, il est modeste, il est savant, il est dévot, enfin j'en fus contente au dernier point.

Madame de Vauvineux vous rend mille grâces; sa fille a été très-mal. Madame d'Arpajon vous embrasse mille fois, et surtout M. Le Camus vous adore; et moi, ma chère enfant, que pensez-vous que je fasse? Vous aimer, penser à vous, m'attendrir à tout moment plus que je ne voudrais, m'occuper de vos affaires, m'inquiéter de ce que vous pensez, sentir vos ennuis et vos peines, les vouloir souffrir pour vous, s'il était possible, écumer votre cœur, comme j'écumais votre chambre des fâcheux dont je la voyais remplie; en un mot, comprendre vivement ce que c'est que d'aimer quelqu'un plus que soi-même, voilà comme je suis. C'est une chose qu'on dit souvent en l'air; on abuse de cette expression; moi, je la répète, et, sans la profaner jamais, je la sens tout entière en moi, et cela est vrai. Il n'y a point de raison à toutes les louanges que vous me

---

[1] Cet abbé fut nommé évêque de Perpignan en 1680. Il mourut à Montpellier à l'âge de cinquante et un ans, le 25 janvier 1695.

[2] Claude Joly, à qui Mascaron succéda en 1679.

donnez ; il n'y en a point aussi à la longueur de cette lettre ; il faut la finir, et mettre des bornes à ce qui n'en aurait point, si je me croyais. Adieu, ma très-aimable ; comptez sur ma tendresse, qui ne finira jamais.

126. — A LA MÊME.

A Paris, vendredi 3 avril 1671.

Voilà une infinité de lettres que je vous conjure de distribuer. Je souhaite que les deux qui sont ouvertes vous plaisent ; elles sont écrites d'un trait : vous savez que je ne reprends guère que pour faire plus mal. Si nous étions plus près, je pourrais les raccommoder à votre fantaisie, dont je fais grand cas ; mais de si loin, que faire ? Vous m'avez ravie d'écrire à M. Le Camus ; votre bon sens a fait comme si Castor et Pollux vous avaient porté ma pensée ; voilà sa réponse. Nous rîmes hier chez M. de La Rochefoucauld de la lettre que votre frère vous écrit. Je vis M. le duc[1] chez madame de la Fayette ; il me demanda de vos nouvelles avec empressement ; il me pria de vous dire qu'il s'en va aux états de Bourgogne, et qu'il jugera, par l'ennui qu'il aura dans son triomphe, de celui que vous avez eu dans le vôtre. Madame de Brissac arriva ; il y a entre eux un air de guerre ou de mauvaise paix qui nous réjouit. Nous trouvâmes qu'ils jouaient aux petits soufflets, comme vous y jouiez autrefois avec lui. Il y a un air d'agacerie au travers de tout cela, qui divertit ceux qui observent. La Marans arriva là-dessus ; elle sentait la chair fraîche[2]. Voici ce que, sans nous être concertées, madame de La Fayette et moi lui répondîmes, quand elle nous pria qu'elle pût venir avec nous passer la soirée chez son *fils*[3]. Elle me dit :

---

[1] Henri-Jules de Bourbon-Condé, fils du grand Condé. (P.)
[2] Madame de Marans avait été maîtresse de M. le duc ; plus tard elle se fit dévote, quand le monde ne voulut plus d'elle.
[3] C'est à-dire chez M. de La Rochefoucauld, qu'elle appelait *son fils*. (P.)

Madame, vous pourrez bien me ramener, n'est-il pas vrai?
— Pardonnez-moi, Madame, car il faut que je passe chez
madame du Puy-du-Fou : menterie, j'y avais déjà été. Elle
s'en va à madame de la Fayette : Madame, lui dit-elle,
mon fils me renverra bien. — Non, Madame, il ne le
pourra pas, il vendit hier ses chevaux au marquis de Ra-
gni : menterie, c'était un marché en l'air. Un moment après,
madame de Schomberg[1] la vint *reprendre, quoiqu'elle
ne la puisse pas vendre*[2], et elle fut contrainte de s'en aller
et de quitter une représentation d'amour et l'espérance de
voir son fils avec nous. Elle emporta tout cela sur son cœur
avec la rage pêle-mêle; et puis madame de La Fayette et
moi nous vous consacrâmes nos deux réponses, ne voulant
perdre aucune occasion d'offrir à votre vengeance nos bru-
talités pour elle : je me suis chargée de vous rendre compte
de celle-ci; nous souhaitons qu'elle vous réjouisse autant
que nous. Je m'en vais dîner en Lavardin. Je fermerai ma
lettre ce soir; je ne veux pas la faire longue, vous me paraissez accablée.

Vendredi au soir.

J'ai dîné en lavardinage, c'est-à-dire en *bavardinage :*
je n'ai jamais rien vu de pareil. Madame de Brissac ne nous
a pas consolés de M. de La Rochefoucauld ni de Benserade, quoiqu'elle fût dans ses belles humeurs.

Le roi a voulu que madame de Longueville se raccom-
modât avec Mademoiselle. Elles se sont trouvées aux Car-
mélites, et cette réconciliation s'est faite. Mademoiselle a
donné cinquante mille francs à Guilloire : nous voudrions
bien qu'elle en donnât autant à Segrais. M. le marquis
d'Ambres est enfin reçu à l'autre lieutenance de roi de
Guienne, moyennant deux cent mille francs : je ne sais si

---

[1] Marie de Hautefort, veuve du maréchal Charles de Schomberg. (M.)
[2] Trait d'une comédie de Poisson, intitulée le *Sot vengé*. (G.)

son régiment (*de Champagne*) entre en payement ; je vous le manderai. Adieu, ma très-aimable, je ne veux point vous fatiguer, il y a raison partout.

127. — DE MADAME DE SÉVIGNÉ A MADAME DE GRIGNAN.

A Paris, samedi 4 avril 1671.

Je vous mandai l'autre jour [1] la coiffure de madame de Nevers, et dans quel excès la Martin avait poussé cette mode ; mais il y a une certaine médiocrité qui m'a charmée, et qu'il faut vous apprendre, afin que vous ne vous amusiez plus à faire cent petites boucles sur vos oreilles, qui sont défrisées en un moment, qui siéent mal, et qui ne sont non plus à la mode présentement que la coiffure de la reine Catherine de Médicis. Je vis hier la duchesse de Sully et la comtesse de Guiche : leurs têtes sont charmantes ; je suis rendue. Cette coiffure est faite justement pour votre visage ; vous serez comme un ange, et cela est fait en un moment. Tout ce qui me fait de la peine, c'est que cette mode, qui laisse la tête découverte, me fait craindre pour les dents. Voici ce que *Trochanire* [2], qui vient de Saint-Germain, et moi nous allons vous faire entendre si nous pouvons. Imaginez-vous une tête partagée à la paysanne jusqu'à deux doigts du bourrelet ; on coupe les cheveux de chaque côté, d'étage en étage, dont on fait de grosses boucles rondes et négligées, qui ne viennent pas plus bas qu'un doigt au-dessous de l'oreille ; cela fait quelque chose de fort jeune et de fort joli, et comme deux gros bouquets de cheveux de chaque côté. Il ne faut pas couper les cheveux trop court ; car, comme il faut les friser *naturellement*, les boucles qui en emportent beaucoup ont attrapé plusieurs dames, dont l'exemple doit faire trembler les autres. On met les rubans comme à l'ordinaire, et une grosse boucle

[1] *Voyez* la lettre du 18 mars 1671.
[2] Madame de la Troche. (P.)

nouée entre le bourrelet et la coiffure ; quelquefois on la laisse traîner jusque sur la gorge. Je ne sais si nous vous avons bien représenté cette mode ; je ferai coiffer une poupée pour vous l'envoyer ; et puis, au bout de tout cela, je meurs de peur que vous ne vouliez point prendre toute cette peine. Ce qui est vrai, c'est que la coiffure que fait Montgobert n'est plus supportable. Du reste, consultez votre paresse et vos dents ; mais ne m'empêchez pas de souhaiter que je puisse vous voir coiffée ici comme les autres. Je vous vois, vous m'apparaissez, et cette coiffure est faite pour vous ; mais qu'elle est ridicule à certaines dames, dont l'âge ou la beauté ne conviennent pas !

MADAME DE LA TROCHE.

Madame de Sévigné a voulu avoir l'avantage de vous décrire cette coiffure ; mais, ma belle, c'est moi qui lui dictais. Madame, vous serez ravissante ; tout ce que je crains, c'est que vous n'ayez regret à vos cheveux. Pour vous fortifier, je vous apprends que la reine, et tout ce qu'il y a de filles et de femmes qui se coiffent à Saint-Germain, achevèrent hier de les faire couper par La Vienne [1] ; car c'est lui et mademoiselle de La Borde qui ont fait toutes les exécutions. Madame de Crussol [2] vint lundi à Saint-Germain, coiffée à la mode ; elle alla au coucher de la reine, et lui dit : Ah, Madame ! Votre Majesté a donc pris notre coiffure ? Votre coiffure ? lui répondit la reine ; je vous assure que je n'ai point voulu prendre votre coiffure : je me suis fait couper les cheveux parce que le roi les trouve mieux ainsi, mais ce n'est point pour prendre votre coiffure. On fut un peu surpris du ton avec lequel la reine lui parla.

[1] Coiffeur à la mode ; plus tard il devint le coiffeur du roi, puis son valet de chambre. Louis XIV se plaisait à l'écouter, et savait par lui des choses que d'autres n'auraient osé lui dire. Saint-Simon en parle dans ses Mémoires, t. III, pag. 58.

[2] Fille du duc de Montausier ; elle était alors âgée de vingt-quatre ans. (M.)

Mais voyez un peu aussi où madame de Crussol allait prendre que c'était sa coiffure, parce que c'est celle de madame de Montespan, de madame de Nevers, de la petite de Thianges, et de deux ou trois autres beautés charmantes, qui l'ont hasardée les premières. Je vous ai vue vingt fois prête à l'inventer; cela me fait croire que vous n'aurez point de peine à comprendre ce que nous vous en écrivons. Madame de Soubise, qui craint pour ses dents, parce qu'elle a déjà été une fois attrapée aux coiffures à la paysanne, ne s'est point fait couper les cheveux; et mademoiselle de La Borde lui a fait une coiffure qui est tout aussi bien que les autres par les côtés : mais le dessus de sa tête n'a garde d'être galant, comme celles dont on voit la racine des cheveux. Enfin, Madame, il n'est question d'autre chose à Saint-Germain; et moi, qui ne veux point me faire couper les cheveux, je suis ennuyée à la mort d'en entendre parler.

MADAME DE SÉVIGNÉ.

Cette lettre est écrite hors d'œuvre chez *Trochanire*. La comtesse (*de Fiesque*) vous embrasse mille fois; le Comte, que j'ai vu tantôt, voudrait bien en faire autant : je lui ai dit votre souvenir, et le dirai à tous ceux que je trouverai en chemin.

Après tout, nous ne vous conseillons point de faire couper vos beaux cheveux; et pour qui, bon-Dieu ! Cette mode durera peu; elle est mortelle pour les dents : taponnez-vous seulement par grosses boucles, comme vous faisiez quelquefois; car les petites boucles rangées de Montgobert sont justement du temps du roi Guillemot.

128. — A LA MÊME.

A Paris, mercredi 8 avril 1671.

Mon Dieu, ma fille, que vos lettres sont aimables ! il y a des endroits dignes de l'impression : un de ces jours vous trouverez qu'un de vos amis vous aura trahie. Vous étiez en dévotion, vous y avez trouvé nos pauvres sœurs (*de Sainte-Marie*), vous y avez votre cellule; mais ne vous y creusez point trop l'esprit, les rêveries sont quelquefois si noires, qu'elles font mourir : vous savez qu'il faut un peu glisser sur les pensées. Vous trouverez de la douceur dans cette maison, dont vous êtes la maîtresse.

J'admire la manière de vos dames de Provence : la description que vous me faites des cérémonies est une pièce achevée. Mais savez-vous bien qu'elles m'échauffent le sang, et que je ne comprends pas comment vous y pouvez résister. Vous croyez que je serais admirable en Provence, et que je ferais des merveilles sur ma petite boule; point du tout, je serais brutale : la déraison me pique, et le manque de bonne foi m'offense. Je leur dirais : Mesdames, voyons donc à quoi nous en sommes; faut-il vous reconduire? Ne m'en empêchez donc pas, et ne perdons point notre temps et notre poumon : si vous ne le voulez point, trouvez bon que je n'en fasse point les façons. Je ne m'étonne pas si cette sorte de manége vous impatiente, j'y ferais moins bien que vous.

Parlons un peu de votre frère : il a eu son congé de Ninon; elle s'est lassée d'aimer sans être aimée; elle a redemandé ses lettres, on les a rendues. J'ai été fort aise de cette séparation. Je lui disais toujours un petit mot de Dieu; je le faisais souvenir de ses bons sentiments passés, et le priais de ne point étouffer le Saint-Esprit dans son cœur : sans cette liberté de lui dire en passant quelque mot, je n'aurais pas souffert cette confidence dont je n'avais que faire. Mais ce n'est pas tout : quand on rompt d'un côté, on croit se racquitter de l'autre, on se trompe. La jeune Merveille [1] n'a pas rompu; mais je crois qu'elle rompra. Voici pourquoi mon fils vint hier me chercher du bout de Paris; il

---

[1] Mademoiselle Champmélé.

voulait m'apprendre un accident qui lui était arrivé. Il avait trouvé une occasion favorable, et cependant il.... Ce fut une chose étrange; la demoiselle ne s'était jamais trouvée à telle fête : le cavalier en désordre sortit en déroute, croyant être ensorcelé; et ce qui vous paraîtra plaisant, c'est qu'il mourait d'envie de me conter sa déconvenue. Nous rîmes fort; je lui dis que j'étais ravie qu'il fût puni par où il avait péché. Il s'en prit à moi, et me dit que je lui avais donné de ma glace; qu'il se passerait fort bien de cette ressemblance, que j'aurais bien mieux fait de la donner à ma fille. Il voulait que *Pecquet* le restaurât; il disait les plus folles choses du monde, et moi aussi : c'était une scène digne de Molière. Ce qui est vrai, c'est qu'il a l'imagination tellement bridée, que je crois qu'il n'en reviendra pas si tôt. J'ai beau l'assurer que tout l'empire amoureux est rempli d'histoires tragiques, il n'entend point raison là-dessus. La petite *Chimène* dit qu'elle voit bien qu'il ne l'aime plus, et se console ailleurs. Enfin c'est un désordre qui me fait rire, et je voudrais de tout mon cœur qu'il le pût retirer d'un état si malheureux à l'égard de Dieu. Ninon lui disait l'autre jour qu'il était *une vraie citrouille fricassée dans de la neige*. Voyez ce que c'est que de voir bonne compagnie, on apprend mille gentillesses.

Votre frère me contait l'autre jour qu'un comédien voulait se marier, quoiqu'il eût un certain mal un peu dangereux; et son camarade lui dit : « Hé, morbleu! attends « que tu sois guéri, tu nous perdras tous! » Cela me parut une jolie épigramme.

J'ai changé de nourrice pour votre enfant; celle qu'elle avait était à souhait pour sa personne; il ne lui manquait que du lait. Je lui ai donné une bonne paysanne, sans façon, de belles dents, des cheveux noirs, un teint hâlé, vingt-quatre ans; son lait a quatre mois, son enfant est beau comme un ange; vous ne me connaîtriez plus. Je suis devenue une vraie commère, et cela m'a acquis une grande réputation, car la petite profite à vue d'œil, et je m'en vais régenter dans mon quartier.

Madame de Marans disait, il y a quelques jours, chez madame de La Fayette : « Ah, mon Dieu ! il faut que je « me fasse couper les cheveux. » Madame de La Fayette lui répondit *bonnement :* « Ah, mon Dieu, Madame ! ne « le faites point, cela ne sied bien qu'aux jeunes person- « nes. » Si vous n'aimez ce trait-là, dites mieux.

Voilà une lettre que j'ai reçue de M. de Marseille ; je crois que ma réponse sera de votre goût, puisque vous la voulez si franche et si sincère, *et conforme à cette amitié que vous vous êtes jurée, dont la dissimulation est le lien et votre intérêt le fondement.* Cette période est de Tacite ; jamais je n'ai rien vu de si beau. J'entre donc dans ce sentiment, et je l'approuve. Il faut lui faire croire qu'il est de nos amis, malgré qu'il en ait. Adieu, ma très-aimable enfant, je ne pense qu'à vous. Si, par un miracle que je n'espère ni ne veux, vous étiez hors de ma pensée, il me semble que je serais vide de tout, comme une figure de Benoît [1].

M. d'Ambres donne son régiment au roi pour quatre-vingt mille francs et cent vingt mille livres : voilà les deux cent mille francs [2]. Il est fort content d'être hors de l'infanterie, c'est-à-dire de l'hôpital.

129. — A LA MÊME.

A Paris, jeudi 9 avril 1671.

Voilà M. de Magalotti qui s'en va en Provence ; je voudrais bien aller avec lui. Je ne sais s'il sentira bien le plaisir de vous voir ; ce qui est certain, c'est que j'y serais fort sensible. Le voilà qui se joue avec ma petite-fille ; il vous

---

[1] Fameux artiste pour les figures en cire. Ayant exécuté les portraits des principaux seigneurs de la cour, il en fit un salon d'exposition.
[2] Prix de sa charge de lieutenant général. (P.)

trouve fort honnête femme en la regardant : pour moi, qui trouve les Grignans fort beaux, je la trouve fort à mon gré. Je crois que vous serez aise de voir un homme de mérite, un homme du monde, un homme avec qui vous parlerez français et italien, si vous voulez; un homme dont les perfections sont connues de toute la cour; un homme enfin.... qui vous porte deux paires de souliers de *Georget*; que puis-je vous dire encore? Il s'en va voir madame de Monaco, et je parie que vous lui écrirez par lui. Il dit que sans ma lettre il ne serait jamais reçu de vous comme il veut l'être; enfin il se moque de moi; et moi, je l'envie, et je vous embrasse de tout mon cœur, mais sincèrement, et point du tout pour finir ma lettre.

130. — A LA MÊME.

A Paris, vendredi 10 avril 1671.

Je vous écrivis mercredi par la poste, hier matin par Magalotti, aujourd'hui encore par la poste; mais hier au soir je perdis une belle occasion. J'allai me promener à Vincennes, en famille et en *Troche*[1]; je rencontrai la chaîne des galériens qui partait pour Marseille; ils arriveront dans un mois. Rien n'eût été plus sûr que cette voie; mais j'eus une autre pensée, c'était de m'en aller avec eux. Il y a un certain *Duval*[2], qui me parut homme de bonne conversation; vous les verrez arriver, et vous auriez été fort agréablement surprise de me voir pêle-mêle avec une troupe de femmes qui vont avec eux. Je voudrais que vous sussiez ce que m'est devenu le mot de Provence, de Marseille, d'Aix; le Rhône seulement, ce diantre de Rhône, et Lyon, me sont de quelque chose. La Bretagne

---

[1] C'est-à-dire avec madame de la Troche, son amie. (P.)
[2] Ce Duval était un valet de pied de la princesse de Condé; il fut condamné aux galères pour s'être battu en duel avec un jeune Rabutin, page de la même princesse.

et la Bourgogne me paraissent des pays sous le pôle, où je ne prends aucun intérêt ; il faut dire comme Coulanges : *O grande puissance de mon orviétan!* Vous êtes admirable, ma fille, de mander à l'abbé (*de Coulanges*) de m'empêcher de vous faire des présents : quelle folie ! hélas ! vous en fais-je ? Un pouvoir au-dessus du sien m'empêche de vous en faire comme je voudrais. Vous appelez des présents les gazettes que je vous envoie ; vous ne m'ôterez jamais de l'esprit l'envie de vous donner ; c'est un plaisir qui m'est sensible, et dont vous feriez très-bien de vous réjouir avec moi, si je me donnais souvent cette joie : cette manière de me remercier m'a extrêmement plu.

Vos lettres sont admirables ; on jurerait qu'elles ne vous sont pas dictées par les dames du pays où vous êtes. Je trouve que M. de Grignan, avec tout ce qu'il vous est déjà, est encore votre vraie bonne compagnie ; c'est lui, ce me semble, qui vous entend ; conservez bien la joie de son cœur par la tendresse du vôtre et faites votre compte que si vous ne m'aimiez pas tous deux, chacun selon votre degré de gloire, en vérité vous seriez des ingrats. La nouvelle opinion, qu'il n'y a point d'ingratitude dans le monde, par les raisons que nous avons tant discutées, me paraît la philosophie de Descartes, et l'autre est celle d'Aristote : vous savez l'autorité que je donne à cette dernière ; j'en suis de même pour l'opinion de l'ingratitude. Ceux qui disputent qu'il n'y en a pas voudraient être juges et parties. Vous seriez donc une petite ingrate, ma fille ; mais, par un bonheur qui fait ma joie, je vous en trouve éloignée, et cela fait aussi que, sans aucune retenue, je m'abandonne d'une étrange façon à m'approuver dans les sentiments que j'ai pour vous. Adieu, ma très-aimable, je m'en vais fermer cette lettre ; je vous en écrirai encore une ce soir, où je vous rendrai compte de ma journée. Nous espérons tous les jours louer votre maison ; vous croyez bien que je n'oublie rien de ce qui vous touche : je suis sur cela comme les gens les plus intéressés sont pour eux-mêmes.

131. — A LA MÊME.

Vendredi au soir, 10 avril 1671.

Je fais mon paquet chez M. de La Rochefoucauld, qui vous embrasse de tout son cœur. Il est ravi de la réponse que vous faites aux chanoines [1] et au père Desmares : il y a plaisir à vous mander des bagatelles, vous y répondez très-bien. Il vous prie de croire que vous êtes encore toute vive dans son souvenir ; s'il apprend quelques nouvelles dignes de vous, il vous les fera savoir. Il est dans son hôtel de La Rochefoucauld, n'ayant plus d'espérance de marcher ; son château en Espagne, c'est de se faire porter dans les maisons, ou dans son carrosse pour prendre l'air ; il parle d'aller aux eaux : je tâche de l'envoyer à Digne, et d'autres à Bourbon. J'ai été chez Mademoiselle, qui est toujours malade ; j'ai dîné en *bavardin* [2], mais si purement que j'ai pensé mourir : tous nos commensaux nous ont fait faux bond ; nous n'avons fait que *bavardiner*, et nous n'avons point causé comme les autres jours.

Brancas versa, il y a trois ou quatre jours, dans un fossé ; il s'y établit si bien, qu'il demandait à ceux qui allèrent le secourir ce qu'ils désiraient de son service : toutes ses glaces étaient cassées, et sa tête l'aurait été, s'il n'était plus heureux que sage : toute cette aventure n'a fait aucune distraction à sa rêverie. Je lui ai mandé ce matin que je lui apprenais qu'il avait versé, qu'il avait pensé se rompre le cou, qu'il était le seul dans Paris qui ne sût point cette nouvelle, et que je lui en voulais marquer mon inquiétude : j'attends sa réponse. Voilà madame la Comtesse (*de Fiesque*) et Briole

---

[1] Voyez la lettre du 20 mars 1671.
[2] Chez madame de Lavardin, qui aimait extrêmement les nouvelles. (P.)

qui vous font trois cents compliments. Adieu, ma très-chère enfant, je m'en vais fermer mon paquet. Comme je suis assurée que vous ne doutez point de mon amitié, je ne vous en dirai rien ce soir.

MADAME DE FIESQUE.

Madame la Comtesse[1] ne peut pas voir une lettre qui vous va trouver sans y mettre quelque chose du sien, quand ce ne serait qu'un compliment sur les cinq mille francs d'augmentation. De l'humeur dont vous la connaissez, vous jugez aisément qu'elle trouve un compliment mieux fondé sur les cinq mille francs que sur cinq cent mille admirations et autant de harangues que vos perfections et vos dignités vous ont attirées.

132. — A LA MÊME.

A Paris, dimanche 12 avril 1671.

Je vous écris tous les jours; c'est une joie qui me rend très-favorable à tous ceux qui me demandent des lettres : ils veulent en avoir pour paraître devant vous; et moi, je ne demande pas mieux. Celle-ci vous sera rendue par M. de..... : je veux mourir si je sais son nom; mais enfin c'est un fort honnête homme, que me paraît avoir de l'esprit, que nous avons vu ici ensemble : son visage vous est connu; pour moi, je n'ai pas eu l'esprit d'appliquer son nom dessus. N'allez pas prendre patron sur mes lettres : elles sont infinies, je n'ai que ce plaisir; les vôtres sont d'une grandeur qui m'étonne déjà assez; je ne sais quand je m'ennuierai en les lisant. Si M. de Grignan, qui dit qu'on ne peut aimer les longues lettres, avait jamais eu cette pensée quand il recevait les vôtres, je présenterais requête

---

[1] On désignait ainsi dans le monde madame Gilonne d'Harcourt, qui avait épousé le comte de Fiesque.

pour vous séparer, et j'irais vous ôter à lui, au lieu d'aller en Bretagne. Je fus hier au soir brouillée avec Brancas, pour avoir dit, à ce qu'il prétend, une grossièreté sur l'amitié, que personne n'entendit et que je n'entendis pas moi-même : c'était le couronnement du crime; il sortit dans une vraie colère. Ce sont des délicatesses incommodes, je ne les ai pas pour lui, et je ne les ai que trop pour une certaine beauté que j'aime plus que ma vie, et que j'embrasse de tout mon cœur.

133. — A LA MÊME.

A Paris, mercredi 15 avril 1671.

J'achèverai cette lettre quand il plaira à Dieu : je la commence trois jours avant qu'elle parte, parce que je viens de recevoir la lettre que vous m'avez écrite par Gacé[1], avec des gants dont je vous remercie mille fois. Je les trouve bons. Votre souvenir me charme; ils ne vous coûtent rien, je les en trouve meilleurs; je crois même qu'ils seront assez grands; enfin, ma bonne, vous êtes trop aimable. Vous me parlez de la Provence comme de la Norvège; je pensais qu'il y fait chaud, et je le pensais si bien, que l'autre jour, que nous eûmes ici une bouffée d'été, je mourais de chaud, et j'étais triste : on devina que c'était parce que je croyais que vous aviez encore plus chaud que moi, et je ne pouvais en effet me l'imaginer sans chagrin Je veux vous dire, ma chère enfant, que le chocolat n'est plus avec moi comme il était; la mode m'a entraînée, comme elle fait toujours : tous ceux qui m'en disaient du bien m'en disent du mal; on le maudit, on l'accuse de tous les maux qu'on a; il est la source des vapeurs et des palpitations; il vous flatte pour un temps, et puis vous allume tout d'un coup une fièvre continue qui vous conduit à la mort; enfin, ma fille, le

---

[1] Charles-Auguste de Matignon, comte de Gacé, qui fut maréchal de France en 1708.

grand maître [1], qui en vivait, est son ennemi déclaré : vous pouvez penser si je puis être d'un autre sentiment [2]. Au nom de Dieu, ne vous engagez point à le soutenir, et songez que ce n'est plus la mode du bel air. Tous les grands et moins grands en disent autant de mal qu'ils disent de bien de vous; les compliments qu'on vous fait sont infinis. Je n'ai point encore vu Gacé; je crois que je l'embrasserai : bon Dieu, un homme qui vous a vue, qui vient de vous quitter, qui vous a parlé, comme cela me paraît! J'ai été tantôt chez Itier, j'avais besoin de musique; je n'ai jamais pu m'empêcher de pleurer à une sarabande que vous aimez.

Je suis bien aise que vous ayez compris la coiffure : c'est justement ce que vous aviez toujours envie de faire; ce taponnage vous est naturel, il est au bout de vos doigts; vous avez cent fois pensé l'inventer, mais vous avez bien fait de ne point prendre cette mode à la rigueur. Je vous conseille de conserver vos dents. C'est une chose étrange que votre serein, et la sujétion que vous avez de vous renfermer à quatre heures, au lieu de prendre l'air. Quelle tristesse! Mais il vaut mieux rapporter ici vos belles dents, que de les perdre en Provence par le serein, ou par une mode qui sera passée dans six mois. Le bel air est de se peigner pour contrefaire la tête naissante; cela est fait dans un moment. Vos dames sont bien loin de là, avec leurs coiffures glissantes des pommade et leurs cheveux de deux paroisses; cela est bien vieux. Votre peinture du cardinal Grimaldi est excellente; *cela mord-il?* est plaisant au dernier point, et m'a bien fait rire; je vous souhaite de pareilles visions pour vous divertir. Enfin Montgobert sait rire; elle entend votre langage : qu'elle est heureuse d'avoir de l'esprit, et d'être auprès de vous! Les esprits où il

---

[1] Henri de Daillon, comte de Lude. (P.)
[2] On avait dit que le comte de Lude aimait madame de Sévigné; mais comme c'était un de ces hommes dont l'attachement ne nuit point à la réputation des dames, madame de Sévigné en plaisantait la première. *Voy.* les *Amours des Gaules.* (P.)

n'y a point de remède font bouillir le sang. Je vous remercie de vous souvenir du reversis et de jouer au mail ; c'est un aimable jeu pour les personnes bien faites et adroites comme vous ; je m'en vais y jouer dans mon désert. A propos de désert, je crois qu'Adhémar vous aura mandé comme le laquais du coadjuteur, qui était à la Trappe, en est revenu à demi fou, n'ayant pu supporter ces austérités : on cherche un couvent de coton pour l'y mettre et le remettre de l'état où il est. Je crains que cette Trappe[1], qui veut surpasser l'humanité, ne devienne les Petites-Maisons. Écrivez quelque amitié à Pecquet[2] ; il a eu des soins extrêmes de ma petite-fille. Elle est jolie, cette pauvre petite. Elle vient le matin dans ma chambre ; elle rit, elle regarde ; elle baise toujours un peu malhonnêtement, mais peut-être que le temps la corrigera.

Je pleurais amèrement en vous écrivant à Livry, et je pleure encore en voyant de quelle manière tendre vous avez reçu ma lettre et l'effet qu'elle a produit dans votre cœur. Les petits esprits se sont bien communiqués, et sont passés bien fidèlement de Livry en Provence : si vous avez les mêmes sentiments toutes les fois que je suis sensiblement touchée de vous, je vous plains, et vous conseille de renoncer à la sympathie. Je n'ai jamais rien vu de si aisé à trouver que la tendresse que j'ai pour vous : mille choses, mille pensées, mille souvenirs me traversent le cœur ; mais c'est toujours de la manière que vous pouvez le souhaiter. Ma mémoire ne me représente rien que de doux et d'aimable ; j'espère que la vôtre fait de même. La lettre que vous écrivez à votre frère est admirable. Vous avez très-bien deviné ; il est dans le bel air par-dessus les yeux : point de pâques, point de jubilé. Je n'ai rien trouvé de bon en lui, que la crainte de faire un sacrilége : c'était mon soin aussi que de lui en donner de l'horreur : mais la

---

[1] Il n'y avait guère que six ans que l'abbé de Rancé l'avait réformée.
[2] Médecin de M. Fouquet.

maladie de son âme est tombée sur son corps, et ses maîtresses sont d'une manière à ne pas supporter cette incommodité avec patience : Dieu fait tout pour le mieux. J'espère qu'un voyage en Lorraine rompra toutes ces vilaines chaînes-là. Il est plaisant : il dit qu'il est comme le bon homme Éson : il veut se faire bouillir dans une chaudière avec des herbes fines pour se *ravigoter* un peu. Il me conte toutes ses folies ; je le gronde, et je fais scrupule de les écouter ; et pourtant je les écoute. Il me réjouit, il cherche à me plaire. Je connais la sorte d'amitié qu'il a pour moi : il est ravi, à ce qu'il dit, de celle que vous me témoignez ; il me donne mille attaques en riant sur l'attachement que j'ai pour vous. Je vous avoue, ma fille, qu'il est grand, lors même que je le cache. Je vous avoue encore une autre chose, c'est que je crois que vous m'aimez. Vous me paraissez solide ; il me semble qu'on se peut fier à vos paroles, et cela fait aussi que je vous estime fort. Vos messieurs commencent à s'accoutumer à vous ; les pauvres gens ! Et les dames ne vous ont pas encore bien goûtée. J'embrasse ce Comte, qui est si adroit, qui joue si bien à la paume et au mail : j'aime ces choses-là. Conservez bien la joie de son cœur par la tendresse du vôtre.

134. — A LA MÊME.

A Paris, vendredi 17 avril 1671.

Cette lettre du vendredi est sur la pointe d'une aiguille, car il n'y a point de réponse à faire, et d'ailleurs je ne sais point de nouvelles. D'Hacqueville me contait l'autre jour les sortes de choses qu'il vous mande, et qu'il appelle des nouvelles ; je me moquai de lui, et je lui promis de ne jamais charger mon papier de ce verbiage. Par exemple, il vous mande qu'on dit que M. de Verneuil donne son gouvernement à M. de Lauzun, et qu'il prend celui du Berry, avec la survivance pour M. de Sully : tout cela est faux et ridicule, et ne se dit point dans les bons lieux. Il vous apprend que le roi partira le 25 : voilà qui est beau. Je vous déclare, ma fille, que je ne vous manderai rien que de vrai : quand il ne vient rien à ma connaissance que de ces lanternes-là, je les laisse passer, et je vous conte autre chose. Je suis fort contente de d'Hacqueville, aussi bien que de vous : il a grand soin de votre mère en votre absence; et dès qu'il y a un brin de dispute entre l'abbé et moi, c'est toujours lui que je prends pour juge. Cela fait plaisir au cœur, de songer qu'on a un ami comme lui, et à qui rien de bon ni de solide ne manque, qui ne nous peut jamais manquer lui-même. Si vous nous aviez défendu de parler de vous ensemble, et que cela vous fût fort désagréable, nous serions extrêmement embarrassés; car cette conversation nous est si naturelle, que nous y tombons insensiblement : c'est un penchant si doux, qu'on y revient sans peine; et quand par hasard, après en avoir bien parlé, nous nous détournons un moment, je reprends la parole d'un bon ton, et je lui dis : Mais disons donc un pauvre mot de ma fille, vraiment nous sommes bien ingrats; et là-dessus nous recommençons sur nouveaux frais. Je lui jurerais plus de vingt fois à lui-même que je ne vous aime point; qu'il ne me croirait pas; je l'aime comme un confident qui entre dans mes sentiments, je ne saurais mieux dire.

Hélène et *Morphise*[1] vous sont très-obligées; mais pour Hébert, hélas! je ne l'ai plus. J'eus l'esprit, l'autre jour en riant, de le donner à Gourville[2], et de lui dire qu'il fallait qu'il le plaçât dans cet hôtel de Condé, qu'il s'en

---

[1] Petite chienne de Madame de Sévigné. (P.)
[2] Gourville, valet de chambre du duc de La Rochefoucauld, devenu son ami, et même celui du grand Condé, dans le même temps, pendu à Paris en effigie, et envoyé du roi en Allemagne; ensuite proposé pour succéder au grand Colbert dans le ministère. Nous avons de lui des Mémoires de sa vie, écrits avec naïveté, dans lesquels il parle de sa naissance et de sa fortune avec indifférence. Ces mémoires sont très-curieux. (A. G.)

trouverait bien, qu'il m'en remercierait, que je répondais de lui. M. de La Rochefoucauld et madame de La Fayette se mirent sur les perfections d'Hébert : cela demeura là, il y a trois semaines. Je fus tout étonnée quand Gourville l'envoya querir hier ; Hébert s'habilla en gentil-homme, il y alla. Gourville lui dit qu'il lui donnerait une place à l'hôtel de Condé, qui lui vaudrait 250 livres de rente, logé, nourri, et tout cela en attendant mieux; mais que présentement il l'envoyait à Chantilly pour distribuer tout le linge par compte pendant que le roi y sera. Il prit donc dix coffres de linge sur son soin, et partit pour Chantilly. Le roi y doit aller le 25 de ce mois ; il y sera un jour entier. Jamais il ne s'est fait tant de dépenses au triomphe des empereurs qu'il y en aura là ; rien ne coûte : on reçoit toutes les belles imaginations sans regarder à l'argent. On croit que M. le Prince n'en sera pas quitte pour quarante mille écus : il faut quatre repas; il y aura vingt-cinq tables servies à cinq services, sans compter une infinité d'autres, qui surviendront : nourrir tout, c'est nourrir la France et la loger. Tout est meublé : de petits endroits qui ne servaient qu'à mettre des arrosoirs deviennent des chambres de courtisans. Il y aura pour mille écus de jonquilles : jugez à proportion. Voyez un peu où le discours d'Hébert m'a jetée : voilà donc comme j'ai fait sa fortune en badinant ; car je la compte faite, dans la pensée qu'il s'acquittera fort bien de ces commencements-ci. Nous ne dînons point aujourd'hui en *bavardin*; ils sont embarrassés pour faire partir l'équipage du marquis (*de Lavardin*). Je mange donc ici mes petits œufs frais à l'oseille ; après dîner, j'irai un peu au faubourg[1], et je joindrai à cette lettre ce que j'aurai appris, afin de vous en divertir.

J'ai reçu une fort jolie lettre du coadjuteur ; il est seulement fâché que je l'appelle *Monseigneur*; il veut que je

---

[1] Chez madame de La Fayette. (P.)

l'appelle *Pierrot* ou *seigneur Corbeau*. Je vous recommande toujours bien, ma fille, d'entretenir l'amitié qui est entre vous : je le trouve fort touché de votre mérite, prenant grand intérêt à toutes vos affaires, en un mot, d'une application et d'une solidité qui vous sera d'un grand secours. Mon fils n'est pas encore guéri de ce mal qui fait douter ses précieuses maîtresses de sa passion : il me disait hier au soir que pendant la semaine sainte il avait été si épouvantablement dévergondé, qu'il lui avait pris un dégoût de tout cela, qui lui faisait bondir le cœur; il n'osait y penser, il avait envie de vomir; il lui semblait toujours voir autour de lui des *panerées* de baisers, des *panerées* de toutes sortes de choses en telle abondance, qu'il en avait l'imagination frappée et ne pouvait pas regarder une femme. Ce mal n'a pas été d'un moment; j'ai pris mon temps pour faire un petit sermon là-dessus : nous avons fait ensemble des réflexions chrétiennes; il entre dans mes sentiments [1], et particulièrement pendant que son dégoût dure encore. Il me montra des lettres qu'il a retirées de cette comédienne; je n'en ai jamais vu de si chaudes ni de si passionnées : il pleurait, il mourait; il croit tout cela quand il écrit, et s'en moque un moment après : je vous dis qu'il vaut son pesant d'or. Adieu, mon aimable enfant; comment vous êtes-vous portée le 6 de ce mois? Je souhaite, ma petite, que vous m'aimiez toujours; c'est ma vie, c'est l'air que je respire. Je ne vous dis point si je suis à vous, cela est au-dessous du mérite de votre amitié. Vous voulez bien que j'embrasse ce pauvre Comte; mais ne vous aimons-nous point trop tous deux?

Vendredi au soir, 17 avril.

Je fais mon paquet chez madame de La Fayette, à qui j'ai donné votre lettre; nous l'avons lue ensemble avec

---

[1] M. de Sévigné vécut dans une grande piété après son mariage. (M.)

plaisir; nous trouvons que personne n'écrit mieux que vous; vous la flattez très-agréablement, et moi en passant j'y trouve un petit endroit qui me va droit au cœur : c'est un lieu que vous possédez d'une étrange manière. Madame de La Fayette fut hier à Versailles, madame de Thianges lui avait mandé d'y aller; elle y fut reçue très-bien, mais très-bien, c'est-à-dire que le roi la fit mettre dans sa calèche avec les dames, et prit plaisir à lui montrer toutes les beautés de Versailles, comme ferait un particulier que l'on va voir dans sa maison de campagne; il ne parla qu'à elle, et reçut avec beaucoup de plaisir et de politesse toutes les louanges qu'elle donna aux merveilleuses beautés qu'il lui montrait : vous pouvez penser si l'on est contente d'un tel voyage. M. de La Rochefoucauld, que voilà, vous embrasse sans autre forme de procès; et vous prie de croire qu'il est plus loin de vous oublier qu'il n'est prêt à danser la bourrée; il a un petit agrément de goutte à la main qui l'empêche de vous écrire dans cette lettre. Madame de La Fayette vous estime et vous aime, et ne vous croit pas si dépourvue de vertus que le jour que vous étiez couchée au coin de son feu, et dont vous vous souvenez si bien.

135. — A LA MÊME.

A Paris, mercredi 22 avril 1671.

Avez-vous bien peur que je n'aime mieux madame de Brissac que vous? Craignez-vous, de la manière dont vous me connaissez, que ses façons ne me plaisent plus que les vôtres? Croyez-vous que son esprit ait retrouvé le chemin de me plaire? Avez-vous opinion que sa beauté efface vos charmes? Enfin, pensez-vous qu'il y ait quelqu'un au monde qui puisse à mon goût surpasser madame de Grignan, en me supposant même dépouillée de tout l'intérêt que j'y prends? Songez à tout cela un peu à loisir, et puis soyez assurée qu'il en est justement ce que vous en croyez. Voilà toute ma réponse, que vous connaîtrez par la vôtre, si vous répondez sincèrement.

Parlons un peu de votre frère, ma fille : il est d'une faiblesse à faire mal au cœur; il est tout ce qu'il plaît aux autres [1]; il plut hier à trois de ses amis de le mener souper dans un lieu d'honneur, il y fut. Ces messieurs sont trop habiles pour vouloir courir la fortune; ils disent à Sévigné de payer, je dis payer de sa personne; tout misérable qu'il est encore, il paye, et puis me vient tout conter, en disant qu'il se fait mal au cœur à lui-même. Je lui dis qu'il me fait mal au cœur aussi, je lui fais honte; j'ajoute que ce n'est point là la vie d'un honnête homme, qu'il trouvera quelque chape-chute, et qu'à force de s'exposer il aura son fait. Je prêche un peu ensuite; il demeure d'accord de tout, et n'en fait ni plus ni moins. Il a quitté la comédienne (*la Champmélé*), après l'avoir aimée par-ci par-là : quand il la voyait, quand il lui écrivait, c'était de bonne foi; un moment après il s'en moquait à bride abattue. Ninon l'a quitté : il était malheureux quand elle l'aimait; il est au désespoir de n'en être plus aimé, et d'autant plus qu'elle n'en parle pas avec beaucoup d'estime : *C'est une âme de bouillie*, dit-elle, *c'est un corps de papier mouillé, c'est un cœur de citrouille fricassé dans de la neige* : je vous l'ai déjà dit. Elle voulut l'autre jour lui faire donner les lettres de la comédienne : il les lui donna. Elle en a été jalouse; elle voulait les donner à un amant de la princesse, afin de lui faire donner quelques petits coups de baudrier. Il me le vint dire; je lui dis que c'était une infamie que de couper ainsi la gorge à cette petite créature pour l'avoir aimé; qu'elle n'avait point sacrifié ses lettres, comme on voulait le lui faire croire pour l'animer; qu'elle les lui avait rendues; que c'était une trahison basse et indigne d'un homme de qualité,

---

[1] Le baron de Sévigné avait alors vingt-six ans. (M.)

et que même dans les choses malhonnêtes il y avait de l'honnêteté à observer. Il entra dans mes raisons ; il courut chez Ninon, et, moitié par adresse et moitié par force, il retira les lettres de cette pauvre diablesse. Je les ai fait brûler. Vous voyez par là combien le nom de comédienne m'est de quelque chose ; cela est un peu de la *visionnaire* de la comédie¹ ; elle en eût fait autant, et je fais comme elle. Mon fils a conté ses folies à M. de La Rochefoucauld, qui aime les originaux. Je lui disais l'autre jour que Sévigné n'est point fou par la tête, c'est par le cœur : ses sentiments sont tout vrais, sont tout faux, sont tout froids, sont tout brûlants, sont tout fripons, sont tout sincères ; enfin son cœur est fou. Nous rîmes fort de tout cela, et avec mon fils même, car il est de bonne compagnie, et dit tope à tout. Nous sommes très-bien ensemble, je suis sa confidente ; et je conserve cette vilaine qualité, qui m'attire de si vilaines confessions, pour être en droit de lui dire mes sentiments sur tout. Il me croit autant qu'il peut, il me prie de le redresser ; je le fais comme une amie. Il veut venir avec moi en Bretagne pour cinq ou six semaines ; s'il n'y a point de camp en Lorraine, je l'emmènerai. Voilà bien des folies ; mais comme vous y prenez intérêt, il m'a semblé qu'elles ne vous ennuieraient pas.

Tout ce que vous me mandez de la Marans est divin, et des punitions qu'elle aura dans l'enfer ; mais savez-vous bien que vous irez avec elle, si vous continuez à la haïr. Songez que vous serez toute l'éternité ensemble ; il n'en faut pas davantage pour vous mettre dans le dessein de faire votre salut : je me suis avisée bien heureusement de vous donner cette pensée, c'est une inspiration de Dieu. Elle vint l'autre jour chez madame de La Fayette ; M. de La Rochefoucauld y était, et moi aussi : la voilà qui entre sans coiffe ; elle venait d'être coupée, mais coupée en vrai

---

¹ Allusion au rôle de *Sestiane* dans *les Visionnaires* de Desmarest. (M.)

fanfan : elle était poudrée, bouclée. Le premier appareil avait été levé il n'y avait pas un quart d'heure; elle était décontenancée, sentant bien qu'elle allait être improuvée. Madame de La Fayette lui dit : « Mais vraiment il faut « que vous soyez folle ; mais savez-vous bien, Madame, « que vous êtes complétement ridicule? » M. de La Rochefoucauld dit : « Ma mère, ah, par ma foi, mère, nous n'en « demeurerons pas là; approchez un peu, ma mère, que « je voie si vous êtes comme votre sœur [1], que je viens de « voir. » Sa sœur venait aussi d'être coupée. « Ma mère, « vous voilà bien. » Vous entendez ces tons-là ; et pour les paroles, elles sont d'après le naturel; pour moi, je riais sous ma coiffe. Elle se décontenança si fort, qu'elle ne put soutenir cette attaque; elle remit sa coiffe, et bouda jusqu'à ce que madame de Schomberg la vint reprendre, car il n'y a plus de voiture que celle-là. Je crois que ce récit vous divertira.

Nous passâmes, il y a quelques jours, une après-dînée à l'Arsenal fort agréablement : il y avait des hommes de toutes grandeurs ; mesdames de La Fayette, de Coulanges, de La Troche, mademoiselle de Méri et moi. On se promena, on parla fort de vous à plusieurs reprises et en très-bons termes. Nous allons aussi quelquefois au Luxembourg; M. de Longueville y était hier, il me pria de vous assurer de ses très-humbles services. Pour M. de La Rochefoucauld, il vous aime très-tendrement. Je suis ravie que vous ayez approuvé mes lettres ; vos approbations et vos louanges sincères me font un plaisir qui surpasse tout ce qui me vient d'ailleurs. Et pourquoi les filles comme vous n'oseraient-elles louer une mère comme moi? Quelle sorte de respect! Vous savez si j'estime fort votre goût. J'approuve votre loterie; vous me manderez ce que vous aurez gagné. Vos comédies doivent aussi vous divertir.

---

[1] Mademoiselle de Montalais.

Laissez-vous amuser, suivez le courant des plaisirs qu'on peut avoir en Provence. Je vous loue fort que vous ne reconduisiez point : c'était pour mourir; que les dames s'en vengent, qu'elles ne vous reconduisent point aussi, et voilà une maudite coutume abolie.

Je viens de Saint-Germain; je n'ai que le loisir de vous dire que mille personnes m'ont priée de vous faire des baisemains, M. de Montausier, le maréchal de Bellefonds, etc.... Monseigneur le dauphin m'a donné un baiser pour vous. Adieu, ma très-chère, il est tard; je fais de la prose avec une facilité qui vous tue.

136. — A LA MÊME.

A Paris, vendredi 24 avril 1671.

Voilà le plus beau temps du monde; il commença dès hier après des pluies épouvantables : c'est le bonheur du roi, il y a longtemps que nous l'avons observé; et c'est pour cette fois aussi le bonheur de M. le Prince, qui a pris ses mesures à Chantilly pour le printemps et pour l'été : la pluie d'avant-hier aurait rendu toutes ses dépenses ridicules. Sa Majesté y arriva hier au soir; elle y est aujourd'hui. D'Hacqueville y est allé, il vous fera une relation à son retour; pour moi, j'en attends ce soir une petite que je vous enverrai avec cette lettre, que j'écris ce matin avant que d'aller en *bavardin*; je ferai mon paquet au faubourg. Si l'on dit que nous parlons dans nos lettres de la pluie et du beau temps, on aura raison; j'en ai fait d'abord un assez grand chapitre. Vous ne me parlez point assez de vous, j'en suis nécessiteuse, comme vous l'êtes de folies; je vous souhaite toutes celles que j'entends; pour celles que je dis, elles ne valent plus rien depuis que vous ne m'aidez plus : vous m'en inspirez, et quelquefois aussi je vous en inspire. C'est une longue tristesse, et qui se renouvelle souvent, que d'être loin d'une personne comme vous. J'ai dit des adieux depuis quelques jours; ce qui est plaisant, c'est qu'en partant d'ici pour la Bretagne, je prévois que vous serez mon adieu sensible, dont je pourrais, si j'étais une friponne, faire un grand honneur à mes amies; mais on voit clair à travers mes paroles, et je ne veux pas même en mettre aucune au-devant des sentiments que j'ai pour vous. Je serai donc touchée de voir que ce n'est pas assez d'être à deux cents lieues de vous, il faut que j'en sois à trois cents; et tous les pas que je ferai, ce sera sur cette troisième centaine : c'est trop, cela me serre le cœur.

L'abbé Têtu entra hier chez madame de Richelieu comme j'y étais : il était d'une gaillardise qui faisait honte à ses amis éloignés. Je lui parlai de mon voyage; il ne changea point de ton, et, d'un visage riant : *Eh bien, Madame*, me dit-il, *nous nous reverrons*. Cela n'est point plaisant à écrire, mais il n'y eut pas moyen de l'entendre sans rire; enfin ce fut là son unique pensée : il passa légèrement sur toute mon absence, et ne trouva que ce mot à me dire. Nous nous en servons présentement dans nos adieux, et je m'en sers moi-même intérieurement en songeant à vous; mais ce n'est pas si gaiement, et la longueur de l'absence n'est pas une circonstance que j'oublie.

J'ai acheté pour me faire une robe de chambre une étoffe comme votre dernière jupe; elle est admirable : il y a un peu de vert, et c'est le violet qui domine; en un mot, j'ai succombé. On voulait me la faire doubler de couleur de feu, mais j'ai trouvé que cela avait l'air d'une impénitence finale : le dessus est la pure fragilité, mais le dessous eût été une volonté déterminée qui m'a paru contre les bonnes mœurs. Je me suis jetée dans le taffetas blanc; ma dépense est petite : je méprise la Bretagne, et n'en veux faire que pour la Provence, afin de soutenir la dignité d'une merveille d'entre deux âges, où vous m'avez élevée.

Madame de Ludres me fit l'autre jour des merveilles à Saint-Germain; il n'y avait nulle distraction : elle vous aimait aussi : *Ah! pour matame te Grignan, elle est atorable.* Brancas me conta une affaire que M. de Grignan eut cet hiver avec M. Le Premier. *Je suis pour Grignan, j'ai vu leurs lettres.* Ce Brancas vous écrit une grand'diablesse de lettre, plaisante, mais inlisible : il m'en a dit des morceaux ; nous devons prendre un jour pour la lire tout entière. M. de Salins[1] a chassé un portier : je ne sais ce qu'on dit ; on parle de manteau gris, de quatre heures du matin, de coups de plat d'épée, et l'*on se tait du reste*[2] ; on parle d'un certain apôtre qui en fait d'autres ; enfin je ne dis rien : on ne m'accusera pas de parler ; pour moi, je sais me taire. Si cette fin vous paraît un peu galimatias, vous ne l'en aimerez que mieux. Adieu, ma chère enfant ; je vous manderai ce soir des nouvelles en fermant mon paquet.

137. — A LA MÊME.

Vendredi au soir, 24 avril 1671, chez M. DE LA ROCHEFOUCAULD.

Je fais donc ici mon paquet. J'avais dessein de vous conter que le roi arriva hier au soir à Chantilly ; il courut un cerf au clair de la lune. Les lanternes firent des merveilles ; le feu d'artifice fut un peu effacé par la clarté de notre amie, mais enfin, le soir, le souper, le jeu, tout alla à merveille. Le temps qu'il a fait aujourd'hui nous faisait espérer une suite digne d'un si agréable commencement. Mais voici ce que j'apprends en entrant ici, dont je ne puis me remettre, et qui fait que je ne sais plus ce que je vous mande ; c'est qu'enfin Vatel, le grand Vatel, maître d'hôtel de M. Fouquet, qui l'était présentement de M. le Prince, cet homme d'une capacité distinguée de toutes les autres, dont la bonne tête était capable de contenir tout le soin d'un État ; cet homme donc que je con-

---

[1] Garnier de Salins, trésorier des parties casuelles.
[2] Allusion à un vers de *Cinna*, acte IV, scène 5.

naissais, voyant que ce matin à huit heures la marée n'était pas arrivée, n'a pu soutenir l'affront dont il a cru qu'il allait être accablé, et, en un mot, il s'est poignardé. Vous pouvez penser l'horrible désordre qu'un si terrible accident a causé dans cette fête. Songez que la marée est peut-être arrivée comme il expirait. Je n'en sais pas davantage présentement : je pense que vous trouvez que c'est assez. Je ne doute pas que la confusion n'ait été grande; c'est une chose fâcheuse à une fête de cinquante mille écus.

M. de Menars [1] épouse mademoiselle de La Grange-Neuville [2]; je ne sais comme j'ai le courage de vous parler d'autre chose que de Vatel.

138. — A LA MÊME

A Paris, dimanche 26 avril 1671.

Il est dimanche 26 avril; cette lettre ne partira que mercredi; mais ce n'est pas une lettre, c'est une relation que Moreuil vient de me faire, à votre intention, de ce qui s'est passé à Chantilly touchant Vatel. Je vous écrivis vendredi qu'il s'était poignardé; voici l'affaire en détail : Le roi arriva le jeudi au soir; la promenade, la collation dans un lieu tapissé de jonquilles, tout cela fut à souhait. On soupa; il y eut quelques tables où le rôti manqua, à cause de plusieurs dîners à quoi l'on ne s'était point attendu; cela saisit Vatel, il dit plusieurs fois : Je suis perdu d'honneur; voici un affront que je ne supporterai pas. Il dit à Gourville : La tête me tourne, il y a douze nuits que je n'ai dormi; aidez-moi à donner des ordres. Gourville le soulagea en ce qu'il put. Le rôti qui avait manqué, non pas à la table du roi, mais aux vingt-cinquièmes, lui revenait toujours à l'esprit. Gourville le dit à M. le Prince. M. le Prince alla jusque dans la chambre de Vatel, et lui dit : « Vatel, tout va bien, rien n'était si

---

[1] Surintendant de la maison de la reine.
[2] Marie, fille de Charles de la Grange-Neuville, maître des comptes.

« beau que le souper du roi. » Il répondit : « Monsei-
« gneur, votre bonté m'achève ; je sais que le rôti a man-
« qué à deux tables. » « Point du tout, dit M. le Prince,
« ne vous fâchez point, tout va bien. » Minuit vint ; le feu
d'artifice ne réussit pas, il fut couvert d'un nuage ; il
coûtait seize mille francs. A quatre heures du matin
Vatel s'en va partout, il trouve tout endormi ; il rencontre
un petit pourvoyeur, qui lui apportait seulement deux
charges de marée ; il lui demande : Est-ce là tout ? Oui,
Monsieur. Il ne savait pas que Vatel avait envoyé à tous
les ports de mer. Vatel attend quelque temps ; les autres
pourvoyeurs ne vinrent point. Sa tête s'échauffait, il crut
qu'il n'aurait point d'autre marée ; il trouva Gourville,
il lui dit : « Monsieur, je ne survivrai point à cet affront-ci. »
Gourville se moqua de lui. Vatel monte à sa chambre,
met son épée contre la porte, et se la passe au travers du
cœur ; mais ce ne fut qu'au troisième coup, car il s'en
donna deux qui n'étaient point mortels. Il tombe mort.
La marée cependant arrive de tous côtés ; on cherche
Vatel pour la distribuer, on va à sa chambre, on heurte,
on enfonce la porte, on le trouve noyé dans son sang ; on
court à M. le Prince, qui fut au désespoir. M. le Duc pleura :
c'était sur Vatel que tournait tout son voyage de Bourgogne. M. le Prince le dit au roi fort tristement. On dit
que c'était à force d'avoir de l'honneur à sa manière ; on le
loua fort, on loua et l'on blâma son courage. Le roi dit
qu'il y avait cinq ans qu'il retardait de venir à Chantilly,
parce qu'il comprenait l'excès de cet embarras. Il dit à
M. le Prince qu'il ne devait avoir que deux tables, et ne
point se charger de tout ; il jura qu'il ne souffrirait plus
que M. le Prince en usât ainsi ; mais c'était trop tard pour
le pauvre Vatel. Cependant Gourville tâcha de réparer la
perte de Vatel ; elle fut réparée : on dîna très-bien, on fit
collation, on soupa, on se promena, on joua, on fut à la
chasse ; tout était parfumé de jonquilles, tout était enchanté.

Hier, qui était samedi, on fit encore de même; et le soir le roi alla à Liancourt, où il avait commandé *media noche*; il y doit demeurer aujourd'hui. Voilà ce que Moreuil m'a dit, espérant que je vous le manderais. Je jette mon bonnet par-dessus les moulins, et je ne sais rien du reste. M. d'Hacqueville, qui était à tout cela, vous fera des relations sans doute; mais comme son écriture n'est pas si lisible que la mienne, j'écris toujours; et si je vous mande cette infinité de détails, c'est que je les aimerais en pareille occasion.

139. — A LA MÊME.

Commencée à Paris, le lundi 27 avril 1671

J'ai très-mauvaise opinion de vos langueurs; je suis du nombre des méchantes langues, et je crois tout le pis. Voilà ce que je craignais; mais, ma chère enfant, si ce malheur se confirme, ayez soin de vous; ne vous ébranlez point dans ces commencements par votre voyage de Marseille. Laissez un peu établir les choses; songez à votre délicatesse, et que ce n'est qu'à force de vous être conservée que vous avez été jusqu'au bout. Je suis déjà bien en peine du dérangement que le voyage de Bretagne apportera à notre commerce : si vous êtes grosse, comptez que je n'ai plus aucun dessein que de faire ce que vous voudrez; je ferai ma règle de vos désirs, et laisserai tout autre arrangement et toute autre considération à mille lieues de moi. Je crois que le chapitre de votre frère vous a divertie; il est présentement en quelque repos; il voit pourtant Ninon tous les jours, mais c'est un ami. Il entra l'autre jour avec elle dans un lieu où il y avait cinq ou six hommes : ils firent tous une mine qui la persuada qu'ils le croyaient possesseur; elle connut leurs pensées, et leur dit : « Messieurs, vous vous damnez si vous croyez qu'il « y ait du mal entre nous; je vous assure que nous sommes

« comme frère et sœur. » Il est vrai qu'il est comme fricassé; je l'emmène en Bretagne, où j'espère que je lui ferai retrouver la santé de son corps et de son âme : nous ménageons, La Mousse [1] et moi, de lui faire faire une bonne confession.

Monsieur, madame de Villars et la petite Saint-Gérand sortent d'ici, et vous font mille et mille amitiés; ils veulent la copie de votre portrait qui est sur ma cheminée, pour la porter en Espagne [2]. Ma petite enfant a été tout le jour dans ma chambre, parée de ses belles dentelles, et faisant l'honneur du logis; ce logis, qui me fait tant songer à vous, où vous étiez il y a un an comme prisonnière; ce logis, que tout le monde vient voir, que tout le monde admire, et que personne ne veut *louer*. Je soupai l'autre jour chez la marquise d'Uxelles, avec madame la maréchale d'Humières, mesdames d'Arpajon, de Beringhen, de Frontenac, d'Outrelaise, Raimond et Martin; vous n'y fûtes point oubliée. Je vous conjure, ma fille, de me mander sincèrement des nouvelles de votre santé, de vos desseins, de ce que vous souhaitez de moi. Je suis triste de votre état, je crains que vous ne le soyez aussi; je vois mille chagrins, et j'ai une suite de pensées dans ma tête, qui ne sont bonnes ni pour la nuit ni pour le jour.

A Livry, mercredi 29 avril.

Depuis que j'ai écrit ce commencement de lettre, j'ai fait un fort joli voyage. Je partis hier assez matin de Paris; j'allai dîner à Pomponne; j'y trouvai notre bon homme [3], qui m'attendait : je n'aurais pas voulu manquer à lui dire adieu. Je le trouvai dans une augmentation de sainteté qui m'étonna : plus il approche de la mort, plus il s'épure. Il

---

[1] L'abbé de la Mousse, parent de madame de Sévigné.
[2] Le marquis de Villars était nommé ambassadeur en Espagne. (M.)
[3] M. Arnauld-d'Andilly.

me gronda très-sérieusement, et, transporté de zèle et d'amitié pour moi, il me dit que j'étais folle de ne point songer à me convertir; que j'étais une jolie païenne; que je faisais de vous une idole dans mon cœur; que cette sorte d'idolâtrie était aussi dangereuse qu'une autre, quoiqu'elle me parût moins criminelle; qu'enfin je songeasse à moi : il me dit tout cela si fortement que je n'avais pas le mot à dire. Enfin, après six heures de conversation très-agréable, quoique très-sérieuse, je le quittai, et vins ici, où je trouvai tout le triomphe du mois de mai : le rossignol, le coucou, la fauvette, ont ouvert le printemps dans nos forêts; je m'y suis promenée tout le soir toute seule : j'y ai trouvé toutes mes tristes pensées; mais je ne veux plus vous en parler. J'ai destiné une partie de cette après-dînée à vous écrire dans le jardin, où je suis étourdie de trois ou quatre rossignols qui sont sur ma tête. Ce soir je m'en retourne à Paris pour faire mon paquet et vous l'envoyer.

Il est vrai, ma fille, qu'il manqua un degré de chaleur à mon amitié quand je rencontrai la chaîne des galériens; je devais aller avec eux, au lieu de ne songer qu'à vous écrire. Que vous eussiez été agréablement surprise à Marseille de me trouver en si bonne compagnie! Mais vous y allez donc en litière? quelle fantaisie! J'ai vu que vous n'aimiez les litières que quand elles étaient arrêtées : vous êtes bien changée. Je suis entièrement du parti des médisants : tout l'honneur que je vous puis faire, c'est de croire que jamais vous ne vous seriez servie de cette voiture si vous ne m'aviez point quittée, et que M. de Grignan fût resté dans sa Provence. Que je suis fâchée de ce malheur! mais que je l'ai bien prévu! Conservez-vous, ma très-chère; songez que la *Guisarde* beauté[1], ayant voulu se prévaloir d'une heureuse couche, s'est blessée rudement, et qu'elle a été trois jours prête à mourir : voilà un bel exemple. Ma-

---

[1] Madame de Guise.

dame de La Fayette craint toujours pour votre vie : elle vous cède sans difficulté la première place auprès de moi, à cause de vos perfections ; et quand elle est douce, elle dit que ce n'est pas sans peine ; mais enfin cela est réglé et approuvé : cette justice la rend digne de la seconde, elle l'a aussi ; La Troche s'en meurt. Je vais toujours mon train, et mon train aussi pour la Bretagne ; il est vrai que nous ferons des vies bien différentes : je serai troublée dans la mienne par les états, qui me viendront tourmenter à Vitré sur la fin du mois de juillet ; cela me déplaît fort. Votre frère n'y sera plus en ce temps-là. Ma fille, vous souhaitez que le temps marche pour nous revoir ; vous ne savez ce que vous faites, vous y serez attrapée : il vous obéira trop exactement, et quand vous voudrez le retenir, vous n'en serez plus la maîtresse. J'ai fait autrefois les mêmes fautes que vous, je m'en suis repentie ; et quoique le temps ne m'ait pas fait tout le mal qu'il fait aux autres, il ne laisse pas de m'avoir ôté mille petits agréments, qui ne laissent que trop de marques de son passage. Vous trouvez donc que vos comédiens ont bien de l'esprit de dire des vers de Corneille. En vérité, il y en a de bien transportants ; j'en ai apporté ici un tome qui m'amusa fort hier au soir. Mais n'avez-vous point trouvé jolies les cinq ou six fables de La Fontaine, qui sont dans un des tomes que je vous ai envoyés ? Nous en étions ravis l'autre jour chez M. de La Rochefoucauld ; nous apprîmes par cœur celle *du Singe et du Chat*.

> D'animaux malfaisants c'était un très-bon plat :
> Ils n'y craignaient tous deux aucun, tel qu'il pût être.
> Trouvait-on quelque chose au logis de gâté,
> L'on ne s'en prenait point aux gens du voisinage :
> Bertrand dérobait tout ; Raton, de son côté,
> Était moins attentif aux souris qu'au fromage.

Et le reste. Cela est peint ; et la *Citrouille*, et le *Rossignol*, cela est digne du premier tome. Je suis bien folle de vous écrire de telles bagatelles, c'est le loisir de Livry qui vous tue. Vous avez écrit un billet admirable à Brancas ; il vous écrivit l'autre jour une main tout entière de papier : c'était une rapsodie assez bonne ; il nous la lut, à madame de Coulanges et à moi. Je lui dis : Envoyez-la-moi donc tout achevée pour mercredi ; il me dit qu'il n'en ferait rien, qu'il ne voulait pas que vous la vissiez ; que cela était trop sot et trop misérable. — Pour qui nous prenez-vous ? vous nous l'avez bien lue. — Tant y a que je ne veux pas qu'elle la lise : voilà toute la raison que j'en ai eue ; jamais il ne fut si fou. Il sollicita l'autre jour un procès à la seconde des enquêtes ; c'était à la première qu'on le jugeait : cette folie a fort réjoui les sénateurs ; je crois qu'elle lui a fait gagner son procès. Que dites-vous, mon enfant, de l'infinité de cette lettre ? si je voulais, j'écrirais jusqu'à demain. Conservez-vous, c'est ma ritournelle continuelle ; ne tombez point, gardez quelquefois le lit. Depuis que j'ai donné à ma petite une nourrice comme celle du temps de François Ier [1], je crois que vous devez honorer tous mes conseils. Pensez-vous que je n'aille point vous voir cette année ? J'avais rangé tout cela d'une autre façon, et même pour l'amour de vous ; mais votre litière me redérange tout : le moyen de ne pas courir cette année, si vous le souhaitez un peu ? Hélas ! c'est bien moi qui dois dire qu'il n'y a plus de pays fixe pour moi, que celui où vous êtes. Votre portrait triomphe sur ma cheminée ; vous êtes adorée maintenant en Provence, et à Paris, et à la cour, et à Livry ; enfin, ma fille, il faut bien que vous soyez ingrate : le moyen de rendre tout cela ? Je vous embrasse et vous aime, et vous le dirai toujours, parce que c'est toujours la même chose. J'embrasserais ce fripon de Grignan, si je n'étais fâchée contre lui.

Maître Paul [2] mourut il y a huit jours ; notre jardin en est tout triste.

[1] *Voyez* sa lettre du 8 avril 1671.
[2] Jardinier de Livry. (P.)

140. — A LA MÊME.

A Paris, vendredi 1ᵉʳ mai 1671.

Je gardais votre secret comme si vous aviez dérobé votre enfant; mais je n'en réponds plus depuis que Valcroissant l'a mandé à mademoiselle de Scudéri, en se louant de vos honnêtetés, et disant que l'on vous adore en Provence. Comment vous portez-vous du voyage que vous avez fait à Marseille? N'êtes-vous pas résolue de vous bien conserver? Vous voulez bien, ma fille, que je sois un peu en peine de vous; il est impossible que cela ne soit pas.

Je dînai hier chez madame de Villars avec M. de Vindisgras, deux autres de son pays, M. et madame de Schomberg, M. et madame de Béthune [1]; *la plupart des amants sont des Allemands* [2], comme vous voyez. M. de Schomberg me paraît un des plus aimables maris du monde : sans compter que c'est un héros, il a l'esprit aisé et une intelligence dont on lui sait un gré non pareil; sa femme l'adore. Mais, parce qu'il ne faut pas être contente en ce monde, elle n'a pas un moment de santé. On parla fort de vous, on vous loua jusqu'au ciel; et ce qui me parut plaisant, c'est que Vindisgras se souvint d'avoir ouï dire ce que vous disiez, il y a six ans, d'un comte de Dietrichstein, qu'il ressemblait à M. de Beaufort [3], hormis qu'il parlait mieux français : nous trouvâmes plaisant qu'il eût retenu ce bon mot; cela nous donna lieu de parler de votre esprit. Il vous a vue chez la reine quand vous prîtes congé; il a une grande idée de toute votre personne. Cette pauvre madame de Béthune est encore grosse; elle me fait grand'pitié. On craint que la princesse d'Harcourt ne soit grosse aussi. Je trouve tous les

---

[1] M. de Schomberg, qui fut maréchal de France en 1675. M. de Béthune, qui fut ambassadeur en Pologne, puis en Suède, où il mourut. (M.)

[2] Allusion à une chanson de Sarrasin : *Tircis, la plupart des amants sont des Allemands*, etc. (P.)

[3] Le duc de Beaufort parlait assez mal sa langue naturelle. (P.)

jours ici de quoi exercer mes beaux sentiments. Madame de Coulanges vint le soir; nous allâmes aux Tuileries ; nous y vîmes ce qui reste d'hommes à Paris, et qui n'y sera pas encore longtemps, et de plus M. de Saint-Ruth[1]. Quel homme, bon Dieu ! et que le désagrément de sa physionomie donne de grandes idées des qualités qu'on ne connaît pas ! Mais comment pourrais-je vous dire les tendresses, les amitiés, les remerciments de M. de La Rochefoucauld, de Segrais, de madame de La Fayette, avec qui je passai le reste de la soirée, et à qui je fis voir une partie de votre lettre? Il y avait tant de choses pour eux, que je vous aurais fait tort en toute manière de la leur cacher. Je leur cachai pourtant votre grossesse, pour la dire une autre fois tout bas à madame de La Fayette ; car notre conversation d'hier roula sur d'autres discours, plus agréables pour vous. Langlade[2] survint; comme il s'en va à Bourbon, nous voulons qu'il aille vous voir. Segrais nous montra un recueil qu'il a fait des chansons de Blot[3] ; elles ont le diable au corps, mais je n'ai jamais vu tant d'esprit. Il nous conta aussi qu'il venait de voir une mère de Normandie, qui, lui parlant d'un fils abbé qu'elle a, lui avait dit que le dessein de son fils était de bien étudier, et qu'il commençait toujours à prêcher en attendant : cet arrangement nous fit rire. Vous souvient-il du bon mot du comédien que je vous ai mandé? Segrais l'a mis dans un recueil qu'il fait de tout ce qui a jamais été dit de plus fin. On parle de grandes nouvelles en Angleterre ; mais cela n'est point encore démêlé. On ne sait rien de l'arrivée du roi à Dunkerque. Madame de Richelieu a gagné un grand procès contre madame d'Aiguillon. M. le Duc est parti pour la Bourgogne,

---

[1] On a dit que la maréchale de la Meilleraie, quoique très-glorieuse d'ailleurs, l'avait épousé secrètement. (P.)

[2] Jacques de Langlade, secrétaire du duc de Bouillon. *Voyez* sa lettre du 8 avril 1671.

[3] Gentilhomme attaché à Gaston, et qui, ainsi que Marigny, se fit connaître dans le temps de la Fronde par des vaudevilles et des satires auxquels l'esprit de parti donnait une grande vogue.

le maréchal d'Albret pour son gouvernement. M. le Prince a suivi le roi. Vous voyez bien, par ces lanterneries, qu'il n'y a point aujourd'hui de nouvelles. Nous n'avons point dîné en *Lavardin*; ils sont allés se promener à Versailles.

Madame de Verneuil a été très-malade à Verneuil. La d'Escars a eu une manière d'apoplexie, qui a fait grand'peur à elle et à celles qui se portent un peu trop bien. J'ai donné votre billet à Brancas; *il fera réponse à la Grignan*. Père Ytier vous salue très-révérencieusement. Je suis en colère contre M. de Grignan, sans cela je l'aimerais. Ninon dit que votre frère est au-dessous de la définition; il est vrai qu'il ne se connaît pas lui-même, et que les autres le connaissent encore moins. Adieu, ma très-aimable; jamais il ne s'est vu un attachement si naturel et si tendre que celui que j'ai pour vous.

141. — A LA MÊME.

A Paris, mercredi 6 mai 1671.

Je vous prie, ma fille, ne donnons point désormais à l'absence l'honneur d'avoir remis entre nous une parfaite intelligence, et de mon côté, la persuasion de votre tendresse pour moi : quand l'absence aurait part à cette dernière, puisqu'elle l'a établie pour jamais, regrettons un temps où je vous voyais tous les jours, vous qui êtes le charme de ma vie et de mes yeux; où je vous entendais, vous dont l'esprit touche mon goût plus que tout ce qui m'a jamais plu. N'allons point faire une séparation de votre aimable vue et de votre amitié : il y aurait trop de cruauté à séparer ces deux choses, et je veux plutôt croire que le temps est venu qu'elles marcheront ensemble, que j'aurai le plaisir de vous voir sans mélange d'aucun nuage, et que je réparerai toutes mes injustices passées, puisque vous voulez bien les nommer ainsi.

Je vis hier madame de Guise; elle m'a chargée de vous

faire mille amitiés, et de vous dire comme elle a été trois jours à l'extrémité, madame Robinet n'y voyant plus goutte, et tout cela pour s'être agitée sur la foi de sa première couche, sans se donner aucun repos. L'agitation continuelle, qui ne donne pas le temps à un enfant de pouvoir se remettre à sa place, quand il a été ébranlé, fait une couche avancée, qui est très-souvent mortelle. Je lui promis de vous donner toutes ces instructions pour quand vous en auriez besoin, et de vous dire tous les repentirs qu'elle avait d'avoir perdu l'âme et le corps de son enfant. Je m'acquitte exactement de sa commission, dans l'espérance qu'elle vous sera utile : je vous conjure, mon enfant, d'avoir un soin extrême de votre santé : vous n'avez que cela à faire.

Votre Monsieur, qui dépeint mon esprit juste et carré, composé, étudié, l'a très-bien *dévidé*, comme disait cette diablesse. J'ai fort ri de ce que vous m'en écrivez, et vous ai plainte de n'avoir personne à regarder pendant qu'il me louait si bien; je voudrais au moins avoir été derrière la tapisserie. Je vous remercie, ma fille, de toutes les honnêtetés que vous avez faites à La Brosse : c'est une belle chose qu'une vieille lettre[1]; il y a longtemps que je les trouve encore pires que les vieilles gens : tout ce qui est dedans est une vraie radoterie. Madame de Verneuil a été très-mal à Verneuil de la néphrétique; elle est accouchée d'un enfant qu'on a nommé Pierre, car ce n'était pas Pierrot[2], tant il était gros.

Mon royaume commence à n'être plus de ce monde. Nous trouvâmes l'autre jour aux Tuileries mesdames de... La première nous parut d'une incivilité parfaite en répondant comme une reine aux compliments que nous lui faisions sur sa couche, et lui disant que nous avions été à sa

---

[1] La lettre du 15 mars précédent ne fut rendue que six semaines après la date. (P.)

[2] Allusion maligne au prénom du chancelier Séguier. *Voyez* la lettre du 1er décembre 1664. (M.)

porte; pour l'autre, elle nous parut d'une sottise si complète, que je plaignis son mari, tout contrefait qu'il est, et que je trouvai que c'était lui qui était mal marié. Que toutes les jeunes femmes sont sottes, plus ou moins, ma chère fille!

Mais pourquoi avez-vous été à Marseille? M. de Marseille mande ici qu'il y a de la petite vérole; de plus, on vous aura tiré du canon qui vous aura émue; cela est très-dangereux. On dit que de Biez accoucha l'autre jour d'un coup de pistolet qu'on tira dans la rue. Vous aurez été dans les galères, vous aurez passé sur de petits ponts, le pied peut vous avoir glissé, vous serez tombée : voilà les horreurs de la séparation; on est à la merci de toutes ces pensées; on peut croire sans folie que tout ce qui est possible peut arriver : toutes les tristesses de tempérament sont des pressentiments, tous les songes sont des présages, toutes les précautions sont des avertissements, enfin c'est une douleur sans fin.

Il est vrai que j'aime votre fille; mais vous êtes une friponne de me parler de jalousie; il n'y a ni en vous ni en moi de quoi la pouvoir composer; c'est une imperfection dont vous n'êtes point capable, et je ne vous en donne non plus de sujet que M. de Grignan. Hélas! quand on trouve dans son cœur toutes les préférences, et que rien n'est en comparaison, de quoi pourrait-on donner de la jalousie à la jalousie même? Ne parlons point de cette passion, je la déteste, quoiqu'elle vienne d'un fonds adorable : les effets en sont trop cruels et trop haïssables. Je vous prie, au reste, de ne point faire des songes si tristes de moi : cela vous émeut et vous trouble. Je suis persuadée que vous n'êtes que trop vive et trop sensible sur ma vie et sur ma santé; vous l'avez toujours été, et je vous conjure aussi, comme j'ai toujours fait, de n'en être point en peine : j'ai une santé au-dessus de toutes les craintes ordinaires. Je vivrai pour vous aimer, et j'abandonne ma vie à cette unique occupation, c'est-à-dire à toute la joie, à toute la douleur, à tous les agréments, à toutes les mortelles inquiétudes, enfin à tous les sentiments que cette passion pourra me donner.

Je partirai entre-ci et la Pentecôte; je la passerai ou à Chartres ou à Malicorne, mais sûrement point à Paris. Vous êtes trop aimable d'entrer comme vous faites dans la tristesse de mon voyage : vous pouvez imaginer combien de souvenirs de vous entre La Mousse et moi, sans compter cette pensée habituelle qui ne me quitte jamais. Il est vrai que je n'aurai point *Hébert*, j'en suis fâchée; mais il faut se résoudre à tout : il est revenu de Chantilly, il est désespéré de la mort de Vatel : il y perd beaucoup. Gourville l'a mis à l'hôtel de Condé, pour faire cette petite charge dont je vous ai parlé. M. de La Rochefoucauld dit qu'il prend des liaisons avec *Hébert*, dans la pensée que c'est un homme qui commence une grande fortune : à cela je lui réponds que mes laquais ne sont pas si heureux que les siens[1]. Ce duc vous aime, et m'a assuré qu'il ne vous renverrait point votre lettre toute cachetée. Madame de La Fayette me prie toujours de vous dire mille choses pour elle, je ne sais si je m'en acquitte bien.

Ne rejetez point si loin ces derniers livres de La Fontaine; il y a des fables qui vous raviront, et des contes qui vous charmeront : la fin *des Oies de frère Philippe*, *les Rémois*, *le petit Chien*, tout cela est très-joli; il n'y a que ce qui n'est point de ce style qui est plat. Je voudrais faire une fable qui lui fît entendre combien cela est misérable de forcer son esprit à sortir de son genre, et combien la folie de vouloir chanter sur tous les tons fait une mauvaise musique. Il ne faut point qu'il sorte du talent qu'il a de conter.

M. de Marseille a mandé à l'abbé de Pontcarré que vous étiez grosse : j'ai fait assez longtemps mon devoir de cacher

---

[1] Allusion à Gourville, qui avait été valet de chambre de M. de La Rochefoucauld.

ce malheur; mais enfin l'on se moque de moi. Je l'embrasse mille fois, ce Grignan, malgré toutes ses iniquités; je le conjure au moins que puisqu'il fait les maux, il fasse les médecines, c'est-à-dire qu'il ait un soin extrême de votre santé, qu'il soit le maître là-dessus, comme vous devez être la maîtresse sur tout le reste. Adieu, ma chère enfant, je vous baise et vous embrasse. Ne m'écrivez qu'autant que cela ne fera point de mal à votre santé, et qu'il soit toujours question de l'état où vous êtes; répondez moins à mes lettres, et me parlez de vous : plus je serai en Bretagne, et plus j'aurai besoin de cette consolation; ne m'expédiez point là-dessus. Si vous ne pouvez m'écrire, chargez-en la petite Deville, et empêchez-la de donner dans la *justice de croire*, et dans *le respectueux attachement*; qu'elle me parle de vous; et quoi encore ? de vous, et toujours de vous.

142. — A LA MÊME.

A Paris, vendredi 8 mai 1671.

Me voilà encore, et je ne puis partir que dans huit jours. L'incertitude du camp de Lorraine, pour mener ou pour ne pas mener mon fils, fait toute la mienne, et me donne de l'ennui. J'en ai beaucoup plus encore de votre santé : votre voyage de Marseille me trouble; l'air de la petite vérole et le bruit des canons me donnent une inquiétude qui n'est que trop juste. Si je ne vais point m'en soulager par être auprès de vous, vous me serez bien plus obligée que si je traversais la France. L'état où je suis et où je vais être est dur à soutenir; et rien ne serait capable de m'arrêter que les raisons que vous savez, et dont nous sommes en confidence, mon cher ami [1] et moi. Je sens quelque consolation de l'avoir pour témoin de tous mes sentiments;

[1] M. d'Hacqueville. (P.)

ce n'est pas que j'en aie besoin auprès de vous, mais j'aime à mettre mes sentiments les plus chers en dépôt entre les mains d'un homme comme lui.

Je fus hier longtemps chez madame du Pui-du-Fou; sérieusement elle vous aime, et vous lui êtes obligée des soins et des prévoyances qu'elle a pour vous : son cœur n'en sait pas davantage; mais dans cette étendue elle fait parfaitement bien. L'abbé est ravi de vous voir appliquée à vos affaires; il vous trouve digne de tous ses soins, dès le moment que vous songez à mettre la règle dans votre maison; ajoutez cette perfection à toutes les autres; ne vous relâchez point. Il n'est point question de suivre toujours les beaux sentiments; il faut avoir pitié de soi, et avoir de la générosité pour soi-même comme on en a pour les autres. En un mot, continuez tous vos bons commencements, et amusez-vous à vous conserver et à bien conduire vos affaires. J'espère que le voyage de l'abbé, en quelque temps que ce soit, ne vous sera pas inutile. Adieu, ma très-chère; j'attends avec des impatiences vives des nouvelles de votre santé et de votre voyage.

143. — A LA MÊME.

A Paris, mercredi 15 mai 1671.

Je reçois votre lettre de Marseille; jamais relation ne m'a tant amusée. Je lisais avec plaisir et avec attention; je suis fâchée de vous le dire, car vous n'aimez pas cela, mais vous narrez très-agréablement. Je lisais donc votre lettre vite par impatience, et puis je m'arrêtais tout court, pour ne pas la dévorer si promptement : je la voyais finir avec douleur, et douleur de toute manière, car je ne vois que de l'impossibilité à votre retour, moi qui ne fais que le souhaiter. Ah, ma fille! ne m'en ôtez pas ni à vous-même l'espérance; pour moi, j'irai vous voir très-assurément avant que vous ne preniez aucune résolution là-dessus : ce voyage est nécessaire à ma vie. Je tremble pour votre santé : vous avez été étourdie du bruit de tant de canons et du *hou* des galériens ; vous y avez reçu des honneurs comme la reine, et moi plus que je ne vaux : je n'ai jamais vu une telle galanterie que de donner mon nom pour le mot *de guerre*. Je vois bien, ma fille, que vous pensez à moi très-souvent, et que cette *maman mignonne* de M. de Vivonne n'est pas de contrebande avec vous. Je crois que Marseille vous aura paru beau ; vous m'en faites une peinture extraordinaire et qui ne déplaît pas. Cette nouveauté, à quoi rien ne ressemble, touche ma curiosité ; je serai fort aise de voir cette sorte d'enfer. Comment! des hommes gémir jour et nuit sous la pesanteur de leurs chaînes ! Voilà ce qu'on ne voit point ici : on en parle assez ; elles font même quelquefois du bruit ; mais il n'y a rien d'effectif qu'à Marseille : j'ai cette image dans la tête.

E' di mezzo l'orrore esce il diletto.

Vous étiez belle, à ce que vous dites ; et où est donc votre grossesse? Comment s'accommode-t-elle avec votre beauté et avec tant de fatigue? Il m'est venu de deux endroits que vous aviez un esprit si bon, si juste, si droit et si solide, qu'on vous a fait seule arbitre des plus grandes affaires. Vous avez accommodé les différends infinis de M. de Monaco avec un monsieur dont j'ai oublié le nom : vous avez un sens si net et si fort au-dessus des autres, qu'on laisse le soin de parler de votre personne, pour louer votre esprit ; voilà ce qu'on dit de vous ici. Si vous trouvez quelque prince Alamir, vous avez du fonds de reste pour faire le premier tome du roman, sans qu'on ose en parler. Je n'ai pas voulu faire ce tort à la Provence, de vous cacher la manière dont vous y êtes honorée, et dont on y parle de vous. Je voudrais savoir si vous êtes entièrement insensible à tous les honneurs qu'on vous fait ; pour moi, je vous avoue grossièrement qu'ils ne me déplairaient pas ; mais je ferais l'impossible pour tâcher de revenir quelque temps me dépouiller de ma splendeur ; ce qui vous en reste ici est trop bon pour être négligé. Madame des Pennes [1] a été aimable comme un ange ; mademoiselle de Scuderi l'adorait : c'était la princesse Cléobuline ; elle avait un prince Trasibule en ce temps-là ; c'est la plus jolie histoire de Cyrus [2]. Si vous étiez encore à Marseille, je vous prierais de bien faire des compliments pour moi à M. le général des galères [3] ; mais vous n'y êtes plus. Pour moi, je suis encore ici ; j'en suis en furie : je voulais partir vendredi ; l'abbé se met à genoux pour que ce ne soit que lundi : on ne peut tirer les prêtres de Paris ; il n'y a que les dames qui en veuillent partir. Je m'en irai donc lundi ; il me semble que vous voulez savoir mon équipage, afin de me voir passer comme j'ai vu passer M. *Busche*. Je vais à deux calèches ; j'ai sept chevaux de carrosse, un cheval de bât qui porte mon lit, et trois ou quatre hommes à cheval. Je serai dans ma calèche tirée par mes deux beaux chevaux ; l'abbé sera quelquefois avec moi. Dans l'autre, mon fils, La Mousse et Hélène [4]. Celle-ci aura quatre chevaux avec un postillon. Quelquefois le bréviaire assemblera le second ordre, et laissera place à un certain bréviaire de Corneille, que nous avons envie de dire, Sévigné et moi. Voilà de beaux détails, mais on ne les hait pas des personnes que l'on aime. Vous écrivez une lettre à votre frère qui est très-plaisante ; j'en ai bien ri. J'eusse juré que sa... eût été ridicule ; en effet, j'ai trouvé qu'elle ressemble à une amande lissée. Voilà de ces physionomies qui ne se raccommoderont jamais avec moi.

J'ai fait moi-même déménager et mettre en sûreté tous

---

[1] Renée de Forbin, sœur de M. de Marseille, depuis cardinal de Janson. (P.)

[2] Roman de mademoiselle de Scudéri. (P.)

[3] M. de Vivonne, frère de madame de Montespan, renommé par ses bons mots. Il fut un des magnifiques tenants du cercle de Ninon de l'Enclos.

[4] Femme de chambre de madame de Sévigné. (M.)

vos meubles dans une chambre que j'ai réservée ; j'ai été présente à tout : pourvu que vous ayez intérêt à quelque chose, elle est digne de mes soins. Je n'ai pas tant d'amitié pour moi, Dieu m'en garde.

Je n'ai garde de dire à notre océan la préférence que vous lui donnez, il en serait trop glorieux ; il n'est pas besoin de lui donner plus d'orgueil qu'il n'en a. Bien du monde s'en va lundi comme moi. Brancas est parti ; je ne sais si cela est bien vrai, car il ne m'a point dit adieu : il croit peut-être l'avoir fait. Il était l'autre jour debout devant la table de madame de Coulanges ; je lui dis : Asseyez-vous donc, ne voulez-vous pas souper? Il se tenait toujours debout. Madame de Coulanges lui dit : Asseyez-vous donc. Parbleu ! dit-il, madame de Sauzei [1] se fait bien attendre ; je crois qu'on ne lui a pas dit qu'on a servi. C'était elle qu'il attendait, et il y a environ cinq semaines qu'elle est à Autry ; cette civilité, faite fort naïvement, nous fit rire. Madame de Soubise [2] est grosse ; elle s'en plaint à sa mère, mais inutilement. Pour madame de Louvigny [3], vous le savez. Si je pouvais trouver quelque honnête veuve ou quelque honnête fille qui le fût aussi, je vous le manderais pour votre consolation. L'abbé Testu est parti, disant que Paris lui pèse sur les épaules ; il est allé droit à Fontevraud : c'est le chemin, cela est heureux ; de là il va à Richelieu, qui n'est qu'à cinq lieues ; il y demeurera. Ce voyage paraît ridicule à bien des gens, et semble l'éloigner encore de l'épiscopat ; pour moi, je dis qu'il l'en approchera [4]. Vous voyez qu'il ne s'accommode pas si bien de l'absence de

---

[1] Anne-Marie de Coulanges, femme de Louis Turpin-de Crisé, comte de Sanzay.

[2] Anne de Rohan-Chabot, femme de François de Rohan, prince de Soubise. Elle fut aimée de Louis XIV, mais en secret. Ce crédit caché fit la fortune de sa maison. (A. G.)

[3] Marie-Charlotte de Castelnau, femme d'Antoine-Charles de Louvigny.

[4] Jacques Testu, prédicateur du roi, et de l'Académie Française, eut l'ambition de devenir évêque ; mais Louis XIV déclara qu'il ne le trouvait pas assez homme de bien pour conduire les autres.

madame de Fontevraud que de la vôtre. Si j'étais désormais en lieu de vous parler du prochain, je prendrais votre manière; elle est mille fois plus nette et plus facile que le galimatias dont je m'étais servie, et que vous avez pourtant fort bien deviné; il n'y en a guère d'impénétrable pour vous. Vous trouvez que mon fils me console de Paris, que les états me consoleront de mon fils; mais de vous, ma belle, qui m'en consolera? Je n'ai point encore trouvé qu'il y ait rien dans le monde qui puisse s'en vanter. Je vous embrasse mille et mille fois. Aimez-moi toujours, c'est la seule joie et la seule consolation de ma vie.

144. — A LA MÊME.

A Paris, vendredi 15 mai 1671.

Me voici encore, ma chère fille, avec tous les chagrins qui accompagnent les départs retardés, et les départs qui m'éloignent de vous encore plus que nous ne sommes; mais quelle rage de prendre un chemin opposé à celui de son cœur! Si jamais je ne vois plus rien entre la Provence et moi, je serai transportée de joie. L'envie continuelle que j'ai de recevoir de vos lettres et d'apprendre l'état de votre santé est une chose si dévorante pour moi, que je ne sais comme je pourrai la supporter. J'attends dimanche de vos nouvelles, et je partirai lundi matin. Je suis occupée à donner tous les ordres nécessaires pour en avoir souvent, et je pense y avoir réussi autant qu'il se peut. J'ai trouvé une petite lanterne que vous a donnée M. de Grignan, à qui nous disions si bien :

Madame Amphitryon, mon maître et votre époux....

Madame de Crussol[1] est grosse, et mille autres; j'allai hier lui dire adieu, et à l'effigie de madame de Montausier :

---

[1] Fille du duc de Montausier. (M.)

si j'avais le temps, je vous conterais les gentillesses qu'elle me dit ; mais j'ai été accablée ce matin d'adieux et d'affaires. Je m'en vais dire les miens en Lavardin. Je ferai mon paquet ce soir, j'aurai plus de loisir. Je finis donc cette feuille en vous embrassant mille fois, avec une si vive et si extrême tendresse, que je ne pense pas qu'il y en ait au monde une pareille.

Vendredi au soir, 15 mai, chez M. DE LA ROCHEFOUCAULD.

Je suis auprès d'un homme qui vous aime, et qui vous conjure de le croire. Il a pris un fort grand plaisir à entendre la peinture de vos galériens de Marseille. Madame de La Fayette me dicte beaucoup de belles choses que je ne vous dirai point. Nous avons été nous promener chez Faverole, à Issy, où les rossignols, l'épine blanche, les lilas, les fontaines et le beau temps nous ont donné tous les plaisirs innocents qu'on peut avoir; c'est un lieu où je vous ai vue, cela nourrit fort la tendresse. Nous y vîmes une fois un chat qui voulut arracher les deux yeux de madame de La Fayette, et pensa bien en passer son envie, si vous vous en souvenez. J'ai dit adieu à toutes les beautés de ce pays : je m'en vais dans un autre, bien rude : il n'y en a point, ma fille, où je ne trouve le moyen de penser uniquement à vous. J'ai recommandé ma petite enfant à madame Amelot, à madame d'Ormesson, et surtout à madame du Pui-du-Fou, avec qui je fus hier deux heures ; elle en aura soin comme de son enfant. J'ai pris congé des Usez et de mille autres. Enfin voilà qui est fait. M. de Rambures est mort : pouvez-vous vous représenter sa femme[1] affligée avec un bandeau ? L'abbé de Foix se meurt; il a reçu tous

---

[1] Les veuves portaient en ce temps-là un bandeau de crêpe sur le front, comme les religieuses en portent un de toile. Madame la marquise de Rambures était fille du comte de Nogent. L'auteur de l'*Histoire amoureuse des Gaules* la représente passionnée pour le jeu, tenant tripot, et se jetant à la tête de tous les hommes. (P. et A. G.)

ses sacrements; il agonise, cela est pitoyable. J'ai reçu une lettre de Corbinelli, qui me paraît excessivement content de M. Vardes et de sa libéralité. Si vous écrivez quelquefois à Vardes, je vous prie de lui mander ce que je vous dis, afin qu'il voie qu'il n'y a rien de moins ingrat que son ami. Bonsoir, ma petite; nous sommes tristes, nous n'avons rien de gaillard à vous mander. Si vous aimez à être parfaitement aimée, vous devez aimer mon amitié.

145. — DE MADAME DE SÉVIGNÉ AU COMTE DE BUSSY.

A Paris, ce 17 mai 1671.

Je vous écris dans ma cellule de notre petite sœur de Sainte-Marie[1]. J'aime cette nièce, je lui trouve de l'esprit, et une piété qui me charme et qui me donne de l'envie : car, après tout, mon pauvre cousin, rien n'est si bon ni si solide que la pensée de son salut. Voici une créature qui en est uniquement occupée. Cela fait que je l'honore, contre l'inclination naturelle que j'aurais de ne la pas trop respecter. Je la quitte pour vous dire que je loue fort l'occupation que vous vous donnez présentement. Elle est digne de votre esprit, et je m'en réjouis par avance pour l'intérêt de nos neveux, qui trouveront un grand goût à ces *Mémoires*. Je pars demain pour aller en Bretagne. J'y serai jusqu'à la Toussaint. La pauvre Grignan est sous son soleil de Provence. Si les honneurs qu'on lui fait pouvaient la rafraîchir un peu, elle serait bienheureuse; mais je doute que rien là puisse consoler entièrement de nous avoir quittés. Écrivez, monsieur le Comte, écrivez-moi dans ma province, et croyez que vous n'êtes guère moins bien auprès de moi qu'auprès de notre petite sœur, à la réserve qu'elle vous respecte comme son père, et que je vous honore comme mon cousin.

---

[1] Diane-Charlotte, fille aînée du comte de Bussy, religieuse au couvent des Filles de la Visitation de Paris.

146. — DU COMTE DE BUSSY A MADAME DE SÉVIGNÉ.

A Chaseu, ce 24 mai 1671.

Lorsque j'ai voulu faire réponse à votre lettre, ma chère cousine, j'ai été tout prêt à m'aller enfermer dans la chambre du père gardien des Capucins d'Autun; car je ne suis pas homme à me laisser donner mon reste sur les bons exemples, non plus que sur autre chose. Mais, pour revenir à notre petite sœur de Sainte-Marie, je vous avouerai qu'elle a de l'esprit et que je la crois une bonne religieuse; et sur les pensées que vous avez avec elle de votre salut, je remarque que les bons et les mauvais exemples font souvent le bien et le mal de votre conduite. Avec les religieuses vous songez à vous sauver, et vous vous damnez souvent avec les gens du monde. Je suis fait tout comme vous, et cent mille gens nous ressemblent.

Ce que vous me dites sur mes *Mémoires* m'encourage fort à les continuer. Je vous écrirai en Bretagne; mais, quelque soin que nous prenions de nous entretenir, à peine pourrions-nous en cinq mois, moi vous écrire une fois, et vous me faire réponse. Cependant faisons toujours tout ce qui dépendra de nous sur cela. Si madame de Grignan est assurée de retourner cet hiver à Paris, je vous assure que les honneurs qu'elle recevra en Provence la consoleront fort de n'être pas auprès de vous; mais si elle ne doit point revenir, elle aura mille chagrins pires que les excessives chaleurs. Je ne veux de vous, ma chère cousine, ni des respects ni des honneurs; je veux seulement de l'amitié et de l'estime, et vous ne me les devez pas refuser, car j'en ai infiniment pour vous.

147. — DE MADAME DE SÉVIGNÉ A MADAME DE GRIGNAN.

Lundi matin, en partant, 18 mai 1671.

Enfin, ma fille, me voilà prête à monter dans ma calèche; voilà qui est fait, je vous dis adieu : jamais je ne vous dirai cette parole sans une douleur sensible. Je m'en vais donc en Bretagne : est-il possible qu'il y ait encore quelque chose à faire à un éloignement, quand on est à deux cents lieues l'une de l'autre? Cependant, j'ai trouvé encore à le perfectionner; et comme vous avez trouvé que votre ville d'Aix n'était pas encore assez loin, je trouve aussi que Paris est dans votre voisinage : vous êtes allée à Marseille pour me fuir; et moi, pour le renvier sur vous, je m'en vais à Vitré. Tout de bon, ma petite, j'ai bien du regret à notre commerce; il m'était d'une grande consolation et d'un grand amusement, il sera présentement d'une étrange façon. Hélas! que vais-je vous dire du milieu de mes bois? Je vous parlerai à cœur ouvert de mademoiselle du Plessis et de *Jacquine* : les jolies peintures! Je suis fort contente de ce que vous me dites de votre santé; mais, au nom de Dieu, si vous m'aimez, conservez-vous, ne dansez point, ne tombez point, reposez-vous souvent, et surtout prenez vos mesures pour accoucher à Aix au milieu de tous les prompts secours. Vous savez comme vous êtes expéditive, rangez-vous-y plus tôt que plus tard. Bon Dieu! que ne souffrirai-je point en ce temps-là!

Vous me contez fort plaisamment le démêlé que vous avez eu avec mon ami Vivonne; il me paraît que tout le tort est de son côté. Vous le menâtes beau train, à la manière dont vous l'aviez pris : son décontenancement me fait suer, et lui aussi, j'en suis assurée : conclusion, vous l'embrassâtes, c'est un grand effort[1] en l'état où vous êtes; il

---

[1] M. de Vivonne était d'une extrême grosseur. (P.)

faut toujours faire en sorte de n'avoir point de querelle ni d'ennemis sur les bras.

Ce pauvre abbé de Foix est mort : cela fait pitié. Qui pourrait croire qu'une mère, qui a trois garçons, dont l'aîné est marié, fût sur le point de voir finir sa maison? Cependant, il est vrai, ce petit duc de Foix ne vaut pas un coup de point [1] ; il est à Bordeaux avec sa mère pour un procès : quelle nouvelle pour eux ! L'Armentière beauté [2] fait la guerre à ses beaux cheveux, et se déchire le sein, à ce qu'on dit; je vois que cela vous console. Savez-vous que notre petite Senneterre est accouchée à Grenoble? Je ne sais qui ne part point aujourd'hui; nous comptâmes hier jusqu'à vingt personnes de qualité qui font comme moi. M. de Coulanges me donna un grand souper, où tout le monde s'assembla pour me dire adieu. Adieu donc, ma très-chère et très-aimable; je m'en vais coucher à Bonnelle : j'espère que j'y retrouverai cette dévotion que vous y laissâtes une fois; je la prendrai. Hélas! j'en ai assez de besoin pour me faire supporter avec patience l'éloignement d'une aimable enfant que j'aime si passionnément, et toutes les justes craintes que je puis avoir pour sa santé : songez un peu à ce que je dois souffrir, n'étant soutenue d'aucune distraction. J'emmène votre frère, et le dérobe à toute la honte de ses mauvais procédés : vous jugez bien que ses maîtresses ne seront pas inconsolables; pour moi, je m'en accommoderai fort bien. Je suis persuadée de ce que dit M. de Grignan. Ah! mon cher Comte, je le crois assurément : il n'y a personne qui n'en eût fait autant que vous, s'il eût été à votre place. Vous me payez de raison, et vous le prenez sur un ton qui mérite qu'on vous pardonne; mais songez pourtant que la jeunesse, la beauté, la santé, la gaieté et la vie d'une femme que vous aimez, toutes ces choses sont détruites par les rechutes fréquentes du mal que vous

---

[1] Il vécut cependant jusqu'à l'âge de soixante-quatorze ans.
[2] Henriette de Conflans, dite mademoiselle Armentière.

faites souffrir. Ma fille, je reviens à vous, après avoir dit adieu à votre mari. Il nous revient ici que vous perdez tout ce que vous jouez l'un et l'autre : eh, mon Dieu, pourquoi tant de malheur, et pourquoi cette petite pluie continuelle, que j'ai toujours trouvée si incommode? Je deviens comme elle, je ne finis point. Adieu donc pour la centième fois, ma chère enfant; remerciez bien d'Hacqueville de toutes les amitiés que j'en reçois tous les jours : il entre dans mes sentiments; voilà de quoi il est question en ce monde. N'oubliez pas de faire savoir à Vardes que Corbinelli se loue fort de lui.

148. — A LA MÊME.

A Malicorne, samedi 23 mai 1671.

J'arrive ici, où je trouve une lettre de vous, tant j'ai su donner un bon ordre à notre commerce. Je vous écrivis lundi en partant de Paris; depuis cela, mon enfant, je n'ai fait que m'éloigner de vous avec une telle tristesse et un souvenir de vous si pressant, qu'en vérité la noirceur de mes pensées m'a rendue quelquefois insupportable. Je suis partie avec votre portrait dans ma poche, je le regarde fort souvent. Il serait difficile de me le dérober présentement sans que je m'en aperçusse. Il est parfaitement aimable; j'ai votre idée dans l'esprit; j'ai dans le milieu de mon cœur une tendresse infinie pour vous. Voilà mon équipage, et voilà avec quoi je vais à trois cents lieues de vous. Nous avons été fort incommodés de la chaleur : un de mes beaux chevaux demeura dès Palaiseaux; les autres six ont tenu bon jusqu'ici. Nous partons dès deux heures du matin, pour éviter l'extrême chaleur; encore aujourd'hui nous avons prévenu l'aurore dans ces bois pour voir *Silvie*, c'est-à-dire Malicorne[1], où je me reposerai demain. J'y ai

---

[1] Château à six lieues du Mans, qui appartenait au marquis de Lavardin.

trouvé les deux petites filles *rechignées, un air triste, une voix de Mégère*; j'ai dit : *Ces petits sont sans doute à notre ami, fuyons-les*; du reste; *nos repas ne sont point repas à la légère* [1]. Jamais je n'ai vu une meilleure chère, ni une plus agréable maison : il me fallait toute l'eau que j'ai trouvée pour me rafraîchir du fonds de chaleur que j'ai depuis six jours. Notre abbé se porte bien ; mon fils et La Mousse me sont d'une grande consolation. Nous avons relu des pièces de Corneille, et repassé avec plaisir sur toutes nos vieilles admirations. Nous avons aussi un livre nouveau de Nicole ; c'est de la même étoffe que Pascal, et que l'*Éducation d'un Prince*; mais cette étoffe est merveilleuse, on ne s'en ennuie point. Nous serons le 27 aux Rochers, où je trouverai une de vos lettres : hélas ! c'est mon unique joie. Vous pouvez ne me plus écrire qu'une fois la semaine, parce qu'aussi bien elles ne partiront de Paris que le mercredi, et j'en recevrais deux à la fois. Il me semble que je m'ôte la moitié de mon bien ; cependant j'en suis aise, parce que c'est autant de fatigue retranché en l'état où vous êtes. Il faut que je sois devenue de bonne humeur pour vouloir bien que vous preniez cela sur moi : mais, ma fille, au nom de Dieu, conservez-vous, si vous m'aimez. Ah ! que j'ai de regret à votre aimable personne ! N'aurez-vous jamais un moment de repos ? Faut-il user sa vie à cette continuelle fatigue ? Je comprends les raisons de M. de Grignan ; mais, en vérité, quand on aime une femme, quelquefois on en a pitié.

Mon éventail est donc venu bien à propos ; ne l'avez-vous pas trouvé joli ? Hélas ! quelle bagatelle ! ne m'ôtez pas ce petit plaisir quand l'occasion s'en présente, et remerciez-moi de la joie que je me donne, quoique ce ne soit que des riens. Mandez-moi bien de vos nouvelles ; c'est là de quoi il est question : songez que j'aurai une de

---

[1] *Voyez* la fable de La Fontaine qui a pour titre l'*Aigle et le Hibou*, dont Madame de Sévigné cite ici quelques expressions.

vos lettres tous les vendredis; mais songez aussi que je ne vous vois plus, que vous êtes à mille lieues de moi, que vous êtes grosse, que vous êtes malade; songez.... Non, ne songez à rien, laissez-moi tout songer dans mes grandes allées, dont la tristesse augmentera la mienne : j'aurai beau m'y promener, je n'y trouverai point ce que j'y avais la dernière fois que j'y fus. Adieu, ma très-chère enfant; vous ne me parlez point assez de vous; marquez toujours bien la date de mes lettres : hélas! que diront-elles présentement? Mon fils vous embrasse mille fois; il me désennuie extrêmement, et songe fort à me plaire : nous lisons, nous causons, comme vous le devinez fort bien. La Mousse tient bien sa partie, et, par-dessus tout, notre abbé, qui se fait adorer, parce qu'il vous adore. Il m'a enfin donné tout son bien[1]; il n'a point eu de repos que cela n'ait été fait. N'en parlez à personne, la famille le dévorerait; mais aimez-le bien sur ma parole, et sur ma parole aussi aimez-moi. J'embrasse ce fripon de Grignan, malgré ses forfaits.

149. — A LA MÊME.

Aux Rochers, dimanche 31 mai 1671.

Enfin, ma fille, me voici dans ces pauvres Rochers : peut-on revoir ces allées, ces devises, ce petit cabinet, ces livres, cette chambre, sans mourir de tristesse? Il y a des souvenirs agréables; mais il y en a de si vifs et de si tendres, qu'on a peine à les supporter; ceux que j'ai de vous sont de ce nombre. Ne comprenez-vous point bien l'effet que cela peut faire dans un cœur comme le mien?

Si vous continuez de vous bien porter, ma chère enfant, je ne vous irai voir que l'année qui vient : la Bretagne et la Provence ne sont pas compatibles. C'est une chose étrange que les grands voyages : si l'on était toujours dans

---

[1] L'abbé de Coulanges, oncle de Madame de Sévigné.

le sentiment qu'on a quand on arrive, on ne sortirait jamais du lieu où l'on est; mais la Providence fait qu'on oublie. C'est la même qui sert aux femmes qui sont accouchées : Dieu permet cet oubli, afin que le monde ne finisse pas, et que l'on fasse des voyages en Provence. Celui que j'y ferai me donnera la plus grande joie que je puisse recevoir dans ma vie; mais quelles pensées tristes de ne point voir de fin à votre séjour! J'admire et je loue de plus en plus votre sagesse; quoiqu'à vous dire le vrai, je sois fortement touchée de cette impossibilité. J'espère qu'en ce temps-là nous verrons les choses d'une autre manière; il faut bien l'espérer, car, sans cette consolation, il n'y aurait qu'à mourir. J'ai quelquefois des rêveries dans ces bois, d'une telle noirceur, que j'en reviens plus changée que d'un accès de fièvre. Il me paraît que vous ne vous êtes point trop ennuyée à Marseille. Ne manquez pas de me mander comme vous aurez été reçue à Grignan. Ils avaient fait ici une manière d'entrée à mon fils; Vaillant avait mis plus de quinze cents hommes sous les armes, tous fort bien habillés, un ruban neuf à la cravate; ils vont en très-bon ordre nous attendre à une lieue des Rochers. Voici un bel incident : M. l'abbé avait mandé que nous arriverions le mardi, et puis tout d'un coup il l'oublie; ces pauvres gens attendent le mardi jusqu'à dix heures du soir; et quand ils sont tous retournés chacun chez eux, bien tristes et bien confus, nous arrivons paisiblement le mercredi, sans songer qu'on eût mis une armée en campagne pour nous recevoir : ce contre-temps nous a fâchés; mais quel remède? Voilà par où nous avons débuté. Mademoiselle du Plessis [1] est tout justement comme vous l'avez laissée; elle a une nouvelle amie à Vitré, dont elle se pare, parce que c'est un bel-esprit qui a lu tous les romans, et qui a reçu deux lettres de la princesse de Ta-

---

[1] Mademoiselle du Plessis-d'Argentré. Le château d'Argentré est à une lieue des Rochers.

rente ¹. J'ai fait dire méchamment par Vaillant que j'étais jalouse de cette nouvelle amitié ; que je n'en témoignerais rien, mais que mon cœur était saisi. Tout ce qu'elle dit là-dessus est digne de Molière : c'est une plaisante chose de voir avec quel soin elle me ménage, et comme elle détourne adroitement la conversation pour ne point parler de ma rivale devant moi ; je fais aussi fort bien mon personnage. Mes petits arbres sont d'une beauté surprenante ; Pilois ² les élève jusqu'aux nues avec une probité admirable ; tout de bon, rien n'est si beau que ces allées que vous avez vues naître. Vous savez que je vous donnai une manière de devise qui vous convenait : voici un mot que j'ai écrit sur un arbre pour mon fils, qui est revenu de Candie, *vago di fama* ; n'est-il point joli pour n'être qu'un mot ? Je fis écrire encore hier, en l'honneur des paresseux, *bella cosa far niente*. Hélas ! ma fille, que mes lettres sont sauvages ! Où est le temps que je parlais de Paris comme les autres ? C'est purement de mes nouvelles que vous aurez ; et voyez ma confiance, je suis persuadée que vous aimez mieux celles-là que les autres. La compagnie que j'ai ici me plaît fort ; notre abbé est toujours admirable ; mon fils et La Mousse s'accommodent fort bien de moi, et moi d'eux ; nous nous cherchons toujours ; et quand les affaires me séparent d'eux, ils sont au désespoir, et me trouvent ridicule de préférer un compte de fermier aux contes de La Fontaine. Ils vous aiment tous passionnément ; je crois qu'ils vous écriront : pour moi, je prends les devants, et n'aime point vous parler en tumulte. Ma fille, aimez-moi donc toujours : c'est ma vie, c'est mon âme que votre amitié : je vous le disais l'autre jour ; elle fait toute ma joie et toutes mes douleurs. Je vous avoue que le reste de ma vie est couvert d'ombre et de tristesse, quand je songe que je la passerai si souvent éloignée de vous.

---

¹ Fille de Guillaume V, landgrave de Hesse-Cassel.
² Jardinier des Rochers. (P.)

150. — A LA MÊME.

Aux Rochers, dimanche 7 juin 1671.

J'ai reçu vos deux lettres avec une sorte de joie qu'il n'est pas aisé d'expliquer dans une lettre. Enfin, ma bonne, je les reçois deux jours après qu'elles sont arrivées à Paris ; cela me rapproche de vous. Celle que vous avez écrite à mon fils n'est pas fricassée dans de la neige ; vraiment elle est fricassée dans du sel à pleines mains : depuis le premier mot jusques au dernier, elle est parfaite ; je laisse à mon fils le soin de vous répondre, et de vous dire comme il a réussi dans sa paroisse et dans un bal de Vitré. Nous avons lu *Bertrand du Guesclin*[1] en quatre jours ; cette lecture nous a divertis. Au reste, vous n'avez pas bien vu : ma calèche n'est pas rompue par les chemins ; mes arcs sont forgés de la propre main de Vulcain : à moins que de venir de cette fournaise, ils n'auraient pas résisté à un troisième voyage de Bretagne. Ce que vous voulez dire, c'est que l'un de mes chevaux, le plus beau de France, est resté à Nogent, et y mourra, selon ce qu'on m'en écrit ; c'est cela qui vous a trompée. Il est vrai, ma fille, que j'eus il y a quelque temps une colique très-fâcheuse. Mais j'admire d'Hacqueville de vous avoir mandé que je ne le lui avais pas fait savoir. Ce qui est plaisant, c'est qu'il a eu tort en cette occasion ; et comme il a gagé d'être parfait, il n'a point poussé sa justification avec moi, et se veut racquitter auprès de vous en disant que j'ai eu tort. Mais je n'en puis jamais avoir avec lui sur le chapitre de l'amitié : je l'aime tendrement, et son amitié m'est un trésor inestimable. Voici comme la chose se passa ; il vaut autant dire cela qu'autre chose. J'allais à la messe en calèche avec ma tante ; à moitié chemin j'eus un grand

[1] Probablement la vie de Du Guesclin, par Paul Hay du Chastelet, de l'Académie Française.

mal de cœur. Je craignis les suites, je revins sur mes pas. Je vomis beaucoup ; voilà de grandes douleurs dans le côté droit, de grands vomissements encore, des douleurs redoublées et une suppression qui me tenait dès la nuit. L'alarme se met au camp : on envoie chez *Pecquet*, qui eut de moi des soins extrêmes ; on envoie chez l'apothicaire, on envoie querir un demi-bain, on envoie chercher de certaines herbes : si j'avais eu dix laquais, ils auraient tous été employés. Je ne songeai point du tout à madame de La Fayette ; notre petit tapissier, qui allait chez elle pour travailler, lui dit l'état où j'étais. Je vis arriver madame de La Fayette, comme j'étais dans le bain ; elle me dit ce qui l'avait fait venir, et qu'elle avait rencontré un laquais de d'Hacqueville, à qui elle avait dit mon mal, persuadée qu'il me viendrait voir dès qu'il l'aurait appris. Cependant le jour se passe, mais non pas ma colique : je fus encore assez mal la nuit. Je n'entendais point parler de d'Hacqueville : Je sentis son oubli ; j'y pensai, j'en parlai. Le matin je me portai mieux, et mieux à ces maux-là, c'est être guéri. M. d'Ormesson vint à moi tout effrayé, et me dit que M. d'Hacqueville venait de lui apprendre au palais que j'étais fort mal ; il le savait donc. Le soir je lui écrivis une petite plainte amoureuse ; il fut embarrassé, et voulut me donner de méchantes raisons. Je lui fis voir clair que je n'avais pas envoyé chez madame de La Fayette : il ne poussa pas ce qu'il avait dit à M. d'Ormesson, qui le rendait coupable ; et moi, qui suis honnête, je ne voulus pas le pousser aussi, et lui laissai dire qu'il n'avait appris mon mal que par mon billet. Voilà une belle narration, bien divertissante et bien nécessaire ; mais elle est vraie, mon enfant. Si vous n'êtes fatiguée de ce récit, vous avez une bonne santé ; je fais vœu de n'en jamais faire de si long.

Vous avez donc vu un pauvre vieux homme qu'on allait rouer, et qui a soutenu avec courage ce cruel genre de mort ;

il s'est mieux comporté qu'un certain comte de Frangipani, qui fut exécuté il y a deux mois à Vienne, pour avoir conspiré contre l'empereur. Ce Frangipani se trouva si incapable de supporter la mort en public, qu'il le fallut traîner au supplice, et le tenir à quatre[1] : voilà justement tout comme je ferais. Mais, à propos de supplice, en voici un petit qui vous fera frissonner : M. du Plessis avait aux deux pieds un petit mal comme vous en avez eu ; au lieu du traitement que vous a fait Charon, il a trouvé ici un fort habile homme, *un homme admirable*, dit mademoiselle du Plessis, qui lui a proposé et a exécuté un petit remède anodin ; c'est de lui arracher de vive force les deux ongles des orteils tout entiers, et toute la racine, afin, dit-il, que cette incommodité ne revienne plus : il en était au lit quand nous sommes arrivés ; il marche présentement, mais c'est comme un château branlant ; je crois qu'on lui dira toute sa vie : *Je crains que vous tombiez, vous n'êtes pas trop bien assuré sur vos jambes*[2]. Du reste, mademoiselle du Plessis est toujours adorable : elle assure qu'elle a toujours ouï dire que M. de Grignan *était le plus beau garçon, le plus beau garçon qu'on eût su voir*; prenez son ton, vous lui auriez donné un second soufflet[3]. Je suis quelquefois assez malencontreuse pour dire quelque chose qui lui plaise; je voudrais que vous l'entendissiez me louer et me copier. Elle a retenu aussi certaines choses que vous disiez ici, qu'elle nous redonne avec la même grâce : hélas ! si rien ne me faisait mieux souvenir de vous, que je serais heureuse !

Pomenars[4] est toujours accablé de procès criminels, où il ne va jamais moins que de sa vie. Il sollicitait l'autre

---

[1] Madame de Sévigné était mal informée des circonstances de la mort du comte de Frangipani. Exécuté publiquement à Neustad, le 30 avril 1671, il ne montra aucune faiblesse. (G.)

[2] Trait du *Roman comique*.

[3] *Voyez* la lettre du 26 juillet suivant.

[4] Gentil-homme breton, dont on a dit qu'il avait eu un procès pour fausse monnaie, et qu'ayant été justifié, il paya les épices de son arrêt en fausses espèces. (P.)

jour à Rennes avec une grande barbe; quelqu'un lui demanda pourquoi il ne se faisait point raser. « Moi, dit-il, « je serais bien fou de prendre de la peine après ma tête, « sans savoir à qui elle doit être : le roi me la dispute; « quand on saura à qui elle doit demeurer, si c'est à moi, « j'en aurai soin.[1] » Voilà de quelle manière triste il sollicite ses juges.

Vous verrez par cette lettre de l'évêque de Marseille, que nous sommes toujours amis : il me semble que j'ai reçu plus de dix fois cette même lettre; ce sont toujours les mêmes phases; il ne donne point dans la *justice de croire*, il me prie d'être persuadée qu'*il est, avec une vénération extraordinaire, l'évêque de Marseille*; et je le crois. Continuez l'amitié sincère qui est entre vous, ne levez point le masque, et ne vous chargez point d'avoir une haine à soutenir : c'est un plus grand fardeau que vous ne pensez.

Quelle audace de vous faire peindre! Je m'en réjouis, c'est signe que vous êtes belle. Mandez-moi comme vous avez trouvé votre beau château; je vous souhaite quelquefois une de mes allées parmi vos grandeurs, vous qui en trouvez sur la pointe d'une aiguille. Votre frère est un trésor de folie qui tient bien sa place ici. Nous avons quelquefois encore de bonnes conversations, dont il pourrait faire son profit; mais son esprit est un peu fricassé dans de la crème fouettée; il est aimable à cela près. Et l'italien? l'oubliez-vous? J'en lis toujours un peu pour entretenir noblesse. Vous dites donc que M. de Grignan m'embrasse. Vous perdez le respect, mon pauvre Grignan; viens donc un peu jouer dans mon mail, je t'en conjure, il y fait si beau; j'ai tant d'envie de vous voir jouer, vous avez si bonne grâce, vous faites de si beaux coups. Vous êtes bien

---

[1] Ce mot est de Thomas Moore, chancelier d'Angleterre, qui aima mieux mourir sur l'échafaud que de reconnaître la suprématie spirituelle de Henri VIII. (M.)

cruel de me refuser une promenade d'une heure seulement. Et vous, ma petite, venez, nous causerons. Ah, mon Dieu! j'ai bien envie de pleurer.

151. — A LA MÊME.

Aux Rochers, mercredi 10 juin 1671.

Je ne vous écris aujourd'hui, ma chère enfant, que pour vous écrire; car je n'ai vos lettres que le vendredi, et j'y fais réponse le dimanche. Je vais donc vous entretenir, ce qui s'appelle de la pluie et du beau temps. Je commence par la pluie, car pour le beau temps, je n'ai rien à vous en dire. Il y a huit jours qu'il pleut ici continuellement; je dis continuellement, parce que la pluie n'est interrompue que par des orages. Je ne puis sortir; mes ouvriers sont dispersés; je suis dans une tristesse épouvantable; La Mousse est tout chagrin aussi : nous lisons, cela nous soutient la vie. Mon fils est à Rennes, où nous avons cru qu'il fallait l'envoyer pour y voir le premier président et beaucoup d'amis que j'y ai conservés : s'il a du temps, je lui conseillerai aussi d'aller voir M. de Coëtquen [1]; il est en âge de rendre ces sortes de devoirs. Il y eut encore dimanche un bal à Vitré. J'ai peur que mon fils ne trouve de bonne compagnie dix ou douze hommes qui soupèrent avec lui à la tour de Sévigné [2]; il faut les souffrir, mais il faut bien se garder de les trouver bons. Il y eut dans ce repas une jolie querelle sur un rien : un démenti se fit entendre, on se jeta entre deux; on parla beaucoup, on raisonna peu; M. le marquis eut l'honneur d'accommoder cette affaire, et partit ensuite pour Rennes. Il y a de grandes cabales à Vitré : mademoiselle de Croqueoison se plaint de mademoiselle du Cornet, parce que l'autre jour, à un bal, il y eut des oranges douces dont on ne lui fit point de part; il

---

[1] Le marquis de Coëtquen était gouverneur de Saint-Malo.
[2] C'est l'hôtel de Madame de Sévigné à Vitré. Cette tour faisait partie des fortifications de la ville.

faudrait entendre là-dessus mademoiselle du Plessis et la Launay, comme elles possèdent bien les détails de cette affaire. Mademoiselle du Plessis laisse périr toutes les affaires qu'elle a à Vitré, et ne veut pas y mettre les pieds, de peur de me donner de la jalousie de cette nouvelle amie; et même l'autre jour, afin de me donner un entier repos, elle m'en dit beaucoup de mal. Quand il fait beau, cela me fait rire; mais quand il pleut, je lui donnerais bien un soufflet, comme vous fîtes un jour. Madame de Coulanges me mande qu'elle n'a point de nouvelles de Brancas, sinon que de ses six chevaux de carrosse il ne lui en est resté qu'un, et qu'il a été le dernier à s'en apercevoir. On ne me mande rien de nouveau. Notre petite d'Alègre est chez sa mère; on croit que M. de Seignelai [1] l'épousera. Je m'imagine que vous ne manquez pas de gens qui vous mandent tout; pour moi, je méprise tous les petits événements; j'en voudrais qui pussent me donner de grands étonnements. J'en ai eu un ce matin dans le cabinet de l'abbé : nous avons trouvé, avec ces jetons qui sont si bons, que j'aurai eu *cinq cent trente mille livres de bien*, en comptant toutes mes petites successions. Savez-vous bien que ce que m'a donné notre cher abbé ne sera pas moins de *quatre-vingt mille francs!* Hélas! vous croyez bien que je n'ai pas d'impatience de l'avoir; et *cent mille francs* de Bourgogne[2] : voilà qui est venu depuis que vous êtes mariée; le reste, c'est *cent mille écus* en me mariant, *dix mille écus* depuis de M. de Châlons[3], *ving mille francs*[4] des petits partages de certains oncles. Mais n'admirez-vous pas où l'ennui me jette, ma chère enfant? Je ferais bien

---

[1] Le marquis de Seignelai, secrétaire d'État de la marine, fils aîné de Colbert; c'était un esprit étendu et cultivé. Boileau lui a adressé son épître sur *l'amour du vrai*.

[2] Il s'agit de la succession du président Fremiot, cousin de Madame de Sévigné.

[3] Jacques de Neuchese, grand-oncle de Madame de Sévigné.

[4] Le marc d'argent monnaie comptait alors pour 28 liv. 13 s. 8 d.

mieux de vous dire combien je vous aime tendrement, combien vous êtes les délices de mon cœur et de ma vie, et ce que je souffre tous les jours quand je fais réflexion en quel endroit la Providence vous a placée. Voilà de quoi se compose ma bile : je souhaite que vous n'en composiez point la vôtre : vous n'en avez pas besoin dans l'état où vous êtes : vous avez un mari qui vous adore; rien ne manque à votre grandeur; tâchez seulement de faire quelque miracle à vos affaires, afin que le retour de Paris ne soit retardé que par les devoirs de votre charge, et point par nécessité. Voilà qui est bien aisé à dire, je voudrais qu'il le fût encore plus à faire; les souhaits n'ont jamais été défendus. On me mande que madame de Valavoire[1] est à Paris, et qu'elle ne peut se taire de votre beauté, de votre politesse, de votre esprit, de votre capacité, et même de votre coiffure, que vous avez devinée et que vous exécutez comme au milieu de la cour. Madame de La Troche et moi nous avons l'honneur de vous l'avoir assez bien représentée pour vous mettre à portée de faire ce petit miracle. Elle est encore à Paris, cette Troche; elle ira vers la fin de ce mois chez elle; pour moi, je ne sais encore ce que me feront les états; je crois que je m'enfuirai, de peur d'être ruinée. C'est une belle chose que d'aller dépenser quatre ou cinq cents pistoles en fricassées et en dîners pour l'honneur d'être la maison de plaisance de M. et de madame de Chaulnes, de madame de Rohan, de M. de Lavardin et de toute la Bretagne, qui sans me connaître, pour le plaisir de contrefaire les autres, ne manquerait pas de venir ici : nous verrons. Je regrette seulement de quitter M. d'Harrouis, et cette maison, où je n'aurai pas encore fait la moitié des affaires que j'y ai. Au reste, ma fille, une de mes grandes envies, ce serait d'être dévote; j'en tourmente La Mousse tous les jours : je ne suis

---

[1] Son mari était lieutenant général des armées du roi.

ni à Dieu ni au diable; cet état m'ennuie, quoique entre nous je le trouve le plus naturel du monde. On n'est point au diable, parce qu'on craint Dieu, et qu'au fond on a un principe de religion; on n'est point à Dieu aussi, parce que sa loi paraît dure, et qu'on n'aime point à se détruire soi-même : cela compose les tièdes, dont le grand nombre ne m'étonne point du tout : j'entre dans leurs raisons. Cependant Dieu les hait : il faut donc sortir de cet état, et voilà la difficulté. Mais peut-on jamais être plus insensée que je le suis en vous écrivant à l'infini toutes ces rapsodies? Ma chère enfant, *je vous demande excuse*, à la mode du pays, je cause avec vous, cela me fait plaisir. Gardez-vous bien de me faire réponse; mandez-moi seulement des nouvelles de votre santé, avec un demi-brin de vos sentiments, pour me faire voir si vous êtes contente et si vous vous plaisez à Grignan : voilà tout. Aimez-moi : quoique nous ayons tourné ce mot en ridicule, il est naturel, il est bon; et pour moi, je ne vous dirai point si je suis à vous, ni de quel cœur, ni avec quelle tendresse véritable. J'embrasse le Comte. Notre abbé et La Mousse vous adorent.

152. — A LA MÊME.

Aux Rochers, dimanche 14 juin 1671.

Je comptais recevoir vendredi deux de vos lettres à la fois; et comment se peut-il que je n'en aie seulement pas une? Ah, ma fille! de quelque endroit que vienne ce retardement, je ne puis vous dire ce qu'il me fait souffrir. J'ai mal dormi ces deux nuits passées; j'ai renvoyé deux fois à Vitré, pour chercher à m'amuser de quelque espérance; mais c'est inutilement. Je vois par là que mon repos est entièrement attaché à la douceur de recevoir de vos nouvelles. Me voilà insensiblement tombée dans la radoterie de Chessières : je comprends sa peine, si elle est comme la mienne; je sens ses douleurs de n'avoir pas reçu cette lettre du 27 : on n'est pas heureux quand on est comme lui; Dieu me préserve de son état! et vous, ma fille, préservez-m'en sur toutes choses. Adieu, je suis chagrine, je suis de mauvaise compagnie; quand j'aurai reçu de vos lettres, la parole me reviendra. Quand on se couche, on a des pensées qui ne sont que gris-brun, comme dit M. de La Rochefoucauld; et la nuit elles deviennent tout à fait noires : je sais qu'en dire.

153. — A LA MÊME.

Aux Rochers, dimanche 21 juin 1671.

Enfin, ma fille, je respire à mon aise, je fais un soupir comme M. de la Souche[1] : mon cœur est soulagé d'une presse qui ne me donnait aucun repos; j'ai été deux ordinaires sans recevoir de vos lettres, et j'étais si fort en peine de votre santé, que j'étais réduite à souhaiter que vous eussiez écrit à tout le monde, hormis à moi. Je m'accommodais mieux d'avoir été un peu retardée dans votre souvenir, que de porter l'épouvantable inquiétude que j'avais de votre santé; mais, mon Dieu! je me repens de vous avoir écrit mes douleurs : elles vous donneront de la peine quand je n'en aurai plus. Voilà le malheur d'être éloignées; hélas! il n'est pas le seul.

Vous me mandez des choses admirables de vos cérémonies de la Fête-Dieu; elles sont tellement profanes, que je ne comprends pas comme votre saint archevêque (*le cardinal Grimaldi*) les veut souffrir : il est vrai qu'il est Italien, et que cette mode vient de son pays. Enfin, ma fille, vous êtes belle; quoi! vous n'êtes point pâle, maigre, abattue comme la princesse Olympie[2]! ah! je suis trop heureuse. Au nom de Dieu, amusez-vous, appliquez-vous

---

[1] Allusion à la scène VI du second acte de l'*École des Femmes*.
[2] Héroïne de l'Arioste.

à vous bien conserver. Je vous remercie de vous habiller : cette négligence, que nous vous avons tant reprochée, était d'une honnête femme ; votre mari peut vous en remercier, mais elle était bien ennuyeuse pour les spectateurs. Vous aurez, ma chère bonne, quelque peine à rallonger les jupes courtes ; nos demoiselles de Vitré, dont l'une s'appelle de Bonnefoi de Croqueoison, et l'autre de Kerborgne, les portent au-dessus de la cheville du pied. J'appelle la Plessis mademoiselle de Kerlouche ; ces noms me réjouissent. Nous avons eu ici des pluies continuelles ; et au lieu de dire, après la pluie vient le beau temps, nous disons, après la pluie vient la pluie. Tous nos ouvriers ont été dispersés ; et au lieu de m'adresser votre lettre au pied d'un arbre, vous auriez pu l'adresser au coin du feu. Nous avons eu depuis mon arrivée beaucoup d'affaires ; nous ne savons encore si nous fuirons les états, ou si nous les affronterons. Ce qui est certain, et dont je crois que vous ne douterez pas, c'est que nous sommes bien loin de vous oublier : nous en parlons très-souvent ; mais, quoique j'en parle beaucoup, j'y pense encore davantage, et jour et nuit, et quand il semble que je n'y pense plus, et enfin comme on devrait penser à Dieu si on était véritablement touché de son amour ; j'y pense, en un mot, d'autant plus que très-souvent je ne veux pas parler de vous. Il y a des excès qu'il faut corriger, et pour être polie, et pour être politique ; il me souvient encore comme il faut vivre pour n'être pas pesante : je me sers de mes vieilles leçons.

Nous lisons fort ici ; La Mousse m'a priée qu'il pût lire le Tasse avec moi : je le sais fort bien, parce que j'ai très-bien appris l'italien ; cela me divertit. Son latin et son bon sens le rendent un bon écolier ; et ma routine et les bons maîtres que j'ai eus me rendent une bonne maîtresse. Mon fils nous lit des bagatelles, des comédies qu'il joue comme Molière, des vers, des romans, des histoires ; il est fort amusant, il a de l'esprit, il entend bien, il nous entraîne ;

il nous a empêchés de prendre aucune lecture sérieuse, comme nous en avions le dessein : quand il sera parti, nous reprendrons quelque belle morale de Nicole; mais surtout il faut tâcher de passer sa vie avec un peu de joie et de repos; et le moyen, quand on est à cent mille lieues de vous? Vous dites fort bien, on se voit et on se parle au travers d'un gros crêpe. Vous connaissez les Rochers, et votre imagination sait un peu où me prendre : pour moi, je ne sais où j'en suis; je me suis fait une Provence, une maison à Aix peut-être plus belle que celle que vous avez; je vous y trouve. Pour Grignan, je le vois aussi; mais vous n'avez point d'arbres, cela me fâche; je ne vois pas bien où vous vous promenez; j'ai peur que le vent ne vous emporte sur votre terrasse : si je croyais qu'il pût vous apporter ici par un tourbillon, je tiendrais toujours mes fenêtres ouvertes, et je vous recevrais, Dieu sait! Voilà une folie que je pousserais loin. Mais je reviens, et je trouve que le château de Grignan est parfaitement beau; il sent bien les anciens Adhémar. Je suis ravie de voir comme le bon abbé vous aime; son cœur est pour vous comme si je l'avais pétri de mes propres mains; cela fait justement que je l'adore. Votre fille est plaisante; elle n'a pas osé aspirer à la perfection du nez de sa mère, elle n'a pas voulu aussi…. je n'en dirai pas davantage; elle a pris un troisième parti, et s'est avisée d'avoir un petit nez carré : mon enfant, n'en êtes-vous point fâchée? Mais, pour cette fois, vous ne devez pas avoir cette idée; mirez-vous, c'est tout ce que vous devez faire pour finir heureusement ce que vous commencez si bien. Adieu, ma très-aimable enfant; embrassez M. de Grignan pour moi. Vous lui pouvez dire les bontés de notre abbé.

154. — A LA MÊME.

Aux Rochers, mercredi 24 juin 1671,
au coin de mon feu.

Je ne vous parlerai plus du temps, je serais aussi ennuyeuse que lui, si je ne finissais ce chapitre.

Qu'il soit beau, qu'il soit laid, je n'en veux plus rien dire.
J'en ai fait vœu, etc.

Je n'ai point eu de vos lettres cette semaine, mais je n'en ai point été en peine, parce que vous m'aviez mandé que vous ne m'écririez pas. J'en attends donc de Grignan avec patience; mais pour l'autre semaine, comme je n'y étais point préparée, je vous avoue que le malentendu qui me retint vos lettres me donna une violente inquiétude. J'en ai bien importuné le pauvre d'Hacqueville, et vous-même, ma fille : je m'en repens, et voudrais bien ne l'avoir pas fait; mais je suis naturelle, et quand mon cœur est en presse, je ne puis m'empêcher de me plaindre à ceux que j'aime bien : il faut pardonner ces sortes de faiblesses; comme disait un jour madame de La Fayette, a-t-on gagé d'être parfaite? Non, assurément; et si j'avais fait cette gageure, j'y aurais bien perdu mon argent. J'ai eu ici deux fois M. de Coëtquen, à trois jours l'un de l'autre; il allait affermer une terre à trois lieues d'ici; et pour la hausser de cinquante francs, il a dépensé cent pistoles dans son voyage. Il m'a fort demandé de vos nouvelles et de celles de M. de Grignan en parlant des gens adroits et de belle taille; il le nomma le plus naturellement du monde : je vous prie de me mander s'il est toujours digne qu'on le mette au premier rang des gens adroits. Nous trouvâmes votre procession admirable : je ne crois pas qu'il y en ait une en France qui lui ressemble[1]. Mes allées sont d'une

[1] La procession de la Fête-Dieu était à Aix la chose du monde la plus extravagante. Elle fut instituée par le roi René, comte de Provence, vers le

beauté extrême; je vous les souhaite quelquefois pour servir de promenade aux habitants de votre grand château. Mon fils est encore ici, et ne s'y ennuie point du tout : j'aurais plusieurs choses à vous dire sur son chapitre, mais ce sera pour un autre temps. Nous avons eu de vilains *Bohêmes* qui nous ont fait mal au cœur. *Ils ne danseront ma foi, Madame, non plus, ne vous déplaise, sauf le respect qui est dû à votre grandeur, non plus que des balles de laine.* Voilà ce que dit une de leurs femmes, qui était en colère contre la moitié de sa compagnie. J'ai retrouvé ici le dialogue que vous fîtes un jour avec Pomenars : nous en avons ri aux larmes. Pomenars peut se faire raser au moins d'un côté : il est hors de l'affaire de son enlèvement; il n'a plus que le courant de sa fausse monnaie, dont il ne se met guère en peine. Que vous dirai-je encore ma petite? Il y a peu de choses dont on puisse parler à cœur ouvert de trois cents lieues. Une conversation dans le mail me serait bien nécessaire; c'est un lieu admirable pour discourir, quand on a le cœur comme je l'ai; je ne veux point vous parler de la tendresse vive et naturelle que j'ai pour vous, ce chapitre serait ennuyeux. Adieu donc, ma très-aimable enfant; notre abbé vous adore toujours; j'attends avec une grande impatience des nouvelles de votre voyage et de vos affaires; j'y prends un extrême intérêt. J'embrasse M. de Grignan.

155. — A LA MÊME.

Aux Rochers, dimanche 28 juin 1671.

Vous me récompensez bien, ma fille, de mes pertes passées : j'ai reçu deux lettres de vous qui m'ont trans-

---

milieu du quinzième siècle. La description de cette mascarade remplit un volume in-12, publié à Aix en 1777; il est intitulé *Explication des cérémonies de la Fête-Dieu à Aix en Provence*. Ce volume est orné de figures qui représentent le lieutenant prince d'Amour, les jeux des Diables, des Ratzcaftos, des Apôtres, de la Reine de Saba, etc., etc.

portée de joie; ce que je sens en les lisant ne se peut imaginer. Si j'ai contribué de quelque chose à l'agrément de votre style, je croyais ne travailler que pour le plaisir des autres, et non pas pour le mien; mais la Providence, qui a mis tant d'espaces et tant d'absences entre nous, m'en console un peu par les charmes de votre commerce, et encore plus par la satisfaction que vous me témoignez de votre établissement et de la beauté de votre château. Vous m'y représentez un air de grandeur et une magnificence dont je suis enchantée. J'avais vu, il y a longtemps, des relations pareilles de la première madame de Grignan [1]; je ne devinais pas que toutes ces beautés seraient un jour sous l'honneur de vos commandements; je veux vous remercier d'avoir bien voulu m'en parler en détail. Si votre lettre m'avait ennuyée, outre que j'aurais mauvais goût, il faudrait encore que j'eusse bien peu d'amitié pour vous, et que je fusse bien indifférente pour ce qui vous touche. Défaites-vous de cette haine que vous avez pour les détails; je vous l'ai déjà dit, et vous le pouvez sentir : ils sont aussi chers de ceux que nous aimons, qu'ils nous sont ennuyeux des autres; et cet ennui ne vient jamais que de la profonde indifférence que nous avons pour ceux qui nous en importunent. Si cette observation est vraie, jugez de ce que me sont vos relations. En vérité, c'est un grand plaisir que d'être, comme vous êtes, une véritable grande dame. Je comprends bien les sentiments de M. de Grignan, en vous voyant admirer son château : une grande insensibilité là-dessus le mettrait dans un chagrin que je m'imagine plus aisément qu'un autre. Je prends part à la joie qu'il a de vous voir contente : il y a des cœurs qui ont tant de sympathie en certaines choses, qu'ils sentent par eux ce que pensent les autres. Vous me parlez trop peu de Vardes [2] et de ce pauvre Corbinelli : n'avez-

---

[1] Angélique-Claire d'Angennes. (P.)
[2] Il ne fut rappelé qu'en 1682. C'était un homme infiniment aimable. (P.)

vous pas été bien aise de parler leur langage? Comment
va la belle passion de Vardes pour la T...¹? Dites-moi s'il
est bien désolé de la longueur infinie de son exil, ou si la
philosophie et un peu de *misanthroperie* soutiennent son
cœur contre les coups de l'amour et de la fortune. Vos
lectures sont bonnes; Pétrarque vous doit divertir, avec le
commentaire que vous avez; celui que nous avait fait mademoiselle de Scudéri sur certains sonnets les rendait
agréables à lire. Pour Tacite, vous savez comme j'en étais
charmée ici pendant nos lectures, et comme je vous inter-
rompais souvent pour vous faire entendre des périodes où
je trouvais de l'harmonie; mais si vous en demeurez à la
moitié, je vous gronde : vous ferez tort à la majesté du
sujet. Il faut vous dire, comme ce prélat disait à la reine
mère : *Ceci est histoire*; vous savez le conte. Je ne vous
pardonne ce manque de courage que pour les romans que
vous n'aimez pas. Nous lisons le Tasse avec plaisir : je
m'y trouve habile, par l'habileté des maîtres que j'ai eus.
Mon fils fait lire Cléopâtre² à La Mousse, et, malgré moi,
je l'écoute, et j'y trouve encore quelques amusements.
Mon fils s'en va en Lorraine; son absence nous donnera
beaucoup d'ennui. Vous savez comme je suis sur le chagrin
de voir partir une compagnie agréable; vous savez aussi
mes transports de joie quand je vois partir une chienne de
carrossée qui m'a contrainte et ennuyée; c'est ce qui nous
faisait décider nettement qu'une méchante compagnie est
plus souhaitable qu'une bonne. Je me souviens de toutes
ces folies que nous avons dites ici, et de tout ce que vous y
faisiez, et de tout ce que vous y disiez : ce souvenir ne me
quitte jamais; et puis tout d'un coup je pense où vous êtes;
mon imagination ne me présente qu'un grand espace fort
éloigné; votre château m'arrête maintenant les yeux; les

---

¹ Dans l'édition de 1726, on voit que mademoiselle de Toiras était la maîtresse de M. de Vardes.
² Roman de la Calprenède.

murailles de votre mail me déplaisent. Le nôtre est d'une beauté surprenante, et tout le jeune plant que vous avez vu est délicieux : c'est une jeunesse que je prends plaisir d'élever jusqu'aux nues; et très-souvent, sans considérer les conséquences ni mes intérêts, je fais jeter de grands arbres à bas, parce qu'ils font ombrage, ou qu'ils incommodent mes jeunes enfants. Mon fils regarde cette conduite; mais je ne lui en laisse pas faire l'application. Pilois (jardinier des Rochers) est toujours mon favori, et je préfère sa conversation à celle de plusieurs qui ont conservé le titre de chevalier au parlement de Rennes. Je suis *libertine* plus que vous; je laissai l'autre jour retourner chez soi un carrosse plein de *Fouesnellerie*[1], par une pluie horrible, faute de les prier de bonne grâce de demeurer; jamais ma bouche ne put prononcer les paroles qui étaient nécessaires. Ce n'étaient pas les deux jeunes femmes, c'était la mère et une guimbarde de Rennes, et les fils. Mademoiselle du Plessis est toute telle que vous la représentez, et encore un peu plus impertinente; ce qu'elle dit tous les jours sur la crainte de me donner de la jalousie est une chose originale dont je suis au désespoir, quand je n'ai personne pour en rire. Sa belle-sœur est fort jolie, sans être ridicule en rien, et parle gascon au milieu de la Bretagne : j'en ai la même joie que vous avez de ma Laguette, qui parle parisien au milieu de la Provence : cette petite-Basse-Brette est fort aimable. Je vous trouve fort heureuse d'avoir madame de Simiane[2]; vous avez avec elle un fonds de connaissance qui vous doit ôter toutes sortes de contraintes : c'est beaucoup; cela vous fera une compagnie agréable. Puisqu'elle se souvient de moi, faites-lui bien mes compliments, je vous en conjure, et à notre

---

[1] La famille de Fouesnel habitait le château de ce nom, à quelques lieues des Rochers. (M.)
[2] Madeleine Hay du Châtelet, femme de Charles-Louis, marquis de Simiane. Elle fut dans la suite belle-mère de Pauline de Grignan. (A. G.)

cher coadjuteur. Nous ne nous écrivons plus, et nous ne savons pourquoi ; nous nous trouvons trop loin : cependant j'admire la diligence de la poste. La comparaison de Chilly m'a ravie, et de voir ma chambre déjà marquée : je ne souhaite rien tant que de l'occuper; ce sera de bonne heure l'année qui vient, et cette espérance me donne une joie dont vous comprendrez une partie par celle que vous aurez de m'y recevoir. J'admire *Cateau*; je crois qu'elle est mariée ; mais elle a eu une conduite bien malhonnête et bien scandaleuse. Je lui pardonne moins d'avoir voulu tuer son enfant, étant de son mari, que si elle l'avait eu d'un autre ; et cela vient d'un bien plus mauvais fonds. Son mari, à ce qu'on me mande de Paris, est un certain *Droguet*, que vous avez vu laquais de Chesières. L'amour est quelquefois bien inutile de s'amuser à de si sottes gens ; je voudrais qu'il ne fût que pour les gens choisis, aussi bien que tous ses effets, qui me paraissent trop communs et trop répandus. Si vous vous chargez de rougir pour toutes vos voisines, et que votre imagination soit toujours aussi vive qu'avec la B...., vous sortirez toujours belle comme un ange de toutes vos conversations. Vous voulez donc que je mette sur ma conscience le paquet de cette femme ? Je le veux ; mais avec cette précaution, que je ne vous réponds pas que cela soit vrai ; au contraire, je le crois faux : il ne faut point croire aux méchantes langues ; en un mot ; je renonce au pacte. On disait donc que M..... avait un peu avancé les affaires, et qu'il avait eu grand'hâte de la marier : cependant,

> Cela ne put être si juste,
> Qu'au bout des cinq mois, comme Auguste,
> (*M de C***) ne se trouvât un héritier.

La question fut de faire passer pour une mauvaise couche la meilleure qui fut jamais, et un enfant qui se portait à merveille pour un petit enfant mort. Ce fut une habileté qui coûta de grands soins à ceux qui s'en mêlèrent, et qui ferait bien une histoire de roman. J'en ai su tout le détail; mais ce serait une narration infinie. En voilà assez pour faire que vous rougissiez, si on parle de se blesser à cinq mois. L'enfant mourut heureusement. Je reviens encore à vous, c'est-à-dire à cette divine fontaine de Vaucluse; quelle beauté! Pétrarque avait bien raison d'en parler souvent; mais songez que je verrai toutes ces merveilles; moi, qui honore les antiquités, j'en serai ravie et de toutes les magnificences de Grignan. L'abbé aura bien des affaires; après les ordres doriques et les titres de votre maison, il n'y a rien à souhaiter que l'ordre que vous y allez mettre; car sans un peu de subsistance, tout est dur, tout est amer. Ceux qui se ruinent me font pitié : c'est la seule affliction dans la vie qui se fasse toujours sentir également, et que le temps augmente au lieu de la diminuer. J'ai souvent des conversations sur ce sujet avec un de nos petits amis (M. de Sévigné); s'il veut profiter de toutes celles que nous avons faites, il en a pour longtemps, et sur toutes sortes de chapitres, et d'une manière si peu ennuyeuse, qu'il ne devrait pas les oublier. Je suis aise que vous ayez cet automne une couple de beaux-frères. Je trouve que votre journée est fort bien réglée : on va loin sans mourir d'ennui, pourvu qu'on se donne des occupations, et qu'on ne perde point courage. Le beau temps a remis tous mes ouvriers en campagne, cela me divertit : quand j'ai du monde, je travaille à ce beau parement d'autel que vous m'avez vu traîner à Paris; quand je suis seule, je lis, j'écris, je suis en affaires dans le cabinet de notre abbé; je vous le souhaite quelquefois pour deux ou trois jours seulement.

Je consens au commerce de bel esprit que vous me proposez. Je fis l'autre jour une maxime tout de suite sans y penser, et je la trouvai si bonne, que je crus l'avoir retenue par cœur de celles de M. de La Rochefoucauld : je vous prie de me le dire; en ce cas, il faudrait louer ma mémoire plus que mon jugement. Je disais, comme si je n'eusse rien dit, que *l'ingratitude attire les reproches, comme la reconnaissance attire de nouveaux bienfaits.* Dites-moi donc ce que c'est que cela? l'ai-je lu? l'ai-je rêvé? l'ai-je imaginé? Rien n'est plus vrai que la chose, et rien n'est plus vrai aussi que je ne sais où je l'ai prise, et que je l'ai trouvée toute rangée dans ma tête, et au bout de ma langue. Pour la sentence de *bella cosa far niente*, vous ne la trouverez plus si fade quand vous saurez qu'elle est dite pour votre frère; songez à sa déroute de cet hiver. Adieu, ma très-aimable enfant; conservez-vous, soyez belle, habillez-vous, amusez-vous, promenez-vous. Je viens d'écrire à Vivonne[1] pour un capitaine bohême, afin qu'il lui relâche un peu ses fers, pourvu que cela ne soit point contre le service du roi. Il y avait parmi nos *bohêmes*, dont je vous parlais l'autre jour[2], une jeune fille qui danse très-bien, et qui me fit extrêmement souvenir de votre danse : je la pris en amitié; elle me pria d'écrire en Provence pour son grand-père, *qui est à Marseille. Et où est-il votre grand-père? Il est à Marseille*; d'un ton doux, comme si elle disait, *il est à Vincennes.* C'était un capitaine bohême d'un mérite singulier[3]; de sorte que je lui promis d'écrire, et je me suis avisée tout d'un coup d'écrire à Vivonne : voilà ma lettre; si vous n'êtes pas en état que je puisse rire avec lui, vous la brûlerez; si vous la trouvez mauvaise, vous la brûlerez encore; si vous êtes assez bien avec ce *gros crevé*, et que ma lettre vous en épargne une autre, vous la ferez cacheter, et vous la lui ferez tenir. Je n'ai pu refuser cette prière au ton de la petite fille et au menuet le mieux dansé que j'aie vu depuis ceux de mademoiselle de Sévigné : c'est votre même air; elle est de votre taille, elle a de belles

---

[1] M. de Vivonne était général des galères.
[2] Voyez la lettre du 24 juin 1671..
[3] Il était alors forçat des galères, pour avoir trop bien fait son métier de bohême. (P.)

dents et de beaux yeux. Voici une lettre d'une telle longueur, que je vous pardonne de ne la point achever : je le comprendrai plus aisément que de demeurer au septième tome de *Cassandre* et de *Cléopâtre*. Je vous embrasse très-tendrement. M. de Grignan est bien loin de se figurer qu'on puisse lire des lettres de cette longueur; mais, tout de bon, les lisez-vous en un jour?

156. — A LA MÊME.

Aux Rochers, mercredi 1ᵉʳ juillet 1671.

Voilà donc le mois de juin passé; j'en suis tout étonnée, je ne pensais pas qu'il dût jamais finir. Ne vous souvient-il pas d'un certain mois de septembre que vous trouviez qui ne prenait point le chemin de faire jamais place au mois d'octobre? Celui-ci prenait le même train; mais je vois bien maintenant que tout finit : m'en voilà persuadée.

C'est une aimable demeure que Fouesnel; nous y fûmes hier, mon fils et moi, dans une calèche à six chevaux; il n'y a rien de plus joli, il semble qu'on vole. Nous fîmes des chansons que nous vous envoyons; le cas que nous faisons de votre prose ne nous empêche point de vous faire part de nos vers. Madame de La Fayette est bien contente de la lettre que vous lui avez écrite. Voilà qui est fait, ma fille, votre frère nous va quitter. Nous allons nous jeter, La Mousse et moi, dans de bonnes lectures. Le Tasse nous amuse fort, et toutes les bagatelles du monde nous ont divertis jusque ici, à cause de mon fils qui en est le roi. Je m'en vais faire de grandes promenades *toute seule tête à tête*, comme disait Tonquedec[1]. Croyez-vous que je pense à vous? J'ai aussi *mon petit ami*, que j'aime tendrement : la plus aimable chose du monde est un portrait bien fait;

---

[1] René de Quengo, seigneur de Tonquedec; il était uni d'amitié avec le marquis de Sévigné.

quoi que vous puissiez dire, celui-là ne vous fait point de tort [1]. Vos lettres de Grignan m'ont nourrie et consolée de mes chagrins passés; j'en attends toujours avec impatience; mais, de bonne foi, j'en écris souvent d'une longueur trop excessive, je veux que celle-ci soit raisonnable. Il n'est pas juste de juger de vous par moi : cette mesure est téméraire; vous avez moins de loisir que moi.

Voilà mademoiselle du Plessis qui entre; elle me plante ce baiser que vous connaissez, et me presse de lui montrer l'endroit de vos lettres où vous parlez d'elle. Mon fils a eu l'insolence de lui dire devant moi que vous vous souveniez d'elle fort agréablement, et me dit ensuite : Montrez-lui l'endroit, Madame, afin qu'elle n'en doute pas : me voilà rouge comme vous, quand vous pensez aux péchés des autres : je suis contrainte de mentir mille fois, et de dire que j'ai brûlé votre lettre. Voilà les malices de ce guidon [2]. En récompense, je l'assurai l'autre jour que si vous répondiez au-dessus de *la reine d'Aragon*, vous ne mettriez pas *à Guidon le Sauvage*. J'ai reçu une lettre de Guitaud fort douce et fort honnête; il me mande qu'il a trouvé en moi depuis quelque temps mille bonnes choses, à quoi il n'avait pas pensé; et moi, de peur de lui répondre sottement que je *crains bien de détruire son opinion*, je lui dis que j'espère qu'il m'aimera encore davantage quand il me connaîtra mieux; je réponds toutes les extravagances qui se présentent à moi, plutôt que ces selles à tous chevaux dont nous avons tant ri ici. Je suis persuadée que vous vous aiderez fort bien de madame de Simiane : il faut ôter l'air et le ton de compagnie le plus tôt que l'on peut, et faire entrer les gens dans nos plaisirs et dans nos fantaisies; sans cela il faut mourir, et c'est mourir d'une vilaine épée. Je l'ai juré, ma fille, je vais finir; je me fais une extrême violence pour vous quitter; notre commerce fait l'unique

---

[1] Le portrait de sa fille.
[2] M. de Sévigné était guidon des gendarmes Dauphins.

plaisir de ma vie; je suis persuadée que vous le croyez. Je vous embrasse, ma chère petite, et je baise vos belles joues.

157. — A LA MÊME.

Aux Rochers, dimanche 5 juillet 1671.

C'est bien une marque de votre amitié, ma chère enfant, que d'aimer toutes les bagatelles que je vous mande d'ici. Vous prenez fort bien l'intérêt de mademoiselle de Croqueoison; en récompense, il n'y a pas un mot dans vos lettres qui ne me soit cher. Je n'ose les lire, de peur de les avoir lues : et si je n'avais la consolation de les recommencer plusieurs fois, je les ferais durer plus longtemps; mais, d'un autre côté, l'impatience me les fait dévorer. Je voudrais bien savoir comme je ferais si votre écriture était comme celle de d'Hacqueville; la force de l'amitié me la déchiffrerait-elle? En vérité, je ne le crois quasi pas : on conte pourtant des histoires là-dessus; mais enfin j'aime fort d'Hacqueville, et cependant je ne puis m'accoutumer à son écriture : je ne vois goutte dans ce qu'il me mande; il me semble qu'il me parle dans un pot cassé; je tiraille, je devine, je dis un mot pour un autre, et puis, quand le sens m'échappe, je me mets en colère, et je jette tout. Je vous dis tout ceci en secret; je ne voudrais pas qu'il sût les peines qu'il me donne : il croit que son écriture est moulée. Mais vous, qui parlez, mandez-moi comment vous vous en accommodez. Mon fils partit hier, très-fâché de nous quitter : il n'y a rien de bon, ni de droit, ni de noble que je ne tâche de lui inspirer ou de lui confirmer. Il entre avec douceur et approbation dans tout ce qu'on lui dit; mais vous connaissez la faiblesse humaine : ainsi je mets tout entre les mains de la Providence, et me réserve seulement la consolation de n'avoir rien à me reprocher sur son sujet. Comme il a de l'esprit, et qu'il est divertissant, il est impossible que son absence ne nous donne de l'ennui. Nous allons commencer un traité de morale de M. Nicole; si j'étais à Paris, je vous enverrais ce livre. Vous l'aimeriez fort. Nous continuons le Tasse avec plaisir, et je n'ose vous dire que je suis revenue à *Cléopâtre*, et que, par le bonheur que j'ai de n'avoir point de mémoire, cette lecture me divertit encore : cela est épouvantable : mais vous savez que je ne m'accommode guère bien de toutes les pruderies qui ne me sont pas naturelles; et comme celle de ne plus aimer ces livres-là ne m'est pas encore entièrement arrivée, je me laisse divertir sous le prétexte de mon fils qui m'a mise en train. Il nous a lu aussi des chapitres de Rabelais à mourir de rire; en récompense, il a pris beaucoup de plaisir à causer avec moi; et si je l'en crois, il n'oubliera rien de tous mes discours. Je le connais bien, et souvent, au travers de ses petites paroles, je vois ses petits sentiments; s'il peut avoir congé cet automne, il reviendra ici. Je suis fort empêchée pour les états : mon premier dessein était de les fuir, et de ne point faire de dépense; mais vous saurez que pendant que M. de Chaulnes va faire le tour de sa province, madame sa femme vient l'attendre à Vitré, où elle sera dans douze jours, et plus de quinze avant M. de Chaulnes; et tout franchement elle m'a fait prier de l'attendre, et de ne point partir qu'elle ne m'ait vue. Voilà ce qu'on ne peut éviter, à moins que de se résoudre à renoncer à eux pour jamais. Il est vrai que, pour n'être point accablée ici, je puis m'en aller à Vitré; mais je ne suis point contente de passer un mois dans un tel tracas; quand je suis hors de Paris, je ne veux que la campagne. Je vous jure que je ne suis encore résolue à rien. Mandez-moi votre avis et ce que vous faites de *Cateau*; si elle est mariée, ne serait-ce point une nourrice? Il est à craindre cependant qu'avec les beaux desseins qu'elle a eus[1], son sang ne soit bien échauffé.

---

[1] *Voyez* la lettre du 28 juin 1671.

Je vous conseille, ma fille, de bien rafraîchir le vôtre, en prenant de bons bouillons comme l'année passée.

Je vous ai parlé de la Launay; elle était bariolée comme la chandelle des Rois, et nous trouvâmes qu'elle ressemblait au second tome d'un méchant roman, ou au Roman de la Rose tout d'un coup. Mademoiselle du Plessis est toujours à un pas de moi : quand je lis les douceurs que vous dites pour elle, j'en rougis comme du feu. L'autre jour, la *Biglesse* joua *Tartufe* au naturel : après avoir demandé à table *Beuve et Moutonne* à La Mousse, elle tomba dans le malheur de mentir sur je ne sais quoi; en même temps je la relevai, et lui dis qu'elle était menteuse : elle me répond en baissant les yeux : « Ah, oui, Madame! je suis la plus grande menteuse du monde; je vous remercie de m'en avertir. » Nous éclatâmes tous, car c'était du ton de Tartufe : *Oui, mon frère, je suis un misérable, un vase d'iniquité, etc.* Elle veut aussi se mêler quelquefois d'être sentencieuse et de faire la personne de bon sens; cela lui sied encore plus mal que son naturel. Vous voilà bien instruite des Rochers. Je voudrais pouvoir vous décrire les pleurs et les cris, et le langage breton de *Jaquine* et de la *Turquesine*, en voyant monter votre frère à cheval; c'est une scène; pour moi, j'eusse pleuré :

. . . . Mais les voyant ainsi,
Je me suis mise à rire, et tout le monde aussi.

Je crois que les nouvelles de Paris ne vous divertissent pas, il n'y en a point; ce qu'on me mande me fait mourir d'ennui. Il y a un mois qu'on me répète que la cour sera le dixième du mois à Saint-Germain : on est réduit à me conter des sorcelleries pour m'amuser, et à m'apprendre qu'une fille ayant laissé son paquet dans une chaise, depuis le Marais jusqu'au faubourg, les porteurs pensaient que ce fût un petit chien. Pour moi, j'aime encore mieux lire *Cléopâtre* et les grands coups d'épée de l'invincible

Artaban. Quand cet hiver j'aurai le cœur content sur votre couche, je tâcherai de mieux vous divertir qu'on ne me divertit ici; Dieu sait aussi quelle comparaison j'en fais avec mes lettres de Provence.

A MONSIEUR DE GRIGNAN.

Approchez, mon gendre; vous voulez donc me renvoyer ma fille par le coche; vous en êtes mal content, vous êtes fâché; vous êtes au désespoir qu'elle admire votre château : vous la trouvez trop familière de prendre la liberté d'y demeurer, d'y commander; comme vous haïssez ce qui est haïssable, vous ne sauriez la souffrir. J'entre fort bien dans tous vos déplaisirs : vous ne pouviez vous adresser à personne qui les comprît mieux que moi; mais savez-vous bien qu'après m'avoir dit toutes ces choses, vous me faites trembler de vous entendre dire que vous me souhaitez si fort à Grignan; et sur le même ton, je suis inconsolable, car je n'ai rien de plus cher dans l'avenir que l'espérance de vous aller voir; et quoi que je dise, je suis persuadée que vous en serez fort aise, et que vous m'aimez. Il est impossible que cela soit autrement; je vous aime trop pour que les petits esprits [1] ne se communiquent pas de moi à vous, et de vous à moi. Je vous recommande la santé de ma fille; soyez-y appliqué, soyez-en le maître; ne faites pas comme au pont d'Avignon. Sur cela seul gardez votre autorité; pour tout le reste, laissez-la faire, elle est plus habile que vous : elle m'écrit des choses admirables de ses bonnes intentions pour vos affaires. Ah! que je vous plains de ne plus recevoir de ses lettres! vous étiez bien plus heureux il y a un an. Plût à Dieu que

---

[1] On sait que Descartes attribuait l'amour, l'amitié, toutes les passions, aux mouvements des esprits animaux, ou des *petits esprits*, qui sont, suivant lui, les parties vives et subtiles du sang raréfié par la chaleur du cœur. Madame de Sévigné fait allusion à ce système, alors très à la mode. (A. G.)

vous eussiez cette joie, et que j'eusse encore le chagrin de la voir et de l'embrasser! Adieu, mon très-cher Comte; quoique vous soyez l'homme du monde le plus aimé, je ne crois pas qu'aucune de vos belles-mères [1] vous ait jamais autant aimé que moi.

158. — A LA MÊME.

Aux Rochers, mercredi 8 juillet 1671.

J'ai bien envie de savoir comment vous vous portez de votre saignée : il me semble que, par respect, il n'a pas fait l'ouverture assez grande; votre sang est venu goutte à goutte, et par conséquent il n'en est ni rafraîchi ni purifié, et vous n'en êtes point soulagée. Peut-être que tout cela est faux, et je le souhaite; mais il faudrait avoir moins de bile que je n'en ai pour rêver toujours agréablement. Quoi qu'il en soit, je vous assure que votre santé m'est fort chère, et si vous êtes trop accablée d'écritures, je vous exhorte à m'écrire moins : puis-je vous donner une plus grande marque de l'intérêt que je prends à cette santé? Madame de La Troche m'a mandé depuis deux jours que si les belles intentions de *Cateau* pendant sa grossesse ne lui ont point trop altéré l'esprit et le corps, c'est une bonne nourrice. J'ai trouvé plaisant que cette pensée me soit venue en même temps; je vous l'avais déjà mandé. Notre chapelle s'élève à vue d'œil; cela occupe l'abbé, et me divertit un peu : mais mon parc est sans âme, c'est-à-dire sans ouvriers, à cause des foins qu'il faut faire. La mort de M. de Montlouet [2] ne vous fait-elle pas grand'pitié, et sa femme aussi? Encore est-ce quelque chose que cette nouvelle : un homme qui tombe de cheval, qui crève sur la place. On peut lire cet endroit d'une lettre; mais jus-

---

[1] Madame de Sévigné était la troisième.
[2] M. de Montlouet tomba de cheval en lisant une lettre de sa maîtresse. Il était Bullion. (P.)

qu'ici je ne prenais pas la peine de lire ce qu'on me mandait. Voilà la différence : on ne se soucie point des affaires publiques, et on ne se réveille que pour les grands événements ; et des personnes qu'on aime, les moindres circonstances sont chères et touchent le cœur. Madame de La Fayette me mande qu'elle se trouve obligée de vous écrire en mon absence, et qu'elle le fera de temps en temps : cela me paraît honnête ; mais, puisque vous lui faites réponse, je ne lui dois guère de reconnaissance. Voilà une chose finie, l'entendez-vous bien? Il me semble, ma fille,

e je vous fais grand tort de douter de votre intelligence sur ce qui est un peu enveloppé ; je pense que c'est à moi que je parle.

J'ai senti ici le bout de l'an de Madame[1], et je me suis souvenue de l'étonnement où vous étiez, et comme votre esprit en était hors de sa place. Je me souviens aussi de quelle étrange façon vous passâtes tout l'été prisonnière dans votre chambre, et comme le chaud vous faisait disparaître et nourrissait tous vos *dragons*. Je ne sais ce que me font toutes ces pensées, elles me font du bien et du mal : je pense tout, parce que sans cesse je suis occupée de vous ; je passe bien plus d'heures à Grignan qu'aux Rochers. J'espère que vous ne vous contraignez point pour ceux que vous voyez souvent : il faut les tourner à sa fantaisie, sans cela on mourrait.

J'ai fait comprendre à la petite Plessis que le bel air de la cour, c'est la liberté ; si bien que quand elle passe des jours ici, je prends fort bien une heure pour lire en italien avec La Mousse ; elle est charmée de cette familiarité, et dès là elle se croit de la cour elle-même. Auriez-vous été assez cruelle pour laisser Germanicus[2] au milieu de ses conquêtes et dans les marais d'Allemagne, sans lui donner

---

[1] Henriette-Anne d'Angleterre, morte à Saint-Cloud le 29 juin 1670.
[2] Dans Tacite. La traduction de Perrot d'Ablancourt était alors entre les mains de tout le monde.

la main pour l'en tirer? Ne voulez-vous pas le conduire au moins jusqu'au festin où il fut empoisonné par Pison et par sa femme? Je le trouve trop sage et trop politique, il craint trop Tibère : je vois des héros qui ne sont pas si prudents, et dont les grands succès font approuver la témérité. Mon fils, comme je vous ai dit, m'a laissée dans le milieu de *Cléopâtre*; et je l'achève; cela est d'une folie dont je vous demande le secret. J'achève tous les livres, et vous les commencez; cela s'ajusterait fort bien si nous étions ensemble, et fournirait même beaucoup à notre conversation. Ah! ma fille, c'est dommage que nous n'y *sommes* quelquefois au moins, par quelque espèce de magie, en attendant le printemps qui vient.

Je suis ici avec mes trois prêtres, qui font admirablement chacun leur personnage, hormis la messe; c'est la seule chose dont je manque en leur compagnie. Je me promène extrêmement; il fait beau et chaud; on n'en a nulle incommodité dans cette maison : quand le soleil entre dans ma chambre, j'en sors et m'en vais dans le bois, où je trouve un frais admirable. Mandez-moi comme vous êtes dans votre château.

Vous savez comme Brancas m'aime; il y a trois mois que je n'ai appris de ses nouvelles : cela n'est pas vraisemblable; mais, lui, il n'est pas vraisemblable aussi [1].

159. — A LA MÊME.

Aux Rochers, dimanche 12 juillet 1671.

Je n'ai reçu qu'une lettre de vous, ma chère fille; j'en suis un peu fâchée; j'étais dans l'habitude d'en avoir deux : il est dangereux de s'accoutumer à des soins tendres et précieux comme les vôtres; il n'est pas facile après cela de s'en passer. Si vous avez vos beaux-frères ce mois

---

[1] Sans doute à cause de la singularité de ses distractions.

de septembre, ce vous sera une très-bonne compagnie. Le coadjuteur a été un peu malade; mais il est entièrement guéri. Sa paresse est une chose incroyable, et son tort est d'autant plus grand qu'il écrit très-bien quand il s'en veut mêler. Il vous aime toujours, et ira vous voir après la mi-août; il ne le peut qu'en ce temps-là. Il jure, mais je crois qu'il ment, qu'il n'a aucune branche où se reposer, et que cela l'empêche d'écrire et lui fait mal aux yeux. Voilà tout ce que je sais de *Seigneur Corbeau* : mais admirez la bizarrerie de mon savoir; en vous apprenant toutes ces choses, j'ignore comme je suis avec lui : si par hasard vous en savez quelque chose, vous m'obligerez fort de me le mander. Je songe mille fois le jour au temps où je vous voyais à toute heure. Hélas! ma fille, c'est bien moi qui dis cette chanson que vous me rappelez : *Hélas! quand reviendra-t-il ce temps, bergère?* Je le regrette tous les jours de ma vie, et j'en souhaiterais un pareil au prix de mon sang. Ce n'est pas que j'aie sur le cœur de n'avoir pas senti le plaisir d'être avec vous; je vous jure et vous proteste que je ne vous ai jamais regardée avec indifférence ni avec la langueur que donne quelquefois l'habitude : mes yeux ni mon cœur ne se sont jamais accoutumés à cette vue, et jamais je ne vous ai regardée sans joie et sans tendresse; s'il y a eu quelques moments où elle n'ait pas paru, c'est alors que je la sentais plus vivement. Ce n'est donc point cela que je puis me reprocher; mais je regrette de ne vous avoir pas assez vue, et d'avoir eu dans certains moments de cruelles politiques qui m'ont ôté ce plaisir. Ce serait une belle chose si je remplissais mes lettres de ce qui me remplit le cœur. Ah! comme vous dites, il faut glisser sur bien des pensées, et ne pas faire semblant de les voir; je crois que vous en faites de même. Je m'arrête donc à vous conjurer, si je vous suis un peu chère, d'avoir un soin extrême de votre santé : amusez-vous, ne rêvez point creux, ne faites point de bile,

conduisez votre grossesse à bon port; et après cela, s
M. de Grignan vous aime, et qu'il n'ait pas entrepris de
vous tuer, je sais bien ce qu'il fera, ou plutôt ce qu'il ne
fera point.

Avez-vous la cruauté de ne point achever Tacite? Laisserez-vous Germanicus au milieu de ses conquêtes? S
vous lui faites ce tour, mandez-moi l'endroit où vous er
êtes demeurée, et je l'acheverai; c'est tout ce que je puis
faire pour votre service. Nous achevons le Tasse avec
plaisir, nous y trouvons des beautés qu'on ne voit poin
quand on n'a qu'une demi-science. Nous avons commencé
la *morale* [1]; c'est de la même étoffe que Pascal.

A propos de Pascal, je suis en fantaisie d'admirer
l'honnêteté de ces messieurs les postillons, qui sont incessamment sur les chemins pour porter et reporter nos lettres.
enfin, il n'y a jour dans la semaine où ils n'en portent
quelqu'une à vous et à moi; il y en a toujours, et à toutes
les heures, par la campagne. Les honnêtes gens! qu'ils
sont obligeants, et que c'est une belle invention que la
poste, et un bel effet de la Providence que la cupidité
J'ai quelquefois envie de leur écrire pour leur témoigner
ma reconnaissance, et je crois que je l'aurais déjà fait
sans que je me souviens de ce chapitre de Pascal, e
qu'ils ont peut-être envie de me remercier de ce que
j'écris, comme j'ai envie de les remercier de ce qu'ils
portent mes lettres : voilà une belle digression.

Je reviens donc à nos lectures : c'est sans préjudice de
Cléopâtre, que j'ai gagé d'achever; vous savez comme
je soutiens les gageures. Je songe quelquefois d'où vient
la folie que j'ai pour ces sottises-là; j'ai peine à le comprendre. Vous vous souvenez peut-être assez de moi pour
savoir à quel point je suis blessée des méchants styles; j'a
quelque lumière pour les bons, et personne n'est plus tou-

[1] Les *Essais de Morale* de M. Nicole.

chée que moi des charmes de l'éloquence. Le style de La Calprenède est maudit en mille endroits; de grandes périodes de romans, de méchants mots, je sens tout cela. J'écrivis l'autre jour à mon fils une lettre de ce style, qui était fort plaisante. Je trouve donc que celui de La Calprenède est détestable, et cependant je ne laisse pas de m'y prendre comme à de la glu : la beauté des sentiments, la violence des passions, la grandeur des événements et le succès miraculeux de leurs redoutables épées, tout cela m'entraîne comme une petite fille : j'entre dans leurs desseins; et si je n'avais M. de La Rochefoucauld et M. d'Hacqueville pour me consoler, je me pendrais de trouver encore en moi cette faiblesse[1]. Vous m'apparaissez pour me faire honte; mais je me dis de mauvaises raisons, et je continue. J'aurai bien de l'honneur au soin que vous me donnez de vous conserver l'amitié de l'abbé. Il vous aime chèrement : nous parlons très-souvent de vous, de vos affaires et de vos grandeurs; il voudrait bien ne pas mourir avant que d'avoir été en Provence, et de vous avoir rendu quelque service. On me mande que la pauvre madame de Montlouet est sur le point de perdre l'esprit : elle a extravagué jusqu'à présent sans jeter une larme; elle a une grosse fièvre et commence à pleurer; elle dit qu'elle veut être damnée, puisque son mari doit l'être assurément. Nous continuons notre chapelle. Il fait chaud; les soirées et les matinées sont très-belles dans ces bois et devant cette porte; mon appartement est frais; j'ai bien peur que vous ne vous accommodiez pas si bien de vos chaleurs de Provence. Je suis toujours tout à vous, ma très-chère et très-aimable : une amitié à M. de Grignan. Ne vous adore-t-il pas toujours?

---

[1] Ils avaient, comme Madame de Sévigné, la passion des vieux romans, ce qui était une grande singularité, au moins dans le peu poétique auteur des *Maximes*.

160. — A LA MÊME.

Aux Rochers, mercredi 15 juillet 1671.

Si je vous écrivais toutes mes rêveries sur votre sujet je vous écrirais toujours les plus grandes lettres du monde mais cela n'est pas bien aisé : ainsi je me contente de c qui se peut écrire, et je rêve tout ce qui se peut rêver j'en ai le temps et le lieu. La Mousse a une petite fluxion sur les dents, et l'abbé a une petite fluxion sur le genou qui me laissent le champ libre dans mon mail, pour y fair tout ce qui me plaît. Il me plaît de m'y promener le soi jusqu'à huit heures ; mon fils n'y est plus : cela fait un silence, une tranquillité et une solitude que je ne crois pa qu'il soit aisé de rencontrer ailleurs. Je ne vous dis point ma fille, à qui je pense, ni avec quelle tendresse ; quand on devine, il n'est pas besoin de parler. Si vous n'étie: point grosse, et que l'*hippogryphe* fût encore au monde, c serait une chose galante, et à ne jamais oublier, que d'a voir la hardiesse de monter dessus pour me venir voir quel -quefois. Ce ne serait pas une affaire : il parcourait la terre en deux jours. Vous pourriez même quelquefois venir dîner ici, et retourner souper avec M. de Grignan, ou souper ici à cause de la promenade, où je serais bien aise de vous avoir ; et le lendemain vous arriveriez assez tôt pour être à la messe dans votre tribune.

Mon fils est à Paris ; il y sera peu : la cour est de retour, il ne faut pas qu'il se montre. C'est une perte qui me paraît bien considérable que celle de M. le duc d'Anjou [1]. Madame de Villars [2] m'écrit assez souvent, et me parle tou

---

[1] Philippe, second fils de Louis XIV, mort le 10 juillet 1671, à l'âge de trois ans (A. G.)

[2] Cette madame de Villars était la mère de celui qui sauva la France à Denain. Elle avait l'esprit malin et plaisant. Son mari avait servi de second à M. de Nemours, dans ce duel fameux où M. de Beaufort le tua. (A. G.)

ours de vous : elle est tendre et sait bien aimer ; cela me donne de l'amitié pour elle. Elle me prie de vous dire mille douceurs de sa part ; sa lettre est pleine d'estime et de tendresse pour vous ; répondez-y par une petite demi-feuille que je lui puisse envoyer. La petite Saint-Géran n'écrit des pieds de mouche que je ne saurais lire ; je lui réponds des rudesses et des injures, qui la divertissent : cette méchante plaisanterie n'est point encore usée ; quand elle le sera, je ne dirai plus rien, car je m'ennuierais fort d'un autre style avec elle.

Nous lisons toujours le Tasse avec plaisir ; je suis assurée que vous le souffririez, si vous étiez en tiers : il y a une grande différence entre lire un livre toute seule, ou avec des gens qui relèvent les beaux endroits et qui réveillent l'attention. Cette *morale* de Nicole est admirable, et *Cléopâtre* va son train, mais sans empressement, et aux heures perdues : c'est ordinairement sur cette lecture que je m'endors. Le caractère m'en plaît beaucoup plus que le style ; pour les sentiments, j'avoue qu'ils me plaisent, et qu'ils sont d'une perfection qui remplit mon idée sur la belle âme. Vous savez aussi que je ne hais pas les grands coups d'épée, tellement que voilà qui est bien, pourvu que l'on m'en garde le secret.

Mademoiselle du Plessis nous honore souvent de sa présence ; elle disait hier à table qu'en Basse-Bretagne on faisait une chère admirable, et qu'aux noces de sa belle-sœur on avait mangé pour un jour douze cents pièces de rôti : nous demeurâmes tous comme des gens de pierre. Je pris courage, et lui dis : Mademoiselle, pensez-y bien ; n'est-ce point douze pièces de rôti que vous voulez dire ? on se trompe quelquefois. Non, Madame, c'est douze cents pièces ou onze cents ; je ne veux pas vous assurer si c'est onze ou douze, de peur de mentir ; mais enfin je sais bien que c'est l'un ou l'autre ; et le répéta vingt fois, et n'en voulut jamais rabattre un seul poulet. Nous trouvâmes qu'il fallait qu'ils fussent pour le moins trois cents piqueurs pour piquer menu; et que le lieu fût un grand pré, où l'on eût fait dresser des tentes; et que s'ils n'eussent été que cinquante, il fallait qu'ils eussent commencé un mois auparavant. Ce propos de table était bon; vous en auriez été contente. N'avez-vous point quelque exagéreuse comme celle-là?

Au reste, ma fille, cette montre que vous m'avez donnée, qui allait toujours trop tôt ou trop tard d'une heure ou deux, est devenue si parfaitement juste qu'elle ne quitte pas d'un moment notre pendule; j'en suis ravie, et vous en remercie sur nouveaux frais; en un mot, je suis tout à vous. L'abbé me dit qu'il vous adore, et qu'il veut vous rendre quelque service : il ne voit pas bien en quelle occasion; mais enfin il vous aime autant qu'il m'aime.

161. — A LA MÊME.

Aux Rochers, dimanche 19 juillet 1671.

Je ne vois point, ma bonne, que vous ayez reçu mes lettres du 17 et du 21 juin; je vous écris toujours deux fois la semaine, ce m'est une joie et une consolation; je reçois le vendredi deux de vos lettres, qui me soutiennent le cœur toute la semaine.

Je vous trouve bien en famille de tous côtés, et je vous vois très-bien faire les honneurs de votre maison; je vous assure que cette manière est plus noble et plus aimable qu'une froide insensibilité, qui sied très-mal quand on est chez soi. Vous en êtes bien éloignée, ma fille, et l'on ne peut rien ajouter à ce que vous faites : je vous souhaite seulement des matériaux; car, pour de la bonne volonté, vous en avez de reste.

Vous aurez sans doute trouvé plaisant que je vous aie tant parlé du coadjuteur, dans le temps qu'il est avec vous; je n'avais pas bien vu sa goutte en vous écrivant. Ah! *seigneur Corbeau*, si vous n'aviez demandé, pour toute nécessité, qu'*un poco di pane, un poco di vino*, vous n'en seriez point où vous en êtes : il faut souffrir la goutte quand on l'a méritée; mon pauvre seigneur, j'en suis fâchée, mais c'est bien employé.

Je trouve, ma chère bonne, qu'il s'en faut beaucoup que vous soyez en solitude; je me réjouis de tous ceux qui peuvent vous divertir. Vous aurez bientôt madame de Rochebonne [1]. Mandez-moi toujours ce que vous aurez. Le coadjuteur est bon à garder longtemps : l'offre que vous lui faites d'achever de bâtir votre château est une chose qu'il acceptera sans doute; que ferait-il de son argent? Cela ne paraîtra pas sur son épargne.

Ce que vous dites de cette maxime que j'ai faite sans y penser est très-bien et très-juste. Je veux croire, pour ma consolation, que si je l'avais écrite moins vite, et que je l'eusse tournée avec quelque loisir, j'aurais dit comme vous; en un mot, vous avez raison, et je ne donnerai jamais rien au public, que je ne vous consulte auparavant.

Vous avez écrit une lettre à La Mousse, dont je vous dois remercier pour le moins autant que lui; elle est toute pleine d'amitié pour moi. D'Hacqueville est bien plaisant de vous avoir envoyé la mienne; enfin Brancas m'a écrit une lettre si excessivement tendre, qu'elle récompense tout son oubli passé : il me parle de son cœur à toutes les lignes; si je lui faisais réponse sur le même ton, ce serait une *portugaise* [2].

Il ne faut louer personne avant sa mort : c'est bien dit; nous en avons tous les jours des exemples; mais, après tout, mon ami le public ne se trompe guère : il loue quand on fait bien; et comme il a bon nez, il n'est pas longtemps la dupe, et blâme quand on fait mal. De même, quand on va du mal au bien, il en demeure d'accord; il ne répond point de l'avenir; il parle de ce qu'il voit. La comtesse de

---

[1] Sœur du comte de Grignan.
[2] Allusion aux lettres de la Religieuse ou Chanoinesse portugaise.

Gramont¹ et d'autres ont senti les effets de son inconstance; mais ce n'est pas lui qui change le premier. Vous n'avez pas sujet de vous plaindre de lui; ce ne sera point par vous qu'il commencera à faire de grandes injustices.

Notre abbé a pour vous une tendresse qui me le fait adorer; il vous trouve d'une solidité qui le charme, et qui le fait brûler d'impatience de vous pouvoir soulager et vous être bon à quelque chose; il a quasi autant d'envie que moi d'aller en Provence. Nous sommes occupés de notre chapelle; elle sera achevée à la Toussaint. Je me trouve bien de la parfaite solitude où nous sommes. Ce parc est bien plus beau que vous ne l'avez vu, et l'ombre de mes petits arbres est une beauté qui n'était pas bien représentée par les bâtons de ce temps-là. Je crains le bruit qu'on va faire en ce pays. On dit que madame de Chaulnes² arrive aujourd'hui; je l'irai voir demain : je ne puis pas m'en dispenser, mais j'aimerais bien mieux être dans la *Capucine*³, ou à lire le Tasse; j'y suis d'une habileté qui vous surprendrait et qui me surprend moi-même.

Vous me dites trop de bien de mes lettres, ma bonne; je compte sûrement sur toutes vos tendresses. Il y a longtemps que je dis que vous êtes *vraie*; cette louange me plaît: elle est nouvelle et distinguée de toutes les autres; mais quelquefois aussi elle pourrait faire du mal. Je sens au milieu de mon cœur tout le bien que cette opinion me fait présentement. Ah! qu'il y a peu de personnes *vraies!* Rêvez un peu sur ce mot; vous l'aimerez. Je lui trouve, de la façon que je l'entends, une force au delà de sa signification ordinaire.

---

¹ C'était mademoiselle Hamilton, que font si avantageusement connaître les *Mémoires* du comte de Gramont, son mari, écrits par le comte Hamilton, son frère. On dit qu'une intrigue tramée pour la faire aimer du roi échoua : depuis elle devint très-assidue auprès de madame de Maintenon.

² Élisabeth Le Féron, veuve du marquis de Saint-Maigrin, et remariée à Charles Dailly, duc de Chaulnes. (M.)

³ Nom d'une petite chaumière construite dans le parc des Rochers. (M.)

La divine Plessis est justement et à point toute *fausse*; je lui fais trop d'honneur de daigner seulement en dire du mal. Elle joue toutes sortes de choses : elle joue la dévote, la capable, la peureuse, la petite poitrine, la meilleure fille du monde; mais surtout elle me contrefait, de sorte qu'elle me fait toujours le même plaisir que si je me voyais dans un miroir qui me fît ridicule, ou que je parlasse à un écho qui me répondît des sottises. J'admire où je prends celles que je vous écris. Adieu, ma très-aimable; vous qui voyez tout, ne voyez-vous point comme je suis belle les dimanches, et comme je suis négligée les jours ouvriers? Mandez-moi si vous avez toujours le courage de vous habiller. Mon Dieu! qu'on est heureux de vous voir en Provence! et quelle joie sensible quand je vous embrasserai! car enfin ce jour viendra. En attendant, j'en passerai de bien cruels vers le temps de vos couches.

Il a vaqué chez MONSIEUR une charge de vingt mille écus; MONSIEUR l'a donnée à l'*Ange*[1], au grand déplaisir de toute sa maison.

Madame du Broutai[2], après deux ans de mariage avec Fromentau, l'a enfin déclaré son mari, et elle est logée chez lui. C'est un bon parti que Fromentau!

Vous ai-je dit qu'il y avait deux demoiselles à Vitré, dont l'une s'appelle mademoiselle de *Croqueoison*, et l'autre de *Kerborgne?* J'appelle la Plessis mademoiselle de *Kerlouche* : ces noms me réjouissent.

Je suis tout à vous, ma bonne, et si vous m'aimez, ayez soin de votre santé.

---

[1] Madame de Grancei, maîtresse du chevalier de Lorraine, favori de MONSIEUR.
[2] Fille du comte de la Vauguyon; elle épousa secrètement, à cinquante-cinq ans, le sieur de Fromentau, homme sans naissance et qui fut comte de la Vauguyon et chevalier du Saint-Esprit. (Voy. les *Mémoires de Saint-Simon.*)

162. — A LA MÊME.

Aux Rochers, mercredi 22 juillet 1671 ; jour de la Madeleine, où fut tué, il y a quelques années, un père que j'avais.

Je vous écris, ma fille, avec plaisir, quoique je n'aie rien à vous mander. Madame de Chaulnes arriva dimanche, mais savez-vous comment ? A beau pied sans lance, entre onze heures et minuit. On pensait à Vitré que ce fût des bohêmes. Elle ne voulut aucune cérémonie à son entrée ; elle fut servie à souhait, car on ne la regarda pas, et ceux qui la virent comme elle était, la prirent pour ce que je viens de vous dire, et pensèrent tirer sur elle. Elle venait de Nantes par la Guerche : son carrosse et son chariot étaient demeurés entre deux rochers à demi-lieue de Vitré, parce que le contenu était plus grand que le contenant. Ainsi il fallut travailler dans le roc, et cet ouvrage ne fut fait qu'à la pointe du jour, que tout arriva à Vitré. Je fus la voir lundi, et vous croyez bien qu'elle fut très-aise de me voir. La *Murinette*[1] beauté est avec elle. Elles sont seules à Vitré, en attendant l'arrivée de M. de Chaulnes, qui fait le tour de la Bretagne, et les états, qui s'assembleront dans dix jours. Vous pouvez vous imaginer ce que je suis dans une pareille solitude. Madame de Chaulnes ne sait que devenir et n'a recours qu'à moi ; vous ne doutez pas que je ne l'emporte hautement sur mademoiselle de *Kerborgne* ; je crois qu'elle viendra ici après dîner. Toutes mes allées sont propres, et mon parc est en beauté ; je la prierai de demeurer ici deux ou trois jours à s'y promener en liberté : comme je lui fais valoir d'être demeurée ici pour elle, je veux m'en acquitter d'une manière à n'être pas oubliée, et pourtant sans que je fasse d'autre bonne chère que celle qui se trouvera dans le pays. Ah, mon Dieu ! en voilà beau-

---

[1] Anne-Marie du Pui de Murinais.

coup sur ce sujet. Il faut pourtant que je vous fasse encore mille compliments de sa part, et que je vous dise qu'on ne peut estimer plus une personne qu'elle ne vous estime ; elle est instruite par d'Hacqueville de ce que vous valez. Mais vous, ma très-belle, où en êtes-vous de vos Grignans ? Le pauvre coadjuteur a-t-il toujours la goutte, et l'innocence est-elle toujours persécutée ?

Cette madame Quintin [1], que nous disions qui vous ressemblait pour vous faire enrager, est comme paralytique; elle ne se soutient pas. Demandez-lui pourquoi : elle a vingt ans. Elle est passée ce matin devant cette porte, et a demandé à boire un petit coup de vin ; on lui en a porté, elle a bu sa *chopine*, et puis s'en est allée au Pertre consulter une espèce de médecin qu'on estime en ce pays. Que dites-vous de cette manière bretonne, familière et galante ? Elle sortait de Vitré, elle ne pouvait pas avoir soif; de sorte que j'ai compris que tout cela était un air, pour me faire savoir qu'elle a un équipage de *Jean de Paris* [2]. Ma chère enfant, ne sortirai-je point des nouvelles de Bretagne ? Quel chien de commerce avez-vous là avec une femme de Vitré ? La cour s'en va, dit-on, à Fontainebleau; le voyage de Rochefort et de Chambord est rompu. On croit qu'en dérangeant les desseins qu'on avait pour l'automne, on dérangera aussi la fièvre de M. le dauphin, qui le prend dans cette saison à Saint-Germain : pour cette année, elle y sera attrapée; elle ne l'y trouvera pas. Vous savez qu'on a donné à M. de Condom [3] l'abbaye de Rebais, qu'avait l'abbé de Foix : *le pauvre homme !* On prend ici le deuil de M. le duc d'Anjou : si je demeure aux états, cela m'embarrassera. Notre abbé ne peut quitter sa chapelle; ce sera notre plus forte raison, car, pour le bruit

---

[1] Suzanne de Montgommery, femme de Henri Goyon de La Moussaie, comte de Quintin. (M.)

[2] On désignait ainsi la couleur de chamois.

[3] Jacques-Bénigne Bossuet, précepteur de M. le dauphin, depuis évêque de Meaux.

et le tracas de Vitré, il me sera bien moins agréable que mes bois, ma tranquillité et mes lectures. Quand je quitte Paris et mes amies, ce n'est pas pour paraître aux états : mon pauvre mérite, tout médiocre qu'il est, n'est pas encore réduit à se sauver en province, comme les mauvais comédiens. Ma fille, je vous embrasse avec une tendresse infinie; la tendresse que j'ai pour vous occupe mon âme tout entière; elle va loin et embrasse bien des choses quand elle est au point de la perfection. Je souhaite votre santé plus que la mienne; conservez-vous, ne tombez point. Assurez M. de Grignan de mon amitié, et recevez les protestations de notre abbé.

163. — A M. DE COULANGES.

Aux Rochers, le 22 juillet 1671.

Ce mot sur la semaine est par-dessus le marché de vous écrire seulement tous les quinze jours, et pour vous donner avis, mon cher cousin, que vous aurez bientôt l'honneur de voir *Picard;* et comme il est frère du laquais de madame de Coulanges, je suis bien aise de vous rendre compte de mon procédé. Vous savez que madame la duchesse de Chaulnes est à Vitré; elle y attend le duc, son mari, dans dix ou douze jours, avec les états de Bretagne : vous croyez que j'extravague; elle attend donc son mari avec tous les états, et en attendant, elle est à Vitré toute seule, mourant d'ennui. Vous ne comprenez pas que cela puisse jamais revenir à Picard : elle meurt donc d'ennui; je suis sa seule consolation, et vous croyez bien que je l'emporte d'une grande hauteur sur mademoiselle de Kerbone et de Kerqueoison. Voici un grand circuit, mais pourtant nous arriverons au but. Comme je suis donc sa seule consolation, après l'avoir été voir, elle viendra ici, et je veux qu'elle trouve mon parterre net et mes allées nettes, ces grandes allées que vous aimez. Vous ne comprenez pas encore où cela peut aller. Voici une autre petite proposition incidente : vous savez qu'on fait les foins; je n'avais pas d'ouvriers; j'envoie dans cette prairie, que les poëtes ont célébrée, prendre tous ceux qui travaillaient, pour venir nettoyer ici : vous n'y voyez encore goutte; et, en leur place, j'envoie tous mes gens faner. Savez-vous ce que c'est que faner? Il faut que je vous l'explique : faner est la plus jolie chose du monde, c'est retourner du foin en batifolant dans une prairie; dès qu'on en sait tant, on sait faner. Tous mes gens y allèrent gaiement; le seul Picard me vint dire qu'il n'irait pas, qu'il n'était pas entré à mon service pour cela, que ce n'était pas son métier, et qu'il aimait mieux s'en aller à Paris. Ma foi! la colère m'a monté à la tête; je songeai que c'était la centième sottise qu'il m'avait faite; qu'il n'avait ni cœur ni affection; en un mot, la mesure était comble. Je l'ai pris au mot, et, quoi qu'on m'ait pu dire pour lui, je suis demeurée ferme comme un rocher, et il est parti. C'est une justice de traiter les gens selon leurs bons ou mauvais services. Si vous le revoyez, ne le recevez point, ne le protégez point; ne me blâmez point, et songez que c'est le garçon du monde qui aime le moins à faner, et qui est le plus indigne qu'on le traite bien.

Voilà l'histoire en peu de mots; pour moi, j'aime les relations où l'on ne dit que ce qui est nécessaire, où l'on ne s'écarte point ni à droite ni à gauche; où l'on ne reprend point les choses de si loin; enfin je crois que c'est ici, sans vanité, le modèle des narrations agréables.

164. — A MADAME DE GRIGNAN.

Aux Rochers, dimanche 26 juillet 1671.

Je veux vous apprendre qu'hier, comme j'étais toute seule dans ma chambre avec un livre précieusement à la main, je vois ouvrir ma porte par une grande femme de très-bonne mine ; cette femme s'étouffait de rire, et cachait derrière elle un homme qui riait encore plus fort qu'elle : cet homme était suivi d'une femme fort bien faite, qui riait aussi; moi, je me mis à rire sans les reconnaître et sans savoir ce qui les faisait rire. Quoique j'attendisse aujourd'hui madame de Chaulnes, qui doit passer deux jours ici, j'avais beau la regarder, je ne pouvais comprendre que ce fût elle; c'était elle pourtant, qui m'amenait Pomenars, qui, en arrivant à Vitré, lui avait mis dans la tête de me venir surprendre. La *Murinette* beauté était de la partie, et la gaieté de Pomenars était si extrême, qu'il aurait réjoui la tristesse même : ils jouèrent d'abord au volant : madame de Chaulnes y joue comme vous; et puis une légère collation, et puis nos belles promenades, et partout il a été question de vous. J'ai dit à Pomenars que vous étiez fort en peine de toutes ses affaires, et que vous m'aviez mandé que pourvu qu'il n'y eût que le courant, vous ne seriez point en inquiétude, mais que tant de nouvelles injustices qu'on lui faisait vous donnaient beaucoup de chagrin pour lui. Nous avons fort poussé cette plaisanterie; et puis cette grande allée nous a fait souvenir de la chute que vous y fîtes un jour; la pensée m'en a fait devenir rouge comme du feu. On a parlé longtemps là-dessus, et puis du dialogue bohême, et puis enfin de mademoiselle du Plessis, et des sottises qu'elle disait, et qu'un jour vous en ayant dit une, et son vilain visage se trouvant auprès du vôtre, vous n'aviez pas marchandé, et lui aviez donné un soufflet pour la faire reculer; et que moi, pour adoucir les affaires, j'avais dit : Mais voyez comme ces petites filles se jouent rudement; et que j'avais dit à sa mère : Madame, ces jeunes créatures étaient si folles ce matin, qu'elles se battaient : mademoiselle du Plessis agaçait ma fille, ma fille la battait; c'était la plus plaisante chose du monde; et qu'avec ce tour j'avais ravi madame du Plessis de voir nos petites filles se réjouir ainsi. Cette *camaraderie* de vous et de mademoiselle du Plessis, dont je ne faisais qu'une même chose pour faire avaler le soufflet, les a fait rire à mourir. La *Murinette* vous approuve fort, et jure que la première fois qu'elle viendra lui parler dans le nez, comme elle fait toujours, elle vous imitera, et lui donnera sur sa vilaine joue. Je les attends tous présentement. Pomenars tiendra bien sa place; mademoiselle du Plessis viendra aussi; ils me montreront une lettre de Paris faite à plaisir, où l'on mandera cinq ou six soufflets donnés entre femmes, afin d'autoriser ceux qu'on veut lui donner aux états, et même de les lui faire souhaiter pour être à la mode. Enfin, je n'ai jamais vu un homme si fou que Pomenars : sa gaieté augmente en même temps que ses affaires criminelles; s'il lui en vient encore une, il mourra de joie. Je suis chargée de mille compliments pour vous; nous vous avons célébrée à tout moment. Madame de Chaulnes dit qu'elle vous souhaiterait une madame de Sévigné en Provence, comme celle qu'elle a trouvée en Bretagne; c'est cela qui rend son gouvernement beau, car quelle autre chose pourrait-ce être? Quand son mari sera venu, je la remettrai entre ses mains, et ne m'embarrasserai plus de son divertissement; mais vous, ma chère fille, que je vous plains avec votre tante d'Harcourt[1]! quelle contrainte! quel embarras! quel ennui! Voilà qui me ferait plus de mal mille fois qu'à personne, et vous seule au monde seriez capable de me faire avaler ce poison. Oui, mon enfant, je vous le jure; et si j'étais à Grignan, j'écumerais votre chambre pour vous faire plaisir, comme j'ai fait mille fois : après cette marque d'amitié, ne m'en demandez plus, car je hais l'ennui plus que la mort, et j'aimerais fort à rire avec vous, Vardes et le *seigneur Corbeau*. Défaites-vous de cette trompette du jugement : il y a vingt ans qu'elle me déplaît, et que je lui dois une visite.

---

[1] Cette dame habitait ordinairement le Pont-Saint-Esprit, et elle était venue à Grignan voir son neveu.

Je trouve votre vie fort réglée et fort bonne. Notre abbé vous aime avec une tendresse et une estime qu'il n'est pas aisé de dire en peu de mots; il attend avec impatience le plan de Grignan et la conversation de M. d'Arles; mais, sur toutes choses, il vous souhaiterait bien cent mille écus, soit pour faire achever votre château, soit pour tout ce qu'il vous plairait. Toutes les heures ne sont pas comme celles qu'on passe avec Pomenars, et même on s'ennuierait bientôt de lui : les réflexions qu'on fait sont bien contraires à la joie. Je vous ai mandé que je croyais que je ne bougerais d'ici ou de Vitré. Notre abbé ne peut quitter sa chapelle : le désert du Buron [1], ou l'ennui de Nantes avec madame de Molac, ne conviennent point à son humeur agissante. Je serai souvent ici, et madame de Chaulnes, pour m'ôter les visites, dira toujours qu'elle m'attend. Pour mon labyrinthe, il est net, il a des tapis verts, et les palissades sont à hauteur d'appui : c'est un aimable lieu; mais, hélas! ma chère enfant, il n'y a guère d'apparence que je vous y voie jamais.

Di memoria nudrirsi, più che di speme.

C'est bien ma vraie devise. Nos sentences ont été trouvées jolies. Ne comprenez-vous pas bien qu'il n'y a jour, ni heure, ni moment que je ne pense à vous, que je n'en parle quand je puis, et qu'il n'y a rien qui ne m'en fasse souvenir? Nous sommes sur la fin du Tasse, *e Goffredo a spiegato il gran vessillo della croce sopra 'l muro.* Nous avons lu ce poëme avec plaisir. La Mousse est bien content de moi, et de vous encore plus, quand il songe à l'honneur que vous faites à sa philosophie. Je crois que vous n'auriez pas eu moins d'esprit quand vous auriez eu la plus sotte mère du monde; mais enfin tout ensemble n'a pas mal fait. Nous avons envie de lire Guichardin, car

---

[1] Terre de M. de Sévigné, située à quelques lieues de Nantes.

nous ne voulons point quitter l'italien ; La *Murinette* le parle comme le français. J'ai reçu une lettre de notre cardinal (de Retz), qui me dit encore pis que pendre du gros abbé [1] qui est avec lui. Adieu, ma très-aimable ; je ne daigne pas vous dire que je vous aime, vous le savez, et je ne trouve point de paroles qui puissent vous faire comprendre comme mon cœur est pour vous. J'achèverai demain cette lettre, et vous manderai à quoi se divertit ma compagnie.

Ma compagnie est couchée, parce qu'il est minuit. Nous avons fait ce soir de grandes promenades, et après souper nous avons coupé les cheveux à la petite du Cernet, et lui avons mis le premier appareil, que nous lèverons demain. La *Murinette* beauté est habile comme La Vienne. Pomenars ne fait que de sortir de ma chambre ; nous avons parlé assez sérieusement de ses affaires, qui ne sont jamais de moins que de sa tête. Le comte de Créance veut à toute force qu'il ait le cou coupé ; Pomenars ne veut pas : voilà le procès [2]. Madame de Chaulnes me disait tantôt que l'abbé Testu, après avoir été quelque temps à Richelieu, enfin, sans autre façon, s'était établi chez madame de Fontevraud, où il est depuis deux mois ; ils le virent, en passant, il y a un mois ; le prétexte, c'est qu'il y a de la petite vérole à Richelieu : si cette conduite ne lui est fort bonne, elle lui sera fort mauvaise. Je ne savais pas que M. de Condom eût rendu son évêché ; madame de Chaulnes m'a assuré que cela était fait [3]. La petite personne a envoyé des chansons à sa sœur ; nous ne les trouvons pas trop bonnes. Je suis fort aise que vous ayez approuvé les miennes : on ne peut pas les élever plus haut que de les mettre sur le

---

[1] Pierre Camus, abbé de Pontcarré.

[2] Il s'agissait de l'enlèvement de mademoiselle de Bouillé par le marquis de Pomenars. Cette dame, après avoir passé quatorze ans avec lui, s'avisa de le poursuivre pour crime de rapt.

[3] Bossuet se démit de son évêché au moment où il fut nommé précepteur de M. le dauphin ; mais dix années plus tard, l'éducation du prince étant très-avancée, Bossuet accepta l'évêché de Meaux.

ton *des dragons*. Il me semble que j'aurais dû l'entendre d'ici ; cela fait voir qu'il y a bien loin d'ici à Grignan. Hélas ! que cette pensée m'afflige, et que je m'ennuie d'être si longtemps sans vous voir ! Adieu, ma chère fille ; je vais me coucher tristement, et vous embrasse de tout mon cœur.

Ma petite est aimable, et sa nourrice est au point de la perfection : mon habileté est une espèce de miracle, et me fait comprendre en amitié la merveille de ce maréchal qui devint excellent peintre par amour.

165. — A LA MÊME.

Aux Rochers, mercredi 29 juillet 1671.

Il sera le mois de juillet tant qu'il plaira à Dieu ; je crois que le mois d'août sera encore plus long, puisque ce sera le temps des états : car, n'en déplaise à la bonne compagnie, c'est toujours une sujétion pour moi de les aller trouver à Vitré, ou de craindre qu'ils ne viennent ici ; c'est un *embarras*, comme dit madame de La Fayette. Mon esprit n'est pas monté présentement sur ce ton-là ; mais il faut avaler et passer ce temps comme les autres. Madame de Chaulnes fut ravie d'être deux jours ici : ce qui lui paraissait le plus charmant était mon absence ; c'était aussi le régal que je lui avais promis : elle se promenait toute seule dès sept heures du matin dans ces bois. L'après-dînée il y eut devant cette porte un bal de paysans, qui nous réjouit extrêmement. Il y avait un homme et une femme qu'on aurait empêchés de danser dans une république bien réglée ; c'étaient des postures à pâmer de rire : Pomenars criait, n'ayant plus la force de parler. Je ne finirais point, au reste, sur son chapitre ; il ne fait aucun pas qui ne puisse être le dernier, et on ne le quitte point qu'on ne puisse lui dire un dernier adieu. Tout disparut lundi matin, et je demeurai contente.

Vous aurez M. de Vardes quand vous recevrez cette lettre; faites-lui bien mes baise-mains, s'il m'aime autant qu'à Aix : mandez-moi si sa patience n'est point usée, s'il doit sa constance à la philosophie ou à l'habitude; enfin parlez-moi de lui. J'ai reçu une lettre du marquis de Charôt, toute pleine d'amitiés : il me parle de madame de Brissac [1], et me mande qu'il vous a écrit. Je vous prie, cruauté à part, de lui faire réponse : vous savez qu'il n'est bon qu'à ménager, et point du tout à mépriser; il est vieux comme son père, et ne comprendrait point l'honneur qu'on lui ferait en lui refusant une réponse. On me mande que le comte d'Ayen épouse mademoiselle de Bournonville; *matame te Lutres en est enrazée.*

Vous me dites, dans votre lettre, qu'il faudra songer au moyen de vous envoyer votre fille; je vous prie de n'en point charger d'autre que moi, qui vous la mènerai assurément, si la nourrice le veut bien; toute autre voiture me donnerait beaucoup de chagrin. Je regarde comme un amusement tendre et agréable de la voir cet hiver au coin de mon feu : je vous conjure, ma fille, de me laisser prendre ce petit plaisir; j'aurai d'ailleurs de si vives inquiétudes pour vous, qu'il est juste que, dans les jours où j'aurai quelque repos, je trouve cette espèce de consolation. Voilà donc qui est fait; nous parlerons de son voyage quand je serai sur le point de faire le mien. Je viens d'en faire un de mon petit *galimatias,* c'est-à-dire mon labyrinthe, où votre aimable idée m'a tenu fidèle compagnie : je vous avoue que c'est un de mes plaisirs de me promener toute seule; on trouve quelques labyrinthes de pensées dont on a peine à sortir; mais enfin on a du moins la liberté de penser à ce que l'on veut. Adieu, ma chère petite. Ah! qu'il m'ennuie de ne vous point voir!

---

[1] Sœur du premier lit du duc de Saint-Simon.

166. — A LA MÊME.

Aux Rochers, dimanche 2 août 1671.

Vous avez donc, ma bonne, chez vous, présentement, toute la foire de Beaucaire : n'avez-vous point encore mis les équipages au nombre des merveilles que vous faites en Provence? Nos pères avaient bon esprit de nourrir tous les trains! c'est une belle mode dont à présent tout le monde s'est tiré. Elle est bien pire que les portes basses et les grandes cheminées. Il vous faut du courage comme à la guerre, et un Jacquier[1] qui prenne en parti le pain de munition. Ma lettre vous trouvera, comme Dulcinée, dans l'agitation du mouvement de cette compagnie : gardez-la, je dis ma lettre, et puis vous la lirez à loisir. Vous me priez, ma bonne, de me promener dans votre cœur; vous me dites mille douceurs aimables sur cela : je vous dirai donc que je fais quelquefois cette promenade; je la trouve belle et très-agréable pour moi. Mais, à la pareille, ma bonne, je vous conjure civilement de venir vous promener chez moi; allez partout, et voyez bien s'il y a quelqu'un qui se promene à côté de vous, et si vous n'y êtes pas plus respectée que dans votre gouvernement. Si cela vous donne quelque joie, vous devez être contente; mais, mon Dieu, cela ne fait point le bonheur de la vie : il y a de certaines *grossièretés solides* dont on ne peut se passer.

Que dites-vous des nouvelles de cette semaine? Nous ne demandons que plaie et bosse; mais, en vérité, je trouve que cette fois il y en a trop. La mort de M. du Mans[2] m'a

---

[1] Munitionnaire des armées.
[2] Philibert-Emmanuel de Beaumanoir, commandeur des ordres du roi, mort le 27 juillet 1671. Il n'avait pas le talent de la prédication. Un jour qu'il voulut prêcher, il demeura court. S'étant fait peindre quelque temps après, la marquise de Sablé, veuve du surintendant Servien, s'écria, en voyant son portrait : « Mon Dieu, qu'il lui ressemble, on dirait qu'il prêche. » (*Menagiana.*)

assommée; je n'y avais jamais pensé, non plus que lui; et, de la manière dont je le voyais vivre, il ne me tombait pas dans l'imagination qu'il pût mourir : cependant le voilà mort d'une petite fièvre, sans avoir eu le temps de songer ni au ciel ni à la terre. Il a passé ce temps-là à s'étonner; il est mort subitement de la fièvre tierce. La Providence fait quelquefois des coups d'autorité qui me plaisent assez, mais il en faudrait profiter. Et ce pauvre Lenet qui est mort aussi; j'en suis fâchée [1]. Ah! que j'aurais été contente si la nouvelle de madame de L... [2] était venue toute seule! C'est bien employé; sa sorte de malhonnêteté était une infamie si scandaleuse, qu'il y a longtemps que je l'avais chassée du nombre des mères : tous les jeunes gens de la cour ont pris part à sa disgrâce. Elle ne verra point sa fille; on lui a ôté tous ses gens : voilà tous les amants bien écartés.

Vous avez présentement le grand chevalier, embrassez-le pour moi, et le coadjuteur aussi; mais dites à ce dernier que je le prie de ne me point écrire : qu'il garde sa main droite pour jouer au brelan. Ce n'est pas que je n'aime ses lettres, mais j'aime encore mieux son amitié : je connais son humeur; il est impossible qu'il écrive sans qu'il en coûte à ceux à qui il écrit, et je trouve que c'est acheter trop cher une lettre quand c'est au prix d'une partie de sa tendresse. Nous conclurons incessamment que s'il écrivait deux fois la semaine à quelqu'un, il le haïrait bientôt à la mort. Adieu, ma chère enfant.

---

[1] Pierre Lenet, auteur de curieux Mémoires sur la Fronde, qui ont été publiés en deux volumes in-12.

[2] Il s'agit de la femme du secrétaire d'État de Lionne. On peut voir dans l'*Histoire amoureuse des Gaules* les scandales qui la firent mettre au couvent.

167. — A LA MÊME.

Aux Rochers, mercredi 5 août 1671.

Je suis bien aise que M. de Coulanges vous ait mandé les nouvelles. Vous apprendrez encore la mort de M. de Guise, dont je suis accablée quand je pense à la douleur de mademoiselle de Guise. Vous jugez bien, ma fille, que ce ne peut être que par la force de mon imagination que cette mort m'inquiète; car, du reste, rien ne troublera moins le repos de ma vie. Vous savez comme je crains les reproches qu'on se peut faire à soi-même. Mademoiselle de Guise n'a rien à se reprocher que la mort de son neveu; elle n'a jamais voulu qu'il ait été saigné; la quantité du sang a causé le transport au cerveau : voilà une petite circonstance bien agréable. Je trouve que dès qu'on tombe malade à Paris, on tombe mort; je n'ai jamais vu une telle mortalité. Je vous conjure, ma chère bonne, de vous bien conserver; et s'il y avait quelques enfants à Grignan qui eussent la petite vérole, envoyez-les à Montélimart; votre santé est le but de tous mes désirs.

Vous aurez maintenant des nouvelles de nos états pour votre peine d'être Bretonne. M. de Chaulnes arriva dimanche au soir, au bruit de tout ce qui peut en faire à Vitré[1]; le lundi matin il m'écrivit une lettre : j'y fis réponse par aller dîner avec lui. On mange à deux tables dans le même lieu; il y a quatorze couverts à chaque table; Monsieur en tient une, et Madame l'autre. La bonne chère est excessive, on remporte les plats de rôti tout entiers; et pour les pyramides de fruits, il faut faire hausser les portes. Nos pères ne prévoyaient pas ces sortes de machines, puisque même ils ne comprenaient pas qu'il fallût qu'une porte fût plus haute qu'eux. Une pyramide veut entrer; une de

---

[1] Il était intendant de la Bretagne, et habitait le vieux château de Vitré.

les pyramides qui font qu'on est obligé de s'écrire d'un bout de la table à l'autre; mais bien loin que cela blesse ici, on est souvent fort aise, au contraire, de ne plus voir ce qu'elles cachent : cette pyramide donc, avec vingt ou trente porcelaines, fut si parfaitement renversée à la porte, que le bruit qu'elle causa fit taire les violons, les hautbois et les trompettes. Après le dîner, MM. de Lomaria et Coëtlogon dansèrent avec deux Bretonnes des passe-pieds merveilleux, et des menuets, d'un air que les courtisans n'ont pas à beaucoup près : ils y font des pas de Bohémiens et de Bas-Bretons avec une délicatesse et une justesse qui charment. Je pensais toujours à vous, et j'avais un souvenir si tendre de votre danse et de ce que je vous avais vue danser, que ce plaisir me devint une douleur. On parla fort de vous. Je suis assurée que vous auriez été ravie de voir danser Lomaria : les violons et les passe-pieds de la cour font mal au cœur au prix de ceux-là; c'est quelque chose d'extraordinaire que cette quantité de pas différents et cette cadence courte et juste; je n'ai point vu d'homme danser comme Lomaria cette sorte de danse. Après ce petit bal, on vit entrer tous ceux qui arrivaient en foule pour ouvrir les états. Le lendemain, M. le premier président, MM. les procureur et avocats généraux du parlement, huit évêques, MM. de Molac, La Coste et Coëtlogon le père, M. Boucherat, qui vient de Paris, cinquante Bas-Bretons dorés jusqu'aux yeux, cent communautés. Le soir devaient venir madame de Rohan d'un côté, et son fils de l'autre, et M. de Lavardin, dont je suis étonnée. Je ne vis point ces derniers, car je voulus venir coucher ici, après avoir été à la tour de Sévigné voir M. d'Harouïs et MM. de Fourché et Chesières, qui arrivaient. M. d'Harouïs vous écrira; il est comblé de vos honnêtetés : il a reçu deux de vos lettres à Nantes, dont je vous suis encore plus obligée que lui. Sa maison va être le Louvre des états : c'est un jeu, une chère, une liberté jour et nuit qui attirent tout le monde. Je n'avais jamais vu les états; c'est une assez belle chose. Je ne crois pas qu'il y ait une province rassemblée qui ait un aussi grand air que celle-ci; elle doit être bien pleine, du moins, car il n'y en a pas un seul à la guerre ni à la cour; il n'y a que le petit Guidon (son fils), qui peut-être y reviendra un jour comme les autres. J'irai tantôt voir madame de Rohan; il viendrait bien du monde ici, si je n'allais à Vitré : c'était une grande joie de me voir aux états, où je ne fus de ma vie; je n'ai pas voulu en voir l'ouverture, c'était trop matin. Les états ne doivent pas être longs; il n'y a qu'à demander ce que veut le roi; on ne dit pas un mot : voilà qui est fait. Pour le gouverneur, il trouve, je ne sais pas comment, plus de quarante mille écus qui lui reviennent. Une infinité de présents, des pensions, des réparations de chemins et de villes, quinze ou vingt grandes tables, un jeu continuel, des bals éternels, des comédies trois fois la semaine, une grande *braverie* [1] : voilà les états. J'oublie trois ou quatre cents pipes de vin qu'on y boit; mais, si je ne comptais pas ce petit article, les autres ne l'oublient pas, et c'est le premier. Voilà ce qui s'appelle des contes à dormir debout; mais cela vient au bout de la plume, quand on est en Bretagne et qu'on n'a pas autre chose à dire. J'ai mille compliments à vous faire de M. et de madame de Chaulnes. J'attends le vendredi, où je reçois vos lettres avec une impatience digne de l'extrême amitié que j'ai pour vous.

168. — A LA MÊME.

Aux Rochers, dimanche 9 août 1671.

Vous n'êtes point sincère quand vous me louez tant aux dépens de ce que vous valez. Il me siérait mal de faire votre panégyrique à vous-même, et vous ne voulez jamais que

[1] Vieux mot qu'on trouve aussi dans Molière, et qui exprime la magnificence des habits.

dise du mal de moi. Je ne veux donc faire ni l'un ni l'autre; mais enfin, ma fille, si vous avez à vous plaindre de moi, ce n'est point de ne voir pas en vous de bonnes qualités et le fonds de toutes les vertus. Vous pouvez remercier Dieu de tout ce qu'il vous a donné; car, pour moi, je n'ai point assez de mérite pour en donner libéralement. Quoi qu'il en soit, vous mettez très à propos vos réflexions en usage. Ce que vous dites au sujet des inquiétudes que nous avons si souvent et si naturellement sur l'avenir, et comme insensiblement notre inclination se change et s'accommode à la nécessité, est la plus juste matière d'un livre comme celui de Pascal. Rien n'est si solide, rien n'est si utile que ces sortes de méditations : hé! qui sont les personnes de votre âge qui en sachent faire? Je n'en connais point. Vous avez un fonds de raison et de courage que j'honore; pour moi, je n'en ai pas tant, surtout quand mon cœur prend le soin de m'affliger. Mes paroles sont assez bonnes : je les range comme ceux qui disent bien; mais la tendresse de mes sentiments me tue. Par exemple, je n'ai point été trompée dans les douleurs d'être séparée de vous : je les ai imaginées comme je les sens; j'ai compris que rien ne me remplirait votre place, que votre souvenir me serait toujours sensible au cœur; que je m'ennuierais de votre absence, que je serais en peine de votre santé, que jour et nuit je serais occupée de vous. Je sens tout cela comme je l'avais prévu. Il y a plusieurs endroits sur lesquels je n'ai pas la force d'appuyer : toute ma pensée glisse sur cela, comme vous dites si bien; et je n'ai point trouvé que le proverbe fût vrai pour moi, d'*avoir la robe selon le froid*; je n'ai point de robe pour ce froid-là. Mais cependant je m'amuse, et le temps passe toujours; et ce petit particulier n'empêche pas la règle générale, qui est toujours vraie, et qui le sera toujours. Nous craignons quasi toujours des maux qui perdent ce nom par le changement de nos pensées et de nos inclinations. Je prie Dieu qu'il

vous conserve votre bon esprit. Vous me voulez aimer, ⟨
pour vous, et pour votre enfant : hé! ma chère fille, n'er
treprenez point tant de choses. Quand vous pourriez atteindr
à m'aimer autant que je vous aime, ce qui n'est pas un
chose possible, ni même dans l'ordre de Dieu, il faudra
toujours que ma petite fût par-dessus le marché; c'est l
trop-plein de la tendresse que j'ai pour vous.

J'allai dîner mercredi chez M. de Chaulnes, qui fait ten
les états deux fois le jour, de peur qu'on ne vienne m
voir. Je n'ose vous dire les honneurs qu'on me fait dan
ces états; cela est ridicule. Cependant je n'y ai point en
core couché, et je ne puis quitter mes bois ni mes prome
nades, quelque prière que l'on m'en fasse. Il y a quatr
jours que je suis ici; il fait un si beau temps que je n
puis me renfermer dans une petite ville.

Mais, ma fille, qui vous accouchera, si vous accouche
à Grignan? Le secours viendra-t-il de loin? N'oubliez pa
du moins comme vous accouchâtes en dernier lieu, et n'ou
bliez pas ce qui vous arriva la première fois, ni le besoi
que vous eûtes d'un homme habile et hardi. Vous éte
quelquefois en peine comment vous pourriez faire pour m
témoigner votre amitié : voilà justement l'occasion où j
vous en demande une preuve; voilà sur quoi je vous de
vrai du reste, si vous voulez bien, pour l'amour de moi
avoir beaucoup de soin de vous. Ah, mon enfant! qu'
vous sera toujours aisé de vous acquitter avec moi! De
trésors et tous les biens du monde me pourraient-ils don
ner autant de joie que votre amitié? Comme aussi, tourne
la médaille, l'enfer n'est pas pis que le contraire.

Votre lettre à madame de Villars est très-bonne; il fau
drait être sourde pour ne pas vous entendre. Elle ne parai
pourtant pas d'un style aussi aisé que d'autres que j'a
vues de vous; mais madame de Villars en sera très-con
tente, et personne n'écrit mieux que vous. Quand le coad
juteur n'aura plus mal au pied, je le conjure de vouloi

bien faire réponse à M. d'Agen sur cette religieuse, qui met tout son diocèse sens dessus dessous : je prendrai cette lettre pour être à moi, et lui ferai crédit de trois mois. Je ne puis m'imaginer ses allures, comme celles de M. de La Rochefoucauld; elles sont bien différentes de celles que l'on a, quand on travaille à les mériter : ceci n'est-il point un peu *labyrinthe?* L'entendez-vous? Cela s'appelle des choses fines.

Mais qu'est-ce que vous me dites d'avoir mal à la hanche? Votre petit garçon serait-il devenu fille? Ne vous en mettez pas en peine, je vous aiderai à l'exposer sur le Rhône dans un petit panier de jonc, et puis elle abordera dans quelque royaume, où sa beauté sera le sujet d'un roman : me voilà comme Don Quichotte. Il y a d'horribles endroits dans *Cléopâtre*, mais il y en a de beaux, et la droite vertu est bien dans son trône. Nous avons achevé le Tasse avec plaisir et déplaisir, nous ne savons plus où nous attacher; il faudra attendre que les états soient partis pour entreprendre quelque chose. Était-ce à vous que je mandais l'autre jour qu'il semblait que tous les pavés de Vitré fussent métamorphosés en gentils-hommes? Je n'ai jamais vu tant de monde; je n'imagine point que les états de Languedoc puissent être plus beaux. Mais vous, ma fille, donnez-moi des nouvelles de ce qui se passe autour de vous. Ne sentez-vous point un peu la pesanteur de votre charge? J'en suis accablée. N'espérez-vous pas toujours la même grâce de votre assemblée? Comment êtes-vous avec le *Marseille?* (*M. de Forbin-Janson.*) Eh, mon Dieu, que je suis bien de Provence, et que ce pays-là est bien devenu le mien! Ah, ma bonne! fallait-il que ma vie fût rangée et marquée si loin de la vôtre!

A MONSIEUR DE GRIGNAN.

Il n'y avait que vous, mon cher Comte, qui puissiez me résoudre à donner ma fille à un Provençal; mais, dans la vérité, cela est ainsi, j'en prends à témoin Caderousse et Mérinville[1]; car si j'avais trouvé autant de facilité et de disposition dans le cœur de ma fille pour ce dernier que j'en ai trouvé pour vous, et que je n'eusse pas été la reine des incidents, par la peur que j'avais de conclure, c'en était fait. Ne doutez jamais de ma véritable amitié, et d'une estime très-distinguée; un moment de réflexion vous fera voir que je dis vrai. Je ne suis point surprise que ma fille ne vous parle point de moi : elle m'en faisait autant de vous l'année passée; croyez donc, sans qu'elle vous le dise, que je ne vous oublie jamais. La voilà qui gronde, et qui dit que vous prenez ce prétexte pour excuser votre paresse : je laisse entre vous ce débat, et je vous assure que quoique vous soyez l'homme du monde le plus heureux à être aimé, vous ne l'avez jamais été ni ne le pouvez être de personne plus sincèrement que de moi. Je vous souhaite tous les jours dans mon mail; mais vous êtes glorieux : je vois bien que vous voulez que je vous aille voir la première. Vous êtes bien heureux que je ne sois pas une vieille maman, et que je sois ravie d'employer le reste de ma santé à faire ce voyage. Notre abbé en a plus d'envie que moi; c'est quelque chose. Adieu, mon cher Grignan; aimez-moi toujours bien; donnez-moi de votre vue, je vous donnerai de mes bois.

A MADAME DE GRIGNAN.

Ma chère enfant, je reviens à vous pour vous dire que M. d'Andilly m'a envoyé le recueil qu'il a fait des lettres de M. de Saint-Cyran[2]; c'est une des plus belles choses

---

[1] Tous deux avaient inutilement demandé la main de mademoiselle de Sévigné.
[2] Verger de Hauranne, abbé de Saint-Cyran, compagnon d'études et ami de Jansenius, évêque d'Ypres. Il fut le fondateur du jansénisme en France. Pascal, Arnauld, Nicole, furent ses disciples; son influence fut immense,

du monde : ce sont proprement des maximes et des sentences chrétiennes, mais si bien tournées qu'on les retient par cœur, comme celles de M. de La Rochefoucauld. Quand ce livre se débitera, priez madame de La Fayette ou M. d'Hacqueville d'en demander un exemplaire pour vous à M. d'Andilly; il vous sera très-obligé de cette confiance : si vous faites réflexion qu'il n'a jamais eu un sou d'aucun de ses livres, vous verrez bien que c'est l'obliger que d'en vouloir un de sa main. Je défie M. Nicole de mieux dire que ce que vous avez écrit sur le changement de nos passions; il n'y a pas un mot de plus ou de moins que ce qu'il faut.

169. — A LA MÊME.

A Vitré, mercredi 12 août 1671.

Enfin, ma chère fille, me voilà en pleins états; sans cela, les états seraient en pleins Rochers. Dimanche dernier, aussitôt que j'eus cacheté mes lettres, je vis entrer quatre carrosses à six chevaux dans ma cour, avec cinquante gardes à cheval, plusieurs chevaux de main et plusieurs pages à cheval. C'étaient M. de Chaulnes, M. de Rohan, M. de Lavardin, MM. de Coëtlogon, de Lomaria, les barons de Guais, les évêques de Rennes, de Saint-Malo, les MM. d'Argouges, et huit ou dix que je ne connais point; j'oublie M. d'Harouïs, qui ne vaut pas la peine d'être nommé. Je conçois tout cela : on dit et on répondit beaucoup de choses. Enfin, après une promenade dont ils furent fort contents, une collation très-bonne et très-galante sortit d'un des bouts du mail, et surtout du vin de Bourgogne, qui passa comme de l'eau de Forges; on fut persuadé que cela s'était fait avec un coup de baguette. M. de

---

mais passagère : écrivain diffus et obscur, rien ne reste de lui que son nom et les œuvres de ses disciples.

Chaulnes me pria instamment d'aller à Vitré. J'y vins donc lundi au soir; madame de Chaulnes me donna à souper, avec la comédie de *Tartufe*, point trop mal jouée, et un bal où le passe-pied et le menuet pensèrent me faire pleurer : cela me fait souvenir de vous si vivement que je n'y puis résister; il faut promptement que je me dissipe. On me parle de vous très-souvent, et je ne cherche point longtemps mes réponses, car j'y pense à l'instant même, et je crois toujours que c'est qu'on voit mes pensées au travers de mon corps de jupe. Hier je reçus toute la Bretagne à ma tour de Sévigné : je fus encore à la comédie; c'était *Andromaque*, qui me fit pleurer plus de six larmes : c'est assez pour une troupe de campagne. Le soir on soupa, et puis le bal. Je voudrais que vous eussiez vu l'air de M. de Lomaria[1], et de quelle manière il ôte et remet son chapeau; quelle légèreté! quelle justesse! Il peut défier tous les courtisans, et les confondre, sur ma parole : il a soixante mille livres de rente, et sort de l'Académie; il ressemble à tout ce qu'il y a de plus joli, et voudrait bien vous épouser. Au reste, ne croyez pas que votre santé ne soit point bue ici; cette obligation n'est pas grande, mais telle qu'elle est, vous l'avez tous les jours à toute la Bretagne : on commence par moi, et puis madame de Grignan vient tout naturellement. M. de Chaulnes vous fait mille compliments. Les civilités qu'on me fait sont si ridicules, et les femmes de ce pays si sottes, qu'elles laissent croire qu'il n'y a que moi dans la ville, quoiqu'elle soit toute pleine. Il y a, de votre connaissance, Tonquedec, le comte des Chapelles, Pomenars, l'abbé de Montigni, qui est évêque de Saint-Paul de Léon, et mille autres; mais ceux-là me parlent de vous, et nous rions un peu de notre prochain. Il est plaisant ici le prochain, particulièrement quand on a dîné; je n'ai jamais vu tant de bonne chère. Madame de

---

[1] Louis-François Duparc, marquis de Lomaria.

Coëtquen est ici avec la fièvre; Chesières se porte mieux; on a député des états pour lui faire un compliment. Nous sommes polis pour le moins autant que le poli Lavardin : on l'adore ici; c'est un gros mérite qui ressemble au vin de Grave. Mon abbé bâtit, et ne veut pas venir s'établir à Vitré; il y vient dîner : pour moi, j'y serai encore jusqu'à lundi; et puis j'irai passer huit jours dans ma pauvre solitude, après quoi je reviendrai dire adieu; car la fin du mois verra la fin de tout ceci. Notre présent est déjà fait, il y a plus de huit jours : on a demandé trois millions; nous avons offert sans chicaner deux millions cinq cent mille livres, et voilà qui est fait. Du reste, M. le gouverneur aura cinquante mille écus, M. de Lavardin quatre-vingt mille francs, le reste des officiers à proportion; le tout pour deux ans. Il faut croire qu'il passe autant de vin dans le corps de nos Bretons, que d'eau sous les ponts, puisque c'est là-dessus qu'on prend l'infinité d'argent qui se donne à tous les états.

Vous voilà bien instruite, Dieu merci, de votre bon pays; mais je n'ai point de vos lettres, et par conséquent point de réponse à vous faire; ainsi je vous parle tout naturellement de ce que je vois, et de ce que j'entends. Pomenars est divin; il n'y a point d'homme à qui je souhaite plus volontiers deux têtes; jamais la sienne n'ira jusqu'au bout. Pour moi, ma fille, je voudrais déjà être au bout de la semaine, afin de quitter généreusement tous les honneurs de ce monde, et de jouir de moi-même aux Rochers. Adieu, ma très-chère, j'attends toujours vos lettres avec impatience; votre santé est un point qui me touche de bien près : je crois que vous en êtes persuadée, et que, sans donner dans *la justice de croire,* je puis finir ma lettre et dormir en repos sur ce que vous pensez de mon amitié pour vous. Ne direz-vous point à M. de Grignan que je l'embrasse de tout mon cœur?

170. — A LA MÊME.

A Vitré, dimanche 16 août 1671.

Quoi! ma chère fille, vous avez pensé brûler, et vous voulez que je ne m'effraye pas! Vous voulez accoucher à Grignan, et vous voulez encore que je ne m'en inquiète pas! Priez-moi en même temps de ne vous aimer guère; mais soyez assurée que pendant que vous me serez ce que vous êtes à mon cœur, c'est-à-dire pendant que je vivrai, je ne puis jamais voir tranquillement tous les maux qui vous peuvent arriver. Je prie Deville de faire tous les soirs une ronde pour éviter les accidents du feu. Si le hasard n'avait fait lever M. de Grignan plus matin que le jour, voyez un peu où vous en étiez, et ce que vous deveniez avec votre château. Je crois que vous n'avez pas oublié de remercier Dieu : pour moi, j'y ai trop d'intérêt pour ne l'avoir pas fait.

Avez-vous écrit, ou du moins fait faire un compliment à madame et à M. de Lavardin[1]? Je serais bien ici en main pour le leur faire tout à mon aise; mais cela n'aurait pas l'air assez vraisemblable. Il fait ici l'amoureux d'une *petite madame*; j'ai trouvé que c'est une contenance dont il a besoin comme d'un éventail. Je voudrais bien que vous eussiez un fils comme madame de Simiane; d'où est la sage-femme qui l'a accouchée? Parlez-moi souvent de ce qui touche votre personne. J'ai dit à madame de Chaulnes les compliments que vous lui faites; elle les a reçus d'une manière, et vous en rend de si bons, que je suis persuadée qu'elle voudrait, au prix des Molac et des Lavardin[2], que vous fussiez sa lieutenante générale : il n'y a que ces charges de belles; les lieutenants de roi ne sont pas dignes de

---

[1] Sur la mort de M. de Beaumanoir, évêque du Mans (*Voyez* la lettre du 2 août. Il était oncle de M. de Lavardin.)

[2] Lieutenants généraux de la province de Bretagne.

porter votre robe. Je suis encore ici; Monsieur et madame de Chaulnes font de leur mieux pour m'y retenir : ce sont sans cesse des distinctions, peut-être peu sensibles pour vous, mais qui me font admirer la bonté des dames de ce pays-ci; je ne m'en accommoderais pas comme elles, avec toute ma civilité et ma douceur. Vous croyez bien aussi que sans cela je ne demeurerais pas à Vitré, où je n'ai que faire. Les comédiens nous ont amusés, les passe-pieds nous ont divertis, la promenade nous a tenu lieu des Rochers. Nous fîmes hier de grandes dévotions, et demain je m'en vais aux Rochers, où je serai ravie de ne plus voir de festins, et d'être un peu à moi : je meurs de faim au milieu de toutes ces viandes, et je proposais l'autre jour à Pomenars d'envoyer accommoder un gigot de mouton à la tour de Sévigné pour minuit, en revenant de chez madame de Chaulnes : enfin, soit besoin ou dégoût, je meurs d'envie d'être dans mon mail; j'y serai huit ou dix jours. Notre abbé, La Mousse et *Marphise* ont grand besoin de ma présence; ces deux premiers viennent pourtant dîner ici quelquefois. Il y est très-souvent question de madame la gouvernante de Provence; c'est ainsi que M. de Chaulnes vous nomme en commençant votre santé. On contait hier au soir à table qu'Arlequin, l'autre jour à Paris, portait une grosse pierre sous son petit manteau; on lui demandait ce qu'il voulait faire de cette pierre; il dit que c'était un échantillon d'une maison qu'il voulait vendre. Cela me fit rire; je jurai que je vous le manderais : si vous croyiez, ma fille, que cette invention fût bonne pour vendre votre terre, vous pourriez vous en servir. Que dites-vous du mariage de Monsieur? Ce sont des traits de la Palatine; c'est sa nièce[1] et celle de la princesse de Tarente. Vous comprenez bien la

---

[1] La princesse Élisabeth-Charlotte de Bavière. Ses mémoires ont été publiés sous le titre de *Fragments de Lettres originales*. Ils renferment des portraits fort piquants, quoique un peu passionnés : elle haïssait madame de Maintenon, et il faut bien se garder d'ajouter foi à ce qu'elle en dit.

joie qu'aura Monsieur d'avoir à se marier en cérémonie : quelle joie encore d'avoir une femme qui n'entende point le français ! On dit qu'elle est belle ; du reste, elle n'est pas plus riche que mademoiselle de G.... [1]. On dit que quand le mariage fut déclaré, les *anges* disparurent pour huit jours, ne pouvant soutenir les premiers jours de cette nouvelle. Hélas ! si cette Madame pouvait nous bien représenter celle que nous avons perdue !

Madame de La Fayette m'a mandé qu'elle allait vous écrire, mais que la migraine l'en empêche ; elle est fort à plaindre d'être si sujette à ce mal : je ne sais s'il ne vaudrait pas mieux n'avoir pas autant d'esprit que Pascal, que d'en avoir les incommodités. La date de votre lettre est admirable : voilà qui est donc bien, je n'ai que vingt ans ; puisqu'il est ainsi, vous n'avez pas sujet de craindre pour ma santé ; n'en soyez point en peine, songez seulement à la vôtre. Cette émotion que la crainte du feu vous a donnée me déplaît beaucoup : ce fut en suite d'une émotion qu'arriva votre accouchement de Livry : tâchez donc, ma chère enfant, d'éviter autant que vous pourrez tout ce qui peut vous émouvoir. J'aime déjà ce chamarier [2] de Rochebonne ; c'est une *bonne roche* que celle dont vous me dépeignez son âme : c'est à M. de Grignan que j'adresse cette *gentillesse*, comme à celui qui m'y saura bien répondre. Je suis bien aise d'avoir encore une maison assurée à Lyon, outre celle de l'intendant.

Autant qu'un voyage en ce monde peut être sûr, celui de Provence l'est pour l'année qui vient. Ma chère enfant, gouvernez-vous bien entre ci et là, c'est mon unique soin et la chose du monde dont je vous serai le plus sensiblement obligée ; c'est là que vous pouvez me témoigner solidement l'amitié que vous avez pour moi. Il me semble que vous voyez bien des Provençaux à Grignan : si vous saviez

---

[1] Madame de Grancey, qui passait pour être la maîtresse de Monsieur.
[2] Dignité du chapitre de Saint-Jean de Lyon.

aussi la quantité de Bretons que l'on voit tous les jours ici, cela n'est pas imaginable. Vous me ravissez quand vous me dites que vous aimez le coadjuteur, et qu'il vous aime : j'ai cette union dans la tête ; il me semble qu'elle est entièrement nécessaire à votre bonheur ; conservez-la, et prenez de ses conseils pour vos affaires. Notre abbé vous adore toujours ; la petite Mousse a une dent de moins, et ma petite enfant une dent de plus : ainsi va le monde. Je bénis *Flachère* de vous avoir sauvée du feu, et je vous embrasse mille fois plus tendrement que je ne puis vous dire. Adieu, ma très-chère et très-aimable. Chesières est guéri au bruit du trictrac de chez M. d'Harouis.

171. — A LA MÊME.

Aux Rochers, mercredi 19 août 1671.

Vous me dites fort plaisamment l'état où vous met mon papier parfumé : ceux qui vous voient lire mes lettres croient que je vous apprends que je suis morte, et ne se figurent point que ce soit une moindre nouvelle. Il s'en faut peu que je ne me corrige de la manière que vous l'avez imaginé ; j'irai toujours dans les excès pour ce qui vous sera bon, et qui dépendra de moi. J'avais déjà pensé que mon papier pourrait vous faire mal, mais ce n'était qu'au mois de novembre que j'avais résolu d'en changer ; je commence dès aujourd'hui, et vous n'avez plus à vous défendre que de la puanteur.

Vous avez une assez bonne quantité de Grignans ; Dieu vous délivre de la tante [1] ; elle m'incommode d'ici. Les manches du chevalier font un bel effet à table : quoiqu'elles entraînent tout, je doute qu'elles m'entraînent aussi : quelque faiblesse que j'aie pour les modes, j'ai une grande aversion pour cette saleté. Il y aurait de quoi en faire une belle

[1] Anne d'Ornano, comtesse d'Harcourt, tante de M. de Grignan.

provision à Vitré; je n'ai jamais vu une si grande chère; nulle table à la cour ne peut être comparée à la moindre des douze ou quinze qui y sont : aussi est-ce pour nourrir trois cents personnes qui n'ont que cette ressource pour manger. Je partis lundi de cette bonne ville, après avoir fait vos compliments à madame de Chaulnes et à mademoiselle de Murinais, qui a quelque chose dans l'esprit et dans l'humeur qui vous serait très-agréable; on ne peut jamais ni mieux les recevoir ni mieux les rendre. Toute la Bretagne était ivre ce jour-là; nous avions dîné à part. Quarante gentils-hommes avaient dîné en bas, et avaient bu chacun quarante santés : celle du roi avait été la première, et tous les verres cassés après l'avoir bue; le prétexte était une joie et une reconnaissance extrême de cent mille écus que le roi a donnés à la province sur le présent qu'on lui a fait, voulant récompenser, par cet effet de sa libéralité, la bonne grâce qu'on a eue à lui obéir. Ce n'est donc plus que deux millions deux cent mille livres; au lieu de cinq cents. Le roi a écrit de sa propre main des bontés infinies pour sa bonne province de Bretagne : le gouverneur a lu la lettre aux états, et la copie en a été enregistrée : il s'est élevé jusqu'au ciel un cri de *vive le roi*, et tout de suite on s'est mis à boire, mais boire, Dieu sait. M. de Chaulnes n'a pas oublié la gouvernante de Provence, et un Breton ayant voulu vous nommer, et sachant mal votre nom, s'est levé, et a dit tout haut : C'est donc à la santé de madame de *Carignan* : cette sottise a fait rire MM. de Chaulnes et d'Harouïs jusqu'aux larmes. Les Bretons ont continué, croyant bien dire, et vous ne serez d'ici à plus de huit jours que madame de *Carignan*; quelques-uns disent la comtesse de *Carignan* : voilà en quel état j'ai laissé les choses.

J'ai fait voir à Pomenars ce que vous dites de lui; il en est ravi, il veut vous écrire; et en attendant je vous assure qu'il est si hardi et si effronté, que tous les jours du monde il fait quitter la place au premier président, dont il est ennemi, aussi bien que du procureur général. Madame de Coëtquen[1] venait de recevoir la nouvelle de la mort de sa petite-fille; elle s'était évanouie; elle en est très-affligée, et dit que jamais elle n'en aura une si jolie. Mais son mari est inconsolable. Il revient de Paris, après s'être accommodé avec Le Bordage; c'était la plus grande affaire du monde; il a donné tous ses ressentiments à M. de Turenne[2]. Vous ne vous en souciez guère; mais cela se trouve au bout de ma plume. Il y avait dimanche un bal qui fut joli : nous y vîmes une Basse-Brete qu'on nous avait assuré qui levait la paille : ma foi, elle était ridicule et faisait des hauts-le-corps qui nous faisaient éclater de rire. Mais il y avait d'autres danseuses et des danseurs qui nous ravissaient. Si vous me demandez comment je me trouve des Rochers après tout ce bruit, je vous dirai que j'y suis transportée de joie; j'y serai pour le moins huit jours, quelque façon qu'on me fasse pour me faire retourner : j'ai un besoin de repos qui ne se peut dire; j'ai besoin de dormir, j'ai besoin de manger, car je meurs de faim à ces festins; j'ai besoin de me rafraîchir, j'ai besoin de me taire. Tout le monde m'attaquait, et mon poumon était usé. Enfin, ma chère enfant, j'ai retrouvé mon abbé, ma Mousse, ma chienne, mon nail, Pilois, mes maçons; tout cela m'est uniquement bon, en l'état où je suis : quand je commencerai à m'ennuyer, je m'en retournerai. Il y a des gens qui ont de l'esprit dans cette immensité de Bretons, et il y en a qui sont dignes de me parler de vous.

J'ai été blessée, comme vous, de *l'enflure de cœur*[3] :

---

[1] Marguerite de Rohan-Chabot, femme du marquis de Coëtquen, gouverneur de Saint-Malo.

[2] Turenne aimait madame de Coëtquen, et il avait pour rival heureux le chevalier de Lorraine. Turenne ayant révélé à cette dame le secret du voyage de madame Henriette d'Angleterre, elle en instruisit son amant; et c'est ainsi que MONSIEUR le sut malgré la défense du roi.

[3] Expression de M. Nicole dans ses *Essais de Morale*. (P.)

ce mot d'*enflure* me déplaît; et pour le reste, ne vous avais-je pas dit que c'était de la même étoffe que Pascal ? Mais cette étoffe est si belle qu'elle me plaît toujours : jamais le cœur humain n'a été mieux anatomisé que par ces messieurs-là. Si vous continuez à nous en mander votre avis, La Mousse vous répondra mieux que moi, car je n'en ai lu encore que vingt feuillets. Je suis au désespoir de mes paquets perdus : ces chères, ces aimables lettres dont je suis entourée, que je relis mille fois, que je regarde, que j'approuve, n'est-ce pas un grand déplaisir pour moi de savoir que vous m'en écriviez deux toutes les semaines, et de n'en avoir reçu qu'une plus de quatre semaines de suite! Si c'était pour vous soulager, je l'approuverais, et même je vous le conseillerais; mais vous les avez écrites, et je ne les ai pas. Si vous aviez le mémoire de vos dates, vous verriez bien les lettres qui vous manquent. Vous l'aviez pour ce fripon de Grignan; faut-il que je l'embrasse après cette préférence? Parlez-moi de madame de Rochebonne[1], et faites des amitiés à mon cher coadjuteur et au bel air du chevalier. Je défends à ce dernier de monter à cheval devant vous[2]. On me mande que *mes petites entrailles*[3] se portent bien; elles vont être habillées. Cela est joli, de *petites entrailles* avec une robe. Si madame de Simiane[4] voulait savoir des nouvelles de son premier sénéchal, vous pourriez lui dire qu'il planta là cette maîtresse qu'il avait; qu'après elle, il a épousé la femme d'un homme qui enfin la lui laissa; et que présentement il l'a laissée pour une autre toute mariée aussi, qu'il a enlevée de vive force.

---

[1] Thérèse Adhémar de Monteil, femme de Charles-François de Châteauneuf, comte de Rochebonne, et sœur de M. de Grignan. (P.)

[2] Madame de Grignan avait eu peur en voyant M. de Grignan sur un cheval fougueux, et la suite de cette frayeur fut une fausse couche.

[3] C'est ainsi que Madame de Sévigné nommait sa petite-fille (*Marie-Blanche*), qu'elle avait laissée à Paris en nourrice. (P.)

[4] Madame de Simiane, qui fut dans la suite belle-mère de madame de Grignan, habitait Vauréas, près de Grignan. (M.)

c'est l'une des plus belles choses du monde; mais ce qu'il y a de plus merveilleux, c'est qu'il a un cadet qui en a fait autant en Basse-Bretagne : on lui a envoyé des gardes pour l'amener; il y a des gens dont l'étoile fait rire.

M. d'Harouïs est aussi étonné que vous de l'aventure de madame de Lionne [1]. Votre raisonnement est bon ; mais, quoique le mari fût accoutumé à sa propre disgrâce, il ne était pas à celle de son gendre, et c'est ce qui l'a fait éclater; car vous savez bien l'humeur complaisante, et même *serviable* de la mère. Vous avez fait des merveilles d'écrire à madame de Lavardin ; je le souhaitais, vous avez prévenu mes désirs. Voilà tout présentement le laquais de l'abbé, qui, se jouant comme un jeune chien avec l'aimable *Jacquine* [2], l'a jetée par terre, et lui a rompu le bras et démis le poignet ; les cris qu'elle fait sont épouvantables, c'est comme si une furie s'était rompu le bras en enfer. On envoie quérir cet homme qui vint pour Saint-Aubin. J'admire comme les accidents viennent, et vous ne voulez pas que j'aie peur de verser. C'est cela que je crains ; car si quelqu'un m'assurait que je ne me ferais point de mal, je ne craindrais pas à rouler quelquefois cinq ou six tours dans un carrosse : cette nouveauté me divertirait ; mais, après ce que je viens de voir, un bras rompu me fera toujours peur. Adieu, ma très-belle ; vous savez comme je suis à vous, et que l'amour maternel y a moins de part que l'inclination.

172. — A LA MÊME.

Aux Rochers, dimanche 23 août 1671.

Vous étiez donc avec votre présidente de Charmes quand vous m'avez écrit! Son mari était intime ami de M. Fouquet, dis-je bien? Enfin, ma fille, vous n'êtes point seule, et M. de Grignan avait raison de vous faire quitter

---

[1] *Voyez* la lettre du 2 août 1671.
[2] Une des filles de la basse-cour des Rochers. (P.)

votre cabinet pour entretenir votre compagnie. Ce qu'
aurait pu retrancher, c'est sa barbe de capucin; il est vr
qu'elle ne lui fait point de tort, puisqu'à Livry, avec s
touffe ébouriffée[1], vous ne pensiez pas qu'*Adonis* fî
plus beau. Je redis quelquefois ces quatre vers avec admi
ration. Je suis surprise comme le souvenir de certain
temps fait de l'impression sur l'esprit, soit en bien, soit e
mal; je me représente cette automne-là délicieuse, et pui
j'en regarde la fin avec une horreur qui me fait suer l
grosses gouttes[2]; et cependant il faut remercier Dieu d
bonheur qui vous tira d'affaire. Les réflexions que vou
faites sur la mort de M. de Guise sont admirables; ell
m'ont bien creusé les yeux dans mon mail, car c'est là o
je rêve à plaisir. Le pauvre La Mousse a eu mal aux dents
de sorte que depuis longtemps je me promène toute seul
jusqu'à la nuit, et Dieu sait à quoi je ne pense point. N
craignez point pour moi l'ennui que me peut donner la solitude; hors les maux qui viennent de mon cœur, contr
lesquels je n'ai point de force, je ne suis à plaindre su
rien : mon humeur est heureuse, elle s'accommode et s'a-
muse de tout; et je me trouve mieux d'être ici toute seul
que du fracas de Vitré. Il y a huit jours que je suis ici
dans une paix qui m'a guérie d'un rhume épouvantable
j'ai bu de l'eau, je n'ai point parlé, je n'ai point soupé
et, quoique je n'en aie point raccourci mes promenades
je me suis guérie. Madame de Chaulnes, mademoiselle d
Murinais, madame Fouché, et une fille de Nantes fort bie
faite, vinrent ici jeudi : madame de Chaulnes entra en m
disant qu'elle ne pouvait être plus longtemps sans me voir
que toute la Bretagne lui pesait sur les épaules, et qu'enfin elle se mourait. Là-dessus elle se jette sur mon lit, o
se met autour d'elle, et en un moment la voilà endormi

---

[1] Hémistiche d'un bout rimé rempli par madame de Grignan. (P.)
[2] A cause de la fausse couche que madame de Grignan fit à Livry, le 4 no
vembre 1669. (P.)

de pure fatigue : nous causons toujours; elle se réveille enfin, trouvant plaisante et adorant l'aimable liberté des Rochers. Nous allâmes nous promener, nous nous assîmes dans le fond de ces bois; pendant que les autres jouaient au mail, je lui faisais conter Rome et par quelle aventure elle avait épousé M. de Chaulnes, car je cherche toujours à ne me point ennuyer. Pendant que nous en étions là, voilà une pluie traîtresse comme une fois à Livry, qui, sans se faire craindre, se met d'abord à nous noyer, mais noyer à faire couler l'eau de partout sur nos habits : les feuilles furent percées dans un moment, et nos habits percés dans un autre moment. Nous voilà toutes à courir; on crie, on tombe, on glisse; enfin on arrive, on fait grand feu : on change de chemise, de jupe : je fournis à tout; on se fait essuyer ses souliers; on pâme de rire. Voilà comme fut traitée la gouvernante de Bretagne dans son propre gouvernement; après cela on fit une jolie collation, et puis cette pauvre femme s'en retourna, plus fâchée sans doute du rôle ennuyeux qu'elle allait reprendre, que de l'affront qu'elle avait reçu ici. Elle me fit promettre de vous mander cette aventure, et d'aller demain lui aider à soutenir le reste des états, qui finiront dans huit jours. Je lui promis l'un et l'autre; je m'acquitte aujourd'hui de l'un, et demain je m'acquitterai de l'autre, ne trouvant pas que je puisse me dispenser de cette complaisance.

Madame de La Fayette vous aura mandé comme M. de La Rochefoucauld a fait duc le prince (*de Marsillac*)[1] son fils, et de quelle façon le roi a donné une nouvelle pension : enfin la manière vaut mieux que la chose, n'est-il pas vrai? Nous avons quelquefois ri de ce discours commun à tous les courtisans. Vous avez présentement le prince Adhémar[2]; dites-lui que j'ai reçu sa dernière lettre, et embras-

---

[1] Il était loin d'avoir le mérite de son père; mais il plaisait à Louis XIV. Il devint dans la suite le favori de Monseigneur le dauphin.
[2] Le chevalier de Grignan, alors âgé de vingt-sept ans.

sez-le pour moi. Vous avez, à mon compte, cinq ou six Grignans ; c'est un bonheur, comme vous dites, qu'ils soient tous aimables et d'une bonne société ; sans cela ils feraient l'ennui de votre vie, au lieu qu'ils en font la douceur et le plaisir. On me mande qu'il y a de la rougeole à Sully, et que ma tante va prendre *mes petites entrailles* pour les amener chez elle : cela fâchera bien la nourrice, mais que faire? C'est une nécessité. C'en sera une bien dure que de demeurer en Provence pour les gages, quand vous verrez partir d'auprès de vous madame de Senneterre pour Paris : je voudrais bien, ma chère enfant, que vous eussiez assez d'amitié pour moi pour ne me pas faire le même tour quand j'irai vous voir l'année qui vient. Je voudrais qu'entre ci et là vous fissiez l'impossible pour vos affaires ; c'est ce qui fait que j'y pense, et que je m'en tourmente tant. Il faut donc que je vous ramène chez moi, qui est chez vous.

M. de Chesières est ici ; il a trouvé mes arbres crus ; il en est fort étonné, après les avoir vus *pas plus grands que cela*, comme disait M. de Montbazon de ses enfants. Je suis fort aise que la maladie du pauvre Grignan ait été si courte ; je l'embrasse et lui souhaite toutes sortes de biens et de bonheurs, aussi bien qu'à sa chère moitié, que j'aime plus que moi-même ; je le sens du moins mille fois davantage. Notre abbé est à vous ; La Mousse attend cette lettre que vous composerez.

173. — A LA MÊME.

A Vitré, mercredi 26 août 1671, dans le cabinet
de madame DE CHAULNES.

On me prie d'abord de vous faire mille amitiés pleines de tendresse et d'estime. Après un si heureux commencement, vous devriez espérer une lettre agréable ; mais je doute fort que cela puisse être, car vous saurez, ma chère fille, que je ne sais rien. Si je vous entretenais de mes pensées, je vous parlerais de vous; et vous êtes trop près du sujet pour que cela pût vous divertir. Je vins ici dimanche au soir assez tard : M. de Chaulnes fit la plaisanterie de m'envoyer querir par ses gardes, m'écrivant que j'étais nécessaire pour le service du roi, et que madame de Chaulnes m'attendait à souper. J'y vins, j'y fus reçue en perfection, et je trouvai beaucoup de monde d'augmentation; tant pis! Lundi, M. d'Harouïs donna un dîner à M. et à madame de Chaulnes, à tous les magistrats et commissaires; j'y étais, l'abbé y vint : le prétexte était de voir les réparations que je demande qu'on fasse à la tour de Sévigné [1]; on n'y regarda point. Ce fut le plus beau repas que j'aie vu depuis que je suis au monde; mais écoutez le malheur. Comme nous montions en carrosse pour y aller, voilà une faiblesse qui prend à M. de Chaulnes, avec le frisson, en un mot, la fièvre; madame de Chaulnes, tout affligée, s'enferme avec lui, et mademoiselle de Murinais et moi nous tenons leur place. M. d'Harouïs fut tout mortifié; tout fut triste, on ne songea qu'à ce contre-temps. Le soir, la fièvre le quitta; mais je crois qu'il l'a présentement, et c'est la tierce. Voilà comme les maux viennent; conservez-vous : si vous étiez dans un autre état, je vous dirais de marcher; mais je ne le dis pas. Je suis persuadée que la plupart des maux viennent d'avoir le cul sur la selle. Pomenars vous fait dix mille compliments; il conte qu'une femme, l'autre jour à Rennes, ayant ouï parler des *medianoches* [2], dit à quatre heures du soir qu'elle venait de faire *medianoche* chez la première présidente : cela est bien d'une sotte bête qui veut être à la mode. Voilà tout

---

[1] Cette tour faisait partie des murailles de la ville, et les réparations devaient être faites par l'État.
[2] On entend par ce mot, qui vient de l'espagnol, un repas fait à minuit, en gras. En d'autres termes, *medianoche* marque le passage d'un jour maigre à un jour gras.

ce que je vous écrirai d'ici; peut-être que tantôt je dirai encore quelque chose en fermant mon paquet. Quoi qu'il en soit, ma très-aimable, vous savez bien que je suis tout à vous, mais dans la vérité, et nullement par manière de parler. Je veux vous parler d'un bal qu'il y eut hier au soir : hormis les grands bals que nous avons vus, on ne peut en faire un plus joli. Plusieurs beautés de Basse-Bretagne y brillaient, et mademoiselle de Lanion surtout, qui est une très-belle fille, et qui danse très-bien. Elle a un amant, qu'elle va épouser : il était derrière elle; mais M. de Rohan, qui la trouve belle, dès l'année passée s'est pendu à son oreille d'une si étrange façon, et elle s'est fichée dans ses cheveux, pour lui répondre, d'une si extraordinaire manière, que l'amant a quitté la place : la demoiselle ne s'en est pas émue. Sa mère lui faisait des yeux : point de nouvelles; enfin elle a donné dans la seigneurie à bride abattue : cela nous a fort réjouis. Mais sera-t-il possible, ma fille, que M. de Grignan ne me donne jamais le plaisir de vous voir danser un moment? Quoi! je ne reverrai jamais cette danse et cette grâce parfaite qui m'allait droit au cœur? J'en vois ici des morceaux séparés, mais je voudrais bien revoir le tout ensemble. Je meurs quelquefois d'envie de pleurer au bal, et quelquefois j'en passe mon envie, sans que personne s'en aperçoive; certains airs, certaines danses font cet effet très-ordinairement. Mon petit Lomaria a toujours un air charmant : il fut un peu hier au soir tout auprès de la cadence; je ne sais s'il n'était point ivre; cela se dit ici sans qu'on s'en offense. Adieu, ma très-chère enfant.

174. — A LA MÊME

Aux Rochers, dimanche 30 août 1671.

Vraiment, ma fille, il n'en faut pas douter, je perds toutes les semaines une de vos lettres, ou du moins très-souvent : vous seriez dix jours sans m'écrire, quand je n'en reçois qu'une! Je suis assurée que cela n'est pas, et que, par exemple, j'en ai perdu une très-bonne cet ordinaire, et n'ai reçu que celle que vous m'écriviez dans l'accablement de vos Provençaux. Je suis triste de ce malentendu; et vous verriez aisément ce désordre si vous écriviez vos dates. Un chagrin que cela me donne encore, c'est que je commence toutes mes lettres par ce sot chapitre : c'est un beau début et bien agréable!

Parlons un peu de votre sang, que vous dites qui n'est point échauffé : j'en suis bien aise pour une raison, et j'en suis fâchée pour une autre, c'est qu'il y a moins de remède; et comme c'est l'air, et qu'il faudrait faire changer de place aux brouillards, et mettre au-dessus de votre tête ce qui est au-dessous de vos pieds [1], je ne vois pas trop bien quel remède je pourrais apporter à ce malheur; j'en sais un pourtant, dont j'espère que vous vous servirez quand j'irai en Provence. C'est un grand déplaisir que votre beau teint ne puisse pas soutenir l'air de Provence; autrefois, dans ma jeunesse, l'air de Nantes, un peu mêlé de celui de la mer, me perdait tout le mien; mais, ma chère enfant, c'est un bon air que celui de l'Isle-de-France. L'air de Vitré tue tout le monde; le serein du parc est une chose que je ne soutiens pas, moi, qui soutenais sans trembler tout celui de Livry. M. de Chaulnes se porte bien mieux; ils partiront tous avant qu'il soit six jours : la compagnie est belle et bonne; mais c'est avec une grande joie qu'on se sépare. Je revins ici vendredi voir un peu mon abbé, ma Mousse et mes bois. Aujourd'hui j'attends M. de Rennes et trois autres évêques à dîner; je leur donnerai une pièce de bœuf salé. Après le dîner, madame de Chaulnes me vient reprendre pour me ramener à Vitré dire adieu à la seigneurie. M. Boucherat, M. le président et la voiture com-

[1] Le château de Grignan est situé dans un lieu très-élevé.

plète des magistrats doivent venir aussi : comme ils m'emmèneront, et que je n'aurai plus le temps de fermer me lettres, je les vais cacheter dès ce matin. Le contrat de notre province avec le roi fut signé vendredi; mais auparavant on donna deux mille louis d'or à madame de Chaulnes, et beaucoup d'autres présents : ce n'est pas que nous soyons riches; mais c'est que nous avons du courage, c'est que nous sommes honnêtes, et qu'entre midi et une heure nous ne savons pas refuser nos amis; c'est l'heure du berger : les vapeurs de vos fleurs d'oranges ne font pas de si bons effets. J'ignore comment vous vous portez; mais votre santé est bue tous les jours par plus de cent gentils-hommes qui ne vous ont jamais vue, et qui ne vous verront jamais; ceux qui vous ont vue ne sont pas ceux qui célèbrent le mieux votre santé. Lavardin et des Chapelles ont rempli des bouts rimés que je leur ai donnés; ils sont jolis, je vous les enverrai. Vous serez bien aise aussi de savoir que l'autre jour M. de *Bruquenvert* dansa très-bien le passe-pied avec mademoiselle *Kerikinili* : voilà de ces choses que vous ne devez pas ignorer. Ne m'attaquez pas sur les noms, j'y suis forte présentement. Les grandeurs de province sont ici dans leur lustre; de sorte que l'autre jour la beauté de la charge de M. de Grignan fut admirée et enviée. Être seul est une chose qui charme fort M. de Molac, qui est accablé par M. de Lavardin; M. de Lavardin par M. de Chaulnes, et les lieutenants de roi par les lieutenants généraux. On voulait aussi, dans l'humeur de faire des présents, proposer aux états de donner dix mille écus à M. et à madame de Grignan. M. de Chaulnes soutenait qu'ils écouteraient la proposition; d'autres, qu'ils feraient le présent; enfin nous en demeurâmes à l'envie d'en faire courir le bruit sourdement, faire murmurer quelques Bas-Bretons, et puis les radoucir à table, et leur faire promettre de le proposer. Mais que dites-vous de M. de Coulanges, qui s'en va vous voir? Le joli homme! qu'il est heureux! Je crois, ma fille, que vous serez fort aise de le voir *tourner* dans votre château; sa gaieté vous en donnera, il vous dira comme votre fille est jolie. Tout ce que je désire, et qui est bien assez pour moi, c'est que vous vous portiez bien, et que pour l'amour de moi vous ayez de l'application à votre santé et à votre conservation.

Je trouve votre esprit dans une philosophie et dans une tranquillité qui me paraît bien plus au-dessus des brouillards et des grossières vapeurs que le château de Grignan. C'est tout de bon que les nuages sont sous vos pieds; vous êtes élevée dans la moyenne région, et vous ne m'empêcherez pas de croire que ces beaux noms, que vous dites que vous donnez à des qualités naturelles, sont un effet de votre raison et de la force de votre esprit. Dieu vous le conserve si droit, il ne vous sera pas inutile; mais il faut un peu agir, afin que votre philosophie ne se tourne pas en paresse, et que vous puissiez être en état de revoir un pays où les nues seront au-dessus de vous. Il me semble que je vous vois dans l'indolence que vous donne l'impossibilité; ne vous y abandonnez qu'autant qu'il est nécessaire pour votre repos, et non pas assez pour vous ôter l'action et le courage. Je vous plains bien d'avoir des femmes; vous savez comme je les hais. Vos statues d'hommes sur des piédestaux sont bien ennuyeuses : vous me ferez aimer l'amusement de nos Bretons, plutôt que l'indolence parfumée de vos Provençaux; mais où sont donc ces esprits si vifs, si brillants, ces têtes si près du bonnet, et ces imaginations échauffées par un si beau soleil? Au moins vous devriez avoir des fous, et dans la quantité vous en trouveriez quelqu'un qui vous pourrait divertir. Je ne comprends pas bien votre Provence ni vos Provençaux : ah! que je comprends bien mieux mes Bretons! Si je vous disais tous ceux qui vous font des compliments, il faudrait un volume : M. et madame de Chaulnes, M. de Lavardin, le comte des Chapelles, Tonquedec, l'abbé de Montigni, évêque de

Léon ; d'Harouïs, Fourché, Chesières, etc., sans compter mon abbé, qui n'a point reçu votre dernière lettre, et notre Mousse, qui attend celle que vous composez. Pour moi, ma fille, sans en faire à deux fois, je vous conjure d'embrasser tous vos aimables Grignans. J'ai vu des manches comme celles du chevalier ; ah ! qu'elles sont belles dans le potage et sur des salades ! Adieu, ma très-belle et très-infiniment chère ; je ne vous dis rien de mon amitié, c'est que je ne vous aime pas.

175. — A LA MÊME.

A Vitré, mercredi 2 septembre 1671.

Voici une lettre qui m'est venue droit de Paris, sans passer par les mains de du Bois [1], et de plus, je l'ai reçue selon votre date, cinq jours après qu'elle a été écrite ; de sorte que toute cette lettre est miraculeuse : il n'est pas besoin de tant de merveilles pour me rendre vos lettres bien chères. Votre souvenir est au-dessus des distractions ; c'est lui qui les fait aux autres. Nos états ont beau crier, danser, boire, votre idée se sait toujours faire place. Il y a ici de grandes fronderies, mais cela s'apaise en vingt-quatre heures, et j'espère que dans trois jours tout sera fini ; je le souhaite beaucoup. Je n'ose plus aller aux Rochers ; on en a trouvé le chemin : il y avait dimanche cinq carrosses à six chevaux. Je meurs d'envie d'être retournée dans ma solitude ; on l'a trouvée belle ; Combourg [2] n'est pas si beau. Il ne faut pas que vous croyiez que nos maisons de Bretagne soient comme Grignan ; il s'en faut beaucoup. Pour M. de Lomaria, sans tourner autour du pot, il a tout l'air de Termès : sa danse, sa révérence, mettre et ôter

---

[1] Commis de la poste, qui prenait soin des lettres de Madame de Sévigné, pour les lui faire tenir plus promptement en Bretagne. (P.)

[2] Ancien château, flanqué de grosses tours, qui est sur la route de Dol en Bretagne à Rennes.

son chapeau, sa taille, sa tête ; voyez si ce petit *vilain*-là n'est pas assez joli. La *Murinette* beauté le voudrait bien épouser, mais il n'est pas de même pour elle. Le comte des Chapelles est ravi de ce que vous avez mis de lui dans ma lettre. Nous parlons sans cesse de vous, lui et Pomenars ; ce dernier vous mande que sa hardiesse est encore augmentée, qu'il ne peut jamais être pendu, puisqu'il ne l'a point été. L'abbé vient quelquefois dîner ici avec La Mousse, qui n'est nullement embarrassé de tout ceci : je l'ai si bien fait valoir partout, et chez madame de Chaulnes, et chez M. Boucherat, et chez l'évêque de Léon, qu'il y est comme chez moi. Il parle des petites parties avec cet évêque, qui est cartésien à brûler ; mais, dans le même feu, il soutient aussi que les bêtes pensent[1] : voilà mon homme ; il est très-savant là-dessus ; il a été aussi loin qu'on peut aller dans cette philosophie, et M. le Prince en est demeuré à son avis. Leurs disputes me réjouissent fort. On me mande que notre petite est fort jolie ; elle me divertira bien cet hiver chez moi. Adieu, ma très-chère, je vous embrasse ; mais quelle extrême joie quand j'entendrai le son de votre voix ! J'espère que ce jour arrivera comme tant d'autres qu'on ne souhaite point.

176. — A LA MÊME.

A Vitré, dimanche 6 septembre 1671.

Ah, ma fille ! que vous veut donc ce feu qui tourne autour de vous, et qui vous fait des frayeurs à toute heure ? Pour vous dire le vrai, je doute que cela ne vous fasse point de mal ; souvenez-vous de ce que vous fit une fois la peur de voir le chevalier à cheval. Je voudrais que du moins cela vous servît à faire redoubler le soin de tous vos

---

[1] Cette question de l'âme des bêtes a beaucoup occupé le grand siècle, et le triste système de Descartes à ce sujet est trop connu pour qu'il soit nécessaire de le rappeler ici.

gens pour empêcher que le malheur du feu n'arrive chez vous; j'exhorte Deville, par l'affection qu'il a pour vous, à faire sa ronde plus exactement que jamais. Au reste, vous croyez qu'un rhume n'est rien en l'état où vous êtes; je vous avertis que c'est beaucoup, et que peut-être vous n'en guérirez qu'en accouchant. Je vous recommande aussi la sagesse dans votre septième. On porte quelquefois les filles heureusement, et les garçons ont des fantaisies de venir plus tôt, et en prennent le chemin au sept : faites réflexion sur ce discours; je défie madame du Pui-du-Fou de mieux dire. Après cette leçon de *matrone*, je vous ferai mille compliments de la part de Chesières. Vous vous êtes souvenue très à propos du vers de M. de Grignan; vous aurez vu, par une de mes lettres, que je suis bien loin d'oublier ce temps-là. Vous avez une tribu de Grignans; mais ils sont tous si aimables qu'on doit se réjouir avec vous de cette bonne compagnie. Je suis étonnée d'apprendre que vous avez M. de Chate[1] : il est vrai que j'ai été trois jours avec lui à Savigni; il me paraissait fort honnête homme, je lui trouvais une ressemblance en détrempe qui ne le brouillait pas avec moi. S'il vous conte ce qui m'arriva à Savigni, il vous dira que j'eus le derrière fort écorché d'avoir couru un cerf avec madame de Sully, qui est présentement madame de Verneuil. Vous croyez ne me rien dire en m'assurant que vous aimez ceux qui vous parlent de moi; c'est une marque d'amitié tellement naturelle, que je veux vous en remercier tout à l'heure, et vous embrasser de tout mon cœur. Il y a encore des marques d'aversion qui font bien mourir : je suis trop habile sur ce chapitre; mais il faut avouer aussi que je ne l'ai pas appris sans mettre beaucoup au jeu. Que dites-vous de

---

[1] C'est lui dont les lettres écrites de l'armée, et interceptées, firent connaître au roi qu'il avait une intrigue avec la princesse de Conti, et qu'il sacrifiait cette princesse à une demoiselle Choin, femme aussi adroite que laide, qui sut captiver le dauphin au point qu'on a cru qu'il l'avait épousée.

Marsillac, qui est duc? J'approuve fort ce qu'a fait son père;
c'était le seul moyen de le faire jouir de cette dignité sans
une extrême douleur : c'eût été un honneur bien empoisonné que de l'avoir en perdant un tel père. Il me semble
aussi que le nom de M. de La Rochefoucauld, joint à son
mérite, est une dignité fort au-dessus de celle qu'il a donnée. La Maraus voulait aller l'autre jour à Livry avec madame de La Fayette; on la renvoya sans autre forme de
procès. Elle contait qu'elle avait eu tout le jour M. le
Prince chez elle; et on ne fit pas semblant de l'écouter. Oh!
ma fille, cela est bon, et fait bien enrager les folles qui se
vantent. En fermant ma lettre, je vous parlerai des états,
et de mon heureux retour aux Rochers.

Il n'est si bonne compagnie qui ne se sépare, dit M. de
Chaulnes aux Bretons, en les renvoyant chez eux. Les
états finirent à minuit; j'y fus avec madame de Chaulnes
et d'autres femmes; c'est une très-belle, très-grande et très-magnifique assemblée. M. de Chaulnes a parlé à *tutti
quanti* avec beaucoup de dignité, et en termes fort convenables à ce qu'il avait à dire. Après dîner, chacun s'en va
de son côté. Je serai ravie de retrouver mes Rochers. J'ai
fait plaisir à plusieurs personnes : j'ai fait un député, un
pensionnaire : j'ai parlé pour des misérables, et de *Caron
pas un mot*[1], c'est-à-dire rien pour moi, car je ne sais
point demander sans raison. Voici ce que je fis l'autre jour :
vous savez comme je suis sujette à me tromper; je vis
avant dîner, chez M. de Chaulnes, un homme au bout de
la chambre, que je crus être le maître-d'hôtel; j'allai à
lui, et lui dis : « Mon pauvre monsieur, faites-nous dîner,
« il est une heure, je meurs de faim. » Cet homme me
regarde, et me dit : « Madame, je voudrais être assez heu-
« reux pour vous donner à dîner chez moi; je me nomme
« Pécaudière, ma maison n'est qu'à deux lieues de Lan-

---

[1] Allusion à un dialogue de Lucien, intitulé *Caron ou le Contemplateur*.

« dernau. » Mon enfant, c'était un gentilhomme de Basse-Bretagne : ce que je devins n'est pas une chose qu'on puisse redire; je ris encore en vous l'écrivant. Voilà une pièce que M. de Chaulnes vous envoie; je la crois de Pellisson, d'autres disent de Despréaux[1]. Mandez-m'en votre avis; pour moi, je vous avoue que je la trouve parfaite; lisez-la avec attention, et voyez combien il y a d'esprit. J'ai mille compliments à vous faire de tout le monde. On a donné cent mille écus de gratifications, deux mille pistoles à M. de Lavardin, autant à M. de Molac, à M. Boucherat, au premier président, au lieutenant du roi, etc., deux mille écus au comte des Chapelles, autant au petit Coëtlogon; enfin des magnificences. Voilà une province!

Madame de La Fayette est à Livry, d'où elle m'écrit des gaillardises, malgré tous ses maux; M. de la Rochefoucauld m'écrit aussi; ils me disent qu'ils me souhaitent : mais c'est moi qui souhaite bien de vous y revoir; cette espérance me soutient la vie. Au reste, j'ai supputé : vous aurez achevé dans cinquante ans de traduire le Pétrarque, à un sonnet par mois; cet ouvrage est digne de vous : ce ne sera pas un impromptu. Adieu, ma chère enfant, songez quelquefois à moi avec vos Grignans; je m'en vais aux Rochers, si contente d'être hors d'ici, que je suis honteuse d'être si aise en votre absence. Quand je relis mes lettres, je suis toujours tentée de les brûler, en voyant les bagatelles que je mande; mais dites, ne vous fatiguent-elles point? car je pourrais fort bien les retrancher, sans vous aimer moins pour cela.

---

[1] C'est un arrêt burlesque en faveur d'Aristote contre le cartésianisme. Cette facétie (imitée du Boccalini) est de Boileau. — Voyez la lettre du 20 septembre.

177. — A LA MÊME.

Aux Rochers, mercredi 9 septembre 1671.

Enfin me voilà toute reposée, toute tranquille, toute contente dans ma solitude; j'ai eu tantôt encore un petit reste des états. M. de Lavardin est demeuré à Vitré pour faire son entrée à Rennes; il est présentement le gouverneur, depuis le départ de M. de Chaulnes, et il n'est plus suffoqué par sa présence, de sorte que les trompettes, les gardes, tout est étalé. Il est venu me voir en cet équipage, avec vingt gentils-hommes de cortége; le tout ensemble faisait un véritable escadron. Dans ce nombre étaient des Lomaria, des Coëtlogon, des abbés de Feuquières et plusieurs qui ne s'estiment pas moins que les autres. On s'est promené, on a mangé légèrement, et le comte des Chapelles, que j'ai amené de Vitré, m'a aidé à faire les honneurs. Le voilà encore qui a bien la mine de vous dire lui-même combien nous parlons de vous, et combien toutes choses nous en font souvenir. Nous sentons plus que jamais que la mémoire est dans le cœur; car quand elle ne nous vient pas de cet endroit, nous n'en avons pas plus que des lièvres. Nous avons trouvé un petit bois où, entre plusieurs belles choses que vous avez écrites, nous avons vu : *Dieux! que j'aime la tigrerie !* C'est le métier des beaux esprits : nous vous prions de nous mander si cette vertu n'est point un peu endormie en vous, par le peu d'occupation que vous lui donnez; nous ne voyons pas bien sur qui vous pourriez l'exercer, et cela fait espérer que vous en perdrez l'habitude.

MONSIEUR DES CHAPELLES.

Il serait difficile, madame la Comtesse, que cette vertu eût moins d'occupation où vous êtes que quand vous écrivites cette belle sentence. Il me souvient, hélas! que j'étais jaune et mourant, et que vous étiez belle et de bon goût, et qu'ainsi vous n'aviez nulle occasion de vous entretenir dans cet exercice. Il vaut bien mieux que je vous parle d'une autre devise que j'ai retrouvée auprès de celle-là, et qui est écrite du même temps : *Meglio morir in presenza, che viver in assenza.* Celle-ci me plaît encore à tel point que je crois que je la rendrai véritable, et que je ne sortirai pas deux fois en ma vie des Rochers sans en mourir de regret : peut-être que mourir pour mourir, c'eût été mieux fait de mourir dès la première fois; car, toute belle et charmante que vous êtes, personne n'est encore mort en votre honneur; et si j'avais eu cet esprit-là, c'était de quoi nous illustrer tous deux. Mais, comme vous savez, ce qui ne se fait pas une fois se fait une autre ; et je trouve même, pourvu qu'on ôte à notre marquise la part qu'elle y prétend, qu'il sera encore plus extraordinaire de mourir dans cette dernière occasion. En sorte qu'on pourra dire que la mémoire est dans le cœur, ou que le cœur est dans la mémoire; choisissez. Mais je crains bien que vous ne sentiez guère ni l'un ni l'autre pour moi, puisque vous ne prenez pas la peine de me faire réponse; j'en suis plus affligé qu'offensé, car je me faisais un grand plaisir de revoir une écriture pour laquelle je conserve un goût infini, quoiqu'elle n'ait jamais servi à me marquer la moindre apparence d'amitié. Mais des reproches à une *tigresse*, c'est des marguerites devant des pourceaux. Au reste, M. de Lavardin vient d'honorer les Rochers de sa présence, accompagné de beaucoup de noblesse : il a été reçu avec toute la politesse imaginable, et une collation très-propre et très-galante qu'on a fait trouver dans le bois; après quoi nous l'avons vu partir, entouré de quantité de gardes : ainsi finit l'histoire, et la lettre en même temps, si vous l'avez agréable; aussi bien ne puis-je sortir de l'humeur triste et sérieuse où me jette le souvenir de vous avoir vue dans ce même lieu.

MADAME DE SÉVIGNÉ.

Je lui ôte la plume, car il ne finirait jamais : il s'est tellement attendri par la pensée de vous avoir vue ici, que M. de Lavardin nous en a trouvés l'un et l'autre tout tristes, et même cela nous donnait un air coupable : il semblait que la compagnie nous embarrassât; et il était vrai, nous avions affaire en Provence quand ils sont arrivés; ou, pour mieux dire, nous avions affaire ici, car c'était en se souvenant de vous y avoir vue, qu'on se plaignait de ne plus vous y voir. Pour moi, je ne m'accoutume point qu'on m'ait ôté ma fille, qu'on me l'ait enlevée et emmenée si loin; et je crois que je succomberais à tout moment à cette pensée, sans l'estime et sans l'amitié que j'ai pour M. de Grignan et pour tous les Grignans, et j'ajoute, sans la persuasion où je suis de la tendresse qu'ils ont pour vous.

178. — A LA MÊME.

Aux Rochers, dimanche 13 septembre 1671.

La peur que vous avez eue, ma fille, et qui vous oblige à garder le lit, m'en fait bien plus qu'à vous; je suis persuadée que rien ne vous est si contraire que ces sortes d'émotions : ce fut l'unique sujet du malheur qui vous arriva à Livry; et si c'était encore le même chevalier sur le même cheval, il ne mourrait que de ma main. Vous deviez bien me mander ce qui vous avait effrayée; songez qu'il faut que je sois huit jours sans savoir ce qu'aura produit votre sagesse. Notre coadjuteur m'a écrit des merveilles, mais je ne suis pas d'assez bonne humeur pour lui faire réponse; la main droite est plus embarrassée par le chagrin de l'esprit, que par la goutte de la main gauche. Quoiqu'il m'explique fort nettement la relation qu'il y a de l'une à l'autre, j'ai été tentée, au bout de son raisonnement, de dire comme le *Médecin malgré lui,* après un discours à peu près de la même force, *et voilà justement ce qui fait que votre fille est muette.* Des comédiens de campagne ont joué parfaitement bien cette pièce à Vitré ; on en pensa pâmer de rire. Ce que vous dites de la *Murinette* est extrêmement vrai ; son humeur est aimable, quoiqu'elle ait quelque chose de brusque et de sec ; mais cela est ajusté avec de si bons sentiments, qu'il est impossible que cela déplaise. Je m'en vais envoyer à Nantes vos deux lettres à d'Harouïs et au comte des Chapelles : ce dernier ne respirait que cette réponse ; pour d'Harouïs [1], vous saurez qu'il s'embarquait aux états à payer cent mille francs plus qu'il n'avait de fonds, et trouvait que cela ne valait pas la peine de le dire : un de ses amis s'en aperçut. Il est vrai que ce ne fut qu'un cri de toute la Bretagne, jusqu'à ce qu'on lui eût fait justice : il est adoré partout, et c'est avec raison. Un beau matin nos états donnèrent des gratifications pour cent mille écus ; un Bas-Breton me dit qu'il avait pensé que les états allaient mourir, de les voir ainsi faire leur testament, et donner leur bien à tout le monde : plût à Dieu qu'à proportion on fût aussi libéral dans votre Provence ! J'aime nos Bretons ; ils sentent un peu le vin, mais votre fleur d'orange ne cache pas de si bons cœurs. J'en excepte les Grignans, un, deux, trois, quatre, cinq, six, que j'aime, que j'estime, et que j'honore tous au prorata de leurs dignités. Vous avez des fruits que je dévore déjà par avance ; j'en mangerai l'année qui vient, si je ne meurs entre ci et là. Quelle joie, ma fille ! et que j'aime le temps, quelque mal qu'il puisse me faire d'ailleurs, quand je songe au bien qu'il m'apporte tous les jours ! Conservez votre santé, votre beauté, votre amitié, afin que rien ne manque à ma

---

[1] Il était trésorier des états de Bretagne.

joie. Que dites-vous de celle de M. d'Andilly, de voir M. de Pomponne ministre et secrétaire d'État [1] ? En vérité, il faut louer le roi d'un si beau choix : il était en Suède, le roi pense à lui, et lui donne cette charge de M. de Lionne, avec toutes les facilités nécessaires pour faire qu'il la puisse payer. Quelles merveilles ne fera-t-il point dans cette place, et quelle joie ses amis n'en doivent-ils point avoir? Vous savez la part que j'y dois prendre ; c'est sur un choix comme celui-là que je ferais fort bien une ode à la louange de Sa Majesté. Un petit mot de réjouissance au père et au fils ne serait-il point de bonne grâce à vous, i êtes si aimée de toute la famille? Mais il faut vous bien porter, et que cette peur ne vous ait rien gâté. Il me semble que vous êtes dans votre septième ; cela me fait trembler, et d'autant plus que c'est un garçon. Vous me le promettez au moins ; n'allez pas, par votre négligence, le laisser devenir fille. Je vous avoue que j'ouvrirai vos lettres de vendredi avec une grande impatience et une grande émotion ; mais elles ne sont pas d'importance, mes émotions, et un verre d'eau en fait le remède. Vous prenez goût à Nicole ; je ne sais où je prendrai un autre livre de morale pour vous soutenir le cœur ; je vous renverrai à nos anciens amis. On dit que M. de Condom en a fait un, où il assure que pourvu que l'on croie les mystères, c'est assez, et improuve fort toutes les chicanes sur le Saint-Sacrement, qui ne font que des hérésies ; j'entends dire qu'il n'y a rien de plus beau : voilà votre fait.

La Mousse prépare déjà sa réponse à cette belle pièce que vous composez. Je crois que vous vous moquez quand vous me parlez de mes libéralités présentes ; c'est pour me faire honte : ah, ma fille, quelle poussière au prix de ce que je voudrais faire! Je me réjouis de M. de Pomponne,

---

[1] M. de Pomponne était ambassadeur en Suède, lorsqu'il fut fait secrétaire d'État des affaires étrangères.

quand je songe que je pourrai peut-être vous servir par lui; mais vous n'avez besoin que de M. de Grignan et de vous. Enfin nous ne pouvions pas souhaiter à cette place un homme qui fût plus de nos amis. M. de Coulanges, qui va vous voir, vous dira de quelle grâce le roi a fait cette action.

179. — A LA MÊME.

Aux Rochers, mercredi 16 septembre 1671.

Je suis méchante aujourd'hui, ma fille; je suis comme quand vous disiez, *vous êtes méchante*. Je suis triste, je n'ai point de vos nouvelles; *la grande amitié n'est jamais tranquille.* MAXIME. Il pleut, nous sommes seuls; en un mot, je vous souhaite plus de joie que je n'en ai aujourd'hui. Ce qui embarrasse fort mon abbé, La Mousse et mes gens, c'est qu'il n'y a point de remède à mon chagrin : je voudrais qu'il fût vendredi pour avoir une de vos lettres, et il n'est que mercredi. Voilà sur quoi on ne sait que me faire, toute leur habileté est à bout; et si, par l'excès de leur amitié, ils m'assuraient, pour me faire plaisir, qu'il est vendredi, ce serait encore pis; car si je n'avais point de vos lettres ce jour-là, il n'y aurait pas un brin de raison avec moi; de sorte que je suis contrainte d'avoir patience, quoique la patience soit une vertu, comme vous savez, qui n'est guère à mon usage. Enfin je serai satisfaite avant qu'il soit trois jours. J'ai une extrême envie de savoir comment vous vous portez de cette frayeur : c'est mon aversion que les frayeurs; car, quoique je ne sois point grosse, elles me le font devenir, c'est-à-dire elles me mettent dans un état qui renverse entièrement ma santé. Mon inquiétude présente ne va point jusque là; je suis persuadée que la sagesse que vous avez eue de garder le lit vous aura entièrement remise. Ne venez point me dire que vous ne me manderez plus rien de votre santé, vous me mettriez au désespoir; et n'ayant plus de confiance à ce que vous diriez, je serais toujours comme je suis présentement. Il faut avouer que nous sommes à une belle distance l'une de l'autre, et que si l'on avait quelque chose sur le cœur dont on attendît du soulagement, on aurait un beau loisir pour se pendre.

Je voulus hier prendre une petite dose de *morale*, je m'en trouvai assez bien; mais je me trouvai encore mieux d'une petite critique contre la *Bérénice* de Racine, qui me parut fort plaisante et fort ingénieuse; c'est de l'auteur [1] des *Sylphides*, des *Gnomes* et des *Salamandres*. Il y a cinq ou six petits mots qui ne valent rien du tout, et même qui sont d'un homme qui ne sait pas le monde : cela fait quelque peine; mais comme ce ne sont que des mots en passant, il ne faut pas s'en offenser. Je regarde tout le reste, et le tour qu'il donne à sa critique; je vous assure que cela est très-joli. Comme je crus que cette bagatelle vous aurait divertie, je vous souhaitai dans votre petit cabinet auprès de moi, sauf à vous en retourner dans votre beau château, quand vous auriez achevé cette lecture. Je vous avoue pourtant que j'aurais quelque peine à vous laisser partir si tôt; c'est une chose bien dure pour moi que de vous dire adieu : je sais ce que m'a coûté le dernier. Il serait bien de l'humeur où je suis d'en parler; mais je n'y pense encore qu'en tremblant : ainsi vous êtes à couvert de ce chapitre. J'espère que cette lettre vous trouvera gaie; si cela est, je vous prie de la brûler tout à l'heure; ce serait une chose bien extraordinaire qu'elle fût agréable avec le chien d'esprit que je me sens. Le coadjuteur est bien heureux que je ne lui fasse pas réponse aujourd'hui.

J'ai envie de vous faire vingt-cinq ou trente questions pour finir dignement cet ouvrage. Avez-vous des muscats? vous ne me parlez que des figues; avez-vous bien chaud?

---

[1] L'abbé de Montfaucon de Villars, auteur du *Comte de Gabalis*. Sa critique de *Bérénice* parut en 1671.

vous ne m'en dites rien; avez-vous de ces aimables bêtes que nous avions à Paris? avez-vous eu longtemps votre tante d'Harcourt? Vous jugez bien qu'après avoir perdu tant de vos lettres, je suis dans une assez grande ignorance, et que j'ai perdu la suite de votre discours. Ah! que je voudrais bien battre quelqu'un! et que je serais obligée à quelque Breton qui me viendrait faire une sotte proposition qui me mit en colère! Vous me disiez l'autre jour que vous étiez bien aise que je fusse dans ma solitude, et que j'y penserais à vous; c'est bien rencontré : c'est que je n'y pense pas assez dans tous les autres lieux. Adieu, ma fille, voici le bel endroit de ma lettre; je finis, parce que je trouve que ceci s'extravague un peu; encore a-t-on son honneur à garder.

180. — A LA MÊME.

Aux Rochers, dimanche 20 septembre 1671.

Ce n'est pas sans raison, ma chère fille, que vous fûtes troublée du mal du pauvre chevalier de Buous : il est étrange : c'est un garçon qui me plaisait dès Paris; je n'ai pas de peine à croire tout le bien que vous m'en dites. Ce qui est plus extraordinaire, c'est cette crainte de la mort; c'est un beau sujet de faire des réflexions, que l'état où vous le dépeignez. Il est certain qu'en ce temps-là nous aurons de la foi de reste : elle fera tous nos désespoirs et tous nos troubles; et ce temps que nous prodiguons, et que nous voulons qui coule présentement, nous manquera; et nous donnerions toutes choses pour avoir un de ces jours que nous perdons avec tant d'insensibilité. Voilà de quoi je m'entretiens quelquefois dans ce mail que vous connaissez. La morale chrétienne est excellente à tous les maux; mais je la veux chrétienne, elle est trop creuse et trop inutile autrement. Ma Mousse me trouve quelquefois assez raisonnable là-dessus ; et puis un souffle, un rayon de soleil emporte toutes les réflexions du soir. Nous parlons quelquefois de l'opinion d'Origène et de la nôtre : vous aurez peine à nous faire entrer une éternité de supplices dans la tête, à moins, que d'un ordre du roi et de la sainte Écriture, la soumission n'arrive au secours.

Je suis fort aise que vous ayez trouvé cette requête ¹ jolie ; sans être aussi habile que vous, je l'ai entendue *per discrezione* : elle m'a paru admirable. La Mousse est fort glorieux d'avoir fait en vous une si merveilleuse écolière ².

Je vous plains de quitter Grignan, vous êtes en bonne compagnie ; c'est une belle maison, une belle vue, un bel air : vous allez dans une petite ville étouffée ³, où peut-être il y aura des maladies et du mauvais air ; et ce pauvre Coulanges, qui ne vous trouvera point ; il me fait pitié. Enfin sa destinée n'est pas de vous voir à Grignan ; peut-être le menerez-vous à vos états : mais c'est une grande différence, et vous devez bien sentir le désagrément de ce voyage, dans l'état où vous êtes et dans la saison où nous sommes. Vous y verrez l'effet des protestations de M. de Marseille ; je les trouve bien sophistiquées, et avec de grandes restrictions. Les assurances que je lui donne de mon amitié sont à peu près dans le même style : il vous assure de son service, sous condition ; et moi, je l'assure de mon amitié, sous condition aussi, et lui disant que je ne doute point du tout que vous n'ayez toujours de nouveaux sujets de lui être obligée.

M. de Lavardin vint tout droit de Rennes ici jeudi au soir, et me conta les magnificences de la réception qu'on lui a faite. Il prêta le serment au parlement, et fit une

---

¹ Il s'agit de l'arrêt burlesque de Boileau.
² L'abbé La Mousse était cartésien.
³ Lambesc, petite ville de Provence, où se tenait l'assemblée des états de a province (A. G.)

très-agréable harangue. Je le remenai le lendemain à Vitré pour reprendre son équipage et gagner Paris.

L'évêque de Léon a été à la dernière extrémité à Vitré, avec un transport au cerveau, qui le rendait bien pareil à *Marphise*[1]; il est hors d'affaire. Je serai ici jusqu'à la fin de novembre, et puis j'irai embrasser et mener chez moi mes *petites entrailles*; et au printemps, si Dieu me prête vie, je verrai la Provence. Notre abbé le souhaite pour vous aller voir avec moi, et vous ramener; il y aura bien longtemps que vous serez en Provence. Il est vrai qu'il ne faudrait s'attacher à rien, et qu'à tout moment on se trouve le cœur arraché dans les grandes et petites choses; mais le moyen? Il faut donc toujours avoir cette *morale* dans les mains, comme du vinaigre au nez, de peur de s'évanouir. Je vous avoue, ma fille, que mon cœur me fait bien souffrir; j'ai bien meilleur marché de mon esprit et de mon humeur. Je suis très-contente de votre amitié. Ne croyez pas au moins que je sois trop délicate et trop difficile; ma tendresse me pourrait rendre telle, mais je ne l'ai jamais écoutée; et quand elle n'est point raisonnable, je la gourmande. Mais croyez-moi de bonne foi, et dans le temps que je vous aime le plus, et que je crois que vous m'aimez, croyez que les choses qui m'ont touchée auraient touché qui que ce soit au monde. Je vous dis tout cela pour vous ôter de l'esprit qu'il y ait aucune peine à vivre avec moi, ni qu'il faille des observations fatigantes. Non, ma bonne, il faut faire comme vous faites, et comme vous avez su si bien faire quand vous avez voulu; cette capacité qui est en vous rendrait le contraire plus douloureux. Mais où vais-je? Comptez au moins que vous ne perdez aucune de vos tendresses pour moi; je vois, et je sens tout, et j'ai toute l'application qui est inséparable de la grande amitié.

Je vous trouve admirable de faire des portraits de moi

[1] C'est-à-dire à la petite chienne de Madame de Sévigné, qui, selon Descartes, n'était qu'une machine. (P.)

dont la beauté vous étonne vous-même : savez-vous bien que vous vous jouez à me trouver médiocre, de la dernière médiocrité, quand vous me comparerez à votre idée, pleine d'exagération. Voici qui ressemble un peu *à détruire par sa présence*; mais cela est vrai, il faut que cela passe. J'ai ri de ce *Carpentras*[1], que vous enfermez pendant que vous avez affaire, en l'assurant qu'il veut faire la *siesta*. Vos dames sont bien dépeintes avec leurs habits d'oripeau; mais quels chiens de visages! je ne les ai jamais vus nulle part. Que le vôtre, que je vois avec ce petit habit uni, est agréable et beau! et que je voudrais bien le voir et le baiser de tout mon cœur! Au nom de Dieu, mon enfant, conservez-vous, évitez les occasions d'être effrayée. Je n'approuve guère d'avoir voyagé dans votre septième : je prie Dieu qu'il guérisse ce pauvre chevalier (*de Buous*); j'embrasse les vauriens. Vous ne pouviez pas me donner une plus petite idée de la place que j'ai dans le cœur de M. de Grignan, qu'en me disant que c'est le reste de ce que vous n'y occupez pas : je sais ce que c'est que de tels restes; il faut être bien aisée à contenter pour en être satisfaite. Savez-vous que le roi a reçu M. d'Andilly comme nous aurions pu faire? Vivons, et laissons M. de Pomponne s'établir dans une si belle place.

181. — A LA MÊME.

Aux Rochers, mercredi 23 septembre 1671.

Nous voilà, ma chère enfant, retombés dans le plus épouvantable temps qu'on puisse imaginer : il y a quatre jours qu'il fait un orage continuel; toutes nos allées sont noyées, on ne s'y promène plus. Nos maçons, nos charpentiers gardent la chambre; enfin j'en hais ce pays, et souhaite votre soleil à tout moment; peut-être que vous souhaitez ma pluie; nous faisons bien toutes deux.

[1] Évêque de Carpentras, fort ennuyeux. C'était Gaspard de Vintimille.

Nous avons à Vitré ce pauvre petit abbé de Montigni, évêque de Léon, qui part aujourd'hui, comme je crois, pour voir un pays beaucoup plus beau que celui-ci. Enfin, après avoir été ballotté cinq ou six fois de la mort à la vie, les redoublements de la fièvre ont décidé en faveur de la mort : il ne s'en soucie guère, car son cerveau est embarrassé ; mais son frère l'avocat général[1] s'en soucie beaucoup, et pleure très-souvent avec moi ; car je vais le voir, et suis son unique consolation : c'est dans ces occasions qu'il faut faire des merveilles. Du reste, je suis dans ma chambre à lire, sans oser mettre le nez dehors. Mon cœur est content, parce que je crois que vous vous portez bien ; cela me fait supporter les tempêtes, car ce sont des tempêtes continuelles. Sans le repos que me donne mon cœur, je ne souffrirais pas impunément l'affront que me fait le mois de septembre ; c'est une trahison, dans la saison où nous sommes, au milieu de vingt ouvriers : je ferais un beau bruit, *Quos ego!*

Je poursuis cette *Morale* de Nicole, que je trouve délicieuse ; elle ne m'a encore donné aucune leçon contre la pluie, mais j'en attends, car j'y trouve tout ; et la conformité à la volonté de Dieu me pourrait suffire, si je ne voulais un remède spécifique. Enfin je trouve ce livre admirable ; personne n'a écrit comme ces messieurs, car je mets Pascal de moitié à tout ce qui est beau. On aime tant à entendre parler de soi et de ses sentiments, que, quoique ce soit en mal, on en est charmé. J'ai même pardonné l'*enflure* du cœur en faveur du reste, et je maintiens qu'il n'y a point d'autre mot pour expliquer la vanité et l'orgueil, qui sont proprement du vent : cherchez un autre mot ; j'achèverai cette lecture avec plaisir. Nous lisons aussi l'histoire de France depuis le roi Jean ; je veux la débrouiller dans ma tête, au moins autant que l'histoire romaine, où je n'a

---

[1] Au parlement de Rennes.

ni parents ni amis; encore trouve-t-on ici des noms de connaissance. Enfin, tant que nous aurons des livres, nous ne nous pendrons pas ; vous jugez bien qu'avec cette humeur je ne suis point désagréable à notre Mousse. Nous avons pour la dévotion ce recueil des lettres de M. de Saint-Cyran, que M. d'Andilly vous enverra, et que vous trouverez admirable. Voilà, mon enfant, tout ce que vous peut dire une vraie solitaire.

On me mande que madame de Verneuil est très-malade. Le roi causa une heure avec le bon homme d'Andilly [1] aussi plaisamment, aussi bonnement, aussi agréablement qu'il est possible : il était aisé de faire voir son esprit à ce bon vieillard, et d'attirer sa juste admiration ; il témoigna qu'il était plein du plaisir d'avoir choisi M. de Pomponne, qu'il l'attendait avec impatience, qu'il aurait soin de ses affaires, sachant qu'il n'était pas riche. Il dit au bon homme qu'il y avait de la vanité à lui d'avoir mis dans sa préface de Josèphe qu'il avait quatre-vingts ans, que c'était un péché ; enfin on riait, on avait de l'esprit. Le roi ajouta qu'il ne fallait pas croire qu'il le laissât en repos dans son désert, qu'il l'enverrait querir, qu'il voulait le voir, comme un homme illustre par toutes sortes de raisons. Comme le bon homme l'assurait de sa fidélité, le roi dit qu'il n'en doutait point, et que quand on servait bien Dieu, on servait bien son roi. Enfin ce furent des merveilles ; il eut soin de l'envoyer dîner, et de le faire promener dans une calèche : il en a parlé un jour entier en l'admirant. Pour M. d'Andilly, il est transporté, et dit de moment en moment, sentant qu'il en a besoin : Il faut s'humilier. Vous pouvez penser la joie que cela me causa, et la part que j'y prends. Je voudrais bien que mes lettres

---

[1] Arnauld d'Andilly était l'ami de Saint-Cyran, et avait en quelque sorte partagé sa disgrâce. Il reparaissait à la cour après vingt-six ans d'absence, pour remercier le roi, qui venait de donner à M. de Pomponne, son fils, la place de M. de Lionne. Balzac a dit d'Arnauld d'Andilly : *Il ne rougit point des vertus chrétiennes, et ne tire point vanité des vertus morales.*

vous donnassent autant de plaisir que les vôtres m'en donnent. Ma chère enfant, je vous embrasse de tout mon cœur.

182. — A LA MÊME.

Aux Rochers, dimanche 27 septembre 1671.

Je le veux, ma chère fille, ne parlons plus de la perte de nos lettres, cela ennuie de toute façon. Je n'ai pas trop de peine à m'en taire présentement; car, Dieu merci, je les reçois depuis un mois comme je le puis souhaiter, et vous pouvez m'écrire un peu plus franchement qu'à celui qui les avait prises, et que vous croyez toujours entretenir quand vous m'écrivez; cependant vous voulez fort bien qu'il sache que vous m'aimez, vous ne lui celez rien là-dessus, et vous en parlez, ce me semble, sans crainte d'être entendue. Ce que vous me dites sur ce sujet me remplit le cœur. Je vous avoue que je vous crois, et que cette confiance fait l'unique douceur de ma vie et le but de tous mes désirs : elle est accompagnée de plusieurs amertumes, mais enfin ce sont des suites nécessaires; et quand on ne souffre que par la tendresse, on trouve de la patience. Je finis toujours ce chapitre le plus tôt que je puis; je ne le finirais point, si je n'avais un soin extrême de finir.

Je suis ravie que vous ayez une belle-sœur aimable, et qui vous puisse servir de compagnie et de consolation; c'est une chose que je vous souhaite à tout moment, et personne n'a plus besoin que vous d'une société agréable; sans cela, vous vous creusez l'esprit d'une si étrange manière, que vous vous détruisez vous-même. Vous ne vous amusez point à des bagatelles; vous rêvez noir, si vous n'avez de la conversation. On ne peut être plus contente que je le suis de l'approbation que vous donnez à cette aimable belle-sœur; je compte que c'est madame de Rochebonne qui a de l'air du coadjuteur, et son esprit, et son humeur, et sa plaisanterie. Si vous voulez lui faire mes compliments par avance, vous me ferez beaucoup de plaisir.

Voilà M. de Pomponne en état d'être envié. Vous me parlez sur cela bien agréablement. Je m'en vais en écrire au bon homme[1]; je vous ai dit tout ce que je savais là-dessus : il m'a écrit deux fois depuis sa faveur, et moi aussi deux fois; il n'a rien de plus sensible que mon amitié, à ce qu'il me mande, et de voir que mes approbations ont vingt ans d'avance sur toutes celles qu'on va donner à son fils, et vingt ans dont il y a eu des années difficiles à soutenir[2]. Enfin voici un changement extraordinaire ; c'est un plaisir que d'être spectateur. En voici encore un du comte de Guiche qui revient; mais je fais la charge de d'Hacqueville, qui est depuis vingt jours au chevet du maréchal (*de Gramont*)[3], malade, et qui sans doute vous aura mandé toutes choses, et la visite que le roi lui fit il y a cinq ou six jours. Je crois que Vardes ne sera pas longtemps à recevoir la même grâce que le comte de Guiche; il me semble que leurs malheurs figurent ensemble[4]; c'est à vous à nous mander ce qu'on en espère en votre pays. Voilà une lettre que j'écris à votre évêque; lisez-la, vous verrez mieux que moi si elle est à propos ou non; d'ici je ne la crois pas mal, mais ce n'est pas d'ici qu'il en faut juger. Vous savez que je n'ai qu'un trait de plume, ainsi mes lettres sont fort négligées; mais c'est mon style, et peut-être qu'il fera autant d'effet qu'un autre plus ajusté. Si j'étais à portée d'en recevoir votre avis, vous savez combien je l'estime, et combien de fois il m'a réformée; mais nous sommes aux deux bouts de

---

[1] M. d'Andilly, père de M. de Pomponne. (P.)

[2] On a vu que, pendant les discussions relatives au formulaire, les Arnauld avaient subi la disgrâce du roi. (P.)

[3] Père du comte de Guiche.

[4] C'était M. de Guiche qui avait écrit la lettre supposée du roi d'Espagne à la reine de France, sa fille, par laquelle on l'instruisait du commerce du roi avec madame de La Vallière. Mais c'était Vardes qui conduisait cette intrigue, perfidie d'autant plus grande qu'il avait toute la confiance du roi.

la France, en sorte qu'il n'y a qu'une chose à faire, qui est de juger si ma lettre convient ou non, et sur cela, de la donner ou de la brûler. Ce n'est pas sans chagrin qu'on sollicite une si petite chose, mais il faut se vaincre dans les sentiments qu'on aurait fort naturellement là-dessus ; j'ai de plus à vous dire que j'ai vu faire ici des pas pour moins, et que tout ce qui vient tous les ans est excellent, et qu'enfin chacun a ses raisons. Pour vos dates, ma chère enfant, je suis de votre avis ; c'est une légèreté que de changer tous les jours : quand on se trouve bien du 26 ou du 16, par exemple, pourquoi changer? C'est même une chose désobligeante pour ceux qui vous l'ont dit. Un homme d'honneur, un honnête homme vous dit une chose bonnement et comme elle est, et vous ne le croyez qu'un jour ; le lendemain, qu'un autre vous dise autrement, vous le croyez ; vous êtes toujours pour le dernier qui parle : c'est le moyen de faire autant d'ennemis qu'il y a de jours en l'an. Ne prenez point cette conduite : tenez-vous au 26 ou au 16, quand vous vous en trouverez bien ; ne suivez point mon exemple, ni celui du monde corrompu, qui suit le temps et change comme lui. Soyez constante, et croyez qu'au lieu de vouloir vous soumettre à mon calendrier, c'est moi qui approuve le vôtre. Je fais juge M. le coadjuteur ou madame de Rochebonne, si je ne dis pas bien. J'ai grande envie de savoir si vous aurez vu ce pauvre Coulanges ; cela est bien cruel qu'il ait pris la peine de faire tant de chemin pour vous voir un moment ; et peut-être point du tout. Le pauvre Léon a toujours été à l'agonie depuis que je vous ai mandé qu'il se mourait ; il y est plus que jamais, et il saura bientôt mieux que vous si la matière raisonne. C'est un dommage extrême que la perte de ce petit évêque ; c'était, comme disent nos amis, un esprit *lumineux*[1] sur la philosophie. Le vôtre l'est aussi ;

[1] Cette expression était nouvelle ; on la devait aux écrivains de Port-Royal.

vos lettres sont ma vie; je ne vous dis pas la moitié ni le quart de l'amitié que j'ai pour vous.

183. — A LA MÊME.

Aux Rochers, mercredi 30 septembre 1671.

Je crois qu'à présent l'opinion *léonique* est la plus assurée : il voit de quoi il est question, et si la matière raisonne ou ne raisonne pas, et quelle sorte de petite intelligence Dieu a donnée aux bêtes, et tout le reste. Vous voyez bien que je le crois dans le ciel, *o che spero!* Il mourut lundi matin : je fus à Vitré, je le vis, et je voudrais ne l'avoir point vu. Son frère l'avocat général me parut inconsolable; je lui offris de venir pleurer en liberté dans mes bois : il me dit qu'il était trop affligé pour chercher cette consolation. Ce pauvre petit évêque avait trente-cinq ans, il était établi; il avait un des plus beaux esprits du monde pour les sciences, c'est ce qui l'a tué : comme Pascal, il s'est épuisé. Vous n'avez pas trop affaire de ce détail, mais c'est la nouvelle du pays, il faut que vous en passiez par là; et puis il me semble que la mort est l'affaire de tout le monde, et que les conséquences viennent bien droit jusqu'à nous.

Je lis M. Nicole avec un plaisir qui m'enlève; surtout je suis charmée du troisième traité, *des moyens de conserver la paix avec les hommes*[1] : lisez-le, je vous prie, avec attention, et voyez comme il fait voir nettement le cœur humain, et comme chacun s'y trouve, et philosophes, et jansénistes, et molinistes, et tout le monde enfin. Ce qui s'appelle chercher dans le fond du cœur avec une lanterne, c'est ce qu'il fait; il nous découvre ce que nous sentons tous les jours, et que nous n'avons pas l'esprit de démêler,

---

[1] C'est l'un des plus beaux traités de Nicole. Voltaire l'appelle un chef-d'œuvre, auquel on ne trouve rien d'égal en ce genre dans l'antiquité. *Siècle de Louis XIV.*)

ou la sincérité d'avouer ; en un mot, je n'ai jamais vu écrire comme ces messieurs-là. Sans la consolation de la lecture, nous mourrions d'ennui présentement : il pleut sans cesse, il ne vous en faut pas dire davantage pour vous représenter notre tristesse. Mais vous, qui avez un soleil que j'envie, je vous plains d'avoir quitté votre Grignan ; il y fait beau, vous y étiez en liberté, avec une bonne compagnie, et au milieu de l'automne vous le quittez pour vous enfermer dans une petite ville ; cela me blesse l'imagination. M. de Grignan ne pouvait-il point différer son assemblée ? n'en est-il point le maître ? Et ce pauvre M. de Coulanges, qu'est-il devenu ? Notre solitude nous fait la tête si creuse, que nous nous faisons des affaires de tout ; je lis et relis vos lettres avec un plaisir et une tendresse que je souhaite que vous puissiez imaginer, car je ne vous le saurais dire ; il y en a une dans vos dernières que j'ai le bonheur de croire, et qui soutient ma vie ; les réponses font de l'occupation, mais il y a toujours du temps de reste. Notre abbé est trop glorieux de toutes les douceurs que vous lui mandez ; je suis contente de lui sur votre sujet.

Pour La Mousse, il fait des catéchismes les fêtes et les dimanches : il veut aller en paradis ; je lui dis que c'est par curiosité, et afin d'être assuré une bonne fois si le soleil est un amas de poussière qui se meut avec violence, ou si c'est un globe de feu. L'autre jour il interrogeait des petits enfants ; et, après plusieurs questions, ils confondirent le tout ensemble, de sorte que, venant à leur demander qui était la Vierge, ils répondirent tous l'un après l'autre que c'était le créateur du ciel et de la terre. Il ne fut point ébranlé par les petits enfants ; mais voyant que des hommes, des femmes et même des vieillards disaient la même chose, il en fut persuadé, et se rendit à l'opinion commune. Enfin il ne savait plus où il en était, et si je ne fusse arrivée là-dessus, il ne s'en fût jamais tiré. Cette nouvelle opinion

ût bien fait un autre désordre que le mouvement des
etites parties. Adieu, ma très-chère enfant; vous voyez
ien que ce qui s'appelle se chatouiller pour se faire rire,
'est justement ce que nous faisons. Je vous embrasse très-
ndrement, et vous prie de me laisser penser à vous et vous
imer de tout mon cœur.

184. — A LA MÊME

Aux Rochers, dimanche 4 octobre 1671.

Vous voilà donc à votre assemblée : je vous ai mandé
ombien je trouvais mauvais que M. de Grignan l'eût
ise en ce temps, pour vous ôter tout l'agrément de votre
jour de campagne et tout le plaisir de votre bonne com-
agnie. Vous avez perdu aussi le pauvre Coulanges, qui
'écrit de Lyon tous ses déplaisirs, et ne songe plus qu'à
en retourner à Paris, c'est-à-dire à Autry[1], d'où il ne
erait pas sorti sans l'espérance de vous voir : toute sa con-
lation, c'est de parler de vous avec ce chamarier de Ro-
ebonne, qui ne peut se taire de vos perfections. Si je
'avais point trouvé ridicule de vous envoyer toutes mes
ttres, je vous aurais envoyé celle-là avec celle du comte
es Chapelles; mais voilà sa réponse, qui suffira, avec deux
tres lettres que je veux que vous ayez, celle de M. Le
amus et celle de M. d'Harouïs. Je pense que, pour vous
onner le temps de lire tout ce que je vous envoie, la civilité
'obligerait à finir ici ma lettre; mais je veux savoir aupa-
avant si vous n'avez point ri de la rêverie naturelle que je
s à Vitré, en priant ce gentil-homme de Basse-Bretagne de
ous faire vitement dîner. Je crus que cela vous ferait sou-
enir de cet homme à la Merci[2], que je voulais qui rac-
ommodât mes manches, et qui était le clerc d'un secrétaire
u roi. Mais ce que vous me dites du soleil et de la lune,

---

[1] Terre près de Gien, appartenant alors à la sœur de Coulanges.
[2] A l'Église des pères de la Merci, qui était rue du Chaume.

de M. de Chaulnes et de M. de Lavardin, est très-bien dit et pour vous, vous êtes toujours sur l'horizon. Cela es vrai, ma fille, vous ne vous reposez jamais, vous êtes tou jours dans le mouvement, et je tremble quand je pense votre état et à votre courage, qui assurément passe d beaucoup vos forces. Je conclus comme vous, que quan vous voudrez vous reposer, il ne sera plus temps, et qu'il n' aura aucune ressource à vos fatigues passées. Cette pensé m'occupe et m'afflige beaucoup, car enfin ce ne sont plu ici les premiers pas, ce sont les derniers ; ce sont des brèche sur d'autres brèches, et des abîmes sur des abîmes. Nou en parlons souvent, notre abbé et moi, quoique pe instruits; mais à vue de pays on juge bien où tout cec peut aller : cet endroit est bien digne de votre attention car il n'y va pas d'une chute médiocre. On va bien loin dit-on, quand on est las; mais quand on a les jambes rom pues, on ne va plus du tout. Je crois que vous êtes asse habile pour appuyer sur ces considérations, et pour e parler avec notre coadjuteur, qui a tout ce qui est nécessair pour vous bien conseiller, car il a un grand sens, un bo esprit, un courage digne du nom qu'il porte : il faut tou cela pour décider dans une occasion comme celle-ci. Notr abbé s'estime bien heureux que vous comptiez son avis pou quelque chose; il ne souhaite la vie et la santé que pou vous aller donner ses conseils, et prendre le jeton dont vou savez qu'il s'aide parfaitement bien [1]. Voici, ma chère enfant une lettre qui n'est pas délicieuse; mais encore faut-il parle quelquefois des choses importantes qui tiennent au cœur vous savez d'ailleurs, et je vous l'ai dit en chanson, qu'o *ne rit pas toujours.* Non assurément, il s'en faut de beau coup; cependant soyez en garde pour ne pas faire de l bile noire : songez uniquement à votre santé, si vou aimez la mienne, et croyez qu'aussitôt que je serai délogé

---

[1] M. de Grignan n'avait pas une assez grande fortune pour soutenir les dé penses énormes qu'il faisait dans son gouvernement. (A. G.)

Pâques, je ne penserai plus qu'à vous aller voir et à vous donner toutes les facilités possibles pour revenir avec moi, dans un degré moins élevé, mais plus commode. Que dit Adhémar du retour du comte de Guiche? Adieu, mon enfant, je suis à vous. J'embrasse M. le lieutenant général qui n'est plus chasseur.

185. — A LA MÊME.

Aux Rochers, mercredi 7 octobre 1671.

Vous savez que je suis toujours un peu entêtée de mes lectures. Ceux à qui je parle ont intérêt que je lise de beaux livres. Celui dont il s'agit présentement, c'est cette *Morale de Nicole*; il y a un traité sur les moyens d'entretenir la paix entre les hommes, qui me ravit; je n'ai jamais rien lu de plus utile, ni si plein d'esprit et de lumière. Si vous ne l'avez pas lu, lisez-le; et si vous l'avez lu, relisez-le avec une nouvelle attention. Je crois que tout le monde s'y trouve; pour moi, je suis persuadée qu'il a été fait à mon intention; j'espère aussi d'en profiter, j'y ferai mes efforts. Vous savez que je ne puis souffrir que les vieilles gens disent : Je suis trop vieux pour me corriger; je pardonnerais plutôt aux jeunes gens de dire : Je suis trop jeune. La jeunesse est si aimable, qu'il faudrait l'adorer, si l'âme et l'esprit étaient aussi parfaits que le corps; mais quand on n'est plus jeune, c'est alors qu'il faut se perfectionner, et tâcher de regagner par les bonnes qualités ce qu'on perd du côté des agréables. Il y a longtemps que j'ai fait ces réflexions, et par cette raison je veux tous les jours travailler à mon esprit, à mon âme, à mon cœur, à mes sentiments. Voilà de quoi je suis pleine et de quoi je remplis cette lettre, n'ayant pas beaucoup d'autres sujets.

Je vous crois à Lambesc, mais je ne vous vois pas bien ici; il y a des ombres dans mon imagination qui vous ouvrent à ma vue. Je m'étais fait le château de Grignan, je voyais votre appartement, je me promenais sur votre terrasse, j'allais à la messe dans votre belle église; mais je ne sais plus où j'en suis : j'attends avec impatience des nouvelles de ce lieu-là et des manières de l'évêque. Il y avait dans mon dernier paquet une lettre qui me donna beaucoup d'espérance. Quoique vous ayez été deux ordinaires sans m'écrire, j'espère un peu vendredi d'avoir une lettre de vous, et si je n'en ai point, vous avez été si prévoyante, que je ne serai point en peine; il y a des soins comme, par exemple, celui-là, qui marquent tant de bonté, de tendresse et d'amitié, qu'on est charmé. Amen ma très-chère et très-aimable; je ne veux point vous écrire davantage aujourd'hui, quoique mon loisir soit grand : je n'ai que des riens à vous mander, c'est abuser d'une lieutenante générale qui tient les états dans une ville, et qui n'est pas sans affaires; cela est bon quand vous êtes dans votre palais d'Apollidon. Notre abbé, notre Mousse, sont toujours tout à vous; et pour moi, ma fille, ai-je besoin de vous dire ce que je vous suis et ce que vous m'êtes?

Le comte de Guiche est à la cour tout seul de son air et de sa manière, un héros de roman, qui ne ressemble point au reste des hommes : voilà ce qu'on me mande.

186. — A LA MÊME.

Aux Rochers, dimanche 11 octobre 1671.

Vous avez été fâchée de quitter Grignan, vous avez eu raison; j'en ai été quasi aussi triste que vous, et j'ai senti votre éloignement de vingt lieues, comme je sentirais un changement de climat. Rien ne me console que la sûreté où vous serez à Aix pour votre santé; vous accoucherez au bout de l'an tout juste, j'emploie tous mes jours à songer à ceux de l'année dernière que je passais avec vous. Il est vrai qu'on ne peut pas avoir moins perdu de temps que vous avez fait; mais si, après cette couche-ci, M. de

Grignan ne vous donne quelque repos, comme on fait à une bonne terre, bien loin d'être persuadée de son amitié, je croirai qu'il veut se défaire de vous; et le moyen de résister à ces continuelles fatigues? Il n'y a ni jeunesse ni santé qui n'en soient détruites. Enfin je lui demande pour vous cette marque de sa tendresse et de sa complaisance : je ne veux point vous trouver grosse, je veux que vous veniez vous promener avec moi dans ces prés, que vous me promettez, et que nous mangions de ce divin muscat, sans crainte de la colique. Nous ne pensons qu'à notre voyage; et si notre abbé peut vous être bon à quelque chose, il sera au comble de ses désirs : vous nous souhaitez, il n'en faut pas tant pour nous faire voler vers vous. Nous quitterons les Rochers à la fin du mois qui vient; il me semble que ce sont les premiers pas, et j'en sens de la joie : j'en aurai beaucoup si vous arrivez à Aix en bonne santé.

Je ne trouve pas bien prudent d'avoir fait ce voyage de Lambesc au milieu de votre sept. Mais quelle folie de s'appeler *M. et madame de Grignan, et le chevalier de Grignan*[1], et venir vous faire la révérence! Qu'est-ce que ces Grignans-là? Pourquoi n'êtes-vous pas uniques en votre espèce? Celle de vos scorpions me fait grand'peur : vous savez bien au moins que leur piqûre est mortelle; je suis persuadée que puisque vous avez des bâtiments pour vous garantir du chaud, vous n'êtes point aussi sans de l'huile de scorpion, pour vous servir de contre-poison. Je ne connaissais la Provence que par les grenadiers, les orangers et les jasmins : voilà comme on nous la dépeint. Pour nous, ce sont des châtaignes qui font notre ornement; j'en avais l'autre jour trois ou quatre paniers autour de moi; j'en fis bouillir, j'en fis rôtir, j'en mis dans ma poche : on en sert dans les plats, on marche dessus; c'est la Bretagne dans son triomphe.

---

[1] Ils étaient d'une maison ancienne établie à Salon, et dont le nom était *Grignan*.

M. d'Usez[1] est à son abbaye près d'Angers : il m'a envoyé un exprès; il dit qu'il me viendra voir, mais je n'en crois rien; il dit que vous êtes adorable, et adorée de tous les Grignans, je le crois : vous l'êtes ici au moins autant, sans offenser personne. Mon oncle est comme je le souhaite sur votre sujet; Dieu nous le conserve! La Mousse approuve fort que vous laissiez reposer votre lettre; on ne juge jamais bien d'abord de ces sortes d'ouvrages; il vous conseille même de la faire voir à quelqu'un de vos amis : ils en jugent mieux que nous-mêmes; en attendant il est tout à vous. Que dirai-je à nos Grignans? Vous êtes bien méchante de leur faire voir toutes mes folies : pour vous, qui les connaissez, il n'est pas possible de vous les cacher; mais eux, avec qui j'ai mon honneur à garder... Adieu, ma chère enfant, je vous recommande ma vie; vous savez ce que vous avez à faire pour la conserver.

187. — A LA MÊME.

Aux Rochers, mercredi 14 octobre 1671.

Je m'en vais vous mander un petit secret; n'en parlez pas, je vous prie, si personne ne vous l'a mandé. Vous saurez que notre pauvre d'Hacqueville[2] a tant fait et s'est si fort tourmenté autour de ses amis, qu'il en est tombé malade; on prend même plaisir à dire que c'est de la petite vérole, et qu'il a vu tous les jours M. de Chevreuse, qui l'a; je ne le crois point, mais voici ce qui est. On lui a écrit une lettre d'une main inconnue, par laquelle on lui demande une heure du lendemain, pour une consultation qui doit se faire chez le cardinal de Retz. On marque ensuite toutes les heures du jour, comme il a accoutumé de les employer; on le prie de venir voir donner un remède

---

[1] Jacques Adhémar de Monteil de Grignan, évêque d'Usez.
[2] C'est de lui qu'on disait les d'Hacqueville, parce qu'il était d'un caractère si officieux qu'il se reproduisait en quelque sorte pour le service de ses amis. (P.)

à cinq heures à M. le maréchal de Gramont et d'aller quérir dans son carrosse M. Brayer pour le petit Monaco; on l'avertit d'envoyer savoir des nouvelles de tous les malades dont on lui fait la liste; on le conjure de ne pas manquer de se trouver le soir chez mademoiselle de Clisson [1], qui a de grands maux de mère; on parle du commerce de Provence et de tous les pays de l'Europe, et l'on finit par : *Dormez, dormez, vous ne sauriez mieux faire*. Enfin il a montré cette lettre avec un tel chagrin, que je meurs de peur que cela n'augmente sa fièvre. Ne me citez jamais, sur la vie; on vous le mandera peut-être d'ailleurs.

Je sais que M. de Coulanges a eu le courage de vous aller chercher à Lambesc. Ma fille, que je l'aime d'avoir pris cette peine! qu'il a bien fait! qu'il est aimable! que je l'embrasserai de bon cœur! et que vous méritez bien qu'on en fasse davantage pour vous! Mais tout le monde n'est pas digne de le comprendre, et c'est un mérite que d'être entré, comme il a fait, dans cette vérité. Aussi vous lui avez écrit des merveilles, et je vous en loue et vous en remercie, car vous savez comme je l'aime. Adhémar sera trop aise de revenir avec lui.

L'abbé Têtu est retourné en Touraine, n'ayant pu durer à Paris; et pour varier un peu la phrase, il a mené à ce second voyage toute la *case* de Richelieu. Si vous pouviez croire que ce fût pour vous que Paris lui fût insupportable, vous seriez bien glorieuse; mais vous seriez seule de votre sentiment.

Il y a de la division dans la maison de Gramont entre les deux frères [2]; notre ami d'Hacqueville est fort mêlé là-dedans. Louvigny n'a pas assez d'argent pour acheter la charge [3]; je ne sais si l'on vous mande ce détail.

---

[1] Fille d'honneur de Madame; elle fut mariée au marquis de Roquelaure. (M.)

[2] Le comte de Guiche et le comte de Louvigny, depuis duc de Gramont. (P.)

[3] De colonel des gardes françaises. (P.)

J'étais hier dans une petite allée à main gauche du mail, très-obscure; je la trouvai belle : je fis écrire sur un arbre :
E di mezzo l'orrore, esce il diletto.

Si M. de Coulanges est encore avec vous, embrassez-le pour moi, en l'assurant que je suis fort contente de lui. Et ces pauvres Grignans n'auraient-ils rien? Et vous, ma chère petite, quoi! pas un mot d'amitié?

188. — A LA MÊME.

Aux Rochers, dimanche 18 octobre...

L'envie que vous avez d'envoyer ma première lettre à quelqu'un, afin qu'elle ne soit pas perdue, m'a fait rire, et souvenir d'une Bretonne qui voulait avoir un avocat qui m'avait fait gagner un procès, comme un sûr moyen de gagner le sien.

Vous voilà donc à Lambesc, ma fille; mais vous êtes grosse jusqu'au menton. La mode de Provence me fait peur. Quoi! ce n'est donc rien que de ne faire qu'un enfant? Une fille n'oserait s'en plaindre, et les femmes en font ordinairement deux ou trois. Je n'aime point cette grosseur excessive; tout au moins cela vous donne de grandes incommodités.

Écoutez, monsieur le Comte, c'est à vous que je parle; vous n'aurez que des rudesses de moi pour toutes vos douceurs. Vous vous plaisez dans vos œuvres : au lieu d'avoir pitié de ma fille, vous ne faites qu'en rire; il paraît bien que vous ne savez ce que c'est que d'accoucher. Mais écoutez, voici une nouvelle que j'ai à vous dire : c'est que si après ce garçon-ci vous ne lui donnez quelque repos, je croirai que vous ne l'aimez point, et que vous ne m'aimez point aussi; je n'irai point en Provence : vos hirondelles auront beau m'appeler, point de nouvelles; et de plus, j'oubliais ceci : c'est que je vous ôterai votre femme. Pensez-vous que je vous l'aie donnée pour la tuer, pour détruire sa santé, sa beauté, sa jeunesse? Il n'y a point de raillerie : je vous demanderai cette grâce à genoux en temps et lieu : en attendant, admirez ma confiance de vous faire une menace de ne point aller en Provence. Vous voyez par là que vous ne perdez ni votre amitié ni vos paroles. Nous sommes persuadés, notre abbé et moi, que vous serez fort aise de nous voir. Nous vous menerons La Mousse, qui vous rend grâce de votre souvenir; et pourvu que je ne trouve point une femme grosse, et toujours grosse, et encore grosse, vous verrez si nous ne sommes pas des gens de parole. En attendant, ayez-en un soin extrême, et prenez garde qu'elle n'accouche à Lambesc. Adieu, mon cher Comte.

Je reviens à vous, ma belle, et vous dis donc que je vous plains fort : songez à ne point accoucher à Lambesc. Quand vous aurez passé le huitième, il n'y a plus d'heure. Vous avez présentement M. de Coulanges : qu'il est heureux de vous voir! qu'il a bien fait d'avoir pris courage, vous de l'avoir pressé! Embrassez-le pour moi, et tous les Grignans, car on ne saurait s'empêcher de les aimer. Ma tante[1] me mande que votre enfant pince tout comme vous. Elle est méchante; je meurs d'envie de la voir. Hélas! j'aurais grand besoin de cet homme noir pour me faire rendre un chemin dans l'air : celui de terre devient si épouvantable que je crains quelquefois que nous ne soyons assiégés ici par les eaux. Il est vrai qu'après vous avoir vue partir pour la Provence, au milieu des abîmes, il faut croire qu'il n'y a rien d'impossible.

Je reviens à votre histoire. Je m'étais moquée de celle de La Mousse; mais je ne me moque pas de celle-ci : vous me l'avez très-bien contée, et si bien que j'en frissonnais en la lisant; le cœur m'en battait : en vérité, c'est la plus étrange chose du monde. Cet *Auger* enfin, c'est un garçon

---

[1] La marquise de La Trousse, née Coulanges.

que j'ai vu, à qui je parlerai, et qui conte cela tout naïvement : je crois que rien ne peut être plus positif; c'est un sylphe assurément. Après la promesse que vous faites, je ne doute pas qu'il n'y ait presse à qui vous apportera ici : la récompense est digne d'être bien disputée, et si je ne vous vois arriver, je croirai que cela vient de la guerre que cette préférence aura émue entre eux. Cette guerre sera bien fondée, et si les sylphes pouvaient périr, ils ne pourraient le faire dans une plus belle occasion. Enfin, ma fille, je vous remercie mille fois de m'avoir si bien conté cette histoire d'original; c'est la première de cette nature dont je voudrais répondre.

Je trouve plaisants les miracles de votre solitaire; mais s'il les croit, j'en doute fort, et M. de Grignan a grande raison de l'aller prêcher de temps en temps : sa vanité pourrait bien le conduire du milieu de son désert dans le milieu de l'enfer. Ce serait un beau chemin; il n'eût pas été besoin de prendre tant de peine; s'il ne va que là, on y va fort bien partout. Je craindrai fort pour son salut, jusqu'à ce que vous m'en assuriez. Je vous crois, et je sais que vous êtes tout comme il faut pour n'être persuadée qu'à bonnes enseignes. Dieu est tout-puissant, qui est-ce qui en doute? Mais nous ne méritons guère qu'il nous montre sa puissance.

Je suis fort aise que M. de Grignan ait bien harangué; cela est agréable pour soi : on ne se soucie pas des autres. M. de Chaulnes parla bien aussi, un peu pesamment; mais cela n'était pas mal à un gouverneur. Pour M. de Lavardin, il a la langue fort bien pendue. J'ai mandé à Corbinelli qu'assurément son paquet avait été perdu avec tant d'autres lettres que je regrette tous les jours. Adieu, ma chère enfant; je vous aime si passionnément que j'en cache une partie, de peur de vous accabler. Je vous remercie de vos soins, de votre amitié, de vos lettres; ma vie tient à toutes ces choses-là.

189. — A LA MÊME.

Aux Rochers, mercredi 21 octobre 1671.

Que votre ventre me pèse, ma chère petite! Songez que vous n'êtes pas seule à étouffer, et que le grand intérêt que je prends à votre santé me ferait devenir habile, si j'étais auprès de vous. Les avis que je donne à la Deville feraient croire à madame Moreau[1] que j'aurais eu des enfants. En vérité, j'en ai beaucoup appris depuis trois ans. J'avoue que d'abord l'honnêteté et la *préciosité* d'un long veuvage m'avaient laissée dans une profonde ignorance; mais je deviens *matrone* à vue d'œil.

Vous avez présentement M. de Coulanges : il vous aura bien réjoui le cœur; mais quand vous recevrez cette lettre, vous ne l'aurez plus. Je l'aimerai toute ma vie du courage qu'il a eu de vous aller trouver jusqu'à Lambesc. J'ai fort envie de savoir des nouvelles de ce pays-là. Je suis accablée de celles de Paris; surtout la répétition du mariage de Monsieur me fait sécher sur pied. Je suis en butte à tout le monde, et tel qui ne m'a point écrit se réveille pour mon malheur afin de me l'apprendre. Je viens d'écrire à l'abbé (*Le Camus*) de Pontcarré : « Que je le con-« jure de ne m'en plus rompre la tête, ni de la Palatine « qui va quérir la Princesse[2], ni du maréchal du Plessis « qui va l'épouser à Metz, ni de Monsieur qui va con-« sommer à Châlons, ni du roi qui va les voir à Villers-« Cotterets; qu'en un mot, je n'en veux plus entendre « parler qu'ils n'aient couché et recouché ensemble; que « je voudrais être à Paris pour n'entendre plus parler de « nouvelles; que du moins si je pouvais me venger sur les « Bretons de la cruauté de mes amis, je prendrais patience;

---

[1] Madame Moreau avait gardé madame de Grignan pendant sa couche. *Voyez* ci-après la lettre du 11 novembre.
[2] Élisabeth-Charlotte de Bavière, fille de Charles-Louis, électeur palatin.

« mais qu'ils sont six mois à tourner sans ennui sur une
« nouvelle de la cour, et à la regarder de tous côtés;
« que pour moi, j'ai encore un petit reste de bel air qui me
« rend *précieuse*, et qui fait que je me lasse aisément. » En
effet, je me détourne des lettres où je crois qu'on me va
parler encore de nouvelles, et je me jette avidement sur
les lettres d'affaires. Je lus hier avec un plaisir extrême
une lettre du bon homme Lamaison[1], que j'étais bien assurée qui ne me dirait pas un mot de ce mariage, mais qui
salue toujours fort humblement madame la comtesse,
comme si elle était encore à mes côtés. Hélas! il ne me
faudrait guère prier pour me faire pleurer présentement :
un tour de mail sur le soir en ferait l'office.

A propos, il y a des loups dans mon bois; j'ai deux ou
trois gardes qui me suivent les soirs, le fusil sur l'épaule;
Beaulieu est le capitaine. Nous avons honoré depuis deux
jours le clair de la lune de notre présence, entre onze
heures et minuit. Avant-hier nous vîmes d'abord un
homme noir; je songeai à celui d'*Auger*, et je me préparais
déjà à refuser sa jarretière. Il s'approcha, et nous trouvâmes que c'était M. de La Mousse. Un peu plus loin nous
vîmes un corps blanc tout étendu; nous approchâmes de
celui-là, c'était un arbre que j'avais fait abattre la semaine
passée. Voilà des aventures bien extraordinaires; je crains
que vous n'en soyez effrayée en l'état où vous êtes; buvez
un verre d'eau, ma fille. Si nous avions des sylphes à notre
commandement, nous pourrions vous conter quelques histoires dignes de vous divertir; mais il n'appartient qu'à
vous de voir une telle diablerie, sans pouvoir en douter.
Quand ce ne serait que pour parler à *Auger*, il faut que
j'aille en Provence : cette histoire m'a bien occupée et bien
divertie; j'en ai envoyé la copie à ma tante, croyant que
vous n'auriez pas eu le courage de l'écrire deux fois si bien

---

[1] Régisseur de la terre de Bourbilly.

et si exactement. Dieu sait quel goût je trouve à ces sortes de choses en comparaison des *Renaudot*[1], qui égayent leur plume à mes dépens. Adieu, ma chère belle, je vous vois, et je pense à vous sans cesse. Mille amitiés aux Grignans, à proportion de ce que vous croyez qu'ils m'aiment : cette règle est bonne ; je m'en fie à vous.

190. — A LA MÊME.

Aux Rochers, dimanche 25 octobre 1671.

Me revoilà dans mes lamentations de Jérémie ; je n'ai reçu qu'un paquet cette semaine, et je dois croire l'autre perdu : vous n'avez point été sept jours sans m'écrire ; il y a cela entre vos lettres. Ma fille, c'est un démon qui les dérobe, et qui s'en joue ; c'est le sylphe d'*Auger* : quoi qu'il en soit, j'en suis inconsolable. Voilà une lettre pour votre évêque ; vous avez très-bien fait d'ouvrir la sienne ; elle est toute farcie de tendresse. Je le prends par ses paroles, et je compte là-dessus plus qu'il ne voudrait. C'est très-bien fait : pourquoi s'embarque-t-il dans de si extrêmes protestations ? Je crois que ma réponse n'est point mal : la fin est bien méchante et bien commune. J'ai quasi donné dans la *justice de croire* ; mais voilà justement où je ne m'en soucie pas. Si vous n'avez point jeté mes dernières lettres, mandez-moi s'il n'y en a pas une du 30 septembre. Eh bien ! c'est justement celle où vous me disiez de l'avoir reçue, que le diable a emportée : j'en reviens toujours là, parce que j'en suis désespérée. On me mande que le roi a donné un régiment au chevalier de Grignan : je crois que c'est *Adhémar* ; si c'est quelque chose de bon, j'en suis ravie. Mais que dirons-nous de Coulanges ? N'est-ce point le plus joli homme du monde ? J'ai lu sa lettre, tout comme vous l'avez imaginé, c'est-à-dire en pâmant de rire : toute

---

[1] C'est-à-dire des faiseurs de gazettes. L'invention des gazettes est due à Th. *Renaudot*, qui en 1631 commença à faire imprimer les nouvelles publiques, sous le nom de *Gazettes*. (A. G.)

sa lettre est excellente, et ses chapitres. Mon Dieu! que j'ai envie de le voir, de l'embrasser, de parler de vous avec lui! Il est ravi de tout ce que vous faites, et en vérité il a raison : on ne peut assez vous admirer; je ne saurais faire les honneurs de vous, j'en suis touchée comme les autres, et j'en demeure d'accord avec mes bons amis, sans faire comme la présidente Jeannin : vous souvient-il de ce petit conte? Enfin, ma fille, que vous manque-t-il? vous le renviez sur M. de Pomponne. Au milieu de mon rire, je me suis senti des serrements de cœur qui ne paraissaient point y devoir tenir une place, et que je trouvais fort bien le moyen d'y mettre; tous chemins vont à Rome, c'est-à-dire tout me va droit au cœur. M. de Coulanges écrit tout cela bien plaisamment, et nous en avons ri, comme vous l'avez prévu, et assurément aux mêmes endroits. J'examinerai bien cet hiver, avec lui, tous les chapitres, et surtout celui de la coiffure; il me paraît assez comme celui d'Aristote dans son chapitre des chapeaux. Mais le chocolat, qu'en dirons-nous? N'avez-vous point peur de vous brûler le sang? Tous ces effets si miraculeux ne nous cacheront-ils point quelque embrasement? Dans l'état où vous êtes, ma chère enfant, rassurez-moi, car je crains ces mêmes effets. J'ai aimé le chocolat, comme vous savez; il me semble qu'il m'a brûlée, et depuis j'en ai bien entendu dire du mal; mais vous dépeignez et vous dites si bien les merveilles qu'il fait en vous, que je ne sais plus qu'en penser. Cet endroit de la lettre de Coulanges est très-plaisant, mais en tout je vous assure qu'elle est plaisante. Adieu, ma très-chère et très-aimable, je prendrai grand plaisir à lire le chapitre de la tendresse que vous avez pour moi ; je vous promets de demeurer fixée dans l'opinion que j'en ai; mais, pour plus grande sûreté, soyez fixée aussi à m'en donner des marques, comme vous faites. Vous savez avec quelle passion je vous aime, et quelle inclination j'ai eue toute ma vie pour vous : tout ce qui peut m'avoir rendue haïssable venait de ce fonds : il est en vous de me rendre la vie heureuse ou malheureuse. J'embrasse le Comte. La marquise de Coëtlogon prit tant de chocolat, étant grosse l'année passée, qu'elle accoucha d'un petit garçon noir comme un diable, qui mourut. Il est vrai que les lettres de notre petit ami[1] ne sont nullement agréables, il y a trop de paroles; il fait bien d'être honnête homme d'ailleurs. Je fais réponse à M. de Coulanges; ma tante ne le croit plus auprès de vous.

191. — A LA MÊME.

Aux Rochers, mercredi 28 octobre 1671.

Des scorpions, ma fille! il me semble que c'était là un vrai chapitre pour le livre de M. de Coulanges. Celui de l'étonnement de vos entrailles sur la glace et sur le chocolat est une matière que je veux traiter à fond avec lui, mais plutôt avec vous, et vous demander de bonne foi si vos entrailles n'en sont point offensées, et si elles ne vous font point de bonnes coliques, pour vous apprendre à leur donner de telles *antipéristases*[2] : voilà un grand mot. J'ai voulu me raccommoder avec le chocolat; j'en pris avant-hier pour digérer mon dîner, afin de bien souper, et j'en pris hier pour me nourrir, afin de jeûner jusqu'au soir : il m'a fait tous les effets que je voulais. Voilà de quoi je le trouve plaisant, c'est qu'il agit selon l'intention. Je ne sais pas ce que vous avez fait ce matin; pour moi, je me suis mise dans la rosée jusqu'à mi-jambes pour prendre des alignements; je fais des allées de retour tout autour de mon parc, qui seront d'une grande beauté; si mon fils aime les bois et les promenades, il bénira bien ma mémoire.

---

[1] Ce petit ami est soit d'Hacqueville, soit La Mousse. Ce ne peut être M. de Sévigné, qui n'était plus aux Rochers.
[2] Terme de philosophie qui vient du grec, et signifie l'action de deux qualités contraires, dont l'une donne de la vigueur et de l'activité à l'autre.
(A. G.)

Mais, à propos de mère, on accuse celle du marquis de S......[1] de l'avoir fait assassiner : il a été criblé de cinq ou six coups de fusil; on croit qu'il en mourra. Voilà une belle scène pour notre petite amie. Je mande à mon fils que j'approuve le procédé de cette mère, que voilà comme il faut corriger les enfants, et que je veux faire amitié avec elle. Je crois qu'il est à Paris, votre petit frère; il aime mieux m'y attendre que de revenir ici; il fait bien. Mais que dites-vous de mon mari, l'abbé d'Effiat? Je suis bien malheureuse en maris : il épouse une jeune nymphe de quinze ans[2], fille de M. et de madame de La Bazinière, façonnière et coquette en perfection; le mariage se fait en Touraine. Il a quitté quarante mille livres de rente de bénéfices pour... Dieu veuille qu'il soit content, tout le monde en doute, et trouve qu'il aurait bien mieux fait de s'en tenir à moi.

M. d'Harouïs m'écrit ceci : « Mandez à madame de Cari-
« gnan[3] que je l'adore. Elle est à ses petits états : ce ne
« sont pas des gens comme nous, qui donnons des cent
« mille écus; mais au moins qu'ils lui donnent autant
« qu'à madame de Chaulnes pour sa bien-venue. » Il aura beau souhaiter, et moi aussi; vos esprits sont secs, et leur cœur s'en ressent; le soleil boit toute leur humidité, et c'est ce qui fait la bonté et la tendresse. Ma fille, je vous embrasse mille fois; je suis toujours dans la douleur d'avoir perdu un de vos paquets la semaine passée : la Provence est devenue mon vrai pays; c'est de là que viennent tous mes biens et tous mes maux. J'attends toujours les

---

[1] Henri de Senneterre (Saint-Nectaire), marquis de Châteauneuf, vicomte de Lestranges, fut blessé à Privas, le 15 octobre 1671, *à l'occasion d'un grand différend qu'il avait avec sa mère*, et mourut de ses blessures, le 25 du même mois. (Moréri.)

[2] Marie-Anne Bertrand de la Bazinière n'épousa point l'abbé d'Effiat, comme le bruit en courait alors; elle épousa depuis le comte de Nancré. (P.)

[3] Plaisanterie au sujet de la méprise d'un gentilhomme breton, qui, buvant la santé de madame de Grignan, pendant les états, disait *madame de Carignan*, ce qui fut suivi de plusieurs autres Bretons. (A. G.)

vendredis avec impatience, c'est le jour de vos lettres. Saint-Pavin[1] fit autrefois une épigramme sur les vendredis, qui étaient les jours qu'il me voyait chez l'abbé; il parlait aux Dieux, et finissait :

> Multipliez les vendredis,
> Je vous quitte de tout le reste.

A l'applicazione, signora. M. d'Angers[2] m'écrit des merveilles de vous ; il a fort vu M. d'Uzès[3], qui ne peut se taire de vos perfections : vous lui êtes très-obligée de son amitié; il en est plein, et la répand avec mille louanges qui vous font admirer. Mon abbé vous aime très-parfaitement, La Mousse vous honore, et moi je vous quitte : ah ! marâtre, un mot aux chers Grignans.

192. — A LA MÊME.

Aux Rochers, dimanche 1ᵉʳ novembre 1671.

Si cette première lettre de Coulanges que j'ai perdue était comme les trois autres, il en faut pleurer; car, tout de bon, on ne peut écrire plus agréablement : vous faites un dialogue entre vous autres, qui vaut tout ce qu'on peut dire; chacun y dit son mot très-plaisamment. Pour vous, ma fille, je vous reconnais bien à consentir que Coulanges s'en aille demain, plutôt qu'à demeurer avec vous toute sa vie; cette éternité vous fait peur, comme à moi d'aller en litière avec quelqu'un. Je ne veux point vous dire la seule personne du monde avec qui j'y voudrais aller. Je

---

[1] Poëte dont Saint-Marc a recueilli les œuvres, et dont Boileau avait mis la dévotion au rang des choses impossibles. Au reste, son athéisme ne l'empêchait pas d'être crédule. Il se convertit, dit-on, par suite d'une vision. La même nuit que mourut *Théophile*, son médecin et son ami, il s'entendit appeler à plusieurs reprises. Son domestique l'ayant assuré qu'il avait ouï la même voix, Saint-Pavin renonça à ses opinions impies, et se fit dévot.
[2] Henri Arnould, évêque d'Angers.
[3] Jacques Adhémar de Monteil, évêque d'Uzès, oncle de M. de Grignan. (P.)

suis fort aise de connaître *Jacquemart* et *Marguerite*[1] ; il me semble que je suis avec vous tous, et il me semble que je vous vois et M. de Coulanges. Il faut avouer que vous êtes une honnête femme de vous ajuster comme vous faites en Provence avec votre mari, et d'avoir passé neuf mois avec nous à Paris, comme une vraie demoiselle de Lorraine : vous souvient-il de ce manteau noir dont vous nous honoriez tous les jours ? J'espère que je renouvellerai tous vos ajustements quand j'arriverai à Grignan ; mais point de grossesse, mon cher Grignan, je vous en conjure tendrement ; ayez pitié de votre aimable femme, laissez-la reposer comme une bonne terre. Si vous me le promettez, je vous aimerai de tout mon cœur. Je comprends, ma fille, la crainte que vous avez de perdre votre premier président[2]. Votre imagination va vite, car il n'est point en danger. Voilà les tours que me fait la mienne à tout moment ; il me semble toujours que tout ce que j'aime, tout ce qui m'est bon, va m'échapper ; et cela donne de telles tristesses à mon cœur, que si elles étaient continuelles comme elles sont vives, je n'y pourrais pas résister. Sur cela il faut faire des actes de résignation à l'ordre et à la volonté de Dieu. M. Nicole n'est-il pas encore admirable là-dessus ? J'en suis charmée, je n'ai rien vu de pareil. Il est vrai que c'est une perfection un peu au-dessus de l'humanité, que l'indifférence qu'il veut de nous pour l'estime ou l'improbation du monde ; je suis moins capable que personne de la comprendre. Mais, quoique dans l'exécution on se trouve faible, c'est pourtant un plaisir que de méditer avec lui, et de faire réflexion sur la vanité de la joie ou de la tristesse que nous recevons d'une telle fumée ; et à force de trouver ses raisonnements vrais, il

---

[1] C'est ainsi qu'on nomme à Lambesc les deux figures qui frappent les heures à l'horloge du beffroi de cette ville, où se trouvait alors madame de Grignan pendant la tenue de l'assemblée des états de Provence. (P.)

[2] M. Forbin d'Oppède ; il mourut le 14 novembre.

ne serait pas impossible qu'on s'en servît dans certaines occasions. En un mot, c'est toujours un trésor, quoi que nous en puissions faire, d'avoir un si-bon miroir des faiblesses de notre cœur. M. d'Andily est aussi content que nous de ce beau livre.

M. de Coulanges vous a gagné votre argent; mais vous avez bien ri en récompense : rien ne peut égaler ce qu'il a écrit à sa femme. Je ne crois pas que je le quitte cet hiver, tant je serai ravie de parler de vous avec un homme qui vous a vue et admirée de si près. Pour Adhémar, puisqu'il est méchant, je le chasserai; il est vrai qu'il a un régiment, et qu'il entrera par force. On me mande que ce régiment est une distinction agréable; mais n'est-ce point aussi une ruine? Ce que je trouve de bon, c'est que le roi se soit souvenu du chevalier de Grignan, en absence; plût à Dieu qu'il se souvînt aussi de son aîné, puisqu'il va bien jusqu'en Suède chercher de fidèles serviteurs! On dit que M. de Pomponne fait sa charge comme s'il n'avait jamais fait autre chose; personne ne s'y est trompé.

J'aime le coadjuteur de m'aimer encore. Adhémar, chevalier, approchez-vous, que je vous embrasse; je suis attachée à ces Grignans. Il s'en faut bien que le livre de M. Nicole fasse en moi d'aussi beaux effets qu'en M. de Grignan; j'ai des liens de tous côtés, mais surtout j'en ai un qui est dans la moelle de mes os. Et que fera là-dessus M. Nicole? Mon Dieu, que je sais bien l'admirer! mais que je suis loin de cette bienheureuse indifférence qu'il nous veut inspirer! Adieu, ma très-chère petite; ne me plaignez-vous point de ce que je vais souffrir, présentement que vous êtes dans votre neuvième? Monsieur le Comte, j'ai bien de la peine à vous pardonner d'avoir mis encore ma fille en cet état, et je suis bien aise que vous remarquiez quand je ne fais point mention de vous dans mes lettres : voilà justement ce que je voulais. Conservez-vous, ma fille, si vous m'aimez. Je sens la tristesse de voir tous vos visages de Paris vous quitter l'un après l'autre; il est vrai que vous avez votre mari, qui est aussi un visage de Paris. Ma fille, il ne faut point se laisser oublier dans ce pays-là, il faut que je vous ramène ; je vous en ferai demeurer d'accord.

Le mariage de l'abbé d'Effiat n'est point fait, comme on me l'avait mandé ; il demande du temps pour y penser, et je crois cette affaire rompue.

193. — A LA MÊME.

Aux Rochers, mercredi 4 novembre 1671.

Ah, ma fille, il y a aujourd'hui deux ans qu'il se passa une étrange scène à Livry[1], et que mon cœur fut dans une terrible presse ; mais il faut passer légèrement sur de tels souvenirs. Il y a de certaines pensées qui égratignent la tête. Parlons un peu de M. Nicole ; il y a longtemps que nous n'en avons rien dit. Je trouve votre réflexion fort bonne et fort juste sur l'indifférence qu'il veut que nous ayons pour l'approbation ou l'improbation du prochain. Je crois, comme vous, qu'il faut un peu de grâce, et que la philosophie seule ne suffit pas. Il nous met à si haut prix la paix et l'union avec le prochain, et nous conseille de l'acquérir aux dépens de tant de choses, qu'il n'y a pas moyen après cela d'être indifférente sur ce que le monde pense de nous. Devinez ce que je fais : je recommence ce traité ; je voudrais bien en faire un bouillon et l'avaler. Ce qu'il dit de l'orgueil et de l'amour-propre, qui se trouvent dans toutes les disputes, et que l'on couvre du beau nom de l'amour de la vérité, est une chose qui me ravit. Enfin ce traité est fait pour bien du monde ; mais je crois qu'on n'a eu principalement que moi en vue. Il dit que

---

[1] Il s'agit encore ici de la fausse couche de madame de Grignan, arrivée à Livry le 4 novembre 1669.

l'éloquence et la facilité de parler donnent un certain *éclat* aux pensées ; cette expression m'a paru belle et nouvelle ; ce mot d'*éclat* est bien placé : ne le trouvez-vous pas [1] ? Il faut que nous relisions ce livre à Grignan : si j'étais votre garde pendant votre couche, ce serait notre fait ; mais que puis-je vous faire de si loin? Je fais dire tous les jours la messe pour vous; voilà mon emploi, et d'avoir bien des inquiétudes qui ne vous serviront de rien, mais qu'il est impossible de n'avoir pas. Cependant j'ai dix ou douze ouvriers en l'air, qui élèvent la charpente de ma chapelle, qui courent sur les solives, qui ne tiennent à rien, qui sont à tout moment sur le point de se rompre le cou, qui me font mal au dos à force de leur aider d'en bas. On songe à ce bel effet de la Providence, que fait la cupidité ; et l'on remercie Dieu qu'il y ait des hommes qui pour douze sous veuillent bien faire ce que d'autres ne feraient pas pour cent mille écus. « Oh! trop heureux ceux qui « plantent des choux! quand ils ont un pied à terre, l'au- « tre n'en est pas loin. » Je tiens ceci d'un bon auteur [2]. Nous avons aussi des planteurs qui font des allées nouvelles, et dont je tiens moi-même les arbres, quand il ne pleut pas à verse; mais le temps nous désole, et fait qu'on souhaiterait un sylphe pour nous porter à Paris. Madame de La Fayette me mande que puisque vous me contez sérieusement l'histoire d'*Auger*, elle est persuadée que rien n'est plus vrai, et que vous ne vous moquez point de moi. Elle croyait d'abord que ce fût une folie de Coulanges, et cela se pouvait très-bien penser; si vous lui en écrivez, que ce soit sur ce ton.

M. de Louvigny, comme vous voyez, n'a pas eu la force

---

[1] Cette expression, ainsi placée, était en effet nouvelle à cette époque, et elle devait frapper Madame de Sévigné, qui elle-même était fertile en expressions de ce genre. Il y a une belle étude à faire sur les expressions ainsi créées par nos grands écrivains et sur les époques où elles furent introduites dans notre langue.
[2] De Rabelais, dans *Panurge*.

d'acheter la charge[1] de son père. Voilà M. de La Feuillade[2] bien établi ; je ne croyais pas qu'il dût si bien rentrer dans le chemin de la fortune. Ma tante a eu une bouffée de fièvre qui m'a fait peur. Votre petite fille a mal aux dents, et pince comme vous, cela est plaisant. Que vous dirai-je de plus? Songez que je suis dans un désert ; jamais je n'ai vu moins de monde que cette année. La Troche, que j'attendais, est malade. Nous sommes donc seuls; nous lisons beaucoup, et l'on trouve le soir et le lendemain comme ailleurs. Adieu, ma chère enfant ; je suis à vous sans aucune exagération , ni fin de lettre, *hasta la muerte* (jusqu'à la mort) inclusivement; j'embrasse M. de Claudiopolis[3], et le colonel Adhémar et le beau chevalier. Pour M. de Grignan, il a son fait à part.

194. — A LA MÊME.

Aux Rochers, mercredi 11 novembre 1671.

Plût à Dieu, ma fille, que de penser continuellement à vous avec toutes les tendresses et les inquiétudes possibles vous pût être bon à quelque chose! Il me semble que l'état où je suis ne devrait point vous être entièrement inutile ; cependant il ne vous sert de rien : et de quoi pourrait-il vous servir à deux cents lieues de vous? Je crois que l'on songe à tout où vous êtes, qu'on a toutes les prévoyances, qu'on a pris le bon parti, entre aller à Aix ou retourner à Grignan, qu'on a fait venir de bonne heure une sage-femme pour vous y accoutumer un peu, et vous épargner au moins ce qu'on peut vous épargner, je veux dire le chagrin et l'impatience que donne un visage entièrement in-

---

[1] De colonel des gardes françaises.
[2] François d'Aubusson, duc de La Feuillade, succéda au maréchal de Gramont dans la charge de colonel des gardes françaises. (P.)
[3] M. le coadjuteur d'Arles. Il avait été sacré évêque de Claudiopolis le 11 décembre 1667. (M.)

connu. Pour une garde, il faut que vos femmes vous secourent en cette occasion; elles se souviennent de tout le manége de madame *Moreau;* et vous, ma fille, vous aurez soin de garder le silence, et vous ne croirez pas faire, comme à Paris, un fort bon marché d'acheter le plaisir de parler par un grand accès de fièvre. Que vous dirai-je enfin, et que vous puis-je dire, que des choses à peu près de cet agrément? J'ai la tête pleine de tout ceci : je vous en parle, cela est naturel; si cela vous ennuie, cela est naturel aussi : je ne suis point blessée de toutes les choses qui sont à leur place. Il faudrait donc ne point vous écrire jusqu'à ce que je susse que vous êtes accouchée, et ce serait une étrange chose; il vaut mieux, ma fille, que vous accoutumiez votre esprit à souffrir les pensées justes et naturelles dont on est rempli dans certaines occasions. Peut-être que vous serez accouchée quand vous recevrez cette lettre; mais qu'importe, pourvu qu'elle vous trouve en bonne santé. J'attends vendredi avec de grandes impatiences; voilà comme je suis, à toujours pousser le temps avec l'épaule, et c'est ce que je n'aimais point à faire, et que je n'avais fait de ma vie, trouvant toujours que le temps marche assez, sans qu'on le hâte d'aller. Madame de La Fayette me mande qu'elle vous va écrire; je crois qu'elle n'aura pas manqué de vous apprendre que La Marans entra l'autre jour chez la reine à la comédie espagnole, tout effarée, ayant perdu la tramontane dès le premier pas; elle prit la place de madame Dufresnoi[1]; on se moqua d'elle, comme d'une folle très-mal apprise.

L'autre jour, Pomenars passa par ici; il venait de Laval, où il trouva une grande assemblée de peuple; il demanda ce que c'était. C'est, lui dit-on, que l'on pend en effigie un gentil-homme qui avait enlevé la fille de M. le

---

[1] Femme du premier commis de M. de Louvois; elle avait une charge chez la reine.

comte de Créance; *cet homme-là, sire, c'était lui-même*[1]. Il approcha; il trouva que le peintre l'avait mal habillé, il s'en plaignit; il alla souper et coucher chez le juge qui l'avait condamné; le lendemain, il vint ici se pâmant de rire; il en partit cependant dès le grand matin, le jour d'après.

Pour des devises, hélas! ma fille, ma pauvre tête n'est guère en état de songer ni d'imaginer : cependant, comme il y a douze heures au jour, et plus de cinquante à la nuit, j'ai trouvé dans ma mémoire *une fusée poussée fort haut*, avec ces mots : *Che peri, pur che s' innalzi*. Plût à Dieu que je l'eusse inventée! je la trouve toute faite pour Adhémar : *Qu'elle périsse, pourvu qu'elle s'élève*. Je crains de l'avoir vue dans ces quadrilles; je ne m'en souviens pourtant pas précisément; mais je la trouve si jolie, que je ne crois point qu'elle vienne de moi[2]. Je me souviens bien d'avoir vu dans un livre, au sujet d'un amant qui avait été assez hardi pour se déclarer, *une fusée en l'air*, avec ces mots : *Da l' ardore l' ardire*[3] : elle est belle, mais ce n'est pas cela. Je ne sais même si celle que je voudrais avoir faite est dans la justesse des devises, je n'ai aucune lumière là-dessus; mais en gros elle m'a plu; et si elle était bonne, et qu'elle se trouvât dans les quadrilles, ou dans un cachet, ce ne serait pas un grand mal. Il est difficile d'en faire de toutes nouvelles. Vous m'avez entendue mille fois ravauder sur ce demi-vers du Tasse que je voulais employer à toute force, *l'alle non temo* : j'ai tant fait que le comte des Chapelles a fait faire un cachet avec un aigle qui approche du soleil, *l'alte non temo*[4]; il est joli. Ma pauvre

---

[1] Allusion à l'épître de Marot : *Au roi, pour avoir été dérobé*.

[2] Dans un carrousel donné par Louis XIV, Madame de Sévigné avait sans doute remarqué la devise du comte d'Illiers, et ce souvenir lui était resté. Le père Bouhours, dans son *Entretien sur les devises*, la rapporte ainsi : le corps est le même, et le mot est *poco duri, pur che m'innalzi* : qu'elle dure peu, pourvu qu'elle m'élève.

[3] *Ma hardiesse vient de mon ardeur*.

[4] *Je ne crains pas de m'élever*. Ou bien, *je ne crains pas les choses élevées*.

enfant, peut-être que tout cela ne vaut rien, et je ne m'en soucierai guère, pourvu que vous vous portiez bien.

195. — A LA MÊME.

Aux Rochers, dimanche 15 novembre 1671.

Quand je vous ai demandé si vous n'aviez point jeté mes dernières lettres, c'était un air; car de bonne foi, quoiqu'elles ne méritent pas tout l'honneur que vous leur faites, je crois qu'après avoir gardé celles que je vous écrivais quand vous faisiez des poupées, vous garderez encore celles-ci : mais il n'y a plus de cassettes capables de les contenir : hélas ! il faudra des coffres.

Je ne crois pas qu'il y ait rien de plus plaisant que ce que vous dites du nom d'*Adhémar*. Enfin la seule rature de ses lettres, c'est à la signature[1]. Je suis bien empêchée pour le nom du régiment; je vous en ai mandé mon avis. Vous savez comme je suis pour *Adhémar*, et que je voudrais le maintenir au péril de ma vie[2]; mais je crains que nous ne soyons pas les plus forts. Pour la devise[3], elle est jolie.

Che peri, pur che m' innalzi.

Voilà le vrai discours d'un petit glorieux, d'un petit ambitieux, d'un petit téméraire, d'un petit impétueux, d'un petit maréchal de France. J'ai bien envie d'en savoir votre avis, et où je l'ai pêchée, car je ne crois pas l'avoir faite. Pour M. de Grignan, ah! je le crois; je suis assurée qu'il aime mieux une *grive* que vous; et sur ce pied-là,

---

[1] Le chevalier de Grignan avait pris depuis peu le nom d'Adhémar, et il n'avait pas encore l'habitude de le signer.

[2] Le régiment dont il s'agit était un de ceux qu'on nommait, dans la cavalerie, *régiments de gentils-hommes*, et qui portaient le nom des colonels. Celui-ci s'appela *Grignan*, et ne quitta ce nom qu'à la mort du marquis de Grignan, arrivée en 1704. (P.)

[3] Le corps de cette devise était une fusée volante.

j'aime mieux un *hibou* que lui : qu'il s'examine, je l'aime comme il vous aime à proportion; je sais bien toujours qu'il y a une chose qui m'en fera juger. Mais, mon enfant, n'admirez-vous point les erreurs et les contre-temps que fait l'éloignement? Je suis en peine de vous quand vous êtes en bonne santé; et quand vous serez malade, une de vos lettres me redonnera de la joie; mais cette joie ne peut être longue, car enfin il faut accoucher, et c'est cela qui vient dans le milieu du cœur et qui me trouble avec raison, jusqu'à ce que j'apprenne votre heureux accouchement. Vous êtes donc résolue d'accoucher à Lambesc? Avez-vous votre chirurgien? La petite Deville me mande que vous le connaissez, c'est beaucoup; je crains qu'il ne soit jeune, puis qu'il vous saigne, et les jeunes gens n'ont guère d'expérience. Enfin, je ne sais ce que je dis : mais ayez soin de vous par-dessus toutes choses. Le passé doit vous avoir rendue sage; pour moi, je suis d'une capacité qui me surprend.

Vous ai-je dit que je faisais planter la plus jolie place du monde? Je me plante moi-même au milieu de la place, où personne ne me tient compagnie, parce qu'on meurt de froid. La Mousse fait vingt tours pour s'échauffer : l'abbé va et vient pour nos affaires; et moi, je suis là fichée avec ma casaque, à penser à la Provence, car cette pensée ne me quitte jamais. Je voudrais bien apprendre ici les nouvelles de votre accouchement : la fatigue des chemins et ma violente inquiétude ne me paraissent pas deux choses qu'on puisse supporter à la fois. Mandez-moi de bonne foi quel nom prendra Adhémar, je le trouve empêché : M. de Grignan défend *Grignan*, et a raison; Rouville[1] défend l'autre; il faudra se réduire *au petit glorieux*[2].

---

[1] François, comte de Rouville, homme extraordinaire pour l'autorité qu'il avait acquise de dire hautement la vérité.

[2] M. de Guilleragues disait que tous les Grignans étaient glorieux. On

Vous voulez savoir si nous avons encore des feuilles vertes ; oui, beaucoup : elles sont mêlées d'aurore et de feuille morte; cela fait une étoffe admirable.

Voilà deux bonnes veuves, madame de Senneterre et madame de Leuville : l'une est plus riche que l'autre, mais l'autre est plus jolie que l'une. Vous ne me dites rien de votre assemblée, elle dure plus que nos états. Parlez-moi de votre santé, et pour ce que vous appelez des fadaises, je ne trouve que cela de bon : hélas! si vous les haïssiez, vous n'auriez qu'à brûler mes lettres sans les lire. Notre abbé vous embrasse paternellement; il vous conjure de faire, pendant que vous y serez, tous les enfants que vous voudrez faire, et de n'en point garder pour quand nous arriverons. Adieu, ma très-chère et très-aimable; je vous recommande ma vie.

196. — A LA MÊME.

Aux Rochers, mercredi 18 novembre 1671.

Eh, mon Dieu! ma chère enfant, en quel état vous trouvera cette lettre! Il sera le 28 du mois; vous serez accouchée, je l'espère; et très-heureusement : j'ai besoin de me dire souvent ces paroles pour me soutenir le cœur, qui est quelquefois tellement pressé que je ne sais qu'en faire ; mais il est bien naturel d'être comme je suis dans une occasion comme celle-ci. J'attends mes vendredis, et je supplie ceux qui se sont divertis à prendre vos lettres de finir ce jeu jusqu'à ce que vous soyez accouchée. On en veut aussi aux miennes; j'en suis au désespoir, car vous savez qu'encore que je ne fasse pas grand cas de mes lettres, je veux pourtant toujours que ceux à qui je les écris les reçoivent : ce n'est jamais pour d'autres, ni pour être perdues, que je les écris. J'ai donc regret à tout ce que vous

lui disait : Mais ADHÉMAR l'est-il? Il répondit GLORIEUSET, et depuis on l'appela *le petit glorieux*. (P.)

ne recevez pas. Quelle vision d'en vouloir à mes lettres! il me semble que nous sommes à un degré de parenté qui ne donne point de curiosité : voilà qui est insupportable, n'en parlons plus. D'Hacqueville me mande qu'il avait laissé madame de Montausier à l'agonie, et je la crois morte : s'il faut écrire à M. de Montausier et à madame de Crussol [1], me voilà plus empêchée que quand Adhémar écrivit au roi et aux ministres. Je ne saurais plus écrire depuis que mes lettres ne vont point à vous; me voilà demeurée tout court. Je songe quelquefois que pendant que je me creuse la tête, on tire peut-être le canon, on est aise, on se réjouit pour votre accouchement; cela peut être, mais je ne le sais pas encore, et on languit en attendant. Il gèle à pierre fendre : je suis tout le jour à trotter dans ces bois; il ferait très-beau s'en aller, et quand nous partirons la pluie nous accablera. Voilà de belles réflexions; quand on n'a pas autre chose à dire, il vaut tout autant finir.

197. — A LA MÊME.

Aux Rochers, dimanche 22 novembre 1671.

Madame de Louvigny [2] est accouchée d'un fils : vous voyez bien, ma chère enfant, que vous en aurez un aussi : vous vous y attendez d'une telle sorte, que, comme vous dites, *la signora qui mit au monde une fille* [3] ne fut pas plus attrapée que vous le seriez, si ce malheur vous arrivait. Je fais prier Dieu sans cesse pour cet heureux moment, d'où dépend ma vie plus que la vôtre. Je ne crois pas que je puisse me résoudre à quitter ce lieu avant que d'en savoir des nouvelles : cette sorte d'inquiétude ne peut se porter sur des chemins, où je ne recevrais point de

---

[1] Fille de madame de Montausier. (P.)
[2] Marie-Charlotte de Castelnau, femme d'Antoine-Charles, comte de Louvigny, depuis duc de Gramont. (P.)
[3] Allusion au conte de *l'Ermite* de La Fontaine.

lettres; c'est donc vous, ma fille, qui m'arrêtez. Je suis très-affligée de l'état où vous me représentez votre premier président (Henri de Forbin d'Oppède) : c'est une perte considérable pour vous; il faut que votre malheur soit bien fort pour tuer un homme de cet âge, et si bien fait, et d'une si belle physionomie. Si Dieu vous le rend, ce sera un miracle : je n'eusse jamais cru prendre un si grand intérêt à un premier président de Provence; mais la Provence est mon pays depuis que vous y êtes.

Enfin, voilà madame de Richelieu à la place de madame de Montausier[1]; quelle joie pour bien des gens! quel chagrin pour d'autres! Voilà le monde. Vous êtes fort aimée dans cette maison : pour moi, je prends peu d'intérêt à tout cela, et ne conserve mes amis de la cour que dans la vue de vous être quelquefois bonne en votre absence. J'ai reçu une lettre de M. de Pomponne, toute pleine d'une vraie et sincère amitié; il est bien content du roi son maître : il ne trompera personne dans la bonne opinion qu'on a de lui.

Je ne doute nullement de l'histoire d'*Auger*, et n'en ai jamais douté : c'est une vision de madame de La Fayette, fondée sur la folie de M. de Coulanges; présentement, elle la croit comme moi. L'hiver est ici dans toute son horreur; je suis dans les jardins, ou au coin de mon feu ; on ne peut s'amuser à rien : quand on est loin de ses tisons, il faut courir. Je passerai encore deux vendredis aux Rochers, où j'espère que j'apprendrai votre heureux accouchement. M. de Grignan est obligé d'avoir soin de moi, comme j'ai eu soin de lui en pareille occasion[2].

---

[1] C'était la place de dame d'honneur de la reine. Elle l'obtint par le crédit de madame de Montespan, dont elle était l'amie, comme elle le fut depuis de madame de Maintenon. Sa maison était le rendez-vous des beaux esprits.

[2] *Voyez* la lettre du 19 novembre 1670.

198. — A LA MÊME.

Aux Rochers, mercredi 25 novembre 1671.

J'ai appris par mes lettres de Paris la mort de votre premier président; je ne puis vous dire combien j'en suis affligée : il était fort honnête homme et fort aimable de sa personne; mais ce qui me le rendait très-considérable, c'est l'amitié qui était entre vous; c'est de penser à ce que vous était une si bonne liaison; et quand je me suis bien creusée sur ce sujet, je me retourne, et je trouve dans mon cœur l'inquiétude de votre santé, et la pensée de votre accouchement. Je ne sais comment je n'ai pas eu l'esprit de vous conseiller ce que vous avez fait, moi qui craignais également de vous voir affronter la petite vérole à Aix, ou retourner sur vos pas à Grignan : il n'y avait qu'à ne bouger d'où vous êtes; vous avez pris le bon parti. Je crois que vous aurez été saignée, je crois que vous aurez été prévoyante; je crois enfin et j'espère que tout ira bien. Madame de Louvigny vous a donné un très-bon exemple; mais, dans l'attente de cette nouvelle, on souffre beaucoup; je voudrais bien la recevoir ici. J'attends vendredi de vos lettres avec mon impatience ordinaire; je crois que vous me parlerez bien aussi de la mort de ce pauvre homme; je crains qu'elle ne vous ait émue, et ne vous ait fait beaucoup de mal en l'état où vous êtes : je ne puis, ma très-chère, vous en dire davantage dans celui où je suis. Ce n'est pourtant pas manque de loisir, je vous en assure; ce n'est pas manque aussi d'amitié pour vous : au contraire, c'est ce qui me rend sensible à toutes les pensées de Provence, et qui fait que, ne pouvant vous dire que des choses tristes, et trouvant que vous n'en avez pas besoin, je vous quitte après vous avoir tendrement embrassée.

199. — A LA MÊME.

Aux Rochers, dimanche 29 novembre 1671.

Il m'est impossible, très-impossible de vous dire, ma chère fille, la joie que j'ai reçue en ouvrant ce bienheureux paquet qui m'a appris votre heureux accouchement. En voyant une lettre de M. de Grignan, je me suis doutée que vous étiez accouchée ; mais de ne point voir de ces aimables dessus de lettres de votre main, c'était une étrange affaire. Il y en avait pourtant une de vous du 15 ; mais je la regardais sans la voir, parce que celle de M. de Grignan me troublait la tête ; enfin je l'ai ouverte, avec un tremblement extraordinaire, et j'ai trouvé tout ce que je pouvais souhaiter au monde. Que pensez-vous qu'on fasse dans ces excès de joie ? Demandez au coadjuteur ; vous ne vous y êtes jamais trouvée. Savez-vous donc ce que l'on fait ? Le cœur se serre, et l'on pleure sans pouvoir s'en empêcher ; c'est ce que j'ai fait, ma très-belle, avec beaucoup de plaisir : ce sont des larmes d'une douceur qu'on ne peut comparer à rien, pas même aux joies les plus brillantes. Comme vous êtes philosophe, vous savez les raisons de tous ces effets ; pour moi, je les sens, et je m'en vais faire dire autant de messes pour remercier Dieu de cette grâce, que j'en faisais dire pour la lui demander. Si l'état où je suis durait longtemps, la vie serait trop agréable ; mais il faut jouir du bien présent, les chagrins reviennent assez tôt. La jolie chose d'accoucher d'un garçon, et de l'avoir fait nommer par la Provence[1] ! voilà qui est à souhait. Ma fille, je vous remercie plus de mille fois des trois lignes que vous m'avez écrites ; elles m'ont donné l'achèvement d'une joie complète. Mon abbé est transporté comme moi, et

---

[1] Il fut tenu sur les fonts par les procureurs du pays de Provence, et nommé *Louis-Provence*. (P.)

notre Mousse est ravi. Adieu, mon ange, j'ai bien d'autres lettres à écrire que la vôtre.

200. — A LA MÊME.

Aux Rochers, mercredi 2 décembre 1671.

Enfin, ma fille, après les premiers transports de ma joie, j'ai trouvé qu'il me fallait encore vendredi des lettres de Provence, pour me donner une entière satisfaction. Il arrive tant d'accidents aux femmes en couche, et vous avez la langue si bien pendue, à ce que me dit M. de Grignan, qu'il me faut pour le moins neuf jours de bonne santé pour me faire partir joyeusement. J'aurai donc mes lettres de vendredi, et puis je partirai, et je recevrai celles de l'autre vendredi à Malicorne. Je suis tout étonnée de ne plus trouver sur mon cœur, ni le jour ni la nuit, ce caillou que vous m'y aviez mis par l'inquiétude de votre accouchement. Je me trouve si heureuse, que je ne cesse d'en remercier Dieu; je n'espérais point en être si tôt quitte. J'ai reçu des compliments sans compte et sans nombre, et du côté de Paris par mille lettres, et de celui de la Bretagne; on a bu à la santé du petit bambin à plus d'une lieue à la ronde; j'ai donné de quoi boire, j'ai donné à souper à mes gens, ni plus ni moins que la veille des Rois. Mais rien ne m'a été plus agréable que le compliment de *Pilois*, qui vint le matin avec sa pelle sur le dos, et me dit : « Madame, je « viens me réjouir, pas moins, parce qu'on m'a dit que ma- « dame la Comtesse était accouchée d'un petit gars. » Cela vaut mieux que toutes les phrases du monde. M. de Montmoron[1] est accouru ici; entre plusieurs propos, on a parlé de devises; il est très-habile là-dessus : il assure qu'il n'a vu en nul lieu celle que je conseille à Adhémar. Il connaît

---

[1] Charles de Sévigné, comte de Montmoron, conseiller au parlement de Rennes, cousin de M. de Sévigné. (P.)

une fusée avec ces mots : *da l' ardore l' ardire*[1] ; mais ce n'est pas cela : l'autre est plus parfaite, à ce qu'il dit :

Che perì, pur che m' innalzi.

Soit qu'elle vienne de chez moi, ou d'ailleurs, il la trouve admirable. Mais que dites-vous de M. de Lauzun? Vous souvient-il quelle sorte de bruit il faisait il y a un an? Qui nous eût dit : dans un an il sera prisonnier, l'eussions-nous cru? *Vanité des vanités! et tout est vanité!* On dit que la nouvelle MADAME est tout étonnée de sa grandeur : on vous mandera comme elle est faite. Quand on lui présenta son médecin, elle dit qu'elle n'en avait que faire, qu'elle n'avait jamais été ni saignée ni purgée, et que quand elle se trouvait mal, elle faisait deux lieues à pied, et qu'elle était guérie : *Lasciamo la andar, che farà buon viaggio*[2]. Vous voyez bien que je vous écris comme à une femme qui sera dans son vingt-deuxième ou vingt-troisième jour de couche. Je commence même à penser qu'il est temps de faire souvenir M. de Grignan de la parole qu'il m'a donnée; enfin, songez que voici la troisième fois que vous accouchez. Si vous le gouvernez un peu, demandez-lui cette grâce en faveur du joli présent que vous lui avez fait. Voici un autre raisonnement : vous avez été bien plus malade que si on vous avait rouée, cela est certain; ne serait-il pas au désespoir, s'il vous aime, que tous les ans vous souffrissiez un pareil supplice? Ne craint-il point, à la fin, de vous perdre? Après toutes ces bonnes raisons, je n'ai plus rien à lui dire, sinon que, par ma foi, je n'irai pas en Provence si vous êtes grosse; je souhaite que ce lui soit une menace. Pour moi, j'en serais désespérée; mais je soutiendrais la gageure : ce ne serait pas la première que j'aurais soutenue. Adieu, divine Comtesse, je baise le petit

---

[1] C'était la devise du maréchal de Bassompierre.
[2] Quand on lui parla d'un premier médecin, elle répondit : *Le premier est bien dit; car je n'en ai jamais eu besoin.* (P.)

enfant, je l'aime tendrement ; mais j'aime bien madame sa mère, et de longtemps ce degré ne lui passera par-dessus la tête. J'ai fort envie de savoir de vos nouvelles, de celles de l'assemblée, de l'effet de votre baptême : un peu de patience m'apprendra tout ; mais vous savez que c'est une vertu qui n'est guère à mon usage.

201. — A LA MÊME.

Aux Rochers, dimanche 6 décembre 1671.

Les dernières lettres ne m'étaient pas moins nécessaires pour mon repos, que celles que je reçus il y a huit jours : ce fut une joie si parfaite pour moi que celle de votre heureux accouchement, que, ne pouvant demeurer en cet état, je me tourmentai des accidents qui arrivent quelquefois après. Il me fallait donc ces secondes lettres, et les voilà, ma fille, telles que je pouvais les souhaiter. Vous avez eu la colique, vous avez eu la fièvre de votre lait ; mais vous voilà quitte de tout : votre fils a été trois heures sans pisser, à ce que me dit le coadjuteur ; vous étiez déjà tout épouvantée : ah, vraiment, vous voilà bien plaisante avec votre amour maternel ; quelle folie ! est-ce qu'on aime cela ? Il est blond, c'est ce qui vous charme ; vous aimez les blondins, voilà qui est bien honnête. M. de Grignan fait fort bien d'en être jaloux ; vous le quittez, dit-il, pour le premier venu ; c'est pour le *dernier* venu qu'il veut dire ; enfin ce garçon-là fera bien des jaloux. Le coadjuteur m'écrit des détails dignes de M. *Chais* ou de madame *Robinet*[1] ; il me semble que vous jouez aux petits soufflets avec le coadjuteur, n'est-il point vrai ? Je souhaite que ma présence ne vous redonne pas son amitié ; c'est un bonheur pour vous que je serai bien aise de trouver tout établi. Approchez, monsieur le secrétaire (*M. d'Adhémar*) ; vous riez de ma devise, vous dites qu'elle est dans tous les livres, je le crois ;

---

[1] Accoucheur et sage-femme célèbres à Paris.

un habile homme pourtant sur cette matière ne l'a point trouvée; mais enfin je n'ai point cru l'avoir faite, je conviens que d'autres l'ont imaginée. Mais avouez du moins qu'on ne peut vous l'appliquer sans avoir envie de vous faire plaisir. Et vous, mon cher Comte, je vous plains; je vois bien que vous n'êtes plus rien auprès de ce petit blondin : voilà qui remettra la blancheur dans votre maison, qui, par malheur, s'en était un peu éloignée. Mais cependant je vous demande pardon de la comparaison du *hibou*, il est vrai qu'elle est choquante; c'est que j'étais outrée de la préférence que vous faisiez hautement d'une *grive* à ma fille : si vous vous en repentez, je me repentirai aussi. J'ai bien envie de savoir des nouvelles de votre assemblée; je voudrais bien que vous y pussiez faire l'affaire du roi et la vôtre : il serait fâcheux qu'elle se séparât sans rien conclure. M. de Marseille m'accable de son amitié, et me rend compte de son démêlé avec le coadjuteur, et de la santé de ma fille : il a couru à Paris, ce démêlé; on me le mande, comme si je n'avais aucun commerce en Provence : hélas! c'est mon vrai pays. Adieu, mon très-cher, et vous, brave Adhémar; et vous, ma très-chère et très-aimable accouchée, il faut que je vous dise comme Barillon me disait un jour : Ceux qui vous aiment plus que moi vous aiment trop. Quand on est si loin, on ne fait quasi rien, on ne dit quasi rien, qui ne soit hors de sa place; on pleure quand il faut rire, on rit quand on devrait pleurer; on craint pour les jeunes chirurgiens de soixante-quatre ans [1], enfin, ma fille, ce sont les contre-temps de l'éloignement. J'y joins l'ignorance de la Provence, que je ne connais point : vous avez un avantage qui vous empêche de me faire rire, c'est que vous connaissez ce pays-ci. Tout cela m'oblige de me rapprocher de vous, et d'aller ensuite en Provence afin de m'instruire. Comme je n'ai plus d'inquiétude sur votre compte, je pars

---

[1] *Voyez* la lettre précédente.

dans trois jours; je ne recevrai plus ici de vos lettres, j'en aurai à Malicorne. Je ne puis assez vous remercier des petites lignes que vous mettez dans les lettres de ces Grignans.

Madame de Richelieu est assez bien placée; si madame Scarron y a contribué, elle est digne d'envie : sa joie est la plus solide qu'on puisse avoir en ce monde. On me mande que Vardes revient.

202. — A LA MÊME.

Aux Rochers, mercredi 9 décembre 1671.

Je pars tout présentement, ma fille, et je quitte avec regret cette solitude, quand je songe que je ne vous trouverai pas à Paris; je doute même que j'y fusse retournée cet hiver, si le dessein que j'ai de faire le voyage de Provence ne me faisait prendre cette avance, n'étant pas possible d'y aller d'ici, ni de passer à Paris comme on passe à Orléans. Me voilà donc partie; je m'en vais coucher chez madame de Loresse, votre parente, pour éviter le pavé de Laval; j'y serai demain, et vendredi j'enverrai querir mes lettres à Laval, où l'on doit me les adresser, et on viendra me trouver à Mêlé[1], où je coucherai; après cela je n'en espère plus qu'à Paris. Si pendant cette marche vous étiez aussi quelque temps sans recevoir de mes nouvelles, vous n'en serez point en peine : je ne suis ni grosse, ni accouchée, ni téméraire en carrosse; je n'ai point de pont d'Avignon à passer; le temps est très-beau, mon voyage ira son train; et comme je ne suis plus en peine de vous, il n'y a plus rien à craindre pour moi. Je suis accablée de compliments pour la naissance de mon joli petit-fils; je serai fort aise de savoir encore de ses nouvelles vendredi, et des vôtres encore davantage. Le pauvre M. de Lauzun est à Pignerol; M. d'Harouïs en est très-affligé; mais il me mande que la

---

[1] A cinq lieues de Laval.

joie de votre accouchement et le nom et la naissance de votre fils se sont fait un passage au travers de sa tristesse; et je l'assure aussi, en récompense, que sa tristesse s'est fait un passage au travers de ma joie. Adieu, ma très-belle, il faut partir ; je suis épouvantée du regret que j'ai de quitter ces bois. Je ne veux point vous dire la part que vous avez à mon indifférence pour Paris; vous ne savez que trop combien vous m'êtes chère.

203. — A LA MÊME.

A Malicorne, dimanche 13 décembre 1671.

Enfin, ma fille, me voilà par voie et par chemin. Il fait le plus beau temps du monde, en sorte que je fais fort bien une lieue ou deux à pied comme MADAME. Pour La Mousse, il court comme un perdu. Il est un peu embarrassé de ne pas bien dormir, car il ne sait point n'être pas à son aise. Je partis donc mercredi, comme je vous l'avais mandé. Je vins à Loresse, où l'on me donna deux chevaux; je consentis à la violence qu'on me fit pour les accepter. Nous avons quatre chevaux à chaque calèche; cela va comme le vent. Vendredi, j'arrive à Laval; j'arrête à la poste; je vois arriver justement cet honnête homme, cet homme si obligeant, crotté jusqu'au cul, qui m'apportait votre lettre ; je pensai l'embrasser. Vous jugez bien, à m'entendre parler ainsi, que je ne suis point en colère contre la poste : en effet, ce n'est point elle qui a eu tort, c'est assurément, comme vous avez dit, des ennemis du petit Dubois[1], qui, le voyant se vanter de notre commerce, et se panader dans les occupations qu'il lui donnait, ont pris plaisir à lui donner le déplaisir de lui dérober nos lettres. D'abord je ne m'en suis pas aperçue, parce que je croyais que vous ne m'écriviez qu'une fois la semaine; mais quand j'ai su que vous m'écriviez deux, il

---

[1] Commis de la poste de Paris. (P.)

serait malaisé de vous exprimer les regrets et les douleurs que j'ai eus de cette perte. Je reviens à la joie que j'eus de recevoir vos deux lettres dans un même paquet, de la main crottée de ce postillon. Je vis défaire la petite malle devant moi, et en même temps, *frast, frast*, je démêle le mien, et je trouve enfin, ma fille, que vous vous portez bien. Vous m'écrivez dans la lettre d'Adhémar; et puis, vous m'écrivez de votre chef, au coin de votre feu, le seizième de votre couche. Rien n'est pareil à la joie sensible que me donna cette assurance de votre santé. Je vous conjure de n'en point abuser : ne m'écrivez point de grandes lettres; restaurez-vous, et craignez de vous épuiser. Hélas! mon enfant, vous avez été cruellement malade; je serais morte de voir un si long travail. On vous saigna enfin; on commençait d'avoir peur. Quand je songe à cet état, j'en suis troublée et j'en tremble, et je ne puis encore me rendormir sur cette pensée, tant elle m'effraye l'imagination. J'ai mandé à madame de La Fayette et à M. d'Hacqueville ce que vous me mandez; j'eus la même pensée, et je trouvai que La Marans devait être contente, ou plutôt malcontente, puisqu'elle n'avait pas sujet d'exercer ses obligeantes et modestes pensées[1]. Je trouve plaisant que vous ayez songé à elle. Mais la poste m'attend, comme si j'étais gouvernante du Maine, et je prends plaisir de la faire attendre, par grandeur. Je veux parler de mon petit garçon. Ah! qu'il est joli! Ses grands yeux sont bien une marque de votre honnêteté; mais c'est assez, je vous prie, que le nez ne demeure pas longtemps entre la crainte et l'espérance. Que cela est plaisamment dit! Cette incertitude est étrange; jamais un petit nez n'eut tant à craindre ni à espérer. Il y a bien des nez entre les deux qu'il peut choisir; puisqu'il a de grands yeux, qu'il songe à vous contenter : vous n'auriez que la bouche;

---

[1] *Voyez* la lettre du 11 février 1671.

puisqu'elle est petite, ce ne serait pas assez. Ma fille, vous l'aimez follement; mais donnez-le bien à Dieu, afin qu'il vous le conserve. D'où vient qu'il est si faible? N'est-ce point ce qui l'empêchait de s'aider pendant votre travail? car j'ai ouï dire aux femmes qui ont eu des enfants, que c'est cette faiblesse qui fait qu'on est bien malade. Enfin conservez bien ce cher enfant; mais donnez-le à Dieu, si vous voulez qu'il vous le donne. Cette répétition est digne d'une grand'mère chrétienne; madame *Pernelle*[1] en dirait autant; mais elle dirait bien. Adieu, ma chère Comtesse. Enfin la patience échappe à mon ami le postillon; je ne veux pas abuser de son honnêteté. Je ne recevrai de vos lettres qu'à Paris. Je serai ravie d'embrasser ma pauvre petite; vous ne la regardez pas, et moi je veux l'aimer et prendre sa protection, par excès de générosité.

204. — A LA MÊME.

A Paris, vendredi 18 décembre 1671.

J'arrive dans ce moment, ma chère fille. Je suis chez ma tante, entourée, embrassée, questionnée de toute ma famille et de la sienne; mais je quitte tout pour vous dire bonjour, aussi bien qu'aux autres. M. de Coulanges m'attend pour m'emmener chez lui, où il veut que je loge, parce qu'un fils de madame de Bonneuil a la petite vérole. Elle avait dessein très-obligeamment d'en faire un secret; mais on a découvert le mystère, on a mené ma petite chez M. de Coulanges. Je l'attends ici pour retourner avec elle, parce que ma tante veut voir notre entrevue. C'eût été une chose fâcheuse pour moi d'exposer cette enfant, et d'être bannie, six semaines durant, de chez mes amis, à cause que le fils de madame de Bonneuil a la petite vérole. Me voilà donc chez M. de Coulanges, que j'adore, parce qu'il me parle de vous; mais vous savez ce qui m'arrive, c'est que

---

[1] La mère d'Orgon dans le *Tartufe*.

je pleure, et mon cœur se presse si étrangement, que je lui fais signe de la main de se taire, et il se tait. J'ai le nez rouge et les yeux, et on parle d'autre chose ; à condition pourtant qu'un jour je m'accommoderai à parler de vous, tant que terre me pourra porter, aux dépens de tout ce qui en pourra arriver. Il me conte que vous fermiez les yeux, que vous étiez dans ma chambre, et que......... vraiment oui, vous étiez à Paris, parce que voilà M. de Coulanges. Il m'a joué cela très-plaisamment, et je suis ravie que vous soyez encore un peu folle ; je mourais de peur que vous ne fussiez toujours madame la gouvernante. Mon Dieu, que je m'en vais causer avec M. de Coulanges ! Je vous conjure de vous conserver vous-même, c'est-à-dire d'être vous-même le plus que vous pourrez, et que je ne vous trouve point changée. Songez aussi à votre beauté ; engraissez-vous, restaurez-vous, souvenez-vous de vos bonnes résolutions ; et si M. de Grignan vous aime, qu'il vous donne du temps pour vous remettre ; autrement c'en est fait pour jamais, vous serez toujours maigre comme madame de Saint-Hérem. Je suis ravie de vous donner cette idée ; rien ne doit vous faire plus de peur que cette ressemblance ; évitez-la donc. Pour votre petit garçon, l'état où il a été ne raccommode pas le chocolat avec moi. Je suis persuadée qu'il a été brûlé, et c'est un grand bonheur qu'il soit humecté et qu'il se porte bien ; le voilà sauvé, je m'en réjouis avec vous.

MONSIEUR DE COULANGES.

Je ferme les yeux, et quand je les ouvre, je vois cette *mère-beauté* qui fait vos délices et les miennes, et cela me fait voir que je suis à Paris. Je m'en vais bien l'entretenir de toutes vos perfections. Savez-vous bien que je suis plus entêté de vous que jamais, et que j'appréhende de prendre la place du chevalier de Breteuil. Je sais que cette place ne plaît point à M. de Grignan, et voilà la seule chose qui me donne de la peine dans une si grande entreprise. Tout de bon, madame la Comtesse, vous êtes un chef-d'œuvre, et c'est de ce mot que je me sers pour parler de vous. Je fus hier voir M. de La Rochefoucauld; je me trouvai en tiers avec lui et M. de Longueville : il ne fut question que de Provence et du bel astre qui y brille. Adieu, ma belle Comtesse; je vois cet homme à la tapisserie, qui ouvre sa poitrine : croyez que si vous voyiez la mienne à l'heure qu'il est, vous verriez mon cœur comme vous voyez le sien : il est à vous; il languit pour vous, ce cœur; mais ne le dites pas à M. de Grignan. Votre fille est une petite beauté brune, fort jolie. La voilà, elle me baise et me bave; mais elle ne crie jamais. Je l'aime assurément beaucoup moins que vous. Il n'y a plus moyen de parler de vous à cette *mère-beauté*, les grosses larmes lui tombent des yeux : bon Dieu, quelle mère!

205. — A LA MÊME.

A Paris, mercredi 25 décembre 1671.

Je vous écris un peu de provision, parce que je veux causer un moment avec vous. Après que j'eus envoyé mon paquet le jour de mon arrivée, le petit Dubois m'apporta celui que je croyais égaré : vous pouvez penser avec quelle joie je le reçus. Je n'y pus faire réponse, parce que madame de La Fayette, madame de Saint-Géran, madame de Villars, me vinrent embrasser. Vous avez tous les étonnements que doit donner un malheur comme celui de M. de Lauzun; toutes vos réflexions sont justes et naturelles; tous ceux qui ont de l'esprit les ont faites, mais on commence à n'y plus penser : voici un bon pays pour oublier les malheureux. On a su qu'il a fait son voyage dans un si grand désespoir, qu'on ne le quittait pas d'un moment. On voulut le faire descendre de carrosse à un endroit dangereux, il répondit : *Ces malheurs-là ne sont pas faits pour moi.* Il dit qu'il est innocent à l'égard du roi ; mais que son crime est d'avoir des ennemis trop puissants. Le roi n'a rien dit, et ce silence déclare assez la qualité de son crime. Il crut qu'on le laisserait à Pierre-Encise, et il commençait à Lyon à faire ses compliments à M. d'Artagnan ; mais quand il sut qu'on le menait à Pignerol, il soupira, et dit : *Je suis perdu.* On avait grand'pitié de sa disgrâce dans les villes où il passait : il faut avouer aussi qu'elle est extrême.

Le roi envoya querir dans ce temps-là M. de Marsillac, et lui dit : « Je vous donne le gouvernement de Berry,
« qu'avait Lauzun. » Marsillac répondit : « Sire, que Votre
« Majesté, qui sait mieux les règles de l'honneur que per-
« sonne du monde, se souvienne, s'il lui plaît, que je n'é-
« tais pas ami de Lauzun ; qu'elle ait la bonté de se mettre
« un moment à ma place, et qu'elle juge si je dois accep-
« ter la grâce qu'elle me fait. — Vous êtes, *dit le roi,*
« trop scrupuleux ; j'en sais autant qu'un autre là-des-
« sus ; mais vous n'en devez faire aucune difficulté. —
« Sire, puisque Votre Majesté l'approuve, je me jette à
« ses pieds pour la remercier. — Mais, *dit le roi,* je vous
« ai donné une pension de douze mille francs, en atten-
« dant que vous eussiez quelque chose de mieux. — Oui,
« Sire, je la remets entre vos mains. — Et moi, *dit le roi,*
« je vous la donne une seconde fois, et je m'en vais vous
« faire honneur de vos beaux sentiments. » En disant cela, il se tourne vers ses ministres, leur conte les scrupules de M. de Marsillac, et dit : « J'admire la différence : jamais
« Lauzun n'avait daigné me remercier du gouvernement
« de Berry ; il n'en avait pas pris les provisions, et voilà
« un homme pénétré de reconnaissance. » Tout ceci est extrêmement vrai ; M. de La Rochefoucauld vient de me le conter. J'ai cru que vous ne hairiez pas ces détails : si je me trompais, mandez-le-moi. Ce pauvre homme est très-mal de sa goutte, et bien pis que les autres années : il m'a

bien parlé de vous; il vous aime toujours comme sa fille. Le prince de Marsillac m'est venu voir, et l'on me parle toujours de ma chère enfant. Je ne sais si vous aurez appris que Villarceaux, en parlant au roi d'une charge pour son fils, prit habilement l'occasion de lui dire qu'il y avait des gens qui se mêlaient de dire à sa nièce[1] que Sa Majesté avait quelque dessein pour elle; que si cela était, il le suppliait de se servir de lui : que l'affaire serait mieux entre ses mains que dans celles des autres, et qu'il s'y emploierait avec succès. Le roi se mit à rire, et dit : *Villarceaux, nous sommes trop vieux, vous et moi, pour attaquer des demoiselles de quinze ans*, et, comme un galant homme, se moqua de lui, et conta ce discours chez les dames. Les *Anges* sont enragées, et ne veulent plus voir leur oncle, qui, de son côté, est un peu honteux. Il n'y a nul chiffre à tout ceci; mais je trouve que le roi fait partout un si bon personnage, qu'il n'est nul besoin de tant de mystère.

On a trouvé, dit-on, mille belles merveilles dans les cassettes de M. de Lauzun; des portraits sans compte et sans nombre, des nudités, une sans tête, une autre les yeux crevés; c'est *votre voisine*[2]; des cheveux grands et petits, des étiquettes pour éviter la confusion, et mille autres gentillesses. Mais je n'en voudrais pas jurer, car vous savez comme on invente dans ces occasions.

J'ai vu M. de Mêmes, qui enfin a perdu sa chère femme; il a pleuré et sangloté en me voyant; et moi, je n'ai jamais pu retenir mes larmes. Toute la France a visité cette maison; je vous conseille de lui faire vos compliments : vous

---

[1] Louise-Élisabeth Rouxel, connue sous le nom de *madame de Grancey*; elle devint dans la suite dame d'atour de Marie-Louise d'Orléans, reine d'Espagne. Elle était sœur cadette de Marie-Louise Rouxel, comtesse de Marey. On les appelait les *Anges*. Le marquis de Villarceaux était frère de la maréchale de Grancey, mère de ces deux dames.

[2] Madame de Monaco, née Gramont, que Lauzun avait aimée avec fureur. Il ne lui pardonna pas ses complaisances pour le roi. (*Voyez* les *Mémoires* de Saint-Simon.)

le devez par le souvenir de Livry, que vous aimez encore.

Est-il possible que mes lettres vous soient agréables au point que vous me le dites? Je ne les sens point telles en sortant de mes mains; je crois qu'elles le deviennent quand elles ont passé par les vôtres : enfin, ma chère enfant, c'est un grand bonheur que vous les aimiez, car, de la manière dont vous en êtes accablée, vous seriez fort à plaindre si cela était autrement. M. de Coulanges est bien en peine de savoir laquelle de vos *madames* y prend goût : nous trouvons que c'est un bon signe pour elle; car mon style est si négligé, qu'il faut avoir un esprit naturel et du monde pour pouvoir s'en accommoder. Je vous prie, ma bonne, ne vous fiez point aux deux lits; c'est un sujet de tentation : faites coucher quelqu'un dans votre chambre. Sérieusement, ayez pitié de votre santé, de votre vie et de la mienne.

J'ai envoyé quérir Pecquet pour discourir de la petite vérole de votre enfant : il en est épouvanté; mais il admire sa force d'avoir pu chasser ce venin, et croit qu'il vivra cent ans après avoir si bien commencé.

J'ai enfin pris courage, j'ai causé douze heures avec Coulanges; je ne comprends pas qu'on puisse parler à d'autres. C'est un grand bonheur que le hasard m'ait fait loger chez lui. Ça courage! mon cœur, point de faiblesse humaine; et, en me fortifiant ainsi, j'ai passé par-dessus mes premières faiblesses; mais *Cateau*[1] m'a mise encore une fois en déroute; elle entra, il me sembla qu'elle me devait dire : — Madame, madame vous donne le bonjour, elle vous prie de la venir voir. — Elle me reparla de tout votre voyage, et que quelquefois vous vous ressouveniez de moi. Je fus une heure assez impertinente. Je m'amuse à votre fille; vous n'en faites pas grand cas, mais nous vous le rendons bien : on m'embrasse, on me connaît, on me

---

[1] Femme de chambre de madame de Grignan.

crie, on m'appelle. Je suis *maman* tout court; et de celle de Provence, pas un mot.

L'abbé Têtu a du temps de reste, à cause de l'hôtel de Richelieu, qu'il n'a plus; de sorte que nous en profitons. Madame de Soubise est grosse de quatre enfants, à voir son ventre. Au reste, le roi part le 5 janvier pour Châlons, et doit faire plusieurs autres tours, quelques revues chemin faisant; le voyage sera de douze jours, mais les officiers et les troupes iront plus loin : pour moi, je soupçonne encore quelque expédition comme celle de la Franche-Comté. Vous savez que le roi *est un héros de toutes les saisons*[1]. Les pauvres courtisans sont désolés; ils n'ont pas un sou. Brancas me demanda hier de bonne foi si je ne voudrais point prêter sur gages, et m'assura qu'il n'en parlerait point, et qu'il aimerait mieux avoir affaire à moi qu'à un autre. La Trousse me prie de lui apprendre quelques-uns des secrets de Pomenars, pour subsister honnêtement; enfin ils sont abîmés. Voilà Châtillon, que j'exhorte à vous faire un impromptu; il me demande huit jours, et je l'assure déjà qu'il ne sera que réchauffé, et qu'il le tirera du fond de cette gibecière que vous connaissez. Adieu, belle Comtesse, il y a raison partout; cette lettre est devenue un juste volume. J'embrasse le laborieux Grignan, le seigneur *Corbeau*[2], le présomptueux Adhémar, et le *fortuné Louis-Provence*, sur qui tous les astrologues disent que les Fées ont soufflé. *E con questo mi raccommando.*

206. — A LA MÊME.

A Paris, le jour de Noël, vendredi, 1671.

Le lendemain que j'eus reçu votre lettre, M. Le Camus me vint voir : je l'entretins de ce qu'il avait à dire sur les

---

[1] C'est la pensée d'un madrigal de mademoiselle de Scuderi. (P.)
[2] Le coadjuteur d'Arles. (P.)

soins, le zèle et l'application de M. de Grignan pour faire réussir l'affaire de Sa Majesté. M. de Lavardin, qui vint aussi, m'assura qu'il en rendrait compte en bon lieu avant la fin du jour. Je ne pouvais trouver deux hommes plus propres à mon dessein, c'est la basse et le dessus. Le soir, j'allai chez M. d'Uzès, qui est encore dans sa chambre; nous parlâmes fort de vos affaires. Nous avions appris les mêmes choses, et le dessein qu'on avait d'envoyer un ordre pour séparer l'assemblée, et de faire sentir, en quelque autre occasion, ce que c'est de ne pas obéir.

Au reste, ma fille, j'ai le cœur serré et très-serré de ne point vous avoir ici. Je serais bien plus heureuse s'il y avait quelqu'un que j'aimasse autant que vous, je serais consolée de votre absence; mais je n'ai pas encore trouvé cette égalité, ni rien qui en approche. Mille choses imprévues me font souvenir de vous, par-dessus le souvenir ordinaire, et me mettent en déroute. Je suis en peine de savoir où vous irez après votre assemblée. Aix et Arles sont empestés de la petite vérole; Grignan est bien froid, Salon est bien seul. Venez dans ma chambre, ma chère enfant, vous y serez très-bien reçue. Adieu; vous en voilà quitte pour cette fois; ce ne sera point ici un second tome, je ne sais plus rien. Si vous vouliez me faire des questions, on vous répondrait. J'ai été cette nuit aux Minimes[1]; je m'en vais en Bourdaloue; on dit qu'il s'est mis à dépeindre les gens[2], et que l'autre jour il fit trois points de la retraite de Tréville[3]; il n'y manquait que le nom, mais il n'en était pas

---

[1] L'église des Minimes, près la place Royale.
[2] On a accusé, non sans raison, Bourdaloue d'avoir placé dans ses sermons les portraits de plusieurs contemporains. Boileau constate le fait dans sa satire X, et il se trouve ainsi d'accord avec Madame de Sévigné. On raconte que Bourdaloue, ayant appris que Boileau l'avait nommé dans une chanson, répondit : *Dites-lui que s'il me met dans ses satires, je le mettrai dans mes sermons.*
[3] Ce Tréville était un homme d'esprit, un militaire et un courtisan. Il éprouva un si grand chagrin de la mort de madame Henriette, qu'il renonça au monde, et se jeta dans la dévotion.

besoin : avec tout cela, on dit qu'il passe toutes les merveilles passées, et que personne n'a prêché jusqu'ici. Mille compliments aux Grignans.

207. — A LA MÊME.

A Paris, le jour de Noël, à onze heures du soir, 1671.

Je vous ai écrit ce matin, mais je reçois la lettre que vous m'avez écrite par Rippert[1]; c'est M. d'Uzès qui me l'envoie. Vous me rendez un très-bon compte des affaires de Provence; Dieu veuille que le roi se contente de ce que les Provençaux ont résolu! La peinture de leur tête, et du procédé qu'il faut tenir avec eux, est admirable, et le radoucissement de l'évêque est naturel. Voilà madame Scarron qui a soupé avec nous : elle dit que de tous les millions de lettres que madame de Richelieu a reçues, celle de M. de Grignan était la meilleure; qu'elle l'a eue longtemps dans sa poche, qu'elle l'a montrée; qu'on ne saurait mieux écrire, ni plus galamment, ni plus noblement, ni plus tendrement pour feu madame de Montausier[2]; enfin elle en a été ravie : j'ai juré que je vous le manderais. Je ferai part de votre lettre à d'Hacqueville et à M. Le Camus. Je ne songe qu'à la Provence : je me trouve présentement votre voisine,

Et de Paris, je ne vois
Tout au plus que vingt semaines,
Entre ma Philis et moi.

J'attendais votre frère : on le renvoie de la moitié du che-

---

[1] Frère du doyen du chapitre de Grignan.
[2] On a vu que madame de Richelieu succédait à madame de Montausier dans la place de dame d'honneur de la reine. (P.)

min, à cause du voyage. J'ai été au sermon, mon cœur n'en a point été ému; ce Bourdaloue,

>Tant de fois éprouvé,
>L'a laissé comme il l'a trouvé.

C'est peut-être ma faute. Adieu, mon enfant.

208. — A LA MÊME.

A Paris, mercredi 30 décembre 1671.

Une belle et sûre marque de la légère disposition que j'ai à ne pas vous haïr, c'est que je voudrais pouvoir vous écrire douze fois le jour. Cette pensée, ma fille, ne vous fait-elle point comme l'offre que vous faisait M. de Coulanges, de passer sa vie avec vous? En vérité, vous n'auriez pas peu d'affaires, car je vous écris aussi prolixement que j'écris laconiquement aux autres. J'ai fort interrogé Rippert sur votre santé. Je ne suis point contente de vous, il faut que je vous gronde : vous avez traité votre accouchement comme celui de la femme d'un colonel suisse; vous ne prenez point assez de bouillons; vous avez caqueté dès le troisième jour, vous vous êtes levée dès le dixième, et vous vous étonnez après cela si vous êtes maigre. J'espérais que vous vous amuseriez à vous conserver, à vous restaurer, à vous engraisser. Où avez-vous pris la fantaisie d'imiter madame de Crussol? Je tâche toujours de vous corriger par les exemples; cette conduite ne la change point, mais elle vous changera; enfin c'est me fâcher et m'offenser, que de défigurer votre beau visage; vous savez comme je l'aime, ne devriez-vous pas le conserver pour l'amour de moi?

Vous dites bien quand vous dites que la Provence est ma demeure fixe, puisque c'est la vôtre. Paris me suffoque; et je voudrais déjà être partie pour Grignan. Mais, ma fille, quelle solitude, si vous allez dans votre château! vous serez comme Psyché sur sa montagne. Je ne puis être contente où vous n'êtes pas ; c'est une vérité que je sens à toute heure : vous me manquez partout, et tout ce qui me fait souvenir de vous me traverse le cœur. Le voyage du roi devient incertain, quoique les troupes marchent. Le pauvre La Trousse s'en va, et Sévigné s'achemine déjà : ils vont à Cologne ; cette équipée les désespère. Adieu, mon ange : je me trouve très-bien chez M. de Coulanges, et je pousserai l'air de la petite vérole fort loin. Cette grande maison, où je ne trouve que madame de Bonneuil, au lieu de vous, ne me donne nulle envie d'y retourner. M. de Coulanges m'est délicieux ; nous parlons sans cesse de vous. Je donnerai votre lettre à M. de La Rochefoucauld ; je suis assurée qu'il la trouvera très-bonne. Je hais le dessus de vos lettres où il y a : *A madame la marquise de Sévigné* ; appelez-moi *Pierrot*. Les autres sont aimables, et donnent une disposition tendre à lire le reste.

209. — A LA MÊME.

A Paris, le premier jour de l'an 1672.

J'étais hier au soir chez M. d'Uzès : nous résolûmes de vous envoyer un courrier. Il m'avait promis de me faire savoir aujourd'hui le succès de son audience chez M. Le Tellier, et même s'il voulait que j'y menasse madame de Coulanges[1] ; mais comme il est dix heures du soir, et que je n'ai point de ses nouvelles, je vous écris tout simplement : M. d'Uzès aura soin de vous instruire de ce qu'il a fait. Il faut tâcher d'adoucir les ordres rigoureux, en faisant voir que ce serait ôter à M. de Grignan le moyen de servir le roi, que de le rendre odieux à la province, et quand on serait obligé d'envoyer les ordres, il y a des gens sages qui disent qu'il en faudrait suspendre l'exécution jusqu'à la

---

[1] Madame de Coulanges était nièce de la femme de M. Le Tellier, ministre d'État, et depuis chancelier de France. (*P.*)

réponse de Sa Majesté, à laquelle M. de Grignan écrirait une lettre d'un homme qui est sur les lieux, et qui voit que, pour le bien de son service, il faut tâcher d'obtenir un pardon de sa bonté pour cette fois. Si vous saviez comme certaines gens blâment M. de Grignan, pour avoir trop peu considéré son pays, en comparaison de l'obéissance qu'il voulait établir, vous verriez bien qu'il est difficile de contenter tout le monde; et s'il avait fait autrement, ce serait encore pis. Ceux qui admirent la beauté de la place où il est n'en savent pas les difficultés. Par exemple, n'êtes-vous pas à plaindre présentement? Le voyage du roi est entièrement rompu, mais les troupes marchent toujours à Metz. Sévigné y est déjà, La Trousse s'en va; tous deux plus chargés de bonnes intentions que d'argent comptant. Voilà l'archevêque de Reims[1] qui commence par vous faire mille compliments très-sincères; il dit que M. d'Uzès n'a point vu son père aujourd'hui : il m'assure encore que le roi est très-content de votre mari; qu'il reçoit le présent de votre province; mais que, pour n'avoir pas été obéi ponctuellement, il envoie des lettres de cachet pour exiler des consuls; on ne peut en dire davantage par la poste. Ce qu'il faut faire en général, c'est d'être toujours très-passionné pour le service de Sa Majesté; mais il faut tâcher aussi de ménager un peu les cœurs des Provençaux, afin d'être plus en état de faire obéir au roi dans ce pays-là.

M. de La Rochefoucauld vous mande, et moi avec lui, que si la lettre que vous lui avez écrite ne vous paraît pas bonne, c'est que vous ne vous y connaissez pas. Il a raison; cette lettre est très-agréable et très-spirituelle : en voilà la réponse. Adieu, ma chère Comtesse; je pense à vous jour et nuit. Donnez-moi des moyens de vous servir pour amuser ma tendresse.

---

[1] Charles-Maurice Le Tellier.

210. — A LA MÊME.

A Paris, mardi 5 janvier 1672.

Le roi donna hier, lundi 4 janvier, audience à l'ambassadeur de Hollande[1]; il voulut que M. le Prince, M. de Turenne, M. de Bouillon et M. de Créqui fussent témoins de ce qui se passerait. L'ambassadeur présenta sa lettre au roi, qui ne la lut pas, quoique le Hollandais proposât d'en faire la lecture : le roi lui dit qu'il en savait le contenu, et qu'il en avait une copie dans sa poche. L'ambassadeur s'étendit fort au long sur les justifications qui étaient dans la lettre, et que messieurs les états s'étaient examinés scrupuleusement, pour voir ce qu'ils auraient pu faire qui déplût à Sa Majesté ; qu'ils n'avaient jamais manqué de respect, et que cependant ils entendaient dire que tout ce grand armement n'était fait que pour fondre sur eux ; qu'ils étaient prêts de satisfaire Sa Majesté dans tout ce qu'il lui plairait d'ordonner, et qu'ils la suppliaient de se souvenir des bontés que les rois ses prédécesseurs avaient eues pour eux, et auxquelles ils devaient toute leur grandeur. Le roi prit la parole, et dit avec une majesté et une grâce merveilleuse, qu'il savait qu'on excitait ses ennemis contre lui ; qu'il avait cru qu'il était de sa prudence de ne se pas laisser surprendre, et que c'est ce qui l'avait obligé à se rendre si puissant sur la mer et sur la terre, afin d'être en état de se défendre ; qu'il lui restait encore quelques ordres à donner, et qu'au printemps il ferait ce qu'il trouverait le plus avantageux pour sa gloire et pour le bien de son État ; et fit comprendre ensuite à l'ambassadeur, par un signe de tête, qu'il ne voulait point de réplique. La lettre s'est trouvée conforme au discours de l'ambassadeur, hormis qu'elle finissait par assurer Sa Majesté

---

[1] Cet ambassadeur était Pierre Grotius, fils de l'auteur du *Droit de la Guerre et de la Paix*. (M.)

qu'ils feraient tout ce qu'elle ordonnerait, pourvu qu'il ne leur en coûtât point de se brouiller avec leurs alliés.

Ce même jour, M. de La Feuillade fut reçu à la tête du régiment des gardes, et prêta le serment entre les mains d'un maréchal de France, comme c'est la coutume; et le roi, qui était présent, dit lui-même au régiment qu'il leur donnait M. de La Feuillade pour mestre-de-camp, et lui mit *la pique* à la main, chose qui ne se fait jamais que par le commissaire, de la part du roi; mais Sa Majesté a voulu que nulle faveur ni nul agrément ne manquât à cette cérémonie.

MM. Dangeau et Langléc[1] ont eu de grosses paroles, à la rue des Jacobins, sur un payement de l'argent du jeu. Dangeau menaça; Langlée repoussa l'injure par lui dire qu'il ne se souvenait pas qu'il était Dangeau, et qu'il n'était pas sur le pied dans le monde d'un homme redoutable. On les accommoda; ils ont tous deux tort, et les reproches furent violents et peu agréables pour l'un et pour l'autre : Langlée est fier et familier au possible. Il jouait l'autre jour au brelan avec le comte de Gramont, qui lui dit, sur quelques manières un peu libres : « Monsieur de « Langlée, gardez ces familiarités-là pour quand vous joue-« rez avec le roi. »

Le maréchal de Bellefonds a demandé permission au roi de vendre sa charge[2]; jamais personne ne la fera si bien que lui. Tout le monde croit, et moi plus que les autres, que c'est pour payer ses dettes, pour se retirer et songer uniquement à l'affaire de son salut.

M. le procureur général de la cour des aides (*Nicolas Le Camus*) est premier président de la même compagnie : ce changement est grand pour lui; ne manquez pas de lui écrire, l'un ou l'autre, et que celui qui n'écrira pas écrive

---

[1] Langlée était un homme d'une naissance obscure, et qui s'était poussé à la cour par le jeu.

[2] De premier maître d'hôtel du roi. (A. G.)

un mot dans la lettre de celui qui écrira. Le président de Nicolaï est remis dans sa charge¹. Voilà donc ce qui s'appelle des nouvelles.

211. — A LA MÊME.

A Paris, mercredi 6 janvier 1672.

Enfin, ma chère fille, vous ne voulez pas que je pleure de vous voir à mille lieues de moi; vous ne sauriez pourtant empêcher que cet ordre de la Providence ne me soit bien dur et bien sensible : je ne m'accoutumerai de longtemps à cet éloignement. Je coupe court, parce que je ne veux point m'embarquer à vous dire les sentiments de mon cœur là-dessus; je ne veux point vous donner un mauvais exemple, ni ébranler votre courage par le récit de mes faiblesses. Conservez toute votre raison ; jouissez de la grandeur de votre âme, pendant que je m'aiderai, comme je pourrai, de toute la tendresse de la mienne. Je fus hier à Saint-Germain : la reine m'attaqua la première; je fis ma cour à vos dépens, comme j'ai coutume. On traita à fond le chapitre de l'accouchement, à propos du vôtre; puis on parla de mon voyage de Provence, un mot sur celui de Bretagne, et sur le bonheur de madame de Chaulnes, de m'y avoir trouvée : nous étions là toutes deux. Pour MONSIEUR, il me tira près d'une fenêtre pour me parler de vous, et m'ordonna très-sérieusement de vous faire ses compliments, et de vous dire la joie qu'il avait de votre joli accouchement. Il appuya sur cela d'une telle sorte, qu'il ne tint qu'à moi d'entendre qu'il voulait s'attacher à votre service, étant las, comme on dit, *d'adorer l'ange* (*madame de Grancey*); je fis de telles offres le cas que je devais. Je trouvai MADAME mieux que je ne pensais, mais

---

¹ De premier président de la chambre des comptes.

d'une sincérité charmante. Je ne pus voir M. de Montausier ; il était enfermé avec Monseigneur. Je ne finirais jamais de vous dire tous les compliments qu'on me fit, et à vous aussi ; et de tout cela, autant en emporte le vent : on est ravi de revenir chez soi. Madame de Richelieu me parut abattue ; elle fera réponse à M. de Grignan : les fatigues de la cour ont rabaissé son caquet ; son moulin me parut en chômage. Mais qui pensez-vous qu'on trouve chez moi ? Des Provençaux ; ils m'ont *tartufiée*. De quoi parle-t-on ? De madame de Grignan. Qui est-ce qui entre dans ma chambre ? Votre petite. Vous dites qu'elle me fait souvenir de vous ; c'est bien dit : vous voulez bien au moins que je vous réponde qu'il n'est pas besoin de cela. Je monte en carrosse ; où vais-je ? Chez madame de Valavoire. Pourquoi faire ? Pour parler de Provence, de vos affaires et de vos commissions, que j'aime uniquement. Enfin Coulanges disait l'autre jour : Voyez-vous bien cette femme-là ? elle est toujours en présence de sa fille. Vous voilà en peine de moi, ma bonne, vous avez peur que je ne sois ridicule ; non, ne craignez rien : on ne peut l'être avec une si agréable folie ; et de plus, c'est que je me ménage selon les lieux, les temps, et les personnes avec qui je suis ; et l'on jurerait quelquefois que je ne songe guère à vous : ce n'est pas où je suis le plus en liberté.

Je reçois votre lettre du 30 ; vous me déplaisez, mon enfant, en parlant, comme vous faites, de vos aimables lettres. Quel plaisir prenez-vous à dire du mal de votre esprit, de votre style, à vous comparer à la princesse d'Harcourt [1] ? Où pêchez-vous cette fausse et offensante humilité ? Elle blesse mon cœur, elle offense la justice, elle choque la vérité. Quelles manières ! Ah ! ma bonne, changez-les, je vous en conjure, et voyez les choses comme elles sont : si cela est, vous n'aurez plus qu'à vous défendre de la vanité,

---

[1] Fille du duc de Brancas le *distrait*.

et ce sera une affaire à régler entre votre confesseur et vous. Votre maigreur me tue : hélas! où est le temps que vous ne mangiez qu'une tête de bécasse par jour, et que vous mouriez de peur d'être trop grasse? Si vous devenez grosse sur ces entrefaites, soyez assurée que vous voilà perdue pour toute votre vie, sans en revenir jamais. Monsieur de Grignan a bien du caquet : il commence à gratter du pied, cela me fait grand'peur; mais s'il succombe à la tentation, ne croyez pas qu'il vous aime; quand on aime bien, on aime tout, et la beauté qui ne donne aucun chagrin, comme la vôtre, n'est pas une chose à oublier : si M. de Grignan la détruit, tenez-vous pour dit que sa tendresse n'est pas d'un bon aloi.

Il est vrai que madame de Soubise vient encore d'accoucher; mais elle relève trop grasse, cela fait qu'on n'a nulle pitié d'elle. Je vous plains bien aussi de vos méchantes compagnies : la nouvelle qu'on y débite du gouvernement de Bretagne donné à M. de Rohan est très-belle; cet homme parle comme du temps des ducs (*de Bretagne*) : je vous souhaite quelquefois un petit brin de ce que l'on a ici de reste.

On était hier sur votre chapitre chez madame de Coulanges; et madame de Scarron se souvint avec combien d'esprit vous aviez soutenu autrefois une mauvaise cause, à la même place, et sur le même tapis où nous étions : il y avait madame de La Fayette, madame Scarron, Segrais, Caderousse, l'abbé Têtu, Guilleragues, Brancas. Vous n'êtes jamais oubliée, ni tout ce que vous valez : tout est encore vif; mais quand je pense où vous êtes, quoique vous soyez reine, le moyen de ne pas soupirer? Nous soupirons encore de la vie qu'on fait ici et à Saint-Germain; tellement qu'on soupire toujours. Vous savez bien que Lauzun, en entrant en prison, dit : *In secula seculorum*; et je crois qu'on eût répondu ici en certain endroit, *amen*, et en d'autres, *non*. Vraiment, quand il était jaloux de votre *voisine*, il lui crevait les yeux, il lui marchait sur la main ¹ : et que n'a-t-il pas fait à d'autres ? Ah ! quelle folie de faire des péchés de cent dix lieues loin !

Votre enfant est jolie ; elle a un son de voix qui m'entre dans le cœur ; elle a de petites manières qui plaisent. Je m'en amuse et je l'aime ; mais je n'ai pas encore compris que ce degré puisse jamais vous passer par-dessus la tête ; je vous embrasse de toute la plus vive tendresse de mon cœur.

212. — A LA MÊME.

A Paris, 8 janvier 1672.

Devinez où je m'en vais tout à l'heure, ma chère bonne ; à Livry, et demain dîner à Pomponne avec mon bon homme ² ; il m'a priée si tendrement de lui faire cette visite pendant qu'il fait beau, que je n'ai pas voulu le refuser. Vous me paraissez tranquille sur le retour de vos ouvriers ; nous ne sommes pas de même, nous craignons le dénoûment de tout ceci, qui ne peut être que fâcheux. Nous en parlons, M. l'évêque d'Uzès et moi, et regardons les chagrins qui sont attachés à quelque résolution qu'on prenne ³.

Je veux aussi vous avertir d'une chose que je soutiendrai en face de votre mari et de vous. C'est que si, après être purgée, vous avez seulement la pensée de coucher avec M. de Grignan, comptez que vous êtes grosse, et si quelqu'une de vos matrones dit le contraire, elle sera corrompue par votre mari. Après cet avis, je n'ai plus rien à dire.

---

¹ C'est à Saint-Cloud, chez MADAME, que ceci arriva. Madame de Monaco était assise sur le parquet, à cause de la grande chaleur, et Lauzun, en pirouettant autour des dames, lui marcha sur la main, ce qu'elle souffrit sans oser se plaindre. Le roi était le rival favorisé qui irritait Lauzun à ce point. (A. G. et M.)

² Arnauld d'Andilly. *Voyez* ci-dessus la lettre du 13 janvier.

³ *Voyez* ci-dessus la lettre du 1ᵉʳ janvier.

Je n'oserais songer à vos affaires; c'est un labyrinthe plein d'amertumes d'où je ne sors point. Je ne sais pas de nouvelles aujourd'hui; si j'avais juré de remplir ma feuille, je vous manderais des sottises, et tout ce qu'on fera dans six semaines, mais c'est un ennui. Ce que j'aime mieux vous dire, c'est qu'on est inhumain dans ce pays pour recevoir les excuses de ceux qui n'écrivent pas dans les occasions. J'ai voulu en user ainsi en Bretagne; il a fallu en venir à y prendre part. Profitez de ce petit discours en l'air.

On parle de plusieurs mariages; quand ils seront signés, je vous les manderai. Adieu, ma bonne; il y a une heure que je me joue avec votre fille : elle est aimable. Il est tard, et je vous quitte pour aller pleurer à Livry, et penser à vous tendrement.

213. — A LA MÊME.

A Paris, mercredi 15 janvier 1672.

Eh! mon Dieu, ma fille, que me dites-vous? Quel plaisir prenez-vous à dire du mal de votre personne, de votre esprit; à rabaisser votre bonne conduite; à trouver qu'il faut avoir bien de la bonté pour songer à vous? Quoique assurément vous ne pensiez point tout cela, j'en suis blessée, vous me fâchez; et quoique je ne dusse peut-être pas répondre à des choses que vous dites en badinant, je ne puis m'empêcher de vous en gronder, préférablement à tout ce que j'ai à vous mander. Vous êtes bonne encore quand vous dites que vous avez peur des beaux-esprits; hélas! si vous saviez qu'ils sont petits de près, et combien ils sont quelquefois empêchés de leurs personnes, vous les remettriez bientôt à hauteur d'appui. Vous souvient-il combien vous en étiez quelquefois excédée? Prenez garde que l'éloignement ne vous grossisse les objets; c'est un effet assez ordinaire.

Nous soupons tous les soirs avec madame Scarron, elle a

l'esprit aimable et merveilleusement droit; c'est un plaisir que de l'entendre raisonner sur les horribles agitations d'un certain pays qu'elle connaît bien. Les désespoirs qu'avait cette d'Heudicourt dans le temps que sa place paraissait si miraculeuse; les rages continuelles de Lauzun, les noirs chagrins ou les tristes ennuis des dames de Saint-Germain, et peut-être que la plus enviée (*madame de Montespan*) n'en est pas toujours exempt : c'est une plaisante chose que de l'entendre causer sur tout cela. Ces discours nous mènent quelquefois bien loin de moralité en moralité, tantôt chrétienne, et tantôt politique. Nous parlons très-souvent de vous; elle aime votre esprit et vos manières; et quand vous vous retrouverez ici, vous n'aurez point à craindre de n'être pas à la mode.

Mais écoutez la bonté du roi, et songez au plaisir de servir un si aimable maître. Il a fait appeler le maréchal de Bellefonds dans son cabinet, et lui a dit : « Monsieur le « maréchal, je veux savoir pourquoi vous me voulez « quitter : est-ce dévotion ? est-ce envie de vous retirer ? « est-ce l'accablement de vos dettes ? Si c'est le dernier, « j'y veux donner ordre, et entrer dans le détail de vos « affaires. » Le maréchal fut sensiblement touché de cette bonté. « Sire, *dit-il,* ce sont mes dettes : je suis abîmé; je « ne puis voir souffrir quelques-uns de mes amis qui m'ont « assisté, et que je ne puis satisfaire. Eh bien! *dit le roi,* il « faut assurer leur dette : je vous donne cent mille francs « de votre maison de Versailles, et un brevet de retenue de « quatre cent mille francs, qui servira d'assurance, si vous « veniez à mourir; vous payerez les arrérages avec les cent « mille francs; cela étant, vous demeurerez à mon service. » En vérité, il faudrait avoir le cœur bien dur pour ne pas obéir à un maître qui entre avec tant de bonté dans les intérêts d'un de ses domestiques; aussi le maréchal n'y résista pas, et le voilà remis à sa place et comblé de bienfaits. Tout ce détail est vrai.

Il y a tous les soirs des bals, des comédies et des mascarades à Saint-Germain. Le roi a une application à divertir MADAME, qu'il n'a jamais eue pour l'autre. Racine a fait une tragédie qui s'appelle *Bajazet*, et qui lève la paille ; vraiment elle ne va pas *empirando* comme les autres. M. de Tallard dit qu'elle est autant au-dessus des pièces de Corneille, que celles de Corneille sont au-dessus de celles de Boyer ; voilà ce qui s'appelle louer ; il ne faut point tenir les vérités captives. Nous en jugerons par nos yeux et par nos oreilles.

Du bruit de Bajazet mon âme importunée

fait que je veux aller à la comédie ; enfin nous en jugerons.

J'ai été à Livry[1] ; hélas ! ma chère enfant, que je vous ai bien tenu parole, et que j'ai songé tendrement à vous ! Il y faisait très-beau, quoique très-froid ; mais le soleil brillait ; tous les arbres étaient parés de perles et de cristaux : cette diversité ne déplaît point. Je me promenai fort ; je fus le lendemain dîner à Pomponne : quel moyen de vous redire ce qui fut dit en cinq heures : je ne m'y ennuyai point. M. de Pomponne sera ici dans quatre jours ; ce serait un grand chagrin pour moi si jamais j'étais obligée à lui aller parler pour vos affaires de Provence : tout de bon, il ne m'écouterait pas ; vous voyez que je fais un peu l'entendue. Mais, de bonne foi, rien n'est égal à M. d'Uzès ; c'est ce qui s'appelle les grosses cordes ; je n'ai jamais vu un homme ni d'un meilleur esprit, ni d'un meilleur conseil : je l'attends pour vous parler de ce qu'il aura fait à Saint-Germain.

Vous me priez de vous écrire de grandes lettres ; je pense que vous devez en être contente ; je suis quelquefois épouvantée de leur immensité : ce sont toutes vos flatteries qui me donnent cette confiance. Je vous conjure de vous

---

[1] *Voyez* ci-dessus, lettre du 8 janvier.

conserver dans ce bienheureux état, et ne passez point d'une extrémité à l'autre. De bonne foi, prenez du temps pour vous rétablir, et ne tentez pas Dieu par vos dialogues et par votre voisinage.

Madame de Brissac a une très-bonne provision pour son hiver, c'est-à-dire M. de Longueville et le comte de Guiche, mais en tout bien et tout honneur : ce n'est seulement que pour le plaisir d'être adorée. On ne voit plus La Marans chez madame de La Fayette ni chez M. de La Rochefoucauld. Nous ne savons ce qu'elle fait; nous en jugeons quelquefois un peu témérairement. Elle avait cet été la fantaisie d'être violée; elle voulait être violée absolument : vous savez ces sortes de folies; pour moi, je crois qu'elle ne le sera jamais. Quelle folle, bon Dieu! et qu'il y a longtemps que je la vois comme vous la voyez présentement! Au reste, ma fille, il ne tient pas à moi que je ne voie madame de Valavoire[1] : il est vrai qu'il n'est pas besoin de me dire : *Va la voir;* c'est assez qu'elle vous ait vue pour me la faire courir; mais elle court après quelque autre, car j'ai beau la prier de m'attendre, je ne puis parvenir à ce bonheur. C'est à M. Le Grand[2] qu'il faudrait donner votre *turlupinade* : elle est des meilleures. Châtillon[3] nous en donne ici tous les jours des plus méchantes du monde.

214. — A LA MÊME.

A Paris, vendredi au soir 15 janvier 1672.

Je vous ai écrit ce matin, ma fille, par le courrier qui vous porte toutes les douceurs et tous les agréments du monde pour vos affaires de Provence; mais je veux vous écrire encore ce soir, afin qu'il ne soit pas dit que la poste

---

[1] Dame de qualité de Provence Son mari était lieutenant général des armées du roi. (P.)

[2] Le comte d'Armagnac, grand écuyer de France.

[3] Le comte de Châtillon, premier gentil-homme de la chambre de Monsieur.

arrive sans vous apporter de mes lettres. Tout de bon, ma belle, je crois que vous les aimez; vous me le dites : pourquoi voudriez-vous me tromper en vous trompant vous-même? Mais si par hasard cela n'était pas, vous seriez à plaindre de l'accablement où je vous mettrais par l'abondance de mes lettres : les vôtres font ma félicité. Je ne vous ai point répondu sur votre belle âme : c'est Langlade qui dit *la belle âme*, pour badiner; mais, de bonne foi, vous l'avez fort belle; ce n'est peut-être pas de ces âmes du premier ordre, comme *chose*[1], ce Romain qui, pour tenir sa parole, retourna chez les Carthaginois, où il fut pis que martyrisé; mais au-dessous vous pouvez vous vanter d'être du premier rang : je vous trouve si parfaite et dans une si grande réputation, que je ne sais que vous dire, sinon vous admirer, et vous prier de soutenir toujours votre raison par votre courage, et votre courage par votre raison.

La pièce de Racine m'a paru belle, nous y avons été : ma *belle-fille*[2] m'a paru la plus miraculeusement bonne comédienne que j'aie jamais vue : elle surpasse la *Desœillets* de cent mille piques; et moi, qu'on croit assez bonne pour le théâtre[3], je ne suis pas digne d'allumer les chandelles quand elle paraît. Elle est laide de près, et je ne m'étonne pas que mon fils ait été suffoqué par sa présence; mais quand elle dit des vers elle est adorable. *Bajazet* est beau; j'y trouve quelque embarras sur la fin; mais il y a bien de la passion, et de la passion moins folle que celle de *Bérénice*; je trouve pourtant, à mon petit sens, qu'elle

---

[1] M. de Sauvebeuf, rendant compte à M. le Prince d'une négociation pour laquelle il était allé en Espagne, lui disait : *Chose, chose*, le roi d'Espagne m'a dit, etc. (P.)

[2] Madame de Sévigné désigne par ces mots la Champmêlé, que son fils avait aimée. Elle fut aussi aimée de Racine, à qui elle inspira des chefs-d'œuvre, *Andromaque, Phèdre, Iphigénie*.

[3] Madame de Sévigné jouait très-bien la comédie. Elle parle à M. de Pomponne du théâtre de Fresne, dans la lettre du 1er août 1667.

ne surpasse pas *Andromaque*; et pour les belles comédies de Corneille, elles sont autant au-dessus, que votre idée était au-dessus de... Appliquez, et ressouvenez-vous de cette folie, et croyez que jamais rien n'approchera, je ne dis pas surpassera, je dis que rien n'approchera des divins endroits de Corneille. Il nous lut l'autre jour, chez M. de La Rochefoucauld, une comédie qui fait souvenir de sa défunte veine[1]. Je voudrais cependant que vous fussiez venue avec moi après-dîner, vous ne vous seriez point ennuyée; vous auriez peut-être pleuré une petite larme, puisque j'en ai pleuré plus de vingt; vous auriez admiré votre *belle-sœur*; vous auriez vu les *Anges* (les demoiselles de Grancey) devant vous, et la Bordeaux[2], qui était habillée en petite mignonne. M. le-Duc était derrière, Pomenars au-dessus, avec les laquais, son nez dans son manteau, parce que le comte de Créance le veut faire pendre, quelque résistance qu'il y fasse. Tout le bel-air était sur le théâtre : le marquis de Villeroi avait un habit de bal, le comte de Guiche ceinturé comme son esprit[3]; tout le reste en bandits. J'ai vu deux fois ce comte chez M. de La Rochefoucauld; il me parut avoir bien de l'esprit, et il était moins surnaturel qu'à l'ordinaire.

Voilà notre abbé, chez qui je suis, qui vous mande qu'il a reçu le plan de Grignan, dont il est très-content; il s'y promène déjà par avance. Il voudrait bien en avoir le profil! pour moi, j'attends à le bien posséder que je sois dedans. J'ai mille compliments à vous faire de tous ceux qui ont entendu les agréables paroles du roi pour M. de Grignan. Madame de Verneuil me vient la première; elle

---

[1] Jugement qu'il ne faut attribuer qu'à une prévention bien pardonnable, car il s'agit ici de la tragédie de *Pulchérie*, un des péchés de la vieillesse de Corneille.

[2] Dont la fille fut mariée au comte de Fontaine-Martel, premier écuyer de la demoiselle d'Orléans.

[3] On voit, par plusieurs passages des lettres de Bussy, que le style du duc de Guiche, froid et guindé, est ici très-bien apprécié.

a pensé mourir. Adieu, mon enfant; que vous dirai-je de mon amitié et de tout l'intérêt que je prends à vous à vingt lieues à la ronde, depuis les plus grandes jusques aux plus petites choses? J'embrasse l'*admirable* Grignan, le *prudent* coadjuteur, et le *présomptueux* Adhémar : n'est-ce pas là comme je les nommais l'autre jour?

215. — A LA MÊME.

* A Paris, mercredi 20 janvier 1672.

Voilà les Maximes de M. de La Rochefoucauld revues, corrigées et augmentées[1]; c'est de sa part que je vous les envoie. Il y en a de divines; et, à ma honte, il y en a que je n'entends point. Dieu sait comme vous les entendrez. Il y a un démêlé entre l'archevêque de Paris[2] et l'archevêque de Reims : c'est pour une cérémonie. Paris veut que Reims demande permission d'officier; Reims jure qu'il n'en fera rien : on dit que ces deux hommes ne s'accorderont jamais bien : qu'ils ne soient à trente lieues l'un de l'autre : ils seront donc toujours mal. Cette cérémonie est une canonisation d'un Borgia, jésuite; toute la musique de l'Opéra y fait rage : il y a des lumières jusque dans la rue Saint-Antoine; on s'y tue. Le vieux Mérinville[3] est mort sans y être allé.

Ne vous trompez-vous point, ma chère fille, dans l'opinion que vous avez de mes lettres? L'autre jour un pendard d'homme, voyant ma lettre infinie, me demanda si je pensais qu'on pût lire cela : j'en tremblai, sans dessein toutefois de me corriger; et, me tenant à ce que vous m'en dites, je ne vous épargnerai aucune bagatelle, grande ou

---

[1] Cette édition est probablement la troisième, qui porte la date de 1671. La dernière donnée par l'auteur est de 1678, et la meilleure des éditions modernes est celle qui fut publiée par M. Lefèvre, libraire, en 1822, avec une *Réfutation* par M. Aimé Martin.
[2] Harley de Champvallon.
[3] Il avait été lieutenant général du gouvernement de Provence.

petite, qui vous puisse divertir; pour moi, c'est ma vie et mon unique plaisir que le commerce que j'ai avec vous; toutes choses sont ensuite bien loin après. Je suis en peine de votre petit frère : il a bien froid, il campe, il marche vers Cologne pour un temps infini : j'espérais de le voir cet hiver, et le voilà. Enfin il se trouve que mademoiselle d'Adhémar est la consolation de ma vieillesse : je voudrais aussi que vous vissiez comme elle m'aime, comme elle m'appelle, comme elle m'embrasse; elle n'est point belle, mais elle est aimable; elle a un son de voix charmant; elle est blanche, elle est nette; enfin je l'aime. Vous me paraissez folle de votre fils; j'en suis fort aise; on ne saurait avoir trop de fantaisies, musquées ou point musquées, il n'importe.

Il y a demain un bal chez MADAME; j'ai vu chez MADEMOISELLE l'agitation des pierreries : cela m'a fait souvenir de nos tribulations passées, et plût à Dieu y être encore! Pouvais-je être malheureuse avec vous? Toute ma vie est pleine de repentir : Monsieur Nicole, ayez pitié de moi, et me faites bien envisager les ordres de la Providence. Adieu, ma chère fille, je n'oserais dire que je vous adore, mais je ne puis concevoir qu'il y ait un degré d'amitié au delà de la mienne; vous m'adoucissez et m'augmentez mes ennuis, par les aimables et douces assurances de la vôtre.

216. — A LA MÊME.

A Paris, vendredi 22 janvier 1672, à dix heures du soir.

Enfin, ma fille, c'est tout ce que je puis faire que de quitter le petit coucher de mademoiselle d'Adhémar pour vous écrire; si vous ne voulez pas être jalouse, je ne sais que vous dire : c'est la plus aimable enfant que j'aie jamais vue : elle est vive, elle est gaie, elle a de petits desseins et de petites façons qui plaisent tout à fait. J'ai été aujourd'hui chez MADEMOISELLE, qui m'a envoyé dire d'y aller. MONSIEUR y est venu ; il m'a parlé de vous ; il m'a assuré que rien ne pouvait tenir votre place au bal ; il m'a dit que votre absence ne devait pas m'empêcher d'aller voir son bal ; c'est justement de quoi j'ai grande envie. Il a été fort question de la guerre, qui est enfin très-certaine. Nous attendons la résolution de la reine d'Espagne[1] ; et, quoi qu'elle dise, nous voulons guerroyer : si elle est pour nous, nous fondrons sur les Hollandais ; si elle est contre nous, nous prendrons la Flandre ; et quand nous aurons commencé la noise, nous ne l'apaiserons peut-être pas aisément. Cependant nos troupes marchent vers Cologne. C'est M. de Luxembourg qui doit ouvrir la scène. Il y a quelques mouvements en Allemagne.

J'ai fort causé avec M. d'Uzès : notre abbé lui a parlé de très-bonne grâce du dessein qu'il a pour l'abbé de Grignan[2] : il faut tenir cette affaire très-secrète ; c'est sur la tête de M. d'Uzès qu'elle roule, car on ne peut obtenir de Sa Majesté les agréments nécessaires que par son moyen. On me dit en rentrant ici que le chevalier de Grignan[3] a la petite vérole chez M. d'Uzès : ce serait un grand malheur pour lui, un grand chagrin pour ceux qui l'aiment, et un grand embarras pour M. d'Uzès, qui serait hors d'état d'agir dans toutes les choses où l'on a besoin de lui : voilà qui serait digne de mon malheur ordinaire.

Vous me louez continuellement sur mes lettres, et je n'ose plus parler des vôtres, de peur que cela n'ait l'air de rendre louanges pour louanges ; mais encore ne faut-il pas

---

[1] Anne-Marie d'Autriche, veuve de Philippe IV, roi d'Espagne, et mère de Charles II, qui ne fut déclaré majeur qu'en 1676, et dont les États étaient alors gouvernés par la reine sa mère, assistée de six conseillers nommés par le feu roi. (P.)
[2] On croit que l'abbé de Coulanges cherchait à résigner l'abbaye de Livry en faveur de l'abbé de Grignan.
[3] Charles-Philippe Adhémar de Monteil, chevalier de Malte, petit-neveu de Jacques Adhémar de Monteil, évêque d'Uzès. (P.)

se contraindre jusqu'à ne pas dire la vérité : vous avez des pensées et des tirades incomparables; il ne manque rien à votre style. D'Hacqueville et moi, nous étions ravis de lire certains endroits brillants; et même dans vos narrations l'endroit qui regarde le roi, votre colère contre Lauzun et contre l'évêque, ce sont des traits de maître. Quelquefois j'en donne aussi une petite part à madame de Villars; mais elle s'attache aux tendresses, et les larmes lui en viennent fort bien aux yeux. Ne craignez point que je montre vos lettres mal à propos; je sais parfaitement bien ceux qui en sont dignes, et ce qu'il en faut dire ou cacher.

Écoutez, ma fille, une bonté et une douceur charmante du roi votre maître; cela redoublera bien votre zèle pour son service. Il m'est revenu de très-bon lieu que l'autre jour M. de Montausier[1] demanda une petite abbaye à Sa Majesté pour un de ses amis; il en fut refusé, et sortit fâché de chez le roi en disant : *Il n'y a que les ministres et les maîtresses qui aient du pouvoir dans ce pays.* Ces paroles n'étaient pas trop bien choisies; le roi le sut : il fit appeler M. de Montausier, lui reprocha avec douceur son emportement, le fit souvenir du peu de sujet qu'il avait de se plaindre de lui, et le lendemain il fit madame de Crussol[2] dame du palais. Je vous dis que voilà des conduites de Titus : vous pouvez juger si le gouverneur a été confondu, aussi bien que l'évêque, qui vous doit sa députation. Ces manières de se venger sont bien cruelles. Le roi a raccommodé l'archevêque de Reims avec celui de Paris. Que vous dirai-je encore? Ma pauvre tante est accablée de mortelles douleurs; cela me fait une tristesse et un devoir qui m'occupent.

[1] Charles de Sainte-Maure, duc de Montausier, gouverneur de Louis, dauphin de France, fils unique de Louis XIV. (P.)

[2] Marie-Julie de Sainte-Maure, femme d'Emmanuel de Crussol, duc d'Uzès, et fille de M. de Montausier. (P.)

217. — AU COMTE DE BUSSY.

A Paris, ce 24 janvier 1672.

Je trouve fort plaisant, mon cousin, que ce soit précisément dans la chambre de notre petite sœur de Sainte-Marie que l'envie me prenne de vous écrire. Il semblerait quasi que notre amitié fût fondée sur la sainteté de notre grand'mère. Le moyen d'en juger autrement, en voyant que tant d'autres lieux, où je vous ai vu, me font moins souvenir de vous que celui-ci, où je ne vous ai vu de ma vie! Vous avez ici une fille qui contribue à ce miracle. Elle n'est non plus sotte que si elle vous voyait tous les jours, et elle est aussi sage que si elle ne partait pas de Sainte-Marie. C'est une créature dont le fonds est d'un christianisme fort austère, chamarré de certains agréments de Rabutin, qui lui donnent un charme extraordinaire. Je doute que tous vos autres enfants vaillent mieux que celle-ci. Mais en voilà assez pour lui donner de la vanité. J'ai été huit mois en Bretagne, pendant lesquels je ne me suis jamais trouvé assez d'esprit pour vous écrire. J'ai eu dessein de ressusciter notre commerce à mon retour, et je commence ici. Bon jour, bonne œuvre. Je ne vous dirai point de nouvelles, et je ne vous parlerai point du prochain. Vous savez tout ce qui se passe, au moins je le veux croire : car je ne crois pas qu'il soit trop sûr d'écrire de certaines choses ;

> On sait de cent paquets les tristes aventures,
> Et tous les grands chemins sont remplis de parjures.

Il y a des comédies nouvelles dont j'ai la vanité de croire que vous jugerez comme moi. Adieu, mon cousin; vous ne sauriez croire combien je mérite l'honneur de votre amitié.

218. — DU COMTE DE BUSSY A MADAME DE SÉVIGNÉ.

A Chaseu, ce 28 janvier 1672.

Savez-vous bien, Madame, ce qui fait que vous m'écrivez de Sainte-Marie, où vous ne m'avez jamais vu, plutôt que de mille autres lieux où vous m'avez vu mille fois? C'est que ma fille vous y fait ressouvenir de moi; et qu'étant bientôt lasse des matières qu'on traite en ces lieux-là, vous usez une partie du temps de votre visite à faire une lettre à son père. Ainsi, Madame, tout ce que j'en puis juger, c'est que vous aimez mieux parler au monde qu'à moi; mais que vous aimez mieux me parler qu'à Dieu; vous en conviendrez, si vous êtes sincère. Quand j'ai lu l'endroit où vous me mandez *que ma fille n'est non plus sotte que si elle me voyait tous les jours, et qu'elle est aussi sage que si elle ne partait pas de Sainte-Marie*; je croyais qu'il y eût, *aussi sage que si elle ne m'avait jamais vu*. Car effectivement une demoiselle peut devenir agréable à me pratiquer; mais il est difficile qu'elle devienne par là bonne religieuse. Ma fille de Sainte-Marie en est une, à ce que j'ai appris par d'autres que par vous; et le témoignage que vous me donnez des agréments de son esprit est ce qu'on appelle l'approbation des docteurs. Ses sœurs ont aussi leur mérite; et si ma disgrâce leur a fait perdre des avantages du côté de la fortune, elle leur en a donné du côté de la bonne nourriture et de l'esprit. Vous me deviez écrire de Bretagne : nous y avons perdu tous deux. Vous vous moquez de me mander que vous ne vous êtes pas trouvé assez d'esprit pour cela. Songez-vous à faire de belles lettres pour moi? il me paraît qu'elles ne le peuvent être dès qu'on y songe. Il est vrai que je sais ce qui se passe; mais je ne le saurais point, si tous mes amis avaient sur cela autant de prudence que vous.

Avez-vous fait les deux vers que vous m'envoyez sur

ce sujet? les avez-vous retournés, ou seulement copiés? Ils sont capables de faire trembler tous les gazetiers de France; il est vrai qu'en voici qui les rassurent :

> Qu'il se perde tant de paquets
> Qu'on dit tous les jours par la ville,
> Ce sont contes à plaisir; mais,
> Pour un perdu, l'on en dit mille.

219. — DE MADAME DE SÉVIGNÉ A MADAME DE GRIGNAN.

A Paris, mercredi 27 janvier 1672.

Je n'ai jamais rien vu de si aimable que vos lettres. Vous êtes contente de mon amitié, et vous me le dites d'une manière à pénétrer de tendresse un cœur comme le mien : vous voyez tout ce qui s'y passe; vous découvrez que la plus grande partie de mes actions se fait en vue de vous être bonne à quelque chose. Vous expliquez le voyage de Pomponne dans sa vraie signification; les visites de M. Le Camus tout de même; et en vérité, ma fille, vous ne vous trompez pas, et tant que votre pénétration me rendra de si bons offices, je ne crains pas que votre amitié diminue. J'admire votre humeur : elle est au delà de tout ce qu'on peut vous souhaiter; si vous en avez une autre moins commode, il faut lui pardonner en faveur de celle-là, et pardonner aussi à ceux à qui vous vous découvriez assez peu pour ne leur pas laisser voir clairement toutes vos bonnes qualités; comme alors elles n'étaient pas exercées, on ne le pouvait savoir que par vos paroles.

Mais, ma chère enfant, cette grande paresse de ne vouloir pas seulement penser à sortir un moment d'où vous êtes me blesse le cœur. Je trouve les pensées de M. de Grignan bien plus raisonnables : celle qu'il avait pour la charge du maréchal de Bellefonds, au cas qu'il l'eût quittée, était tout à fait de mon goût; vous aurez vu comme la chose a tourné; mais j'aimerais assez que le désir de vous rapprocher ne vous quittât point, quand il arrive des occasions ; et M. d'Uzès aurait fort bonne grâce à témoigner au roi qu'il est impossible de le servir si loin de sa personne, sans beaucoup de chagrin, surtout quand on a passé la plus grande partie de sa vie auprès de lui.

L'autre jour, M. de Berni[1], à Versailles, passa par une fenêtre, croyant passer par une porte, et tomba du premier étage sur un petit garçon qui fut blessé, et qui l'empêcha d'être tué : il fut secouru ; il a la tête très-fracassée, mais on ne croit pas qu'il en meure : voilà ce que font les croisées coupées jusqu'en bas; on ne saurait jamais manquer à mettre partout des garde-fous. Cet accident fit grand bruit à Versailles.

Je vous prie, ma fille, dites-moi souvent dans vos lettres quelque petit mot de ma tante; ce lui est une consolation dans ses continuelles douleurs. J'ai envoyé vos lettres : celle de madame de La Fayette est extrêmement jolie. Le commencement de votre dernière est étrange; vous me donnez à deviner ce que vous avez fait la nuit. J'ai tremblé depuis les pieds jusqu'à la tête : je croyais que tout fût perdu. Il se trouve que vous avez attendu votre courrier, et que vous avez bu joyeusement à la santé du roi votre maître : j'ai respiré et approuvé votre zèle. En vérité, on ne saurait trop louer le roi : il est encore perfectionné depuis un an. Les poètes ont commencé à la cour[2]; mais j'aime bien autant la prose, depuis que tout le monde en sait faire, pour conter et chanter ses louanges.

---

[1] Fils de M. de Lionne, secrétaire d'État. (P.)

[2] C'est à madame de Montespan et à ses sœurs et à sa société que Louis XIV dut le goût qu'il prit alors pour les plaisirs de l'esprit et pour la conversation des gens de lettres. Elle s'en repentit peut-être quand elle reconnut qu'en prenant ce goût, il avait perdu ses préventions contre madame Scarron, dont pendant longtemps il ne lui avait parlé qu'en disant avec dédain *votre bel-esprit*. (A. G.)

Je viens d'écrire une grande lettre à M. de Pompenne; pour toutes les affaires de Provence, dont M. d'Uzès ne peut lui parler, à cause de la petite vérole du pauvre chevalier. Je n'ose vous parler de l'état où il est; il faut espérer à sa grande jeunesse : j'ai déjà bien soupiré pour la crainte que j'ai de son mal. Madame de Guerchi, fille de la comtesse de Fiesque[1], est morte à la campagne pour avoir eu peur du feu : elle était grosse de huit mois; elle est accouchée et morte ensuite : cette manière de mourir m'a blessé le cœur. Le petit duc de Rohan[2] est à l'extrémité d'avoir bu deux verres d'eau-de-vie après avoir bien bu du vin ; il est dans le sept d'une fièvre très-mortelle. Voilà une belle espérance pour M. et madame de Soubise : pour moi, après l'avoir vu aux états, et sachant comme il traitait madame de Rohan, j'en suis toute consolée. Le chancelier (*Séguier*) se meurt; il a renvoyé les sceaux au roi par le duc de Coislin : voilà un joli présent à faire. Mon Dieu, ma fille, que je voudrais bien voir M. de Grignan ici avec une belle charge auprès de son maître, et envoyer promener tous vos Provençaux! Adhémar me les fera bien haïr; il est plaisant de leur faire confidence de ce qu'il pense d'eux. Adieu, ma très-aimable; je ne songe qu'à vous aller voir. J'embrasse mon cher Grignan et sa chère femme.

220. — A LA MÊME.

A Sainte-Marie-du-Faubourg, vendredi 29 janvier 1672, jour de Saint-François-de-Sales, et jour que vous fûtes mariée. Voilà ma première radoterie; c'est que je fais des bouts-de-l'an de tout.

Me voici dans un lieu, ma fille, qui est le lieu du monde où j'ai pleuré, le jour de votre départ, le plus abondamment et le plus amèrement : la pensée m'en fait encore très-

---

[1] Gilonne d'Harcourt, comtesse de Fiesque.
[2] Louis, duc de Rohan, frère de madame de Soubise.

saillir. Il y a une bonne heure que je me promène toute seule dans le jardin : toutes nos sœurs sont à vêpres, embarrassées d'une méchante musique; et moi, j'ai eu l'esprit de m'en dispenser. Ma chère enfant, je n'en puis plus; votre souvenir me tue en mille occasions : j'ai pensé mourir dans ce jardin, où je vous ai vue si souvent[1]. Je ne veux point vous dire en quel état je suis : vous avez une vertu sévère, qui n'entre point dans la faiblesse humaine. Il y a des jours, des heures, des moments où je ne suis pas la maîtresse; je suis faible, et ne me pique point de ne l'être pas. Tant y a, je n'en puis plus, et pour m'achever voilà un homme que j'avais envoyé chez le chevalier de Grignan, qui me dit qu'il est extraordinairement mal : cette impitoyable nouvelle n'a pas séché mes yeux. Je crois qu'il dispose en votre faveur de ce qu'il a; gardez-le, quoique ce soit peu, pour une marque de sa tendresse, et ne le donnez point, comme votre cœur le voudrait : il n'y a pas un de vos beaux-frères qui à proportion ne soit plus riche que vous. Je ne puis vous dire le déplaisir que j'ai dans la vue de cette perte. Hélas! un petit aspic, comme M. de Rohan, revient de la mort; et cet aimable garçon, bien né, bien fait, de bon naturel, d'un bon cœur, dont la perte ne fait de bien à personne, nous va périr entre les mains! Si j'étais libre, je ne l'aurais pas abandonné : je ne crains point son mal; mais je ne fais pas sur cela ma volonté. Vous recevrez par cet ordinaire des lettres écrites plus tard, qui vous parleront plus précisément de ce malheur; pour moi, je me contente de le sentir.

Hier au soir, madame Dufresnoi soupa chez nous; c'est une nymphe, c'est une divinité; mais madame Scarron, madame de La Fayette et moi, nous voulûmes la comparer à madame de Grignan, et nous la trouvâmes cent piques au-dessous, non pas pour l'air ni pour le teint; mais ses

---

[1] Madame de Grignan avait été élevée dans ce couvent. (M.)

yeux sont étranges, son nez n'est pas comparable au vôtre, sa bouche n'est point fine, la vôtre est parfaite; et elle est tellement recueillie dans sa beauté, que je trouve qu'elle ne dit précisément que les paroles qui lui siéent bien : il est impossible de se la représenter parlant communément et d'affection sur quelque chose. Pour votre esprit, ces dames ne mirent aucun degré au-dessus du vôtre, et votre conduite, votre sagesse, votre raison, tout fut célébré : je n'ai jamais vu une personne si bien louée. Je n'eus pas le courage de faire *les honneurs de vous*, ni de parler contre ma conscience.

On dit que le chancelier est mort : je ne sais si on donnera les sceaux avant que cette poste parte. La comtesse (*de Fiesque*) est très-affligée de la mort de sa fille; elle est à Sainte-Marie de Saint-Denis. Mon enfant, on ne peut jamais assez se conserver, et grosse, et en couche, ni assez éviter d'être dans ces deux états; je ne parle pour personne. Adieu, ma très-chère; cette lettre sera courte : je ne puis rien écrire dans l'état où je suis; vous n'avez pas besoin de ma tristesse. Mais si quelquefois vous recevez des lettres infinies, ne vous en prenez qu'à vous, et aux flatteries que vous me dites sur le plaisir que vous donne leur longueur; vous n'oseriez plus vous en plaindre. Je vous embrasse mille fois, et m'en retourne à mon jardin, et puis à un bout de salut, et puis chez des malades qui sont aussi chagrins que moi.

Voilà Madeleine-Agnès qui entre, et qui vous salue en Notre-Seigneur.

221. — A LA MÊME.

A Paris, mercredi 3 février 1672.

J'eus hier une heure de conversation avec M. de Pomponne : il faudrait plus de papier qu'il n'y en a dans mon cabinet pour vous dire la joie que nous eûmes de nous revoir, et comme nous passions à la hâte sur mille chapitres que nous n'avions pas le temps de traiter à fond. Enfin je ne l'ai point trouvé changé ; il est toujours parfait. Il croit que je vaux plus que je ne vaux effectivement. Son père lui a fait comprendre qu'il ne pouvait l'obliger plus sensiblement qu'en m'obligeant en toutes choses ; mille autres raisons, à ce qu'il dit, lui donnent ce même désir, et surtout il se trouve que j'ai le gouvernement de Provence sur les bras ; c'est un prétexte admirable pour avoir bien des affaires ensemble : voilà le seul chapitre qui ne fut point étranglé. Je lui parlai à loisir de l'évêque ; il sait écouter aussi bien que répondre, et crut aisément le plan que je lui fis des manières du prélat ; il ne me parut pas qu'il approuvât qu'un homme de sa profession voulût faire le gouverneur. Il me semble que je n'oubliai rien de ce qu'il fallait dire : il me donne toujours de l'esprit ; le sien est tellement aisé, qu'on prend sans y penser une confiance qui fait qu'on parle heureusement de tout ce qu'on pense : je connais mille gens qui font le contraire. Enfin, ma fille, sans vouloir m'attirer de nouvelles douceurs, dont vous êtes prodigue pour moi, je sortis avec une joie incroyable, dans la pensée que cette liaison avec lui vous serait très-utile. Nous sommes demeurés d'accord de nous écrire ; il aime mon style naturel et dérangé, quoique le sien soit comme celui de l'éloquence même. Je vous mandai l'autre jour de tristes nouvelles du pauvre chevalier, on venait de me les donner de même ; j'appris le soir qu'il n'était pas si mal, et enfin il est encore en vie, quoiqu'il ait été au delà de l'extrême-onction et qu'il soit encore très mal : sa petite-vérole sort et sèche en même temps ; il me semble que c'est comme celle de madame de Saint-Simon. Ripert vous en écrira plus sûrement que moi ; j'en sais pourtant tous les jours des nouvelles, et j'en suis dans une très-véritable inquiétude : je l'aime encore plus que je ne pensais. Cette nuit madame la princesse de Conti[1] est tombée en apoplexie : elle n'est pas encore morte, mais elle n'a aucune connaissance; elle est sans pouls et sans parole; on la martyrise pour la faire revenir. Il y a cent personnes dans sa chambre, trois cents dans sa maison : on pleure, on crie; voilà tout ce que j'en sais jusqu'à présent. Pour M. le chancelier (*P. Séguier*), il est mort très-assurément, mais mort en grand homme : son bel' esprit, sa prodigieuse mémoire, sa naturelle éloquence, sa haute piété, se sont rassemblés aux derniers jours de sa vie : la comparaison du flambeau qui redouble sa lumière en finissant est juste pour lui. Le Mascaron[2] l'assistait, et se trouvait confondu par ses réponses et par ses citations; il paraphrasait le *Miserere*, et faisait pleurer tout le monde; il citait la Sainte-Écriture et les Pères, mieux que les évêques dont il était environné; enfin sa mort est une des plus belles et des plus extraordinaires choses du monde. Ce qui l'est encore plus, c'est qu'il n'a point laissé de grands biens; il était aussi riche en entrant à la cour, qu'il l'était en mourant. Il est vrai qu'il a établi sa famille; mais si on prenait chez lui, ce n'était pas lui. Enfin il ne laisse que soixante-dix mille livres de rente; est-ce du bien pour un homme qui a été quarante ans chancelier, et qui était riche naturellement? La mort découvre bien des choses, et ce n'est point de sa famille que je tiens tout ceci : on les voit. Nous avons fait aujourd'hui nos stations, madame de Coulanges et moi. Madame de Verneuil[3] est si mal qu'elle n'a pu voir le monde. On ne sait encore qui aura les sceaux.

Je vous conjure de mander au coadjuteur qu'il songe

---

[1] Anne-Marie Martinozzi, princesse de Conti, morte le 4 février 1672.
(A. G.)
[2] Jules Mascaron, prédicateur célèbre et d'une grande sévérité. Accusé devant le roi par les courtisans, qui s'offensaient de cette sévérité, Louis XIV prit noblement sa défense, et dit ces paroles remarquables : *Il a fait son devoir, c'est à nous à faire le nôtre.*
[3] Madame de Verneuil était fille de M. Séguier. (P.)

à faire réponse sur l'affaire dont lui écrit M. d'Agen¹, j'en suis tourmentée : cela est mal d'être paresseux avec un évêque de réputation. Je remets tous les jours à écrire à ce coadjuteur ; son irrégularité me débauche : je le condamne, et je l'imite. J'embrasse M. de Grignan : est-il encore question des grives! Il y avait l'autre jour une dame² qui confondit ce qu'on dit d'une grive, et au lieu de dire, *elle est soûle comme une grive,* disait que la première présidente *était sourde comme une grive*; cela fit rire. Adieu, ma chère fille; je vous aime, ce me semble, bien plus que moi-même. Votre fille est aimable, je m'en amuse de bonne foi; elle embellit tous les jours; ce petit ménage me donne la vie.

222. — A LA MÊME.

A Paris, vendredi 5 février 1672. Il y a aujourd'hui mille ans que je suis née³.

Je suis ravie, ma bonne, que vous aimiez mes lettres ; je ne crois pourtant pas qu'elles soient aussi agréables que vous me le dites. Je vous envoie quatre rames de papier, vous savez à quelle condition. J'espère en recevoir la plus grande partie entre ci et Pâques; après cela j'aspirerai à d'autres plaisirs. On m'a assuré ce matin que le chevalier se portait mieux : j'espère en sa jeunesse; je prie Dieu de tout mon cœur qu'il nous le redonne. Madame la princesse de Conti mourut quelques heures après que j'eus fermé mon paquet, c'est-à-dire hier à quatre heures du matin, sans aucune connaissance, ni avoir jamais dit une seule parole de bon sens; elle appelait quelquefois *Cécile*, une

---

[1] Claude Joli, évêque d'Agen. Il avait été curé de Saint-Nicolas-des-Champs à Paris. (P.)
[2] Madame de Louvois.
[3] Madame de Sévigné avait quarante-six ans.

femme de chambre, et disait : Mon Dieu! On croyait que son esprit allait revenir, mais elle n'en disait pas davantage. Elle expira en faisant un grand cri, et au milieu d'une convulsion qui lui fit imprimer ses doigts dans le bras d'une femme qui la tenait. La désolation de sa chambre ne se peut représenter : M. le Duc, MM. les princes de Conti, madame de Longueville, madame de Gamaches¹, pleuraient de tout leur cœur. Madame de Gesvres avait pris le parti des évanouissements, madame de Brissac de crier les hauts cris, et de se jeter par la place : il fallut les chasser, parce qu'on ne savait plus ce qu'on faisait. Ces deux personnages n'ont pas réussi : qui prouve trop ne prouve rien, dit je ne sais qui. Enfin, la douleur est universelle. Le roi a paru touché, et a fait son panégyrique, en disant qu'elle était plus considérable par sa vertu que par la grandeur de sa fortune. Elle laisse par son testament l'éducation de ses enfants à madame de Longueville : je disais qu'il n'y avait que le diable qui gagnât à cette mort, et qu'il allait reprendre ces deux petits princes; mais, afin qu'en nul lieu on ne s'en réjouisse, les voilà retombés en bonnes mains. M. le Prince est tuteur; il y a vingt mille écus aux pauvres, autant à ses domestiques; elle veut être enterrée à sa paroisse tout simplement, comme la moindre femme. Je ne sais si ce détail est à propos; tant y a, ma bonne, le voilà; vous voulez et vous souffrez que mes lettres soient longues, et voilà le hasard que vous courez. Je vis hier sur son lit cette sainte princesse; elle était défigurée par le martyre qu'on lui avait fait à la bouche : on lui avait rompu deux dents et brûlé la tête, c'est-à-dire que si les pauvres patients ne mouraient point de l'apoplexie, ils seraient à plaindre de l'état où on les met. Il y a de belles réflexions à faire sur cette mort, cruelle pour tout autre, mais très-heureuse pour elle, qui ne l'a point

---

¹ Marie-Antoinette de Loménie, femme du marquis de Gamaches.

sentie, et qui était toujours préparée[1]. Brancas en est pénétré.

J'oubliai avant-hier de vous mander que j'avais rencontré Canaples[2] à Notre-Dame, et qu'après mille amitiés pour M. de Grignan, il me dit que le maréchal de Villeroi l'avait assuré que les lettres de M. de Grignan étaient admirées dans le conseil, qu'on les lisait avec plaisir, et que le roi avait dit qu'il n'en avait jamais vu de mieux écrites : je lui promis de vous le mander. Cette dame que je ne vous nommai point dans ma dernière lettre, c'était madame de Louvois. A propos, M. de Louvois est entré et assis au conseil depuis quatre jours, en qualité de ministre. Le roi scellera demain avec six conseillers d'État et quatre maîtres des requêtes; on ne sait combien cela durera : voilà une belle charge, dont Sa Majesté s'acquittera très-bien. Il me vient des pensées folles sur le chancelier; mais où puis-je les avoir prises, dans le chagrin où je suis depuis deux ou trois jours? Cette veille, ce jour, ce lendemain, ce temps de votre départ de l'année passée, tout cela m'a tellement touché le cœur et l'esprit, que j'en avais sans cesse les larmes aux yeux malgré moi; car rien n'est moins utile que les douleurs d'une chose sur laquelle on n'a plus aucun pouvoir : on se tue, on se dévore hors de propos, aussi bien qu'à faire des souhaits et des châteaux en Espagne. Vous êtes trop sage pour les aimer; et moi je les aime. Adieu, ma fille, je vous baise avec la dernière tendresse. Il me semble que la vie ne m'est pas plus nécessaire ni plus chère que votre amitié. J'embrasse le politique Grignan. M. de La Rochefoucauld vous mande qu'il a une souris blanche qui est aussi belle que vous : c'est la plus jolie bête du monde; elle est dans une

---

[1] La princesse de Conti fut inhumée à Saint-André-des-Arcs. L'inscription de son tombeau devait faire bénir sa mémoire. La voici : « Elle vendit toutes « ses pierreries pour nourrir, durant la famine de 1662, les pauvres de « Berry, de Champagne et de Picardie. »

[2] Alphonse de Créqui, comte de Canaples, frère du maréchal de Créqui.

cage. Voilà madame de Coulanges qui veut que je vous dise et ceci, et cela, et de l'amitié, mais je ne suis pas à ses gages.

223. — A LA MÊME.

A Paris, mercredi 10 février 1672.

Enfin, ma chère fille, après bien des alarmes et de fausses espérances, nous avons perdu le pauvre chevalier[1]; je vous avoue que j'ai été sensiblement touchée de cette mort : elle arriva samedi 6 février, à quatre heures du matin. Si une fin véritablement chrétienne doit consoler des chrétiens, nous devons nous consoler, par l'assurance de son salut; jamais plus de résignation, jamais plus d'amour de Dieu, jamais plus de grâces visibles : il n'eût point voulu accepter la vie, si on eût pu la lui redonner, tant il avait de confiance en la miséricorde de Dieu; et il se sentait dans des dispositions qu'il n'eût pas voulu remettre au hasard. Il a été rudement saigné; il voulut résister à la dernière, qui fut la onzième; mais les médecins l'emportèrent : il leur dit qu'il s'abandonnait donc, et qu'ils le voulaient tuer par les formes. La mort de M. de Guise, qu'on a cru qui devait être saigné, a bien fait mourir du monde après lui. Il y a eu, dès Saint-Germain, de la faute de ce pauvre garçon : il était incommodé d'un dévoiement au commencement de son service; il prit du lait sans préparation pour le faire cesser : le dévoiement cessa en effet, mais au bout de huit jours la fièvre le prit en venant à Paris, et la petite vérole, avec une telle corruption, qu'on ne pouvait durer dans sa chambre; et il rendait des vers en quantité, qui venaient de son lait corrompu. Enfin la Providence avait marqué la fin de sa vie dans les plus belles années de son âge. Voilà des détails

---

[1] Charles-Philippe Adhémar de Monteil, chevalier de Malte. (P.)

bien tristes; mais quand on est touché, on ne cherche point, ce me semble, à s'épargner par l'ignorance de ce qui s'est passé. Je ne devrais point mêler d'autres discours dans cette lettre; mais quand vous aurez essuyé vos premières larmes, vous la pourrez reprendre, et vous y verrez ce que nous avons résolu touchant vos affaires.

Nous ne reçûmes qu'hier la lettre que vous aviez écrite par le courrier; c'est justement celle dont j'étais en peine : il n'y en a point eu de perdue. J'ai été une heure avec M. d'Uzès, mon oncle l'abbé y était aussi; nous avons fort discouru de toutes vos affaires. Je suis plus satisfaite que jamais de la prudence et du bon esprit de ce prélat : vous n'avez qu'à lui envoyer vos pensées toutes crues; en deux heures de réflexion, il voit tout ce qu'il faut faire ou ne pas faire. Je lui ai montré une lettre que j'ai reçue de M. de Pomponne. Il faut que je ménage une conversation entre M. d'Uzès et lui. Le nom de M. d'Uzès est plein de mauvais air présentement[1], cela nous désespère; il n'ose aller à Saint-Germain, il ne peut parler à M. Colbert; cela nous coupe la gorge. Il ne croit pas qu'on doive aller brusquement dans l'affaire dont vous lui parlez, parce que si elle appartient aux députés, il ne faut pas mettre la raison de leur côté et le tort du nôtre, car, en habiles gens, ils ne prendraient que ce petit endroit qu'ils feraient valoir, et cacheraient tout le reste. Quand les gens coupables tiennent une pauvre petite vérité pour eux, ils la retournent de cent façons, et sont insupportables. C'est sur quoi la prudence de M. d'Uzès vous est parfaitement nécessaire.

Le marquis de Villeroi[2] a eu ordre de se retirer de la cour pour sa mauvaise conduite : voilà tout ce qu'a dit Sa

---

[1] A cause de la petite vérole de son neveu.

[2] C'était le marquis de Villeroi qui avait donné lieu à la rupture de la comtesse de Soissons avec M. de Vardes, son rival. C'est encore lui qui le fit exiler en altérant ses discours sur madame Henriette, duchesse d'Orléans.

Majesté. On tire plusieurs conséquences, on s'en prend à des gens; enfin, ce qui est sûr, c'est que Vardes en sera sensiblement aise. C'est à Lyon qu'il est exilé; cette demeure n'est pas odieuse pour lui, pourvu qu'elle ne soit pas longue. Je suis persuadée que vous êtes si touchée du pauvre chevalier, que je garde pour une autre fois mille bagatelles qui ne seraient pas de saison aujourd'hui.

Votre maxime est divine : M. de La Rochefoucauld en est jaloux, il ne comprend pas qu'il ne l'ait pas faite; l'arrangement des paroles en est heureux. Mais pourquoi n'entendez-vous pas la sienne? Hélas! le moyen de vivre sans folie, c'est-à-dire sans fantaisie? et un homme n'est-il pas fou qui croit être sage en ne s'amusant et ne se divertissant de rien? Vous reviendrez à notre opinion [1].

L'abbé a rendu tous les devoirs au pauvre chevalier; j'en aurais fais autant, mais on m'aurait lapidée : je me contentai d'aller pleurer, dès le jour même, avec M. d'Uzès, qui était dans une autre maison. Adhémar n'est point encore arrivé.

Je suis en peine de vous savoir à Aix, à cause de la petite vérole qui y était. Mon Dieu, qu'on est à plaindre quand on aime beaucoup! Je vois d'ici la tranquillité où vous étiez à Lambesc toute seule, pendant que votre cœur se reposait avec le pain et l'eau de la paresse : vous revoilà dans les ragoûts. Votre comparaison n'est nullement ridicule : elle ferait rire si on riait, mais on ne rit pas toujours. Hélas! ma chère enfant, il y a plus d'un an que je ne vous ai vue; je sens vivement cette absence; et vous, ma fille, n'y pensez-vous point quelquefois un petit moment?

---

[1] Voici la maxime : *Qui vit sans folie n'est pas si sage qu'il le croit.*

MONSIEUR DE COULANGES.

Je ne m'amuserai point, ma belle Comtesse, à vous faire un méchant compliment; mais je vous assurerai seulement que j'ai été très-affligé de la mort de notre pauvre chevalier : je m'étais si bien trouvé de son commerce en Provence, et j'espérais m'en trouver si bien partout, que sa perte me touche sensiblement. Hélas! il vous souvient de notre mariage; qui eût cru qu'il eût été de si peu de durée? Voilà un beau sujet de méditation pour les jeunes gens, et pour tous nous autres gens plus avancés en âge : il ne faut point se fier à l'âge ni à la bonne santé: nous sommes tous mortels, et l'heure et le moment sont fort incertains. Je finis par cette moralité un peu triviale, et vous embrasse, s'il vous plaît, ma belle Comtesse, avec le dernier respect et la dernière tendresse.

MADAME DE COULANGES.

Je suis très-fâchée de la mort de M. le chevalier de Grignan, Madame; mais, sans vouloir ajouter à votre affliction la peine de lire une méchante lettre, je vous prierai de trouver bon que je vous assure ici que je suis très-sensible à tout ce qui vous arrive, et que je me sais faire un fort grand plaisir d'espérer que j'aurai l'honneur de vous voir cet été. J'irai certainement à Grignan, quand il m'en coûterait de quitter le marquis de Villeroi à Lyon; comprenez mon procédé. Adieu, Madame; c'est une chose délicieuse que de demeurer avec Madame de Sévigné.

224. — A LA MÊME.

Paris, vendredi 12 février 1672.

Je ne puis, ma chère fille, qu'être en peine de vous quand je songe au déplaisir que vous aurez de la mort du pauvre chevalier. Vous l'aviez vu depuis peu; c'était assez pour l'aimer beaucoup, et pour connaître encore plus toutes les bonnes qualités que Dieu avait mises en lui. Il est vrai que jamais homme n'a été mieux né, et n'a eu des sentiments plus droits et plus souhaitables, avec une très-belle physionomie, et une très-grande tendresse pour vous; tout cela le rendait infiniment aimable, et pour vous, et pour tout le monde. Je comprends bien aisément votre douleur, puisque je la sens en moi; cependant j'entreprends de vous amuser un quart d'heure, et par des choses où vous avez intérêt, et par le récit de ce qui se passe dans le monde.

J'ai eu une grande conversation avec M. Le Camus¹ ; il entre si parfaitement bien dans nos sentiments, qu'il me donne des conseils. Il est piqué des conduites malhonnêtes; et comme il en a de fort contraires, il n'a nulle peine à entrer dans nos vues, où la droiture et la sincérité sont en usage; c'est ce dont il ne faut point se départir, quoi qu'il arrive : cette mode revient toujours. On ne trompe guère longtemps le monde, et les fourbes sont enfin découverts; j'en suis persuadée. M. de Pomponne n'est pas moins opposé à ce qui lui est si contraire; et je vous puis assurer que si j'étais aussi habile sur toutes choses que je le suis pour discourir là-dessus, il ne manquerait rien à ma capacité. Dites-moi quelquefois quelque chose d'agréable pour M. Le Camus : ce sont des faveurs précieuses pour lui, et d'autant plus qu'il n'est obligé à aucune réponse.

Le marquis de Villeroi est donc parti pour Lyon, comme je vous l'ai mandé; le roi lui fit dire par le maréchal de Créqui qu'il s'éloignât : on croit que c'est pour quelques discours chez madame la comtesse (*de Soissons*); enfin,

> On parle d'eaux, de Tibre, et l'on se fait du reste ².

Le roi demanda à MONSIEUR, qui revenait de Paris : Eh bien, mon frère, que dit-on à Paris? MONSIEUR lui ré-

---

¹ Voyez la lettre du 5 janvier précédent.
² Vers de Corneille, dans *Cinna*, acte IV, scène 5.

pondit : On parle fort de ce pauvre marquis. Et qu'en dit-on ? On dit, Monsieur, que c'est qu'il a voulu parler pour un autre malheureux. Et quel malheureux ? dit le roi. Pour le chevalier de Lorraine, dit Monsieur. Mais, dit le roi, y songez-vous encore, à ce chevalier de Lorraine ? vous en souciez-vous ? aimeriez-vous bien quelqu'un qui vous le rendrait ? En vérité, répondit Monsieur, ce serait le plus sensible plaisir que je pusse recevoir en ma vie. Oh bien ! dit le roi, je veux vous faire ce présent ; il y a deux jours que le courrier est parti ; il reviendra : je vous le redonne, et veux que vous m'ayez toute votre vie cette obligation, et que vous l'aimiez pour l'amour de moi ; je fais plus, car je le fais maréchal de camp dans mon armée. Là-dessus, Monsieur se jette aux pieds du roi, lui embrasse longtemps les genoux, et lui baise une main avec une joie sans égale. Le roi le relève, et lui dit : Mon frère, ce n'est pas ainsi que des frères se doivent embrasser, et l'embrasse fraternellement. Tout ce détail est de très-bon lieu, et rien n'est plus vrai : vous pouvez là-dessus faire vos réflexions, tirer vos conséquences, et redoubler vos belles passions pour le service du roi, votre maître. On dit que Madame fera le voyage, et que plusieurs dames l'accompagneront. Les sentiments sont divers chez Monsieur : les uns ont le visage allongé d'un demi-pied, d'autres l'ont raccourci d'autant. On dit que celui du chevalier de Beuvron est infini. Monsieur de Navailles revient aussi, et servira de lieutenant général dans l'armée de Monsieur, avec M. de Schomberg. Le roi a dit au maréchal de Villeroi : Il fallait cette petite pénitence à votre fils ; mais les peines de ce monde ne durent pas toujours. Vous pouvez vous assurer que tout ceci est vrai ; c'est mon aversion que les faux détails, mais j'aime les vrais : si vous n'êtes de mon goût, vous êtes perdue, car en voici d'infinis.

La Marans était l'autre jour seule en mante chez madame de Longueville ; on sifflait dessus. Langlade vous mande que l'autre jour, en vue de vous plaire, il la releva bien de sentinelle sur des sottises qu'elle lui disait, et qu'il vous eût bien souhaitée derrière la porte : plût à Dieu que vous y eussiez été! Madame de Brissac était inconsolable chez madame de Longueville ; mais par malheur le comte de Guiche se mit à causer avec elle, et elle oublia son rôle, aussi bien que celui du désespoir, le jour de la mort[1] ; car il fallait en un certain endroit qu'elle eût perdu connaissance; elle l'oublia, et reconnut fort bien des gens qui entraient.

Adieu, ma très-chère, ma très-aimable; ne trouvez-vous pas qu'il y a bien longtemps que nous sommes séparées? Je suis frappée de cette douleur, d'une manière tellement importune, qu'elle me serait insupportable si je n'aimais à vous aimer autant que je fais, quelques peines qui y soient attachées.

225. — A LA MÊME.

A Paris, mercredi 17 février 1672.

M. de Coulanges et moi, nous avons donné un très-bon dîner à M. le président de Bouc[2]; M. et madame de Valavoire, M. d'Uzès et Adhémar en étaient ; mais écoutez le malheur : Le président, après nous avoir promis, vint s'excuser : il avait une affaire à Saint-Germain; nous pensâmes nous pendre ; enfin il fallut prendre courage. Madame de Valavoire amena la Buzanval[3], mais le président était le véritable objet de nos désirs. Ce dîner était bon, délicat, magnifique; enfin, tel qu'il était, il est irréparable : le Bouc reviendra peut-être, mais le dîner ne reviendra pas. Adhémar était pénétré de douleur d'avoir appris en arrivant la mort de son pauvre frère : j'avais le

---

[1] De madame la princesse de Conti. (A. G.)
[2] Premier président de la chambre des comptes d'Aix.
[3] Elle était sœur de madame de Valavoire.

cœur bien serré en l'embrassant. Il alla coucher à Saint-Germain, et m'a promis de me voir à son retour, et que nous parlerions de vous : j'espère cette conversation.

Vous me dites que je pleure, et que je suis la maîtresse : il est vrai, ma fille, que je ne puis m'empêcher de pleurer quelquefois; mais ne croyez pas que je sois tout à fait la maîtresse de partir, quand je le voudrai; je voudrais que ce fût demain, par exemple; et mon fils a présentement des besoins de moi très-pressants. J'ai d'autres affaires pour moi; enfin il me faut jusqu'à Pâques : ainsi, mon enfant, on est la maîtresse et l'on ne l'est point, et l'on pleure.

J'ai vu tantôt notre cardinal (*de Retz*) : il ne peut se consoler de ne vous avoir pas trouvée ici; il vous en écrit; il m'a paru touché de bonne foi d'être à Paris, sans avoir le plaisir de vous voir et de causer avec sa chère nièce; vous lui faites souhaiter la mort du pape [1]. Vous verrez le chevalier de Lorraine plus tôt que nous. M. de Boufflers [2], gendre de madame du Plessis, est mort en passant d'une chambre à l'autre, sans autre forme de procès : j'ai vu tantôt sa petite veuve, qui, je crois, se consolera.. M. Isarn, un bel-esprit, est mort de la même sorte [3].

Je ne suis point sans inquiétude de vous savoir à Aix, avec tant d'air de petite vérole; évitez au moins les lieux publics et les presses : c'est un horrible mal que celui-là. Votre fille a le teint comme l'avait mademoiselle de Villeroi, un blanc et un rouge séparés, des yeux d'un bleu merveilleux, des cheveux noirs, un tour de visage et un menton à peindre; sa lèvre se rabaisse tous les jours : du reste, elle est faite au tour; elle ne crie jamais, elle est douce et caressante; elle appelle; elle dit cinq ou six

---

[1] Clément X.

[2] François, comte de Boufflers, frère aîné du maréchal de ce nom.

[3] On ne connaît de lui qu'une lettre en prose et en vers, adressée à mademoiselle de Scuderi, et qui a été imprimée avec ce titre : *le Louis d'or;* Paris, 1660. Sa mort fut triste. Il périt dans une chambre où on l'avait enfermé par mégarde.

mots; elle est vive; enfin elle est aimable, et je l'aime. Adhémar m'a dit des merveilles de votre fils. Madame de Guénégaud m'a extrêmement priée de vous faire des compliments sur la mort du chevalier, et à M. le coadjuteur d'Arles : tenez-la quitte de ce côté-là.

Je viens d'apprendre qu'Adhémar a eu une conversation divine avec M. Colbert; il vous en rendra compte. L'autre jour, on parlait, devant le roi, de Languedoc, et puis de Provence, et puis enfin de M. de Grignan : on en dit beaucoup de bien. M. de Janson en dit aussi; et puis il parla de sa paresse naturelle; là-dessus le marquis de Charost[1] le releva de sentinelle d'un très-bon ton, et lui dit : « Mon« sieur, M. de Grignan n'est point paresseux quand il est « question du service du roi, et personne ne peut jamais « mieux faire qu'il a fait dans cette dernière assemblée; « j'en suis fort bien instruit. » Voilà de ces gens que je trouve toujours qu'il faut aimer et instruire. Tout le monde fut de son avis.

Je parlerai de l'*Adone*[2] au bon homme Chapelain, en le comblant d'honneur par votre souvenir. Je fais toujours vos compliments; on vous les rend avec mille tendresses. Ma tante est toujours bien mal. Votre pauvre frère m'écrit souvent, et moi à lui : je suis au désespoir de la guerre, à cause des périls qu'il essuiera des premiers. La vie est cruellement mêlée d'absinthe. Ma chère enfant, je suis tout à vous.

MONSIEUR DE COULANGES.

Je ne vous dis rien, mais je n'en pense pas moins; nous serons à Pâques à Lyon. Nous y allons, madame de Cou-

---

[1] Il était gendre de M. Fouquet.
[2] Poëme italien de Marini. Il le composa en France, et le dédia à Marie de Médicis; Chapelain avait fait pour l'édition in-folio de ce poëme une préface, que Ménage trouvait plus gauloise que française.

langes et moi, pour le mariage de mademoiselle de Gué[1], qui, sans aller chercher plus loin, épouse M. de Bagnols, que vous connaissez, son cousin issu de germain : pour la naissance, ils n'ont rien à se reprocher, et pour le bien, Bagnols a vingt-cinq bonnes mille livres[2] de rente par devers lui ; n'est-ce pas là une très-bonne affaire ? J'espère que nous ferons les honneurs de Lyon à madame votre mère, quand elle y passera. Adieu, madame la Comtesse, je vous aime toujours avec la même passion. M. d'Adhémar m'a dit qu'il avait apporté le portrait de M. de Grignan, mais je ne l'ai pas encore vu.

296. — A LA MÊME.

A Paris, vendredi au soir, 19 février 1672.

Je m'en vais dimanche à Saint-Germain avec madame de Coulanges, pour discourir un peu avec M. de Pomponne; je crois cette conversation nécessaire : je vous en rendrai compte, afin que M. de Grignan m'appelle plus que jamais son petit ministre. Adhémar a fait des miracles de son côté, M. d'Uzès du sien; enfin il me semble que nous ne serons point surpris, et que nous avons assez bien pris nos précautions. Mais que vous dirai-je de l'aimable portrait que M. de Grignan a donné à M. de Coulanges? Il est beau et très-ressemblant; celui de Le Fèvre est un misérable auprès de celui-ci. Je fais vœu de ne jamais revenir de Provence que je n'en aie un pareil, et un autre de vous; il n'y a point de dépense qui me soit si agréable : mais prenez garde, ma chère enfant, de n'être point changée. Enfin madame de Guerchi n'est morte que pour avoir le corps usé à force d'accoucher. J'honore bien les maris qui se défont de leurs femmes sous prétexte d'en être amoureux.

---

[1] Sœur de madame de Coulanges.
[2] A 29 fr. le marc; c'était 862 marcs, qui feraient aujourd'hui 45,000 fr. de notre monnaie. (M.)

Nous avons fort causé, Guitaud et moi, de notre ami (*d'Hacqueville*), qui est si sage, et qu'il craint tant. Il n'ose vous mander un accident qu'on croit qui lui est arrivé; c'est d'être passionnément amoureux de la borgnesse, fille du maréchal (*de Gramont*); c'est amour, fureur, à ce qu'on dit. Il s'en défend comme d'un meurtre, mais ses actions le trahissent; il sent le ridicule d'être amoureux d'une personne ridicule; il est honteux, embarrassé; mais ce bel œil l'a charmé.

> Cet œil charmant qui n'eut jamais
> Son pareil en divins attraits.

Voilà ce que Guitaud n'osait écrire; je vous confie ce secret, et je vous conjure de le garder très-fidèlement; mais le moyen de ne point faire admirer en cette occasion la puissance de l'orviétan? J'ai vu depuis deux heures Adhémar, M. de Gordes [1], M. d'Uzès; je suis en Provence. J'ai causé avec Adhémar; il m'assure que vous m'aimez : c'est tout ce qu'il y a pour moi d'agréable dans le monde. J'admire votre humeur, votre courage, votre raison, votre conduite. Je lui ai dit :

> De grâce, montrez moins à mes sens désolés
> La grandeur de ma perte, et ce que vous valez [2].

Nous ne finissons point sur votre chapitre. Votre amie madame de Vaudemont [3] sera bientôt heureuse; je le sais du même endroit qu'Adhémar : c'est encore un secret, mais il y a des gens obligeants qui avancent le plaisir de savoir les secrets deux jours plus tôt, et c'est tout; il y en a d'autres dont la sécheresse fait mourir. Que peut

---

[1] François de Simiane, marquis de Gordes, grand sénéchal de Provence.
[2] Vers de *Polyeucte*, acte II, scène II.
[3] Mariée à Henri-Charles de Lorraine, prince de Vaudemont. Il était question alors d'un traité avec le duc de Lorraine, aux termes duquel le roi lui aurait rendu ses États à des conditions très-onéreuses. Ce traité n'eut pas lieu. (M.)

faire une amitié sous cet amas d'épines? On en sont les douceurs? Elle est écrasée; elle est étouffée. Nous eussions fait hier un livre là-dessus, Guitaud et moi, et je renouvelai mon vœu de ne jamais connaître l'amitié sous un visage si déguisé. Adieu, ma très-aimable; je m'en vais souper chez M. de La Rochefoucauld, c'est ce qui fait que ma lettre est si courte.

227. — A LA MÊME.

A Paris, mercredi 24 février 1672.

J'ai reçu tout à la fois vos deux lettres. Je n'ai pu voir votre douleur sans renouveler la mienne; je vous trouve véritablement affligée, et c'est avec tant de raison qu'il n'y a pas un mot à vous répondre : j'ai senti tout ce que vous sentez, et je n'avais point attendu la mort de ce pauvre chevalier pour en dire tous les biens qui se trouvaient en lui. Je vous plains de l'avoir vu cet automne; c'est une circonstance à votre douleur. M. d'Uzès vous mandera ce que le roi lui a dit là-dessus, à quoi toute la famille doit prendre part. On l'a fort regretté dans ce pays-là, et la reine m'en parla avec bonté; mais tout cela ne nous rend point cet aimable garçon. Vous aimez si chèrement toute la famille de M. de Grignan, que je vous crois aussi affligée que lui.

J'ai dîné aujourd'hui avec plusieurs Provençaux chez M. de Valavoire : le mari et la femme sont les meilleures gens du monde; je vous plains de n'avoir point la femme, vous n'avez rien de si bon; elle est raisonnable et naturelle; elle me plaît fort. Nous avions MM. de Bouc, d'Oppède[1], de Gordes, de Soliers[2], madame de Buzanval, M. d'Uzès, M. et madame de Coulanges. Votre santé a été célébrée au plus beau repas que j'aie jamais vu; nous

---

[1] Jean-Baptiste de Forbin-Maynier, marquis d'Oppède.
[2] Jean de Forbin de Soliers, colonel du régiment de Provence.

avons été bien heureux de commencer. On a fort conté ici la bonne réception que vous avez faite à M. le duc d'Étrées; il en a écrit des merveilles à ses enfants. Madame de Rochefort[1] n'a qu'un cri, depuis que vous avez écrit à ses cousines sans lui dire un mot : pour moi, je vous conseille de lui écrire, et de tâcher de l'apaiser à quelque prix que ce soit. Ce que vous me mandez de votre séjour infini me brise le cœur : ma raison n'est pas si forte que la vôtre, et je me perds dans les réflexions que cela me fait faire : il faut finir tout court en cet endroit.

Madame de Villars vous fait ses compliments, et à M. de Grignan, et au coadjuteur. M. Chapelain a reçu votre souvenir avec enthousiasme; il dit que l'*Adone* est délicieux en certains endroits, mais d'une longueur assommante : le chant de la comédie est admirable. Il y a aussi un petit rossignol qui s'égosille pour surmonter un homme qui joue du luth. Il se vient percher sur sa tête, et enfin il meurt; on l'enterre dans le corps du luth. Cette peinture est charmante. M. et madame de Coulanges vous disent mille amitiés; ils sont occupés de leur mariage; ils s'en vont à Pâques. Ils me recevront à Lyon, et moi je les recevrai à Grignan. Ma tante[2] est toujours très-mal; elle vous remercie de vos bontés, et l'abbé vous est toujours tout dévoué.

228. — A LA MÊME.

A Paris, vendredi 26 février 1672.

J'ai reçu la lettre que vous m'avez écrite pour M. de La Valette; tout m'est cher de ce qui vient de vous. Je lui veux faire avoir Pélisson pour rapporteur, afin de voir s'il sait bien faire le maître des requêtes; je ne le puis croire, si je ne le vois.

---

[1] Petite-fille du chancelier Séguier.
[2] Madame de La Trousse.

Cette pauvre MADAME [1] est toujours à l'agonie; c'est une chose étrange que l'état où elle est. Mais tout est en émotion dans Paris : le courrier d'Espagne est revenu; il dit que non-seulement la reine d'Espagne se tient au traité des Pyrénées, qui est de ne point accabler ses alliés, mais qu'elle défendra les Hollandais de toute sa puissance : voilà donc la plus grande guerre du monde allumée; et pourquoi? C'est bien proprement *les petits soufflets* : vous en souvient-il? Nous allons attaquer la Flandre; les Hollandais se joindront aux Espagnols : Dieu nous garde des Suédois, des Anglais, des Allemands. Je suis assommée de cette nouvelle. Je voudrais bien que quelque ange voulût descendre du ciel pour calmer tous les esprits et faire la paix.

Notre cardinal (*de Retz*) est toujours malade : je lui rends de grands soins; il vous aime toujours; il compte que vous l'aimez aussi. L'affaire de madame de Courcelles [2] réjouit fort le parterre; les charges de la Tournelle sont enchéries depuis qu'elle doit être sur la sellette. Elle est plus belle que jamais; elle boit, et mange, et rit, et ne se plaint que de n'avoir point encore trouvé d'amant à la Conciergerie.

Je vous éclaircirai un peu mieux l'affaire dont vous me parlâtes l'autre jour; mais M. le comte de Guiche ni M. de Longueville n'en sont point, ce me semble; enfin je vous en instruirai. M. de Boufflers a tué un homme après sa mort; il était dans sa bière et en carrosse; on le menait à une lieue de Boufflers pour l'enterrer. Son curé était avec le corps; on verse : la bière coupe le cou au pauvre curé [3]. Hier un homme versa en revenant de Saint-

---

[1] Marguerite de Lorraine, seconde femme de Gaston, duc d'Orléans, morte le 5 avril suivant. (P.)

[2] Une des plus belles femmes de son temps. Elle se nommait Marie Sidonia de Lénoncourt; elle était femme de Charles de Champlais, marquis de Courcelles.

[3] Cette aventure est l'origine de la fable de La Fontaine *le Curé et la Mort*.

Germain; il se creva le cœur, et mourut dans le carrosse.

Madame Scarron, qui soupe ici tous les soirs et dont la compagnie est délicieuse, s'amuse et se joue avec votre fille; elle la trouve jolie, et point du tout laide. Cette petite appelait hier l'abbé Têtu *son papa* : il s'en défendit par de très-bonnes raisons, et nous le crûmes. Je vous embrasse, ma très-aimable : je vous mandai tant de choses en dernier lieu, qu'il me semble que je n'ai rien à dire aujourd'hui; je vous assure pourtant que je ne demeurerais pas court si je voulais vous dire tous les sentiments que j'ai pour vous.

229. — A LA MÊME.

A Livry, mardi 1er mars 1672.

Je commence ma lettre aujourd'hui, ma fille, jour de mardi gras; je l'achèverai demain. Si vous êtes à Sainte-Marie, je suis chez notre abbé, qui a depuis deux jours un petit dérèglement qui lui donne de l'émotion; je n'en suis pas encore en peine, mais j'aimerais mieux qu'il se portât tout à fait bien. Madame de Coulanges et madame Scarron me voulaient mener à Vincennes; M. de La Rochefoucauld voulait que j'allasse chez lui entendre lire une comédie de Molière[1]; mais en vérité j'ai tout refusé avec plaisir, et me voilà à mon devoir, avec la joie et la tristesse de vous écrire : il y a longtemps vraiment que je vous écris. Vous êtes donc à Sainte-Marie, ne voulant pas laisser échapper un moment de la douleur que vous avez de la mort du pauvre chevalier; vous la voulez sentir à longs traits, sans en rien rabattre, sans aucune distraction : cette application à faire valoir et à vouloir sentir toute votre tristesse me paraît d'une personne qui n'est pas si

---

[1] Il est vraisemblable que c'était la comédie des *Femmes Savantes*, dont la première représentation eut lieu le 11 mars 1672. (A. G.)

embarrassée qu'une autre d'avoir des occasions de s'affliger; j'en prends à témoin votre cœur.

Voilà donc votre carnaval échappé de la fureur des réjouissances publiques; sauvez-vous aussi de l'air de la petite vérole : je crains pour vous beaucoup plus que vous. Nous avons ici madame de La Troche; il est vrai qu'elle sait arriver à Paris. Son séjour de l'année passée fut bien abîmé à mon égard dans l'extrême douleur de vous perdre. Depuis ce temps, ma chère enfant, vous êtes arrivée partout, comme vous dites; mais point du tout à Paris. Vos réflexions sur l'espérance sont divines; si Bourdelot[1] les avait faites, tout l'univers le saurait : vous ne faites pas tant de bruit pour faire des merveilles : *le malheur du bonheur* est tellement bien dit, qu'on ne peut trop aimer une plume qui exprime ces choses-là. Vous dites tout sur l'espérance, et je suis si fort de votre avis, que je ne sais si je dois aller en Provence, tant j'ai de crainte d'en repartir. Je vois déjà comme le temps galopera; je connais ses manières; mais en suite de cette belle réflexion mon cœur décide comme le vôtre, et je ne souhaite rien tant que de partir; je veux même espérer qu'il peut arriver de telles choses, que je vous ramenerai avec moi : c'est là-dessus qu'il est difficile de parler de si loin; du moins, ma fille, il ne tiendra pas à une maison ni à des meubles. Je ne songe qu'à vous : les pas que je fais pour vous sont les premiers; les autres viennent après comme ils peuvent.

J'ai donné vos lettres au faubourg : elles sont bien faites; on y trouve la réflexion de M. de Grignan admirable. On l'a pensée quelquefois; mais vous l'avez habillée pour paraître devant le monde. Je n'ai pas dit ce que vous avez

---

[1] L'abbé Bourdelot, médecin du grand Condé. Il courait de lui une petite pièce contre l'*Espérance*. Ce jeu d'esprit eut quelque succès, puisque la princesse palatine, Anne de Gonzague, y fit une réponse, insérée parmi les lettres de Bussy. Nous imiterons tous les éditeurs de madame de Sévigné, qui ont cru devoir publier cette pièce, le seul écrit connu de la princesse palatine.

trouvé dans la maxime qui ressemble à la chanson[1] ; pour moi, je suis de votre avis. Je saurai s'ils ont eu un autre dessein que de vouloir louer les fantaisies, c'est-à-dire les passions : si cela est, l'exacte philosophie s'en offense ; si cela n'est pas, il faut qu'ils s'expliquent mieux.

Je soupai hier chez Gourville avec les La Rochefoucauld, les Plessis, les La Fayette, les Tournai[2] : nous attendions le grand Pomponne ; mais le service de ce cher maître que vous honorez tant l'empêcha de se retrouver avec la fleur de ses amis : il a bien des affaires, à cause des dépêches qu'il faut écrire partout, et à cause de la guerre.

L'archevêque de Toulouse[3] a été fait cardinal à Rome ; et la nouvelle en est venue ici dans le temps qu'on attendait celle de M. de Laon[4] : c'est une grande douleur pour tous ses amis. On tient que M. de Laon s'est sacrifié pour le service du roi, et qu'afin de ne point trahir les intérêts de la France il n'a point ménagé le cardinal Alfieri, qui lui a fait ce tour. On espère que son rang pourra revenir ; mais cela peut être long, et c'est toujours ici un dégoût.

Benserade a dit plaisamment à mon gré que le retour du chevalier de Lorraine réjouissait ses amis et affligeait ses créatures ; car il n'y en a point qui lui ait gardé fidélité.

J'ai su, sans en pouvoir douter, qu'il ne tiendra encore qu'à nous d'avoir la paix. La reine d'Espagne n'a point précisément répondu comme on le disait ; elle a dit simplement qu'elle se tenait au traité de paix, qui permet d'assister ses alliés. Nous avons pris la même liberté pour le Portugal ; elle promet même présentement de ne point

---

[1] *Voyez* ci-dessus sa lettre du 10 février.
[2] C'est-à-dire l'évêque de Tournai, Gilbert de Choiseul.
[3] Pierre de Bonzi, mort archevêque de Narbonne, à l'âge de soixante-treize ans. (P.)
[4] César d'Estrées, évêque de Laon, fut déclaré cardinal peu de temps après.

assister les Hollandais, elle ne le veut pas signer : voilà le procès. Si on s'opiniâtre à vouloir qu'elle signe, tout est perdu ; sinon la paix sera bientôt faite, quand nous n'aurons pas l'Espagne contre nous : le temps nous en apprendra davantage. Adieu, ma très-chère et très-aimable ; je crains bien qu'aimant la solitude comme vous faites, vous ne vous creusiez les yeux et l'esprit à force de rêver.

230. — DE MADAME LA PRINCESSE PALATINE, SUR L'ESPÉRANCE.

« A quoi pensez-vous, ennemis déclarés du plus grand
« bien de la vie et des plus doux plaisirs du cœur? Quel
« démon vous inspire d'employer des esprits aussi délicats
« que les vôtres pour soutenir un si méchant parti? Haïs-
« sez-vous assez l'espérance pour renoncer même à celle de
« la louange et de l'estime du public? De quelle secte pou-
« vez-vous être, ou de quelle religion êtes-vous, de parler
« si hardiment contre l'opinion des sages et contre la loi
« de Dieu? Que vous a-t-elle fait, cette espérance aimable,
« pour la bannir ainsi de la société humaine et du com-
« merce des honnêtes gens? Qu'a-t-elle de commun avec
« les passions déréglées et les désirs ridicules des vision-
« naires? Pourquoi ne séparez-vous pas les prétentions lé-
« gitimes d'avec les chimériques souhaits? Ne saurait-on
« espérer avec un esprit tranquille ce qu'on désire avec
« raison? Quelle humeur maligne vous fait prendre un
« parti si proche de celui du désespoir? Ce monstre abo-
« minable, ce partage des lâches et des damnés, pourrait-il
« séduire assez vos esprits pour vous rendre protecteurs
« d'une si terrible opinion? Ne voyez-vous pas qu'en vou-
« lant combattre les vices, vous querellez les vertus, dont
« l'espérance sans doute est la plus noble et la plus utile?
« Que peut-on faire sans espoir? Y a-t-il quelque action
« dans la vie qui s'en puisse passer? Et vous-même, en

« la condamnant, n'avez-vous pas eu quelque espérance
« de nous persuader de n'en avoir plus, et d'attirer nos
« louanges par la beauté de vos lettres et la nouveauté de
« vos raisonnements? Que si vous n'avez pas réussi, la
« faute en est à la cause que vous soutenez, et non pas à
« votre espoir. L'espérance en elle-même n'a rien que d'ai-
« mable et de bon : elle élève le cœur des honnêtes gens;
« elle fortifie les faibles et ne peut nuire qu'aux imperti-
« nents et aux ridicules, qui ne s'en servent jamais qu'en
« se trompant eux-mêmes dans la vanité de leurs desseins.
« L'espérance est enfin le dernier bien des misérables.
« Que vous a-t-elle donc fait pour la traiter si mal? ou
« plutôt, que vous a fait le genre humain pour le priver
« d'un bien que les tyrans et la mauvaise fortune n'ont ja-
« mais pu ôter aux plus malheureux? L'espérance a tou-
« jours préparé les chemins de la gloire; et tous les héros,
« dont on en trouve encore quelques-uns aujourd'hui,
« n'ont peut-être jamais vu leurs victoires aller plus loin
« que leur espoir. Il est permis de mesurer son espérance
« à son courage, il est beau de la soutenir malgré les diffi-
« cultés; mais il n'est pas moins glorieux d'en souffrir la
« ruine entière avec le même cœur qui avait osé la conce-
« voir. Laissez-nous donc espérer, puisque aussi bien ne
« sauriez-vous nous en empêcher. Instruisez-nous, si vous
« voulez, à régler nos souhaits, apprenez-nous à choisir
« nos désirs; mais permettez-nous de nous consoler de nos
« mauvais succès, par la satisfaction d'avoir eu des espé-
« rances bien fondées, et songez que souvent la perte d'un
« bien longtemps attendu n'est la douleur que d'un jour,
« au lieu que la joie de l'avoir espéré a fait le bonheur de
« plusieurs années et la douceur de mille agréables mo-
« ments. Ne parlez donc plus contre cette espérance si ai-
« mable et si chère. Qu'elle soit sèche ou non, le mérite en
« est égal; et, quoi que vous en puissiez dire, une espérance
« maigre vaudra toujours mieux qu'un gras désespoir.

« Cette injure qu'on lui donna hier au milieu des plus illus-
« tres maigreurs de France n'a rien fait contre sa réputa-
« tion ; et le désespoir, tout gros et tout gras qu'on nous le
« représente, n'a fait nulle impression sur mon cœur. Je ne
« sais si Judas était maigre ou replet. L'Écriture, qui parle
« de son désespoir, ne dit rien de son embonpoint. Quoi
« qu'il en soit, il est sûr qu'il se pendit faute d'un peu
« d'espérance. Cet exemple n'est pas beau. Ainsi, malgré
« tous vos raisonnements, j'espérerai toute ma vie, et ne
« me pendrai jamais. »

231. — DE MADAME DE SÉVIGNÉ A MADAME DE GRIGNAN.

A Paris, vendredi 4 mars 1672.

Vous dites donc, ma fille, que vous ne sauriez haïr vivement si longtemps : c'est fort bien fait ; je suis assez comme vous ; mais devinez ce que je fais fort bien en récompense : c'est d'aimer vivement qui vous savez, sans que l'absence puisse rien diminuer de ma tendresse. Vous m'apparaissez dans une négligence qui m'afflige ; il est vrai que vous ne demandez que des prétextes : c'est votre goût naturel ; mais moi, qui vous ai toujours grondée là-dessus, je vous gronde encore. De vous et de madame du Frênoi, on en pétrirait une personne dans le juste-milieu : vous êtes aux deux extrémités ; et assurément la vôtre est moins insupportable, mais c'est toujours une extrémité. J'admire quelquefois les riens que ma plume veut dire ; je ne la contrains point. Je suis bien heureuse que de tels fagotages vous plaisent : il y a des gens qui ne s'en accommoderaient pas ; je vous prie cependant de ne point les regretter, quand je serai avec vous : me voilà jalouse de mes lettres.

Le dîner de M. Valavoire effaça entièrement le nôtre, non pas par la quantité des viandes, mais par l'extrême délicatesse, qui a surpassé celle de tous *les Coteaux*[1]. Hé, ma fille! comme vous voilà faite! Madame de La Fayette vous grondera comme un chien; coiffez-vous demain pour l'amour de moi : l'excès de la négligence étouffe la beauté; vous poussez votre tristesse au delà de toutes les mesures. J'ai fait tous vos compliments; ceux que l'on vous fait surpassent le nombre des étoiles. A propos d'étoiles, la Gouville était l'autre jour chez la Saint-Loup, qui a perdu son vieux page. La Gouville discourait et parlait de son étoile; enfin que c'était son étoile qui avait fait ceci, qui avait fait cela. Segrais se réveilla comme d'un sommeil, et lui dit : « Mais, Madame, pensez-vous avoir une étoile à « vous toute seule? Je n'entends que des gens qui parlent « de leur étoile; il semble qu'ils ne disent rien : savez-« vous bien qu'il n'y en a que mille vingt-deux? voyez « s'il peut y en avoir pour tout le monde. » Il dit cela si plaisamment et si sérieusement, que l'affliction en fut déconcertée. C'est d'Hacqueville qui fait tenir vos lettres à madame de Vaudemont; je ne le vois quasi plus en vérité : les gros poissons mangent les petits. Adieu, ma très-chère et très-aimable; je vous prépare *Bajazet* et les *Contes* de La Fontaine pour vous divertir. M. de La Rochefoucauld entend sa maxime dans le sens relâché, que votre philosophie condamne : Épictète n'aurait pas été de son avis.

232. — A LA MÊME.

A Paris, mercredi au soir 9 mars 1672.

Ne me parlez plus de mes lettres, ma fille; je viens d'en recevoir une de vous, qui enlève, toute aimable, toute brillante, toute pleine de pensées, toute pleine de tendresse;

---

[1] L'ordre des Coteaux, devenu célèbre par un vers de Boileau, dans la satire du *Repas*. C'était une coterie de gourmets dont les membres s'étaient partagés sur l'estime qu'on devait accorder aux vins de Champagne de divers coteaux.

c'est un style juste et court, qui chemine, et qui plaît au souverain degré, même sans vous aimer comme je fais: Je vous le dirais plus souvent, sans que je crains d'être fade; mais je suis toujours ravie de vos lettres, sans vous le dire. Madame de Coulanges l'est aussi de quelques endroits que je lui fais voir, et qu'il est impossible de lire toute seule. Il y a un petit air de dimanche gras répandu sur cette lettre, qui la rend d'un goût non pareil.

Il y avait longtemps que vous étiez abîmée, j'en étais toute triste; mais le jeu de l'oie vous a renouvelée, comme il l'a été par les Grecs : je voudrais bien que vous n'eussiez joué qu'à l'oie, et que vous n'eussiez point perdu tant d'argent. Un malheur continuel pique et offense; on hait d'être houspillé par la fortune : cet avantage que les autres ont sur nous blesse et déplaît, quoique ce ne soit point dans une occasion d'importance. Nicole dit si bien cela. Enfin j'en hais la fortune, et me voilà bien persuadée qu'elle est aveugle de vous traiter comme elle fait; si elle n'était que borgne, vous ne seriez point si malheureuse.

Vous me demandez les symptômes de cet amour¹ : c'est premièrement une négative vive et prévenante; c'est un air outré d'indifférence qui prouve le contraire; c'est le témoignage des gens qui voient de près, soutenu de la voix publique; c'est une suspension de tout ce mouvement de la machine ronde; c'est un relâchement de tous les soins ordinaires, pour vaquer à un seul; c'est une satire perpétuelle contre les vieilles gens amoureux : Vraiment il faudrait être bien fou, bien insensé : quoi, une jeune femme! voilà une bonne pratique pour moi, cela me conviendrait fort; j'aimerais mieux m'être rompu les deux bras. Et à cela on répond intérieurement: Eh oui, tout cela est vrai, mais vous ne laissez pas d'être amoureux. Vous dites vos réflexions; elles sont justes, elles sont vraies, elles font

---

[1] L'amour de d'Hacqueville pour une fille du maréchal de Gramont, qui était borgne.

votre tourment : mais vous ne laissez pas d'être amoureux. Vous êtes tout plein de raison, mais l'amour est plus fort que toutes les raisons ; vous êtes malade, vous pleurez, vous enragez, et vous êtes amoureux. Si vous conduisez à cette extrémité M. de Vence[1], je vous prie, ma fille, que j'en sois la confidente ; en attendant, vous ne sauriez avoir un plus agréable commerce : c'est un prélat d'un esprit et d'un mérite distingué ; c'est le plus bel esprit de son temps : vous avez admiré ses vers, jouissez de sa prose ; il excelle en tout ; il mérite que vous en fassiez votre ami. Vous citez plaisamment cette dame qui aimait à faire tourner la tête à des moines ; ce serait une bien plus grande merveille de la faire tourner à M. de Vence, lui dont la tête est si bonne, si bien faite et si bien organisée : c'est un trésor que vous avez en Provence, profitez-en ; du reste, sauve qui peut.

Je vous défends, ma chère enfant, de m'envoyer votre portrait : si vous êtes belle, faites-vous peindre ; mais gardez-moi cet aimable présent pour quand j'arriverai : je serais fâchée de le laisser ici. Suivez mon conseil, et recevez en attendant un présent passant tous les présents passés et présents ; car ce n'est pas trop dire : c'est un tour de perles de douze mille écus ; cela est un peu fort, mais il ne l'est pas plus que ma bonne volonté. Enfin regardez-le, pesez-le, voyez comme il est enfilé, et puis dites-m'en votre avis : c'est le plus beau que j'aie jamais vu ; on l'a admiré ici. Si vous l'approuvez, qu'il ne vous tienne point au cou, il sera suivi de quelques autres ; car, pour moi, je ne suis point libérale à demi. Sérieusement, il est beau, et vient de l'am-

---

[1] Antoine Godeau, évêque de Vence. Ce prélat était alors fort âgé, et il mourut au mois d'avril de cette même année. Il était pieux et savant. Il contribua à la fondation de l'Académie Française, et fut un de ses premiers membres. On a de lui plusieurs recueils de vers et quelques oraisons funèbres très-remarquables, entre autres celle de Louis XIII. Il fut un des habitués de l'hôtel de Rambouillet. Julie d'Angennes, depuis madame de Montausier, l'appelait *son nain*, à cause de sa petite taille, et lui-même prenait volontiers ce titre.

bassadeur de Venise, notre défunt voisin. Voilà aussi des pincettes pour cette barbe incomparable; ce sont les plus parfaites de Paris. Voilà aussi un livre que mon oncle de Sévigné [1] m'a priée de vous envoyer : je m'imagine que ce n'est pas un roman. Je ne lui laisserai pas le soin de vous envoyer les Contes de la Fontaine, qui sont...... vous en jugerez.

Vous êtes une jolie femme de n'être point grosse; mais vous avez des pensées là-dessus qui me font trembler : votre beauté vous jette dans des extrémités, parce qu'elle vous est inutile; vous trouvez qu'il vaut autant être grosse, c'est un amusement; voilà une belle raison : songez donc, ma fille, que c'est détruire entièrement votre santé et votre vie.

Nous tâchons d'amuser notre bon cardinal (*de Retz*) : Corneille lui a lu une pièce qui sera jouée dans quelque temps, et qui fait souvenir des anciennes. Molière lui lira samedi *Trissotin* [2], qui est une fort plaisante chose. Despréaux lui donnera son *Lutrin* et sa *Poétique* [3] : voilà tout ce qu'on peut faire pour son service. Il vous aime de tout son cœur, ce pauvre cardinal : il parle souvent de vous, et vos louanges ne finissent pas si aisément qu'elles commencent. Mais, hélas! quand nous songeons qu'on nous a enlevé notre chère enfant, rien n'est capable de nous consoler : pour moi, je serais très-fâchée d'être consolée; je ne me pique ni de fermeté ni de philosophie, mon cœur me mène et me conduit. On disait l'autre jour, je crois vous l'avoir mandé, que la vraie mesure du mérite du cœur, c'était la capacité d'aimer : je me trouve d'une grande élévation par cette règle; elle me donnerait trop

---

[1] Renaud de Sévigné s'était retiré à Port-Royal-des-Champs, où il passa les dernières années de sa vie dans les exercices de la plus haute piété. Il y mourut, le 19 mars 1676. (P.)

[2] Les *Femmes Savantes*.

[3] Ces deux ouvrages n'étaient point encore au point de perfection où ils parurent depuis, en 1674, pour la première fois. (P.)

de vanité, si je n'avais mille autres sujets de me remettre à ma place.

Adhémar m'aime assez, mais il hait trop l'évêque, et vous le haïssez trop aussi : l'oisiveté vous jette dans cet amusement. Vous n'auriez pas tant de loisir, si vous étiez ici. M. d'Uzès m'a fait voir un mémoire qu'il a tiré et corrigé du vôtre, dont il fera des merveilles : fiez-vous-en à lui ; vous n'avez qu'à lui envoyer tout ce que vous voudrez, sans craindre que rien ne sorte de ses mains, que dans le juste point de la perfection. Il y a dans tout ce qui vient de vous autres un petit brin d'impétuosité, qui est la vraie marque de l'ouvrier : c'est le chien du *Bassan*[1]. On vous mandera le dénoûment que M. d'Uzès fera à toute cette comédie ; j'irai me faire nommer à la porte de l'évêque, dont je vois tous les jours le nom à la mienne. Ne craignez pas, pour cela, que nous trahissions vos intérêts. Il y a plusieurs prélats qui se tourmentent de cette paix ; elle ne sera faite qu'à de bonnes enseignes. Si vous voulez faire plaisir à l'évêque, perdez bien de l'argent, mettez-vous dans une grande presse ; c'est là qu'il vous attend.

Voici une nouvelle ; écoutez-moi : le roi a fait entendre à MM. de Charost qu'il voulait leur donner des lettres de duc et pair, c'est-à-dire qu'ils auront tous deux dès à présent les honneurs du Louvre et une assurance d'être passés au parlement la première fois qu'on en passera. On donne au fils la lieutenance générale de la Picardie, qui n'avait pas été remplie depuis très-longtemps, avec vingt mille francs d'appointement, et deux cent mille francs à M. de Duras, pour la charge de capitaine des gardes du corps, que MM. de Charost lui cèdent. Raisonnez là-dessus, et voyez si M. de Duras ne vous paraît pas plus heureux que M. de Charost. Cette place est d'une telle

---

[1] Le Bassan faisait entrer son chien dans la composition de presque tous ses tableaux. (A. G.)

beauté, par la confiance qu'elle marque et par l'honneur d'être proche de Sa Majesté, qu'elle n'a point de prix. M. de Duras pendant son quartier suivra le roi à l'armée, et commandera à toute la maison de Sa Majesté. Il n'y a point de dignité qui console de cette perte; cependant on entre dans le sentiment du maître, et l'on trouve que MM. de Charost doivent être contents. Que notre ami Noailles prenne garde à lui : on dit qu'il lui en pend autant à l'œil; car il n'a qu'un œil, aussi bien que les autres.

On parle toujours de guerre; vous pouvez penser combien j'en suis fâchée : il y a des gens qui veulent encore faire des almanachs; mais pour cette campagne ils sont trompés. Toute mon espérance, c'est que la cavalerie ne sera pas exposée aux siéges que l'on fera chez les Hollandais; il faut vivre pour voir démêler toute cette fusée. J'ai vu le marquis de Vence; je le trouvai si jeune, que je lui demandai comment se portait madame sa mère : M. de Coulanges me redressa. Le cardinal de Retz interrompit notre conversation, mais ce ne fut que pour parler de vous. Je souhaite toujours Adhémar, pour me redire encore mille fois que vous m'aimez; vous m'assurez que c'est avec une tendresse digne de la mienne : si je ne suis contente de cette ressemblance, je suis bien difficile à contenter.

Je viens de recevoir votre lettre du jour des Cendres : en vérité, ma fille, vous me confondez par vos louanges et par vos remerciements; c'est me faire souvenir de ce que je voudrais faire pour vous, et j'en soupire, parce que je ne me contente pas moi-même; et plût à Dieu que vous fussiez si pressée de mes bienfaits, que vous fussiez contrainte de vous jeter dans l'ingratitude! Nous avons souvent dit que c'est la vraie porte pour en sortir honnêtement, quand on ne sait plus où donner de la tête; mais je ne suis pas assez heureuse pour vous réduire à cette extrémité : votre reconnaissance suffit et au delà. Que vous êtes aimable! et que vous me dites plaisamment tout ce qui se peut dire là-dessus! Au reste, quelle folie de perdre tant d'argent à ce chien de brelan! C'est un coupe-gorge qu'on a banni de ce pays-ci, parce qu'on y fait de sérieux voyages. Vous jouez d'un malheur insurmontable, vous perdez toujours : croyez-moi, ne vous opiniâtrez point; songez que tout cet argent s'est perdu sans vous divertir : au contraire, vous avez payé cinq ou six mille francs pour vous ennuyer et pour être houspillée de la fortune. Ma fille, je m'emporte; il faut dire comme Tartufe : *C'est un excès de zèle.* A propos de comédie, voilà *Bajazet* : si je pouvais vous envoyer la Champmêlé, vous trouveriez la pièce bonne; mais sans elle elle perd la moitié de son prix. Je suis folle de Corneille; il nous donnera encore *Pulchérie,* où l'on reverra

> La main qui crayonna
> La mort du grand Pompée et l'âme de Cinna [1].

Il faut que tout cède à son génie. Voilà cette petite fable de La Fontaine, sur l'aventure du curé de M. de Boufflers, qui fut tué tout roide en carrosse auprès de son mort : cet événement est bizarre; la fable est jolie, mais ce n'est rien au prix de celles qui suivront. Je ne sais ce que c'est que ce *pot au lait.*

J'ai souvent des nouvelles de mon pauvre enfant; la guerre me déplaît fort, pour lui premièrement, et puis pour les autres que j'aime. Madame de Vaudemont est à Anvers, nullement disposée à revenir; son mari est contre nous. Madame de Courcelles sera bientôt sur la sellette; je ne sais si elle touchera *il petto adamantino* de M. d'Avaux [2]; mais jusqu'ici il a été aussi rude à la Tournelle que dans sa réponse. Ma fille, j'écris sans mesure, encore faut-il finir : en écrivant aux autres, on est aise d'avoir

---

[1] Vers du grand Corneille dans la dédicace d'*Œdipe.*
[2] Le président de Mêmes, père du premier président de ce nom.

écrit; et moi, j'aime à vous écrire par-dessus toutes choses. J'ai mille amitiés à vous faire de M. de La Rochefoucauld, de notre cardinal, de Barillon, et surtout de madame Scarron, qui vous sait bien louer à ma fantaisie; vous êtes bien selon son goût. Pour M. et madame de Coulanges, M. l'abbé, ma tante, ma cousine, La Mousse, c'est un cri général pour me prier de parler d'eux; mais je ne suis pas toujours en humeur de faire des litanies; j'en oublie encore : en voilà pour longtemps. Le pauvre Ripert est toujours au lit; il me vient des pensées sur son mal : que diantre a-t-il? J'aime toujours ma petite enfant, malgré les divines beautés de son frère. Adieu, ma chère enfant; j'embrasse votre Comte, je l'aime encore mieux dans son appartement que dans le vôtre. Hélas! quelle joie de vous voir belle taille, en santé, en état d'aller, de trotter comme une autre! Donnez-moi le plaisir de vous revoir ainsi.

233. — A LA MÊME.

A Paris, vendredi 11 mars 1672.

J'ai entrepris de vous écrire aujourd'hui la plus petite lettre du monde, nous verrons. Ce qui rend celles du mercredi un peu infinies, c'est que je reçois le lundi une de vos lettres : j'y fais un commencement de réponse à la chaude; le mardi, s'il y a quelque affaire ou quelque nouvelle, je reprends ma lettre, et je vous mande ce que j'en sais; le mercredi, je reçois encore une lettre de vous : j'y fais réponse, et je finis par là. Vous voyez bien que cela compose un volume; quelquefois même il arrive une singulière chose, c'est qu'oubliant ce que je vous ai mandé au commencement de ma lettre, j'y reviens encore à la fin, parce que je ne relis ma lettre qu'après qu'elle est faite; et quand je m'aperçois de ces répétitions, je fais une grimace épouvantable. Mais il n'en est autre chose, car il est tard : je ne sais point raccommoder, et je fais mon paquet. Je vous mande cela une fois pour toutes, afin que vous excusiez cette radoterie. Mademoiselle de Méri vous envoie les plus jolis souliers du monde; j'en ai surtout remarqué une paire qui me paraît si mignonne, que je la crois propre à garder le lit : vous souvient-il combien cette folie vous fit rire un soir? Au reste, ma fille, ne vous avisez point de me remercier pour toutes mes bonnes intentions, pour tous les riens que je vous donne; songez au principe qui me fait agir : on ne remercie point d'être aimée passionnément; votre cœur vous apprendra d'autres sortes de reconnaissances. J'ai vu le chevalier et l'abbé de Valbelle; je suis Provençale, je l'avoue; les Bretons en sont jaloux. Adieu, ma très-aimable; il me semble que vous savez combien je suis à vous; c'est pourquoi je ne vous en dirai rien; aussi bien, j'ai résolu de ne pas faire une grande lettre. Si pourtant je savais quelque chose de réjouissant, je vous le manderais assurément, car je ne m'amuserais pas à soutenir cette sotte gageure.

234. — A LA MÊME.

A Paris, mercredi 16 mars 1672.

Vous me parlez de mon départ : ah, ma fille! je languis dans cet espoir charmant; rien ne m'arrête que ma tante[1], qui se meurt de douleur et d'hydropisie : elle me brise le cœur par l'état où elle est, et par tout ce qu'elle dit de tendre et de bon sens; son courage, sa patience, sa résignation, tout cela est admirable. M. d'Hacqueville, et moi, nous suivons son mal jour à jour : il voit mon cœur, et la douleur que j'ai de n'être pas libre tout présentement : je me conduis par ses avis. Nous verrons entre ci et Pâques : si son mal augmente, comme il a fait depuis que je suis ici, elle mourra entre nos bras; si elle reçoit quelque soulagement,

---

[1] Henriette de Coulanges, marquise de La Trousse.

et qu'elle prenne le train de languir, je partirai dès que M. de Coulanges sera revenu. Notre pauvre abbé est au désespoir, aussi bien que moi ; nous verrons donc comme cet excès de mal se tournera dans le mois d'avril : je n'ai que cela dans la tête. Vous ne sauriez avoir tant d'envie de me voir que j'en ai de vous embrasser : bornez votre ambition, et ne croyez pas me pouvoir jamais égaler là-dessus.

Mon fils me mande qu'ils sont misérables en Allemagne, et ne savent ce qu'ils font. Il a été très-affligé de la mort du chevalier de Grignan. Vous me demandez, ma chère enfant, si j'aime toujours bien la vie : je vous avoue que j'y trouve des chagrins cuisants ; mais je suis encore plus dégoûtée de la mort : je me trouve si malheureuse d'avoir à finir tout ceci par elle, que si je pouvais retourner en arrière, je ne demanderais pas mieux. Je me trouve dans un engagement qui m'embarrasse : je suis embarquée dans la vie sans mon consentement ; il faut que j'en sorte, cela m'assomme. Et comment en sortirai-je ? par où ? par quelle porte ? quand sera-ce ? en quelle disposition ? souffrirai-je mille et mille douleurs, qui me feront mourir désespérée ? aurai-je un transport au cerveau ? mourrai-je d'un accident ? comment serai-je avec Dieu ? qu'aurai-je à lui présenter ? la crainte, la nécessité, feront-elles mon retour vers lui ? n'aurai-je aucun autre sentiment que celui de la peur ? Que puis-je espérer ? suis-je digne du paradis ? suis-je digne de l'enfer ? Quelle alternative ! quel embarras ! Rien n'est si fou que de mettre son salut dans l'incertitude ; mais rien n'est si naturel, et la sotte vie que je mène est la chose du monde la plus aisée à comprendre : je m'abîme dans ces pensées, et je trouve la mort si terrible, que je hais plus la vie parce qu'elle m'y mène que par les épines dont elle est semée. Vous me direz que je veux donc vivre éternellement : point du tout ; mais si on m'avait demandé mon avis, j'aurais bien aimé à mourir entre les bras de ma nourrice : cela m'aurait ôté bien des ennuis, et m'aurait donné le ciel bien sûrement et bien aisément. Mais parlons d'autre chose.

Je suis au désespoir que vous ayez eu *Bajazet* par d'autres que par moi : c'est ce chien de Barbin [1], qui me hait, parce que je ne fais pas des princesses de Clèves et de Montpensier [2]. Vous avez jugé très-juste et très-bien de *Bajazet*, et vous aurez vu que je suis de votre avis. Je voulais vous envoyer la Champmêlé pour vous réchauffer la pièce. Le personnage de Bajazet est glacé : les mœurs des Turcs y sont mal observées ; ils ne font point tant de façons pour se marier ; le dénoûment n'est point bien préparé : on n'entre point dans les raisons de cette grande tuerie. Il y a pourtant des choses agréables, mais rien de parfaitement beau, rien qui enlève, point de ces tirades de Corneille qui font frissonner. Ma fille, gardons-nous bien de lui comparer Racine, sentons-en toujours la différence ; les pièces de ce dernier ont des endroits froids et faibles, et jamais il n'ira plus loin qu'*Andromaque*. *Bajazet* est au-dessous, au sentiment de bien des gens, et au mien, si j'ose me citer. Racine fait des comédies [3] pour la Champmêlé : ce n'est pas pour les siècles à venir : si jamais il n'est plus jeune, et qu'il cesse d'être amoureux, ce ne sera plus la même chose [4]. Vive donc notre vieil ami Corneille! Pardonnons-lui de méchants vers en faveur des divines et sublimes beautés qui nous transportent : ce sont des traits de maître qui sont inimitables. Despréaux en dit encore plus que moi ; et en un mot, c'est le bon goût, tenez-vous-y.

Voici un bon mot de madame Cornuel, qui a fort réjoui

---

[1] Fameux libraire de ce temps-là, qui avait sa boutique sur l'escalier de la Sainte-Chapelle, et que Boileau nomme dans *le Lutrin*.

[2] Romans de madame de La Fayette, qui enrichissaient Barbin, par la grande vogue qu'ils avaient.

[3] On employait autrefois le mot de *comédie* dans un sens générique. - (P.)

[4] L'événement a fait voir par *Mithridate*, par *Phèdre*, par *Athalie*, etc., que le sentiment de Madame de Sévigné tenait encore du préjugé de ce temps-là. (A G.)

le parterre : M. Tambonneau le fils [1] a quitté la robe, et a mis une sangle autour de son ventre et de son derrière : avec ce bel air il veut aller servir sur la mer : je ne sais ce que lui a fait la terre. On disait donc à madame Cornuel qu'il s'en allait à la mer : « Hélas! dit-elle, est-ce qu'il a été « mordu d'un chien enragé? » Cela fut dit sans malice ; c'est ce qui a fait rire extrêmement. Madame de Courcelles est fort embarrassée : on lui refuse toutes ses requêtes; mais elle dit qu'elle espère qu'on aura pitié d'elle, puisque ce sont des hommes qui sont ses juges. Notre coadjuteur ne lui ferait point de grâce présentement; vous me le représentez dans les occupations de saint Ambroise.

Il me semble que vous deviez vous contenter que votre fille fût faite à son *image et semblance* : votre fils veut aussi lui ressembler ; mais, sans offenser la beauté du coadjuteur, où est donc la belle bouche de ce petit garçon? où sont ses agréments? Il ressemble donc à sa sœur : vous m'embarrassez fort par cette ressemblance. Je vous aime bien, ma fille, de n'être point grosse : consolez-vous d'être belle *inutilement*, par le plaisir de n'être pas toujours mourante.

Je ne saurais vous plaindre de n'avoir point de beurre en Provence, puisque vous avez de l'huile admirable et d'excellent poisson. Ah, ma fille! que je comprends bien ce que peuvent faire et penser des gens comme vous, au milieu de vos Provençaux! Je les trouverai comme vous, et je vous plaindrai toute ma vie de passer avec eux de si belles années de la vôtre. Je suis si peu désireuse de briller dans votre cour de Provence, et j'en juge si bien par celle de Bretagne, que par la même raison qu'au bout de trois jours à Vitré, je ne respirais que les Rochers, je vous jure devant Dieu que l'objet de mes désirs, c'est de passer l'été à Grignan avec vous : voilà où je vise, et rien au delà.

---

[1] Jean Tambonneau, président de la chambre des comptes.

Mon vin de Saint-Laurent est chez Adhémar, je l'aurai demain matin ; il y a longtemps que je vous en ai remerciée *in petto* : cela est bien obligeant. M. de Laon aime bien cette manière d'être cardinal[1]. On assure que l'autre jour M. de Montausier[2], parlant à M. le dauphin de la dignité des cardinaux, lui dit que cela dépendait du pape, et que s'il voulait faire cardinal un palefrenier, il le pourrait. Là-dessus le cardinal de Bonzi arrive ; M. le dauphin lui dit : « Monsieur, est-il vrai que si le pape voulait, il ferait cardinal un palefrenier? » M. de Bonzi fut surpris, et devinant l'affaire, il lui répondit : « Il est vrai, Monsieur, que le pape choisit qui il lui plaît ; mais nous n'avons pas vu jusque ici qu'il ait pris des cardinaux dans son écurie. » C'est le cardinal de Bouillon qui m'a conté ce détail.

J'ai fort entretenu M. d'Uzès : il vous mandera la conférence qu'il a eue ; elle est admirable. Il a un esprit posé et des paroles mesurées, qui sont d'un grand poids dans ces occasions ; il fait et dit toujours très-bien partout. On disait de Jarzé ce qu'on vous a dit ; mais cela est incertain. On prétend que la joie de la dame[3] n'est pas médiocre pour le retour du chevalier de Lorraine. On dit aussi que le comte de Guiche et madame de Brissac sont tellement sophistiqués, qu'ils auraient besoin d'un truchement pour s'entendre eux-mêmes. Écrivez un peu à notre cardinal, il vous aime, *le faubourg*[4] vous aime, madame Scarron vous aime ; elle passe ici le carême, et céans presque tous les soirs. Barillon y est encore, et plût à Dieu, ma belle, que vous y fussiez aussi! Adieu, mon enfant ; je ne finis

---

[1] *Voyez* la lettre du 1ᵉʳ mars précédent.
[2] M. le duc de Montausier, gouverneur de feu MONSEIGNEUR, était non-seulement incapable de flatter et de mentir, mais il ignorait encore l'art de feindre, si commun chez les courtisans. (A. G.)
[3] Quelle était cette dame? Grouvelle croit que c'était madame de Grancey ; mais ce pouvait être aussi madame de Coëtquen ou mademoiselle de Fiennes. (M.)
[4] C'est-à-dire M. de La Rochefoucauld et madame de La Fayette, qui demeuraient l'un et l'autre au faubourg Saint-Germain. (P.)

point; je vous défie de pouvoir comprendre combien je vous aime.

235. — A LA MÊME.

A Paris, mercredi 23 mars 1672.

Madame de Villars, M. Chapelain et quelque autre encore, sont ravis de votre lettre sur l'ingratitude. Il ne faut pas que vous croyez que je sois ridicule : je sais à qui je montre ces petits morceaux de vos grandes lettres; je connais mes gens, je ne le fais pas mal à propos; je sais le temps et le lieu. Mais enfin c'est une chose charmante que la manière dont vous dites quelquefois de certaines choses : fiez-vous à moi, je m'y connais. Je veux vous relire quelque jour plusieurs endroits qui vous plairont, et entre autres celui de l'ingratitude : de sorte, me dites-vous, qu'après tant de bontés, je ne songe plus qu'à vous refuser la première petite grâce que vous me demanderez : je ne finirais point, car tout est de ce style.

J'aime fort votre petite histoire du peintre[1]; mais il faudrait, ce me semble, qu'il mourût. Vos cheveux frisés *naturellement* avec le fer, poudrés *naturellement* avec une livre de poudre, du rouge *naturel* avec du carmin, cela est plaisant; mais vous étiez belle comme un ange : je suis toute réjouie que vous soyez en état de vous faire peindre, et que vous conserviez sous votre négligence une beauté si merveilleuse. Madame Scarron a reçu votre embrassade; il n'y a sorte de louanges qu'elle ne vous donne, ni sorte d'estime particulière qu'elle ne fasse paraître pour vous.

Le chancelier n'aura point un enterrement magnifique, comme on le prétendait : ils voulaient un prince du sang pour conduire le deuil; M. le Prince a dit qu'il était in-

---

[1] C'était un peintre provençal, qui se nommait Fauchier, et qui en faisant le portrait de Madame de Grignan en Madeleine, fut pris d'une colique si violente qu'il en mourut. (P.)

commodé; M. le Duc, que cela était bon le temps passé, et que les princes du sang de ce siècle-ci sont plus grands seigneurs qu'ils n'étaient. Messieurs les princes de Conti ont dit qu'ils ne pouvaient faire ce que M. le Duc refusait. En un mot, la famille du chancelier est désolée. L'exemple du chancelier de Bellièvre, qu'un prince de Conti honora de sa présence au convoi, n'a été de nulle considération.

Le comte de Guiche disait l'autre jour des merveilles des esprits de vos pays chauds; il ne s'y est pas ennuyé un moment. Je songeai que vous ne m'aviez jamais parlé d'une seule personne dont l'esprit fût digne d'être distingué. Croyez, ma fille, que ce n'est pas sans une profonde douleur que je vois votre retour dans ces idées de Platon, et que je sens une telle séparation jusque dans la moelle de mes os, sans pouvoir jamais m'en consoler. Pour mon voyage, il tient à ma tante; mais dans un mois on verra ce qu'on doit espérer. Cela seul me retient; sans cela j'irais avec M. et madame de Coulanges. L'abbé et moi, nous ne faisons plus que languir après notre départ. J'admire les choses qui m'arrivent pour me désespérer. Je fais présentement l'équipage de mon fils, sans préjudice des lettres de change qui vont leur train : tout le monde est abîmé, et tout le monde partira. On dit que la petite vérole est à Grignan : est-il vrai? Cela me consolerait de mon retardement. Enfin, ma fille, soyez très-persuadée que nous ne songeons qu'à partir, et qu'il n'y a rien devant cette envie ni devant ce voyage; le chaud même ne m'arrêtera point.

Vous me demandez le mal de ma tante, c'est une hydropisie de vent et d'eau : elle est très-enflée; elle n'a plus de place pour se nourrir. Le lait, qui est l'unique remède, ne peut pas réparer tant de sécheresse; elle est usée, son foie est gâté; elle a soixante-six ans, voilà son mal. Le mois d'avril nous décidera sur sa mort ou sur sa vie : je passe bien des heures auprès d'elle, et je suis très-affligée de son état : vous savez comme je l'ai toujours aimée, et si je le lui ai témoigné. Ce que vous dites sur le cœur *adamantino* est admirable : ce serait une grande commodité de l'avoir ainsi, non pas comme celui que nous entendons, mais *adamantino* au pied de la lettre ; sans cela, on souffre mille sortes de tourments. Il est vrai que l'amour doit être bien glorieux : il l'est bien aussi ; mais que M. de Grignan est heureux d'être si chrétien ! j'espère qu'il me convertira.

On ne donne point la charge de M. de Lauzun ; vous pouvez raisonner là-dessus et sur son embrasement : mais c'eût été une belle aventure, s'il eût brûlé ce pauvre M. Fouquet, qui supporte sa prison héroïquement, et qui n'est nullement désespéré [1]. On ne parle que de la guerre : le roi a deux cent mille hommes sur pied ; toute l'Europe est en émotion. On voit bien, comme vous dites, que la pauvre machine ronde est abandonnée. Nous parlons souvent de vous, le cardinal (*de Retz*) et moi : il vous aime fort ; et moi, que fais-je, à votre avis? Ma pauvre tante vous remercie de votre aimable souvenir. La Mousse tremble pour sa philosophie. Parlez un peu au cardinal de vos *machines*, des machines qui aiment, des machines qui ont une élection pour quelqu'un, des machines qui sont jalouses, des machines qui craignent : allez, allez, vous vous moquez de nous ; jamais Descartes n'a prétendu nous le faire croire.

236. — A LA MÊME.

A Paris, mercredi 30 mars 1672.

N'êtes-vous point trop aimable? Enfin, ma chère fille, vous aimez mes lettres, vous voulez qu'elles soient grandes, et vous me flattez de la pensée que vous les aimez moins quand elles sont petites ; mais ce pauvre Grignan

---

[1] On accusait sourdement Lauzun d'avoir mis le feu à la prison : mais on ne tarda pas à savoir que la foudre avait causé l'incendie.

a bien affaire d'avoir la complaisance pour. vous de lire de tels volumes. Je me souviens toujours de l'avoir vu admirer qu'on pût lire de longues lettres : il a bien changé d'avis. Je me fie bien à vous au moins pour ne pas lui montrer ce qui le pourrait ennuyer. Je vous fais une réparation : je croyais que vous n'aviez point fait de réponse au cardinal, vous l'avez faite très-bonne. Il faut aussi que je vous avoue que j'ai supprimé méchamment les compliments de madame de Villars ; je vous ai parlé d'elle dans mes lettres, et me suis bien gardée de vous rendre tout ce qu'elle m'avait dit : ne soyez pas fâchée contre elle ; elle vous aime et vous admire. Je la vois assez souvent ; elle est ravie de parler de vous, et de lire des morceaux de vos lettres : cela me donne pour elle un attachement très-naturel. Elle partira à Pâques, malgré la guerre ; elle en sera quitte pour revenir, si les Espagnols font les méchants. Comme ils ont beaucoup d'argent, ces Villars[1], aller et venir, et faire un grand équipage, n'est pas une chose qui mérite leur attention. On dit que les Anglais ont battu cinq vaisseaux hollandais, et que l'ambassadeur a dit au roi[2] que le roi son maître avait commencé la guerre sur la mer, et qu'il le suppliait de lui tenir sa parole, et de la commencer sur la terre.

Vous savez, ma fille, ce que m'est le nom de Roquesante[3], et quelle vénération j'ai pour sa vertu. Vous pouvez croire que sa recommandation et la vôtre me sont fort considérables ; mais mon crédit ne répond pas à mes bonnes intentions. Vous m'avez dit tant de bien du président dont il est question, qu'on se ferait honneur de le servir si on avait quelque voix en chapitre : j'en parlerai au ha-

---

[1] Ce passage est ironique. M. de Villars avait peu de fortune. Il avait été nommé ambassadeur à Madrid. (A. G.)

[2] Charles II, roi d'Angleterre.

[3] Conseiller au parlement d'Aix, homme intègre et d'un vrai mérite. Juge de Fouquet, il fut de l'avis le plus favorable. Madame de Sévigné, amie de Fouquet, avait voué au conseiller une profonde estime.

sard; mais en vérité tout est si caché à Versailles, qu'il faut attendre en paix les oracles qui en sortent. Pour M. de Roquesante, si vous ne lui faites mes compliments en particulier, vous êtes brouillée avec moi. Vous avez frissonné de la fièvre de notre abbé, je vous en remercie; mais comme vous étiez seule à frissonner, que l'abbé ne frissonnait point du tout, vous sentez bien que je n'ai point frissonné. Son mal était une émotion continuelle sans aucun accident : il s'est gouverné sagement, et je suis persuadée que c'est de la santé pour vingt ans. Dieu le veuille ! Je lui ai fait toutes vos amitiés; il en est très-touché. Ma tante ne parle que pour vous remercier; son état touche le cœur des plus indifférents : elle enfle tous les jours, les remèdes ne font point d'effet; elle me disait tantôt : Enfin, ma chère, voilà ce qui s'appelle une femme abandonnée. Elle se dispose à mourir, et en parle sans frayeur; elle est seulement étonnée qu'il faille tant de douleurs pour faire mourir une personne si faible. Il y a des manières de mourir bien rudes et bien cruelles; la sienne est des plus pitoyables qu'on puisse voir. Elle reçoit mes soins avec une grande tendresse; je lui en rends de la même façon, et suis si extrêmement touchée de ses douleurs et de l'horrible désespoir de ma cousine, qu'il m'est impossible de n'en pas pleurer.

Voilà, ma fille, une réflexion qui me vient sur les pertes fréquentes que vous faites au jeu, et sur celles de M. de Grignan : prenez-y garde, ma fille, il n'est pas agréable d'être la dupe; soyez persuadée que ce n'est pas une chose naturelle de gagner et de perdre continuellement. Il n'y a pas longtemps qu'on m'avoua le fredon de l'hôtel de la Vieuville; vous souvient-il de cette volerie? Il ne faut pas croire que tout le monde joue comme vous : voilà ce que l'intérêt que je prends à vous me fait dire : comme il vient d'un cœur qui est à vous, je suis assurée que vous le trouverez bon. Ne trouverez-vous point bon aussi de savoir que Kéroual[1], dont l'étoile avait été devinée avant qu'elle partît, l'a suivie très-fidèlement? Le roi d'Angleterre l'a aimée; elle s'est trouvée avec une légère disposition à ne pas haïr : enfin, elle se trouve grosse de huit mois; voilà qui est étrange. La Castelmaine est disgraciée : c'est ainsi qu'on en use dans ce royaume-là. Pendant que nous sommes sur ce ton, je vous dirai, avec la permission de la sagesse de M. de Grignan, que le petit-fils de F......[2] et du chevalier de Lorraine (je ne sais si je me fais bien entendre) est élevé pêle-mêle avec les enfants de madame d'Armagnac, à la vue du public; et l'on fit un grand jeu au retour du chevalier d'éprouver la force du sang : il confirma tout ce qu'on dit là-dessus, et trouva cet enfant si joli, et s'y attacha d'une telle sorte, qu'enfin on lui dit la vérité : il en fut ravi, et madame d'Armagnac continue sa bonté, et le nourrit sous le nom du chevalier de Lorraine : si vous savez tout cela, voilà qui vous ennuiera beaucoup. Adhémar est tout propre à vous conter ces bagatelles : je me sens aussi du relâchement pour les nouvelles, sachant qu'il est en lieu de vous les mander beaucoup mieux que moi.

Je reçois votre lettre du 23, écrite sur la plume des vents, aussi bien que la mienne du vendredi. Ah, ma fille! qu'elle est aimable, quoiqu'elle ne soit point une réponse! Elle en vaut mille fois mieux. C'est donc là ce que vous m'écrivez, quand vous n'avez rien à me dire : voilà qui me ravit; vous me dites mille tendresses, et je vous avoue que je me laisse doucement flatter à cette aimable vérité. Qui est donc ce Breton que vous servez pour l'amour de moi? Il est vrai que tous les Provençaux me sont de quelque chose.

C'est aujourd'hui l'acte du pauvre abbé[3] : quelle folie!

---

[1] Elle devint duchesse de Portsmouth.
[2] Cette initiale désigne Mlle de Fiennes, fille d'honneur de la reine. (M.)
[3] Louis-Joseph Adhémar de Monteil, frère de M. de Grignan, nommé

on s'en va disputer contre lui, le tourmenter, le pointiller : il faut qu'il réponde à tout. Pour moi, je suis persuadée que rien n'est plus injuste que ces sortes de choses, et que cela rend l'esprit d'une rudesse et d'une contrariété insupportables. Vous me parlez du temps : notre hiver a été admirable, trois mois d'une belle gelée; voilà qui est fait, le printemps commence. Rien n'est plus sage que nous; pourquoi êtes-vous si extravagants? J'ai horreur de l'inconstance de M. de Vardes : il a trouvé cette conduite dans la fin de sa passion, sans aucun sujet que de n'avoir plus d'amour : cela désespère; mais j'aimerais encore mieux cette douleur, que d'être quittée pour une autre : voilà notre vieille querelle. Il y a bien d'autres sujets sur quoi je n'approuve pas M. de Vardes. Si Corbinelli me souhaite en Provence, il fait ce que je fais tous les jours de ma vie.

M. et madame de Coulanges sont trop honorés de toutes vos douceurs; ils vous écriront : je les vois partir avec un grand chagrin : M. de Coulanges prétend bien revoir *Jacquemart et Marguerite*[1] avant que de mourir. Pour madame de Coulanges, elle ira à Grignan; nous l'y recevrons, quand elle m'aura fait les honneurs de Lyon. Je ne vois pas d'Hacqueville en huit jours: je l'excuse, et ne l'en aime pas moins. Pour vous, ma chère fille, comptez que je suis à vous, et que votre amitié fait la véritable joie de ma vie, et votre absence la véritable douleur. Mon cher Grignan, hélas! faut-il passer sa vie sans voir les gens du monde que l'on aime le plus? On m'a dit ce soir que l'abbé de Grignan avait fait des merveilles en Sorbonne : notre cardinal en est ravi.

en 1680 à l'évêché d'Évreux, et peu de temps après à celui de Carcassonne. Il avait alors vingt-huit ans. (P.)

[1] Deux figures de l'horloge du beffroi de Lambesc, qui frappent les heures.

237. — A LA MÊME.

A Paris, vendredi 1ᵉʳ avril 1672.

Vous avez écrit, ma chère fille, des choses à Guitaud sur l'espérance que vous avez de me voir en Provence qui me transportent de joie. Vous pouvez penser quel plaisir c'est de les apprendre indirectement, quoiqu'on les sache déjà. Il est vrai néanmoins que cela ne peut augmenter l'extrême envie que j'ai de partir : elle est au dernier degré; ma tante seule fait mon retardement : elle est si mal, que je ne comprends pas qu'elle puisse être longtemps dans cet état; je vous en dirai des nouvelles, comme de la seule grande affaire que j'aie présentement.

Je vis hier madame de Verneuil, qui est revenue de Verneuil et de la mort. Le lait l'a rétablie : elle est belle, elle est de belle taille; il n'y a plus de dispute entre son corps de jupe et le mien. Elle n'est plus rouge ni crevée, comme elle était; cet état la rend aimable : elle aime, elle oblige, elle loue; elle me chargea de mille douceurs pour vous. On fit hier matin un service au chancelier à Sainte-Élisabeth : je n'y fus point, parce qu'on oublia de m'apporter mon billet; tout le reste de la terre habitable y était. Madame de Fieubet entendit ceci : la Choiseul passa devant la Bonnelle[1]. Ah! dit la Bonnelle, voilà une mijaurée qui a eu pour plus de cent mille écus de nos hardes. La Choiseul se retourne, et, comme Arlequin, *hi, hi, hi, hi, hi,* lui fit-elle, en lui riant au nez; *voilà comme on répond aux folles;* et passe son chemin. Quand cela est aussi vrai qu'il l'est, cela fait extrêmement rire.

Madame de Coulanges et M. de Barillon jouèrent hier la scène de Vardes et de mademoiselle de Toiras; nous avions tous envie de pleurer : ils se surpassèrent eux-mêmes. Mais la Champmêlé est quelque chose de si ex-

---

[1] Femme de Noël de Bullion, seigneur de Bonnelle, marquis de Gallardon, président au parlement de Paris.

traordinaire qu'en votre vie vous n'avez rien vu de pareil ; c'est la comédienne que l'on cherche, et non pas la comédie. J'ai vu *Ariane*[1] pour la seule actrice : cette comédie est fade, les comédiens sont maudits ; mais quand la Champmêlé arrive, on entend un murmure ; tout le monde est ravi, et l'on pleure de son désespoir.

M. le chevalier de Lorraine alla voir la Fienne l'autre jour ; elle voulut jouer la délaissée, elle parut embarrassée. Le chevalier, avec cette belle physionomie ouverte que j'aime, et que vous n'aimez pas, la voulut tirer de toutes sortes d'embarras, et lui dit : « Mademoiselle, qu'avez-vous ? pourquoi êtes-vous triste ? qu'y a-t-il d'extraordinaire à tout ce qui nous est arrivé ? Nous nous sommes aimés, nous ne nous aimons plus. La constance n'est pas une vertu des gens de notre âge ; il vaut bien mieux que nous oubliions le passé, et que nous reprenions les tons et les manières ordinaires. Voilà un joli petit chien ; qui vous l'a donné ? » Et voilà le dénoûment de cette belle passion.

Que lisez-vous, ma chère enfant ? Pour moi, je lis la *Découverte des Indes* par Christophe Colomb, qui me divertit au dernier point ; mais votre fille me réjouit encore plus. Je l'aime, et je ne vois pas bien que je puisse m'en défendre : elle caresse votre portrait, et le flatte d'une façon si plaisante, qu'il faut vitement la baiser. J'admire que vous vous coiffiez dès ce temps-là à la mode de celui-ci. Vos doigts voulaient tout relever, tout boucler ; enfin c'était une prophétie. Adieu, ma très-chère enfant. Je ne croirai jamais qu'on puisse aimer plus passionnément que je vous aime.

238. — A LA MÊME.

A Paris, mercredi 6 avril 1672.

Je ne sais où j'en suis, à cause de la maladie de ma tante. L'abbé et moi nous pétillons, et nous sommes réso-

---

[1] Tragédie de Thomas Corneille, représentée le 4 mars 1672.

lus, si son mal se tourne en langueur, de nous en aller en Provence; car enfin où sont les bornes de notre bon naturel? Pour moi, je ne vois que vous, et j'ai une telle impatience de vous aller voir, que tous mes autres sentiments, n'en ont pas bien toute leur étendue. Vous pouvez toujours être certaine que j'ai plus d'envie de partir que vous n'en avez que je parte. Vous croyez que c'est beaucoup dire, je le crois aussi; mais je ne puis exagérer sur mes sentiments. Je ne manque pas de dire à ma tante tous vos aimables souvenirs : elle croit mourir bientôt, et suivant son humeur complaisante, elle se contraint jusqu'à la mort, et fait semblant d'espérer à des remèdes qui ne lui font plus rien, afin de ne pas désespérer ma cousine; mais quand elle peut dire un mot sans être entendue, on voit ce qu'elle pense, et c'est la mort qu'elle envisage à loisir avec beaucoup de vertu et de fermeté.

Je suis effrayée des maux de Provence : voilà donc votre enfant sauvé de la petite vérole; mais la peste, qu'en dites-vous? J'en suis très-alarmée : c'est un mal à nul autre semblable, dont votre soleil saura mal garantir ceux qu'il éclaire. Je prie M. le gouverneur de donner sur cela tous les meilleurs ordres du monde.

M. le Duc donna samedi une chasse *aux Anges*[1] et un souper à Saint-Maur, des plus beaux poissons de la mer. Ils revinrent à une petite maison près de l'hôtel de Condé, où, après minuit sonné, plus scrupuleusement que nous ne faisions en Bretagne, on servit le plus grand *médianoche* du monde en viandes très-exquises : cette petite licence n'a pas été bien reçue, et a fait admirer la charmante bonté de la maréchale de Grancey. Il y avait la comtesse de Soissons, mesdames de Coëtquen et de Bordeaux, plusieurs hommes, et le chevalier de Lorraine; des hautbois, des musettes, des violons; et de madame la duchesse, ni du

---

[1] Madame de Marey et madame de Grancey (*chanoinesse*), filles du deuxième lit du maréchal de Grancey. (P.)

carême, pas un mot; l'une était dans son appartement, et l'autre dans les cloîtres. Toutes ces dames sont brunes; nous trouvons qu'il fallait bien du jaune pour les parer.

M. de Coulanges est au désespoir de la mort du peintre[1]. Ne l'avais-je pas bien dit qu'il mourrait? Cela donne une grande beauté au commencement de l'histoire; mais ce dénoûment est triste et fâcheux pour moi, qui prétendais bien à cette belle *Madeleine, si bien frisée naturellement.*

Je suis ravie que vous ne soyez point grosse : hélas! ma fille, ayez du moins le plaisir d'être en santé et de reposer votre vie : eh mon Dieu! ne joignez point cet embarras à tant d'autres que l'on trouve en son chemin. La vieille MADAME[2] est morte d'une vieille apoplexie qui la tenait depuis un an. Voilà le palais du Luxembourg à MADEMOISELLE, et nous y entrerons. MADAME avait fait abattre tous les arbres du jardin de son côté, rien que par contradiction : ce beau jardin était devenu ridicule; la Providence y a pourvu. MADEMOISELLE pourra le faire raser des deux côtés, et y mettre Le Nôtre[3] pour y faire comme aux Tuileries. Elle n'a point voulu voir sa belle-mère mourante; cela n'est pas héroïque. Le traité de M. de Lorraine est rompu, après avoir été assez avancé : voilà votre pauvre amie[4] bien reculée. M. de Bâville se marie à mademoiselle de Chalucet de Nantes : on lui donne quatre cent mille francs. M. d'Harouïs y fait le principal personnage. J'ai fait vos compliments aux Duras et aux Charost. Le marquis de Villeroi ne partira pas de Lyon cette campagne : le maréchal s'est attiré cette assurance, en demandant pour son fils la grâce de revenir à l'armée : on ne comprend pas bien ce qui cause son malheur.

Vous me dépeignez fort bien ce bel esprit guindé : je ne

---

[1] Ce même peintre dont il a été parlé ci-devant, page 480.
[2] Marguerite de Lorraine, seconde femme de Gaston de France, duc d'Orléans. (P.)
[3] Dessinateur des jardins du roi.
[4] La princesse de Vandemont.

l'aimerais pas mieux que vous, mais je ne serais point étonnée que le comte de Guiche s'en accommodât; vous avez tous deux raisons. M. de La Rochefoucauld est retombé dans une si terrible goutte, dans une si terrible fièvre, que jamais vous ne l'avez vu si mal : il vous prie d'avoir pitié de lui : je vous défierais bien de le voir sans en être attendrie. Ma très-chère enfant, je vous quitte, et après avoir souhaité un cœur *adamantino*, je m'en repens : je serais très-fâchée de ne pas vous aimer autant que je vous aime, quelque douleur qu'il m'en puisse arriver : ne le souhaitez plus aussi ; gardons nos cœurs tels qu'ils sont ; vous savez à merveille ce qui touche le mien. J'embrasse M. de Grignan, je le remercie de ses jolis remercîments, et de ses exclamations.

239. — A LA MÊME.

A Paris, vendredi 8 avril 1672.

La guerre est déclarée, on ne parle que de partir. Canaples a demandé permission au roi d'aller servir dans l'armée du roi d'Angleterre ; et en effet il est parti mal content de n'avoir pas eu d'emploi en France. Le maréchal du Plessis ne quittera point Paris, il est bourgeois et chanoine ; il met à couvert tous ses lauriers, et jugera des coups : je ne trouve pas qu'avec une si belle et si grande réputation, son personnage soit mauvais. Il dit au roi qu'il portait envie à ses enfants qui avaient l'honneur de servir Sa Majesté ; que pour lui il souhaitait la mort, puisqu'il n'était plus bon à rien. Le roi l'embrassa tendrement, et lui dit : « Monsieur le maréchal, on ne travaille que pour approcher « de la réputation que vous avez acquise ; il est agréable de « se reposer après tant de victoires [1]. » En effet, je le trouve

---

[1] Le maréchal du Plessis-Praslin. Il avait commandé l'armée du roi dans la guerre de la Fronde, et même il avait battu Turenne près de Rhetel.
(A. G.)

heureux de ne point mettre au caprice de la fortune ce qu'il a acquis pendant toute sa vie. Le maréchal de Bellefonds est à la Trappe pour la semaine sainte : mais avant que de partir il parla fort fièrement à M. de Louvois, qui voulait faire quelque retranchement sur sa charge de général sous M. le Prince : il fit juger l'affaire par Sa Majesté, et l'emporta comme un galant homme.

La reine m'attaque toujours sur vos enfants, et sur mon voyage de Provence, et trouve mauvais que votre fils vous ressemble, et votre fille à son père ; je lui réponds toujours la même chose. Madame Colbert me parle souvent de votre beauté ; mais qui ne m'en parle point ? Ma fille, savez-vous bien qu'il faut un peu revenir voir tout ceci ? Je vous en faciliterai les moyens d'une manière qui vous ôtera de toutes sortes d'embarras. J'ai parlé d'un premier président à M. de Pomponne ; il n'y voit encore goutte ; il croit pourtant que ce sera un étranger ; j'y ai consenti.

Ma tante est si mal que je ne crois pas qu'elle retarde mon voyage ; elle étouffe, elle enfle, il n'y a pas moyen de la voir sans être fortement touchée : je le suis, et le serai beaucoup de la perdre. Vous savez comme je l'ai toujours aimée : ce m'eût été une grande joie de la laisser dans l'espérance d'une guérison qui nous l'aurait rendue encore pour quelque temps. Je vous manderai la suite de cette triste et douloureuse maladie.

M. et madame de Chaulnes s'en vont en Bretagne : les gouverneurs n'ont point d'autre place présentement que leur gouvernement. Nous allons voir une rude guerre ; j'en suis dans une inquiétude épouvantable. Votre frère me tient au cœur : nous sommes très-bien ensemble ; il m'aime, et ne songe qu'à me plaire : je suis aussi une vraie marâtre pour lui, et ne suis occupée que de ses affaires. J'aurais grand tort si je me plaignais de vous deux : vous êtes en vérité trop jolis, chacun en votre espèce. Voilà, ma très-belle, tout ce que vous aurez de moi aujourd'hui. J'avais ce matin un Provençal, un Breton, un Bourguignon à ma toilette.

240. — A LA MÊME.

A Paris, mercredi 13 avril 1672.

Je vous l'avoue, ma fille, je suis très-fâchée que mes lettres soient perdues; mais savez-vous de quoi je serais encore plus fâchée? ce serait de perdre les vôtres : j'ai passé par là; c'est une des plus cruelles choses du monde. Mais, mon enfant, je vous admire ; vous écrivez l'italien comme le cardinal Ottobon [1]; et même vous y mêlez de l'espagnol : *manera* n'est pas des nôtres; et pour vos phrases, il me serait impossible d'en faire autant. Amusez-vous aussi à le parler, c'est une très-jolie chose : vous le prononcez bien, vous avez du loisir; continuez, je serai tout étonnée de vous trouver si habile. Vous m'obéissez pour n'être point grosse, je vous en remercie de tout mon cœur; ayez le même soin de me plaire pour éviter la petite vérole. Votre soleil me fait peur. Comment! les têtes tournent, on a des apoplexies, comme on a des vapeurs ici, et votre tête tourne comme les autres! Madame de Coulanges espère conserver la sienne à Lyon, et fait des préparatifs pour faire une belle défense contre le gouverneur [2]. Si elle va à Grignan, ce sera pour vous conter ses victoires, et non pas sa défaite; je ne crois pas même que le marquis prenne le personnage d'amant : il est observé par des gens qui ont bon nez, et qui n'entendraient pas raillerie. Il est désolé de ne point aller à la guerre; je suis très-désolée aussi de ne point partir avec M. et madame de Coulanges; c'était une chose résolue, sans le pitoyable état où se trouve ma tante. Mais il faut avoir encore patience : rien ne m'arrêtera dès que je serai libre de partir. Je viens d'acheter un carrosse de

---

[1] Le cardinal Marc Ottoboni, Vénitien, fut depuis le pape Alexandre VIII.
(A. G.)

[2] Le marquis de Villeroi.

campagne, je fais faire des habits, enfin je partirai du jour au lendemain ; jamais je n'ai rien souhaité avec tant de passion. Fiez-vous à moi pour n'y pas perdre un moment : c'est mon malheur qui me fait trouver des retardements où les autres n'en trouvent point.

Je voudrais bien vous pouvoir envoyer notre cardinal ; ce serait un grand amusement de causer avec lui : je ne vous trouve rien qui puisse vous divertir ; mais, au lieu de prendre le chemin de Provence, il s'en va à Commercy. On dit que le roi a quelque regret du départ de Canaples : il avait un régiment, il a été cassé ; il a demandé dix abbayes, on les lui a toutes refusées ; il a demandé de servir d'aide de camp cette campagne, il est refusé ; sur cela il écrit à son frère aîné une lettre pleine de désespoir et de respect tout ensemble pour Sa Majesté, et s'en va sur le vaisseau du duc d'York[1], qui l'aime et l'estime : voilà l'histoire un peu plus en détail. On ne parle plus que de guerre et de partir : tout le monde est triste, tout le monde est ému.

Le maréchal de Gramont était l'autre jour si transporté de la beauté d'un sermon de Bourdaloue, qu'il s'écria tout haut en un endroit qui le toucha : *Mordieu, il a raison !* MADAME éclata de rire, et le sermon en fut tellement interrompu, qu'on ne savait ce qui en arriverait. Je ne crois pas, de la façon que vous dépeignez vos prédicateurs, que si vous les interrompez, ce soit par des admirations. Adieu, ma très-chère et très-aimable ; quand je pense au pays qui nous sépare, je perds la raison, et je n'ai plus de repos. Je blâme Adhémar d'avoir changé de nom[2] ; c'est le *petit dénaturé.*

---

[1] Depuis Jacques II, roi d'Angleterre.

[2] Après la mort du chevalier de Grignan, arrivée le 6 février précédent, M. d'Adhémar s'appela le *chevalier de Grignan*, et reprit dans la suite le nom de *comte d'Adhémar*, lorsqu'à l'âge de cinquante-quatre ans il se maria, en 1704, avec Thérèse d'Oraison, de la maison d'Aqua, dont il n'a pas eu d'enfant. (P.)

241. — A LA MÊME.

A Paris, vendredi saint, 15 avril 1672.

Vous voyez ma vie ces jours-ci, ma chère fille : j'ai de plus la douleur de ne vous avoir point, et de ne pas partir tout à l'heure; l'envie que j'en ai me fait craindre que Dieu ne permette pas que j'aie jamais une si grande joie; cependant je me prépare toujours. N'est-ce pas d'ailleurs une chose cruelle et barbare que de regarder la mort d'une personne qu'on aime beaucoup, comme le commencement d'un voyage qu'on souhaite avec une véritable passion? Que dites-vous des arrangements des choses de ce monde? Pour moi, je les admire; il faut profiter de ceux qui nous déplaisent pour en faire une pénitence. Celle que M. de Coulanges dit qu'on fait à Aix présentement me paraît bien folle; je ne saurais m'accoutumer à ce qu'il me conte là-dessus[1].

Madame de Coulanges a été à Saint-Germain : elle m'a dit mille bagatelles qui ne s'écrivent point, et qui me font bien entrer dans votre sentiment sur ce que vous me disiez l'autre jour de l'horreur de voir une infidélité : cet endroit me parut très-plaisant et de fort bon sens; vous voyez que l'on n'est pas partout de notre sentiment. Ma fille, quand vous voulez rompre du fer, trouvant les porcelaines indignes de votre colère, il me semble que vous êtes bien fâchée; quand je songe qu'il n'y a personne pour en rire et pour se moquer de vous, je vous plains, car cette humeur rentrée me paraît plus dangereuse que la petite vérole; mais à propos comment vous en accommodez-vous? Votre pauvre enfant s'en sauvera-t-il?

Notre cardinal m'a dit ce soir mille tendresses pour

---

[1] Les confréries des *pénitents* faisaient à Aix, la nuit du jeudi au vendredi saint, des processions qui depuis ont été abrogées à cause des indécences qui s'y commettaient. (P.)

vous : il s'en va à Saint-Denis¹ faire la cérémonie de Pâques; il reviendra encore un moment, et puis adieu. Madame de La Fayette s'en va demain à une petite maison auprès de Meudon, où elle a déjà été; elle y passera quinze jours pour être comme suspendue entre le ciel et la terre : elle ne veut pas penser, ni parler, ni répondre, ni écouter; elle est fatiguée de dire bonjour et bonsoir; elle a tous les jours la fièvre, et le repos la guérit : il lui faut donc du repos. Je l'irai voir quelquefois. M. de La Rochefoucauld est dans cette chaise que vous connaissez : il est d'une tristesse incroyable, et l'on comprend bien aisément ce qu'il a. Je ne sais aucune nouvelle aujourd'hui. La musique de Saint-Germain est divine, le chant des Minimes n'est pas divin. Ma petite enfant y était tantôt avec moi; elle a trouvé beaucoup de gens de sa connaissance; je crains de l'aimer un peu trop, mais je ne saurais tant mesurer toutes choses. *J'étais bien serviteur de Monsieur votre père*; ne trouvez-vous point que j'ai des raisons de l'aimer à peu près de la même sorte?

Je ne vous parle guère de madame de La Troche; c'est que les flots de la mer ne sont pas plus agités que son procédé avec moi : elle est contente et mal contente dix fois par semaine², et cette diversité compose un désagrément incroyable dans la société. Cette préférence du faubourg est un point à quoi il est difficile de remédier : on m'y aime autant qu'on y peut aimer; la compagnie y est sûrement bonne; je ne suis de contrebande à rien; ce qu'on y est une fois, on l'est toujours; de plus, notre cardinal m'y donne souvent des rendez-vous : que faire à tout cela? En un mot, je renonce à plaire à madame de La Troche, sans renoncer à l'aimer; car elle me trouvera tou-

---

[1] Le cardinal de Retz était abbé de Saint-Denis.
[2] Madame de La Troche était jalouse de l'amitié que Madame de Sévigné avait pour madame de La Fayette, dont la maison est désignée ici par *le faubourg*. (M.)

jours quand elle voudra se faire justice : j'ai de bons témoins de ma conduite avec elle, qui sont persuadés que j'ai raison, et qui admirent quelquefois ma patience. Ne me répondez qu'un mot sur tout cela; car si la fantaisie lui prenait de voir une de vos lettres, tout serait perdu d'y trouver votre improbation : il est vrai que cela n'est point encore arrivé, et qu'il faut bien des choses pour en être digne à mon égard. Madame de Villars est ma favorite làdessus : si j'étais reine de France ou d'Espagne, je croirais qu'elle me veut faire sa cour; mais, ne l'étant point, je vois que c'est de l'amitié pour vous et pour moi. Elle est ravie de votre souvenir; elle ne partira point si tôt, par une petite raison que vous devinerez, quand je vous dirai qu'elle ne peut aller qu'aux dépens du roi son maître, et que ses assignations sont retardées[1]. Cependant nous disons fort que nous n'avons rien contre l'Espagne; elle est dans les règles du traité. L'ambassadeur est ici, remplissant tous nos Minimes de sa belle livrée. Ma fille, je m'en vais prier Dieu, et me disposer à faire demain mes pâques; il faut au moins tâcher de sauver cette action de l'imperfection des autres. Je vous aime et vous embrasse : je voudrais bien que mon cœur fût pour Dieu comme il est pour vous.

242. — A LA MÊME.

A Paris, mercredi 20 avril 1672.

Vous me promettez donc de m'envoyer les chansons que l'on fera en Barbarie; votre conscience sera bien moins chargée de me faire part des médisances de Tunis et d'Alger, que la mienne ne l'est de celles que je vous ai mandées. Ma fille, quand je songe que votre plus proche voisine est la mer Méditerranée, j'ai le cœur tout troublé et

---

[1] Madame de Villars devait aller en Espagne, où le marquis de Villars, son mari, venait d'être nommé ambassadeur extraordinaire. (A. G.)

tout affligé : il y a de certaines choses qui font peur ; elles n'apprennent rien de nouveau, mais c'est un point de vue qui surprend.

Je vis hier vos trois Provençaux ; le Spinola en est un : il m'a donné votre lettre du 21 mars ; si je le puis servir, je le ferai de mon mieux : j'honore son nom. Il y a un Spinola qui a perdu romanesquement une de ses mains ; c'est un Artaban. Celui-ci m'a montré une lettre italienne qui n'est pleine que de vous ; je vous l'envoie : l'exclamation au roi de France me plaît fort. Il dit que vous parlez très-bien italien ; je vous en loue, rien n'est plus joli : si j'avais été en lieu de m'y pouvoir accoutumer, je l'aurais fait ; ne vous en lassez point.

Je crois que M. d'Uzès vous aura conté sa conversation avec le roi, à laquelle on ne peut rien ajouter : je lui trouve une justesse dans l'esprit, que j'aime à observer ; mais ce prélat s'en va bientôt, et vous perdez beaucoup de ne l'avoir plus ici. Madame de Brissac voit très-facilement le comte de Guiche chez elle : il n'y a point d'autre façon ; on ne les voit guère ailleurs. Elle ne va point souvent chez M. de La Rochefoucauld ; madame de La Fayette est à sa petite campagne ; je ne vois aucune liaison entre eux et cette duchesse. Cette dernière contemple son essence comme un coq en pâte : vous souvient-il de cette folie ? On soupçonne la maréchale d'Estrées des chansons ; mais ce n'est qu'une vision.

Je vous ai parlé de madame de La Troche dans le temps que vous m'en parliez : vous en êtes instruite présentement ; mais comme il ne lui est pas facile de se passer de moi, insensiblement les glaces se fondent, sa belle humeur revient ; et moi, je le veux bien. Je prends le temps tout comme il vient ; si j'avais un degré de chaleur davantage, je serais beaucoup plus offensée. C'est donc ainsi que vous voulez que l'on soit, c'est-à-dire dans une profonde tranquillité ; oh ! l'heureux état ! mais que je suis loin d'en sentir les douceurs! Vous me faites peur de le souhaiter : il me semble que vous faites tout ce que vous voulez; et tout d'un coup, lorsque je vous aimerai le plus tendrement, je vous trouverai toute froide et toute reposée. Ah! ne venez pas me donner de cette léthargie à mon arrivée en Provence; j'aurais grand regret à mon voyage, si j'y trouvais de telles glaces.

Je touche enfin mon départ du bout du doigt; mais ce qui me donne congé me coûtera bien des larmes : c'est quelque chose de pitoyable que l'état de ma pauvre tante; son enflure augmente tous les jours; c'est un excès de douleur qui serre le cœur des plus indifférents. Madame de Coulanges pleura hier en lui disant adieu; ce ne fut pourtant pas un adieu en forme; mais comme elle et son mari pensaient que c'était pour jamais, ils étaient très-affligés. Pour moi, qui passe une grande partie de mes jours à soupirer auprès d'elle, je suis accablée de tristesse; elle me fait des caresses qui me tuent; elle parle de sa mort comme d'un voyage; elle a toujours un très-bon esprit; elle le conserve jusqu'au bout. Elle a reçu ce matin Notre-Seigneur en forme de viatique, et pour ses pâques; mais elle croit le recevoir encore une fois : sa dévotion était admirable; nous fondions tous en larmes. Elle était assise; elle ne peut durer au lit : elle s'est mise à genoux; c'était un spectacle triste et dévot tout ensemble.

J'ai quitté M. et madame de Coulanges avec déplaisir; ils ont beaucoup d'amitié pour moi. Je compte les retrouver à Lyon. Je m'en vais m'établir et me ranger dans mon petit logis, en attendant le plaisir de vous y voir avec moi. On dit que la Brune (*madame de Coëtquen*) a repris le fil de son discours avec le chevalier de Lorraine, et qu'ils causèrent fort à cette fête que donna M. le Duc, où pour manger de la viande ils attendirent si scrupuleusement que minuit fût sonné, le dimanche de la Passion. On passe sa vie à dire des adieux : tout le monde s'en va, tout le monde est ému. La comtesse du Lude est venue en poste dire adieu à son mari; elle s'en retournera dans six jours, après lui avoir tenu l'étrier pour monter à cheval, et s'en aller à l'armée comme les autres. Je vous assure que l'on tremble pour ses amis.

J'ai passé le dimanche des Rameaux à Sainte-Marie dans mes considérations ordinaires. Barillon a fait ici un grand séjour; il s'en va, puisque vous lui commandez d'être à son devoir : votre exemple le confond. Son emploi est admirable cette année : il mangera cinquante mille francs; mais il sait bien où les prendre[1]. Madame de C....... est folle; on la trouve telle en ce pays : la belle pensée d'aller en Italie comme une princesse infortunée, au lieu de revenir paisiblement à Paris chez sa mère, qui l'adore et qui met au rang de tous les malheurs de sa maison l'extravagance de sa fille! Elle a raison; je n'en ai jamais vu une plus ridicule. Nous ne savons si la Marans travaille sur terre ou sous terre : elle voit peu *son fils* (*M. de La Rochefoucauld*) et madame de La Fayette, et ce n'est que des moments; tout aussitôt madame de Schomberg vient la reprendre : cela est bien incommode de n'être plus remenée par Madame de Sévigné; elle n'aime guère à me rencontrer.

Mais comment votre fils est-il devenu brun? Je le croyais blondin, et vous me l'aviez vanté comme tel. Quoi! sérieusement il est brun? Ne vous moquez-vous point? J'ai envie de vous mander que votre fille est devenue blonde : quoi qu'il en soit, il y a toujours à tous vos enfants la marque de l'ouvrier. Je suis assurée que quand madame de Senneterre aura fait ses affaires et ses couches, elle ne fera point comme madame de C.....

Le petit Du Bois[2] est parti pour suivre M. de Lou-

---

[1] M. de Barillon était ambassadeur en Angleterre. (P.)
[2] C'est ce commis de la poste que Madame de Sévigné avait mis dans ses intérêts pour la diligence et la sûreté de son commerce de lettres avec sa fille. (P.)

vois ¹, et je m'aperçois déjà de son absence. Je passai hier à la poste pour tâcher d'y refaire des amis, et voir si Du Bois ne m'avait recommandée à personne : je trouvai des visages nouveaux, qui ne furent pas fort touchés de mon mérite; je les priai de mettre mes lettres à part, afin de les envoyer prendre ce matin, à quoi je n'ai pas manqué; ils m'ont mandé qu'assurément il n'y en avait pas pour moi. Me voilà tombée des nues : je ne saurais vivre sans vos lettres. Peut-être que vous les aurez adressées à quelqu'un, et qu'elles me viendront demain; je le souhaite fort, et de pouvoir remettre en train mon commerce de la poste.

243. — A LA MÊME.

A Paris, vendredi 22 avril 1672.

Je reçus votre lettre du 13 justement quand on ne pouvait plus y faire réponse. Quelque soin que j'eusse pris à la poste, elle avait été abandonnée à la paresse des facteurs, et voilà précisément ce que je crains. Je ferai mon possible pour retrouver quelque nouvel ami (*au bureau de la poste*), ou plutôt, je vous avoue que je voudrais bien m'en aller, et que ma pauvre tante eût pris un parti : cela est barbare à dire, mais il est bien barbare aussi de trouver ce devoir sur mon chemin, lorsque je suis prête à vous aller voir. L'état où je suis n'est pas aimable. Je vous envoie une petite cravate, tout comme on les porte; vous jugerez par là que depuis votre départ le monde ne s'est point subtilisé. Vous voyez comme nous sommes simples en ce pays-ci. J'ai une grande impatience de savoir ce qui se sera passé à votre voyage de la Sainte-Baume ²; c'est donc votre Notre-Dame-des-Anges ³. M. le marquis de

---

¹ Surintendant général des postes, secrétaire d'État de la guerre.
² La Sainte-Baume est une grotte taillée dans le roc, où, selon la tradition du pays, et sans aucun fondement raisonnable, on prétend que sainte Madelaine y vint finir sa vie dans la pénitence. (A. G.)
³ Il y avait aussi à Livry une chapelle nommée Notre-Dame-des-Anges. On

Vence, qui me rend des soins très-obligeants, m'a fait grand'peur du chemin. Il a perdu son fils aîné; il me fait pitié; il voudrait bien pleurer, et il se contraint. Il me paraît extrêmement attaché à tous vos intérêts.

J'ai été voir madame de La Fayette avec le cardinal. Nous la trouvâmes mieux qu'à Paris; nous parlâmes fort de vous. Il s'en va lundi; il vous dira adieu comme il vous a dit bonjour. Il vous aime tendrement, et vous fera réponse sur la proposition d'être archevêque d'Aix. Nous composâmes la vie qu'il ferait, toujours déchiré entre le désir de vous voir et la crainte d'être ridicule. Nous réglâmes les heures, et nous inventâmes des supplices pour le premier qui mettrait le nez sur l'attachement qu'il aurait pour vous. Cette conversation nous eût menés plus loin que *Fleury*[1]. D'Hacqueville et l'abbé de Pontcarré étaient avec nous. J'étais insolemment avec ces trois hommes. Je m'en vais tout présentement me promener trois ou quatre heures à Livry. J'étouffe, je suis triste : il faut que le vert naissant et les rossignols me redonnent quelque douceur dans l'esprit. On ne voit ici que des adieux, des équipages qui nous empêchent de passer dans les rues. Je reviens demain matin pour faire partir celui de mon fils; mais il ne fera point d'embarras : ce sont des coffres qui vont par des messagers; il a acheté ses chevaux en Allemagne. J'ai donné de l'argent à Barillon pour lui donner pendant la campagne. Je suis une marâtre : je dis hier adieu au *petit dénaturé*[2]. Je pensai pleurer. Cette campagne sera rude, et je ne me fie guère à lui pour se conserver : *poco duri, pur ché s' innalzi*, il en est revenu là; c'est sa vraie devise. Adieu, je ne vous en dirai pas davantage aujourd'hui. Je m'en vais à la Sainte-Baume. Je m'en vais dans un lieu où

---

y trouve une fontaine miraculeuse, dont l'eau est réputée guérir les fièvres tierces. (A. G.)

[1] C'est le nom du lieu où était alors madame de La Fayette. (P.)
[2] Le chevalier de Grignan. (P.)

je penserai à vous sans cesse, et peut-être trop tendrement. Il est bien difficile que je revoie ce jardin, ces allées, ce petit pont, cette avenue, cette prairie, ce moulin, cette petite vue, cette forêt, sans penser à ma très-chère enfant.

Le petit Daquin est premier médecin. *La faveur l'a pu faire autant que le mérite*[1].

---

[1] Valot, qui remplaçait Daquin, avait sauvé la vie de Louis XIV en lui donnant l'émétique, remède alors considéré comme un poison. Gui-Patin lui donnait le nom de *Gargantua*, parce qu'il avait tué un riche financier nommé Gargan; mais Guy-Patin était médecin, et on ne peut guère ajouter foi à ses épigrammes contre ses confrères.

FIN DU PREMIER VOLUME.

LIBRAIRIE DE **FIRMIN DIDOT FRÈRES**, RUE JACOB, 56.

CHEFS-D'OEUVRE DE LA LITTÉRATURE FRANÇAISE.

Grand in-18, format anglais avec portraits, notices et commentaires.

PRIX : TROIS FRANCS LE VOLUME.

	vol
AZAÏS, Traité des compensations	1
BEAUMARCHAIS, son Théâtre complet	1
BERNARDIN DE SAINT-PIERRE, Paul et Virginie, Chaumière indienne, Café de Surate et autres écrits	1
— Études de la nature	1
BOILEAU, Poésies complètes	1
BOSSUET, Oraisons funèbres, et choix de Fléchier et de Mascaron	1
— Histoire universelle	1
— Sermons choisis	1
BUFFON, Histoire des animaux	1
— Époques de la nature, discours académiques, histoire de l'homme	1
CHATEAUBRIAND, Atala, René, les Abencerrages, Voyage en Amérique	1
— Génie du christianisme	2
— Les Martyrs	1
— Les Natchez	1
— Itinéraire de Paris à Jérusalem, Notes sur la Grèce	2
— Études historiques	1
— Analyse de l'histoire de France	1
— Les quatre Stuarts. Mélanges	1
CERVANTÈS, Don Quichotte, traduit par Florian	2
CORNEILLE, OEuvres complètes	2
COURIER (Paul-Louis). Pamphlets. Daphnis et Chloé. Correspondance	1
CUVIER, Discours sur les révolutions du globe, avec planches et notes	1
D'AGUESSEAU (le chancelier), Mercuriales	1
DE FOË, Robinson Crusoé	1
DELILLE, Géorgiques, Jardins, Homme des champs, Malheur et Pitié	1
DIDEROT, OEuvres choisies, avec une préface de M. Génin	1
FÉNELON, Télémaque et Fables	1
— Éducation des filles. Dialogues	1
— Traité de l'existence de Dieu	1
FLORIAN, Fables, suivies de ses poëmes et des fables de Lamothe	1
FROISSARD, Choix de mémoires	1
HAMILTON, Mémoires du chevalier de Grammont	1
GENOUDE, Vie de Jésus-Christ	1
LA BRUYÈRE et Théophraste. Caractères	1
— Id. par M. Walckenaër	2
LA FONTAINE, Fables. Notes de Walckenaër	1
LA ROCHEFOUCAULD, MONTESQUIEU ET VAUVENARGUES, Maximes, Pensées	1
LE SAGE, Gil Blas	1
LOUIS RACINE, Poëme de la religion. Notice par son petit-fils, l'abbé de la Roque	1
MALHERBE, J. B. ROUSSEAU, LEBRUN	1
MARMONTEL, Éléments de littérature	1
MASSILLON, Petit Carême, Sermons	1
MAURY, Éloquence de la chaire	1
MOLIÈRE, son Théâtre, avec notes	1
MONTESQUIEU, Grandeur des Romains. Lettres persanes. Temple de Gnide	1
— Esprit des lois, avec commentaires	1
PASCAL, Provinciales. Notices sur sa vie, par Bordas Dumoulin	1
— Pensées. Vie de Pascal, par Mme Périer, sa sœur. Pensées de Nicole	1
PASQUIER (Étienne), Recherches sur l'Histoire de France, à 4 fr. le volume	2
RACINE, Théâtre complet	1
REGNARD, Théâtre. Voyages. Poésies	1

	vol
ROLLIN, Traité des études	3
— Histoire ancienne	10
ROUSSEAU, Nouvelle Héloïse	1
— Émile	1
— Confessions	1
— Contrat social. Discours	1
SAINT-ÉVREMOND, Choix. Correspondance	1
SARRAZIN, DE RETZ, DE BUSSI, DE VERTOT, SAINT-RÉAL, RULHIÈRE. Petits chefs-d'œuvre historiques	2
SCRIBE, son Théâtre, cinquante-quatre pièces	5
SÉVIGNÉ, Nouveau choix de lettres	1
— Lettres complètes, avec commentaires	6
STAËL (Mme de), Corinne ou l'Italie	1
— De l'Allemagne	1
SILVIO PELLICO, Mes Prisons, traduct.	1
VOLTAIRE, Henriade et poëmes choisis	1
— Théâtre. Discours sur la tragédie	1
— Contes, satires, épîtres	1
— Siècle de Louis XIV	1
— Siècle de Louis XV. Parlement de Paris	1
— Charles XII. Pierre le Grand. Anecdotes	1
— Commentaires sur Corneille	1
— Romans	1

THÉÂTRE.

TRAGIQUES. — **ROTROU**, Crébillon, la Fosse, Saurin, de Belloy, Chénier, Ducis, Lemercier	2
COMIQUES. — **SCARRON**, Montfleury, Boursault, Baron	1
DANCOURT, Dufresny	1
BRUEYS ET PALAPRAT, le Sage, la Chaussée	1
DESTOUCHES, Racan, Boissy	1
MARIVAUX, Piron, Gresset, Voltaire, Rousseau	1
DESMAHIS, de la Noue, Saurin, Pompignet	1
SEDAINE, Marmontel, Collé, Andrieux, etc.	1
COLLIN D'HARLEVILLE, Fabre d'Églantine, Desforges, Lemercier	1

BIBLIOTHÈQUE DES MÉMOIRES

RELATIFS A L'HISTOIRE DE FRANCE,
AVEC NOTICES ET PRÉFACES PAR M. BARRIÈRE.

DE STAAL, DELAUNAY, M. d'Argenson. Extraits de Saint-Simon	1
DUCLOS, Sur Louis XIV, la Régence et Louis XV	1
MADAME DU HAUSSET ET BACHAUMONT	1
MÉMOIRES de Besenval et Collé	1
MARMONTEL, Mémoires d'un père	1
MÉMOIRES de Clairon, Lekain, Garrick	1
MÉMOIRES de Weber	1
MÉMOIRES de madame Rolland	1
MÉMOIRES de Cléry, de la duch. d'Angoulême, du duc de Montpensier, de Rouffe	1
MÉMOIRES de madame de Campan	1
MÉMOIRES de Dumouriez	1
MÉMOIRES de Louvet et Daunou	1

CHEFS-D'OEUVRE ÉTRANGERS.

DANTE et Commentaires	1
TASSE, La Gerusalemme liberata	1
ARIOSTE, L'Orlando furioso	2
PÉTRARQUE, Le Rime, etc	1
BOCCACE, Il Decamerone	2
CAMOËNS, Os Lusiadas	1
DANTE, La Divina Comedia	1